D0871736

BOLLINGEN SERIES LXXXVII

(Léger, Alexis S.

St.-John Perse)

COLLECTED

POEMS

WITH TRANSLATIONS BY

W. H. AUDEN, HUGH CHISHOLM, DENIS DEVLIN,

T. S. ELIOT, ROBERT FITZGERALD,

WALLACE FOWLIE, RICHARD HOWARD,

LOUISE VARÈSE

BOLLINGEN SERIES LXXXVII

PRINCETON UNIVERSITY PRESS

The French texts of *Éloges, La Gloire des Rois, Anabase, Exil,
Vents, Amers,* and *Chronique* are from St.-John Perse,
Œuvre Poétique, published and copyright © 1960,
Éditions Gallimard. The French text of *Poésie* © 1961 Librairie
Gallimard, of *Oiseaux* © 1963 Éditions Gallimard, and of
Pour Dante © 1965 Éditions Gallimard.

The translations of *Éloges* and of *La Gloire des Rois,*
except "Berceuse," are a revision of the version published and
copyright by W. W. Norton & Co., New York, 1944.

Anabasis, by St.-John Perse, translated by T. S. Eliot,
copyright 1938, 1949 by Harcourt, Brace and World, Inc.;
copyright 1966, by Esme Valerie Eliot.
Reprinted by permission of the publisher. Published in the
British market by permission of Faber and Faber Ltd.

"Poème Pour Valery Larbaud" was published in the homage
to Valery Larbaud in *Intentions,* Paris, 1922.
Richard Howard's translation, copyright ©
Quarterly Review of Literature, 1969, was first published in
the *Quarterly Review of Literature,* XVI (1969), 1-2.

THIS VOLUME CONSTITUTES NUMBER LXXXVII
IN BOLLINGEN SERIES
SPONSORED BY BOLLINGEN FOUNDATION

All the translations have been revised for this collected edition
and have been approved by the author.
The publishers are particularly grateful to Mr. Robert Fitzgerald
for his help in this regard.
Library of Congress catalogue card number: 70-100357
ISBN 0-691-09858-1
This book has been composed in Linotype Granjon.
Printed in the United States of America by
Princeton University Press, Princeton, N.J.

CONTENTS

POÉSIE

ON POETRY

Translated by W. H. Auden

SPEECH OF ACCEPTANCE UPON THE AWARD OF

THE NOBEL PRIZE FOR LITERATURE

DELIVERED IN STOCKHOLM,

DECEMBER 10, 1960

Citation to St.-John Perse

*"For the soaring flight and the evocative
imagery of his poetry, which in a visionary
fashion reflects the conditions of our time."*

—THE SWEDISH ACADEMY, 1960

J'AI accepté pour la Poésie l'hommage qui lui est ici rendu, et que j'ai hâte de lui restituer.

La poésie n'est pas souvent à l'honneur. C'est que la dissociation semble s'accroître entre l'œuvre poétique et l'activité d'une société soumise aux servitudes matérielles. Écart accepté, non recherché par le poète, et qui serait le même pour le savant sans les applications pratiques de la science.

Mais du savant comme du poète, c'est la pensée désintéressée que l'on entend honorer ici. Qu'ici du moins ils ne soient plus considérés comme des frères ennemis. Car l'interrogation est la même qu'ils tiennent sur un même abîme, et seuls leurs modes d'investigation diffèrent.

Quand on mesure le drame de la science moderne découvrant jusque dans l'absolu mathématique ses limites rationnelles; quand on voit, en physique, deux grandes doctrines maîtresses poser, l'une, un principe général de relativité, l'autre un principe "quantique" d'incertitude et d'indéterminisme qui limiterait à jamais l'exactitude même des mesures physiques; quand on a entendu le plus grand novateur scientifique de ce siècle, initiateur de la cosmologie moderne et répondant de la plus vaste synthèse intellectuelle en termes d'équations, invoquer l'intuition au secours de la raison et proclamer que "l'imagination est le vrai terrain de germination scientifique," allant même jusqu'à réclamer pour le savant le bénéfice d'une véritable "vision artistique"—n'est-on pas en droit de tenir l'instrument poétique pour aussi légitime que l'instrument logique?

Au vrai, toute création de l'esprit est d'abord "poétique" au sens propre du mot; et dans l'équivalence des formes sensibles et spirituelles, une même fonction s'exerce, initialement, pour l'entreprise du savant et pour celle du poète. De la pensée discursive ou de l'ellipse

ON behalf of Poetry I have accepted the honour which has here been paid to Her, an honour which I shall now hasten to restore to Her.

Poetry rarely receives public homage. The gulf between poetic creation and the activities of a society subjected to material bondage grows ever wider. This estrangement, which the poet must accept though it is none of his doing, would be the fate of the scientist as well, were it not that science has practical applications.

But it is the disinterested mind of the scientist no less than that of the poet which we are gathered here to honour. Here, at least, it is forbidden to regard them as sworn enemies. Both put the same question to the same abyss: they differ only in their methods of investigation.

When we consider the drama of modern science as it discovers its rational limits in pure mathematics; when, in physics, we see two great sovereign doctrines laid down, one the General Theory of Relativity, the other the Quantum Theory of uncertainty and indeterminism which would set a limit to the exactitude even of physical measurements; when we have heard the greatest scientific discoverer of this century, the founder of modern cosmology, the architect of the greatest intellectual synthesis in terms of mathematical equations, invoking intuition to come to the rescue of reason, asserting that "imagination is the real soil of all fruitful scientific ideas," and even going so far as to claim for the scientist the benefit of an authentic "artistic vision"—then, have we not the right to consider the instrument of poetry as legitimate as that of logic?

Indeed, in its beginnings every creative act of the spirit is "poetic" in the proper sense of the word. In giving equal value to sensory and mental forms, the same activity serves, initially, the enterprises of scientist and poet alike. Which has travelled, which will travel, a

poétique, qui va plus loin, et de plus loin? Et de cette nuit originelle où tâtonnent deux aveugles-nés, l'un équipé de l'outillage scientifique, l'autre assisté des seules fulgurations de l'intuition, qui donc plus tôt remonte, et plus chargé de brève phosphorescence? La réponse n'importe. Le mystère est commun. Et la grande aventure de l'esprit poétique ne le cède en rien aux ouvertures dramatiques de la science moderne. Des astronomes ont pu s'affoler d'une théorie de l'univers en expansion; il n'est pas moins d'expansion dans l'infini moral de l'homme—cet univers. Aussi loin que la science recule ses frontières, et sur tout l'arc étendu de ces frontières, on entendra courir encore la meute chasseresse du poète. Car si la poésie n'est pas, comme on l'a dit, "le réel absolu," elle en est bien la plus proche convoitise et la plus proche appréhension, à cette limite extrême de complicité où le réel dans le poème semble s'informer lui-même.

Par la pensée analogique et symbolique, par l'illumination lointaine de l'image médiatrice, et par le jeu de ses correspondances, sur mille chaînes de réactions et d'associations étrangères, par la grâce enfin d'un langage où se transmet le mouvement même de l'Être, le poète s'investit d'une surréalité qui ne peut être celle de la science. Est-il chez l'homme plus saisissante dialectique et qui de l'homme engage plus? Lorsque les philosophes eux-mêmes désertent le seuil métaphysique, il advient au poète de relever là le métaphysicien; et c'est la poésie alors, non la philosophie, qui se révèle la vraie "fille de l'étonnement," selon l'expression du philosophe antique à qui elle fut le plus suspecte.

Mais plus que mode de connaissance, la poésie est

longer way—discursive thinking or poetic ellipsis? From that primal abyss where two blind figures, blind from birth, are groping, one equipped with all the apparatus of science, the other assisted only by flashes of intuition —which comes to the surface sooner and the more highly charged with a brief phosphorescence? How we answer this question is of no importance. All that matters is the mystery in which they both share. The high spiritual adventure of poetry need yield nothing in drama to the new vistas of modern science. Astronomers may have faced with panic the idea of an expanding universe: is not a similar expansion taking place in the moral infinite of that other universe, the universe of man? As far as the frontiers of science extend and along their whole stretched arc, we can still hear the hounds of the poet in full cry. For, if poetry is not itself, as some have claimed, "absolute reality," it is poetry which shows the strongest passion for and the keenest apprehension of it, to that extreme limit of complicity where reality seems to shape itself within the poem.

By means of analogical and symbolic thinking, by means of the far-reaching light of the mediating image and its play of correspondences, by way of a thousand chains of reactions and unusual associations, by virtue also of a language through which is transmitted the supreme rhythm of Being, the poet clothes himself in a transcendental reality to which the scientist cannot aspire. Are there, in man, any more striking dialectics, and which could bind him more? When the philosophers abandon the metaphysical threshold, it falls to the poet to take upon himself the role of metaphysician: at such times it is poetry, not philosophy, that is revealed as the true "Daughter of Wonder," to use the phrase of that ancient philosopher who mistrusted her most.

Poetry is not only a way of knowledge; it is even more

d'abord mode de vie—et de vie intégrale. Le poète existait dans l'homme des cavernes, il existera dans l'homme des âges atomiques: parce qu'il est part irréductible de l'homme. De l'exigence poétique, exigence spirituelle, sont nées les religions elles-mêmes, et par la grâce poétique, l'étincelle du divin vit à jamais dans le silex humain. Quand les mythologies s'effondrent, c'est dans la poésie que trouve refuge le divin; peut-être même son relais. Et jusque dans l'ordre social et l'immédiat humain, quand les Porteuses de pain de l'antique cortège cèdent le pas aux Porteuses de flambeaux, c'est à l'imagination poétique que s'allume encore la haute passion des peuples en quête de clarté.

Fierté de l'homme en marche sous sa charge d'éternité! Fierté de l'homme en marche sous son fardeau d'humanité, quand pour lui s'ouvre un humanisme nouveau, d'universalité réelle et d'intégralité psychique. . . . Fidèle à son office, qui est l'approfondissement même du mystère de l'homme, la poésie moderne s'engage dans une entreprise dont la poursuite intéresse la pleine intégration de l'homme. Il n'est rien de pythique dans une telle poésie. Rien non plus de purement esthétique. Elle n'est point art d'embaumeur ni de décorateur. Elle n'élève point des perles de culture, ne trafique point de simulacres ni d'emblèmes, et d'aucune fête musicale elle ne saurait se contenter. Elle s'allie, dans ses voies, la beauté, suprême alliance, mais n'en fait point sa fin ni sa seule pâture. Se refusant à dissocier l'art de la vie, ni de l'amour la connaissance, elle est action, elle est passion, elle est puissance, et novation toujours qui déplace les bornes. L'amour est son foyer, l'insoumission sa loi, et son lieu est partout, dans l'anticipation. Elle ne se veut jamais absence ni refus.

Elle n'attend rien pourtant des avantages du siècle. Attachée à son propre destin, et libre de toute idéologie, elle

a way of life—of life in its totality. A poet already dwelt within the cave man: a poet will be dwelling still within the man of the atomic age; for poetry is a fundamental part of man. Out of the poetic need, which is one of the spirit, all the religions have been born, and by the poetic grace the divine spark is kept eternally alight within the human flint. When the mythologies founder, it is in poetry that the divine finds its refuge, perhaps its relay stage. As, in the antique procession, the Bearers of bread were succeeded by the Bearers of torches, so now, in the social order and the immediacies of life it is the poetic image which rekindles the high passion of mankind in its quest for light.

What a proud privilege is ours! To march forward, bearing the burden of eternity, to march forward, bearing the burden of humanity, and led by the vision of a new humanism: of authentic universality, of psychic integrity! . . . Faithful to its task, which is nothing less than to fathom the human mystery, modern poetry is pursuing an enterprise which is concerned with man in the plenitude of his being. In such a poetry there is no place for anything Pythian, or for anything purely aesthetic. It is the art neither of the embalmer nor of the decorator. It does not raise cultured pearls, does not traffic in fakes or emblems, nor would it be content to be a mere feast of music. It is intimately related to beauty, supreme alliance, but beauty is neither its goal nor its sole food. Refusing to divorce art from life or love from knowledge, it is action, it is passion, it is power, a perpetual renewal that extends the boundaries. Love is its vital flame, independence is its law, and its domain is everywhere, an anticipation. It never wishes to be absence, nor refusal.

However, it begs no favours of the times. Dedicated to its goal and free from all ideology, it knows itself to be

se connaît égale à la vie même, qui n'a d'elle-même à justifier. Et c'est d'une même étreinte, comme une seule grande strophe vivante, qu'elle embrasse au présent tout le passé et l'avenir, l'humain avec le surhumain, et tout l'espace planétaire avec l'espace universel. L'obscurité qu'on lui reproche ne tient pas à sa nature propre, qui est d'éclairer, mais à la nuit même qu'elle explore, et qu'elle se doit d'explorer: celle de l'âme elle-même et du mystère où baigne l'être humain. Son expression toujours s'est interdit l'obscur, et cette expression n'est pas moins exigeante que celle de la science.

Ainsi, par son adhésion totale à ce qui est, le poète tient pour nous liaison avec la permanence et l'unité de l'Être. Et sa leçon est d'optimisme. Une même loi d'harmonie régit pour lui le monde entier des choses. Rien n'y peut advenir qui par nature excède la mesure de l'homme. Les pires bouleversements de l'histoire ne sont que rythmes saisonniers dans un plus vaste cycle d'enchaînements et de renouvellements. Et les Furies qui traversent la scène, torche haute, n'éclairent qu'un instant du très long thème en cours. Les civilisations mûrissantes ne meurent point des affres d'un automne, elles ne font que muer. L'inertie seule est menaçante. Poète est celui-là qui rompt pour nous l'accoutumance.

Et c'est ainsi que le poète se trouve aussi lié, malgré lui, à l'événement historique. Et rien du drame de son temps ne lui est étranger. Qu'à tous il dise clairement le goût de vivre ce temps fort! Car l'heure est grande et neuve, où se saisir à neuf. Et à qui donc céderions-nous l'honneur de notre temps? . . .

"Ne crains pas," dit l'Histoire, levant un jour son masque de violence—et de sa main levée elle fait ce geste conciliant de la Divinité asiatique au plus fort de sa danse destructrice. "Ne crains pas, ni ne doute—car le doute est stérile et la crainte est servile. Écoute plutôt ce battement

the equal of life, which needs no self-justification. In one embrace, as in one great living strophe, it gathers to its present all the past and the future, the human and the superhuman, planetary space and total space. Its alleged obscurity is due, not to its own nature, which is to enlighten, but to the darkness which it explores, and must explore: the dark of the soul herself and the dark of the mystery which envelops human existence. It allows itself no obscurity in its terms, and these are no less rigorous than those of science.

So, by his absolute adhesion to what exists, the poet keeps us in touch with the permanence and unity of Being. And his message is one of optimism. To him, one law of harmony governs the whole world of things. Nothing can occur there which by its nature is incommensurable with man. The worst catastrophes of history are but seasonal rhythms in a vaster cycle of repetitions and renewals. The Furies who cross the stage, torches high, do but throw light upon one moment in the immense plot as it unfolds itself through time. Growing civilizations do not perish from the pangs of one autumn; they merely shed their leaves. Inertia is the only mortal danger. Poet is he who breaks for us the bonds of habit.

In this way, in spite of himself, the poet also is tied to historical events. Nothing in the drama of his times is alien to him. May he inspire in all of us a pride in being alive in this, so vital, age. For the hour is great and new for us to seize. And to whom indeed should we surrender the honour of our time? . . .

"Fear not," says History, taking off her mask of violence and raising her hand in the conciliatory gesture of the Asiatic Divinity at the climax of Her dance of destruction. "Fear not, neither doubt—for doubt is impotent and fear servile. Listen, rather, to the rhythm

*rythmique que ma main haute imprime, novatrice, à la
grande phrase humaine en voie toujours de création. Il
n'est pas vrai que la vie puisse se renier elle-même. Il n'est
rien de vivant qui de néant procède, ni de néant s'éprenne.
Mais rien non plus ne garde forme ni mesure, sous
l'incessant afflux de l'Être. La tragédie n'est pas dans la
métamorphose elle-même. Le vrai drame du siècle est
dans l'écart qu'on laisse croître entre l'homme temporel
et l'homme intemporel. L'homme éclairé sur un versant
va-t-il s'obscurcir sur l'autre? Et sa maturation forcée,
dans une communauté sans communion, ne sera-t-elle
que fausse maturité? . . ."*

Au poète indivis d'attester parmi nous la double voca-
tion de l'homme. Et c'est hausser devant l'esprit un miroir
plus sensible à ses chances spirituelles. C'est évoquer dans
le siècle même une condition humaine plus digne de
l'homme originel. C'est associer enfin plus largement
l'âme collective à la circulation de l'énergie spirituelle
dans le monde. . . . Face à l'énergie nucléaire, la lampe
d'argile du poète suffira-t-elle à son propos?—Oui, si
d'argile se souvient l'homme.

Et c'est assez, pour le poète, d'être la mauvaise con-
science de son temps.

that I, the renewer of all things, impose upon the great theme which mankind is forever engaged in composing. It is not true that life can abjure life: nothing that lives is born of nothingness, or to nothingness is wed. But nothing, either, can preserve its form and measure against the ceaseless flux of Being. The tragedy is not in the metamorphosis as such. The real drama of this century lies in the growing estrangement between the temporal and the untemporal man. Is man, enlightened on one side, to sink into darkness on the other? A forced growth in a community without communion, what would that be but a false maturity? . . ."

It is for the poet, in his wholeness, to bear witness to the twofold vocation of man: to hold up before the spirit a mirror more sensitive to his spiritual possibilities; to evoke, in our own century, a vision of the human condition more worthy of man as he was created; to connect ever more closely the collective soul to the currents of spiritual energy in the world. In these days of nuclear energy, can the earthenware lamp of the poet still suffice?—Yes, if its clay remind us of our own.

And it is enough for the poet to be the guilty conscience of his time.

ÉLOGES

PRAISES

TRANSLATED BY LOUISE VARÈSE

ÉCRIT SUR LA PORTE

J'AI *une peau couleur de tabac rouge ou de mulet,*
   *j'ai un chapeau en moelle de sureau couvert de toile
blanche.*
   *Mon orgueil est que ma fille soit très-belle quand elle
commande aux femmes noires,*
   *ma joie, qu'elle découvre un bras très-blanc parmi ses
poules noires;*
   *et qu'elle n'ait point honte de ma joue rude sous le
poil, quand je rentre boueux.*

✧

   *Et d'abord je lui donne mon fouet, ma gourde et mon
chapeau.*
   *En souriant elle m'acquitte de ma face ruisselante; et
porte à son visage mes mains grasses d'avoir*
   éprouvé l'amande de kako, la graine de café.
   *Et puis elle m'apporte un mouchoir de tête bruissant;
et ma robe de laine; de l'eau pure pour rincer mes dents
de silencieux:*
   *et l'eau de ma cuvette est là; et j'entends l'eau du
bassin dans la case-à-eau.*

✧

   *Un homme est dur, sa fille est douce. Qu'elle se tienne
toujours*
   *à son retour sur la plus haute marche de la maison
blanche,*
   et faisant grâce à son cheval de l'étreinte des genoux,
   *il oubliera la fièvre qui tire toute la peau du visage en
dedans.*

✧

WRITTEN ON THE DOOR

I HAVE a skin the colour of mules or of red tobacco,
   I have a hat made of the pith of the elder covered with white linen.
   My pride is that my daughter should be very-beautiful when she gives orders to the black women,
   my joy, that she reveals a very-white arm among her black hens;
   and that she should not be ashamed of my rough, hairy cheek when I come home covered with mud.

❖

And first I give her my whip, my gourd, and my hat.
   Smiling she forgives me my dripping face; and lifts to her face my hands, oily
   from testing the nut of the coco tree and the coffee bean.
   And then she brings me a rustling bandanna; and my woollen robe; pure water to rinse my mouth of few words:
   and the water for my washbasin is there; and I can hear the running water in the water-cabin.

❖

A man is hard, his daughter, tender. Let her always be waiting,
   when he returns, on the topmost step of the white house,
   and, freeing his horse from the pressure of his knees,
   he will forget the fever that draws all the skin of his face inward.

❖

J'aime encore mes chiens, l'appel de mon plus fin
cheval,

et voir au bout de l'allée droite mon chat sortir de la
maison en compagnie de la guenon . . .

toutes chose suffisantes pour n'envier pas les voiles des
voiliers

que j'aperçois à la hauteur du toit de tôle sur la mer
comme un ciel.

I also love my dogs, the call of my finest horse,

and to see at the end of the straight avenue my cat coming out of the house accompanied by the monkey . . .

all things sufficient to keep me from envying the sails of the sailing ships

which I see on a level with the tin roof on the sea like a sky.

POUR FÊTER UNE ENFANCE

"King Light's Settlements"

1

P<small>ALMES</small> . . . !

Alors on te baignait dans l'eau-de-feuilles-vertes; et l'eau encore était du soleil vert; et les servantes de ta mère, grandes filles luisantes, remuaient leurs jambes chaudes près de toi qui tremblais . . .

(Je parle d'une haute condition, alors, entre les robes, au règne de tournantes clartés.)

Palmes! et la douceur
d'une vieillesse des racines . . . ! La terre
alors souhaita d'être plus sourde, et le ciel plus profond où des arbres trop grands, las d'un obscur dessein, nouaient un pacte inextricable . . .

(J'ai fait ce songe, dans l'estime: un sûr séjour entre les toiles enthousiastes.)

Et les hautes
racines courbes célébraient
l'en allée des voies prodigieuses, l'invention des voûtes et des nefs
et la lumière alors, en de plus purs exploits féconde, inaugurait le blanc royaume où j'ai mené peut-être un corps sans ombre . . .

(Je parle d'une haute condition, jadis, entre des hommes et leurs filles, et qui mâchaient de telle feuille.)

Alors, les hommes avaient
une bouche plus grave, les femmes avaient des bras plus lents;

TO CELEBRATE A CHILDHOOD

"King Light's Settlements"

1

Palms . . . !
   In those days they bathed you in water-of-green-leaves;
and the water was of green sun too; and your mother's
maids, tall glistening girls, moved their warm legs near
you who trembled. . . .
   (I speak of a high condition, in those days, among the
dresses, in the dominion of revolving lights.)

   Palms! and the sweetness
   of an aging of roots . . . ! the earth
   in those days longed to be deafer, and deeper the sky
where trees too tall, weary of an obscure design, knotted
an inextricable pact. . . .
   (I dreamed this dream, in esteem: a safe sojourn
among the enthusiastic linens.)

   And the high
   curved roots celebrated
   the departure of prodigious roads, the invention of
vaultings and of naves
   and the light in those days, fecund in purer feats, in-
augurated the white kingdom where I led, perhaps, a
body without a shadow. . . .
   (I speak of a high condition of old, among men and
their daughters, who chewed a certain leaf.)

   In those days, men's mouths
   were more grave, women's arms moved more slowly;

alors, de se nourrir comme nous de racines, de grandes
bêtes taciturnes s'ennoblissaient;

et plus longues sur plus d'ombre se levaient les pau-
pières . . .

(J'ai fait ce songe, il nous a consumés sans reliques.)

                         2

E T LES servantes de ma mère, grandes filles luisantes . . .
Et nos paupières fabuleuses . . . Ô

clartés! ô faveurs!

Appelant toute chose, je récitai qu'elle était grande,
appelant toute bête, qu'elle était belle et bonne.

Ô mes plus grandes

fleurs voraces, parmi la feuille rouge, à dévorer tous
mes plus beaux

insectes verts! Les bouquets au jardin sentaient le
cimetière de famille. Et une très petite sœur était morte:
j'avais eu, qui sent bon, son cercueil d'acajou entre les
glaces de trois chambres. Et il ne fallait pas tuer l'oiseau-
mouche d'un caillou . . . Mais la terre se courbait dans
nos jeux comme fait la servante,

celle qui a droit à une chaise si l'on se tient dans la
maison.

. . . Végétales ferveurs, ô clartés ô faveurs! . . .

Et puis ces mouches, cette sorte de mouches, vers le
dernier étage du jardin, qui étaient comme si la lumière
eût chanté!

. . . Je me souviens du sel, je me souviens du sel que
la nourrice jaune dut essuyer à l'angle de mes yeux.

Le sorcier noir sentenciait à l'office: «Le monde est
comme une pirogue, qui, tournant et tournant, ne sait
plus si le vent voulait rire ou pleurer . . .»

in those days, feeding like us on roots, great silent beasts were ennobled;

and longer over darker shadow eyelids were lifted. . . .

(I dreamed this dream, it has consumed us without relics.)

2

AND my mother's maids, tall glistening girls . . . And our fabulous eyelids . . . O

radiance! O favours!

Naming each thing, I proclaimed that it was great, naming each beast, that it was beautiful and good.

O my biggest

my voracious flowers, among the red leaves, devouring all my loveliest

green insects! The bouquets in the garden smelled of the family cemetery. And a very young sister had died: I had had, it smells good, her mahogany coffin between the mirrors of three rooms. And you were not to kill the humming-bird with a stone. . . . But the earth in our games bent over like the maidservant,

the one who has the right to a chair when we are indoors.

. . . Vegetable fervours, O radiance O favours! . . .

And then those flies, that sort of fly, toward the last terrace of the garden, which were as though the light had sung!

. . . I remember the salt, I remember the salt my yellow nurse had to wipe away at the corner of my eyes.

The black sorcerer pronounced in the servants' hall: "The world is like a pirogue turning around and around, which no longer knows whether the wind wants to laugh or cry. . . ."

Et aussitôt mes yeux tâchaient à peindre
un monde balancé entre les eaux brillantes, connais-
saient le mât lisse des fûts, la hune sous les feuilles, et
les guis et les vergues, les haubans de liane,
où trop longues, les fleurs
s'achevaient en des cris de perruches.

3

. . . Puis ces mouches, cette sorte de mouches, et le
dernier étage du jardin . . . On appelle. J'irai . . . Je
parle dans l'estime.
—Sinon l'enfance, qu'y avait-il alors qu'il n'y a plus?
Plaines! Pentes! Il y
avait plus d'ordre! Et tout n'était que règnes et confins
de lueurs. Et l'ombre et la lumière alors étaient plus près
d'être une même chose . . . Je parle d'une estime . . . Aux
lisières le fruit
pouvait choir
sans que la joie pourrît au rebord de nos lèvres.
Et les hommes remuaient plus d'ombre avec une
bouche plus grave, les femmes plus de songe avec des
bras plus lents.

. . . Croissent mes membres, et pèsent, nourris d'âge!
Je ne connaîtrai plus qu'aucun lieu de moulins et de
cannes, pour le songe des enfants, fût en eaux vives et
chantantes ainsi distribué . . . A droite
on rentrait le café, à gauche le manioc
(ô toiles que l'on plie, ô choses élogieuses!)
Et par ici étaient les chevaux bien marqués, les mulets
au poil ras, et par là-bas les bœufs;
ici les fouets, et là le cri de l'oiseau Annaô—et là encore
la blessure des cannes au moulin.

And straightway my eyes tried to paint
a world poised between shining waters, recognized the
smooth mast of the tree trunks, the main-top under the
leaves, and the booms and the yards and the shrouds of
vines,
  where flowers, too long,
  ended in parrot calls.

3

. . . Then those flies, that sort of fly, and the last ter-
race of the garden . . . Someone is calling. I'll go. . . . I
speak in esteem.
  —Other than childhood, what was there in those days
that is here no longer?
  Plains, Slopes! There
  was greater order! And everything was glimmering
realms and frontiers of lights. And shade and light in
those days were more nearly the same thing. . . . I speak
of an esteem. . . . Along the borders the fruits
  might fall
  without joy's rotting on our lips.
  And men with graver mouths stirred deeper shadows,
women more dreams with slower arms.

  My limbs grow and wax heavy, nourished with age! I
shall not know again any place of mills and sugar-cane,
for children's dream, that in living, singing waters was
thus distributed. . . . To the right
  the coffee was brought in, to the left the manioc
  (O canvas being folded, O praise-giving things!)
  And over here were the horses duly marked, smooth-
coated mules, and over there the oxen;
  here the whips, and there the cry of the bird Annaô—
and still there the wound of the sugar-canes at the mill.

Et un nuage
violet et jaune, couleur d'icaque, s'il s'arrêtait soudain
à couronner le volcan d'or,
appelait-par-leur-nom, du fond des cases,
les servantes!

Sinon l'enfance, qu'y avait-il alors qu'il n'y a plus? . . .

4

E<small>T TOUT</small> *n'était que règnes et confins de lueurs. Et les*
troupeaux montaient, les vaches sentaient le sirop-de-bat-
terie . . . Croissent mes membres
   et pèsent, nourris d'âge! Je me souviens des pleurs
   d'un jour trop beau dans trop d'effroi, dans trop
d'effroi! . . . du ciel blanc, ô silence! qui flamba comme
un regard de fièvre . . . Je pleure, comme je
   pleure, au creux de vieilles douces mains . . .

Oh! c'est un pur sanglot, qui ne veut être secouru, oh!
ce n'est que cela, et qui déjà berce mon front comme
une grosse étoile du matin.

   . . . Que ta mère était belle, était pâle
   lorsque si grande et lasse, à se pencher,
   elle assurait ton lourd chapeau de paille ou de soleil,
coiffé d'une double feuille de siguine,
   et que, perçant un rêve aux ombres dévoué, l'éclat des
mousselines
   inondait ton sommeil!

   . . . Ma bonne était métisse et sentait le ricin; toujours
j'ai vu qu'il y avait les perles d'une sueur brillante sur

And a cloud
yellow and violet, colour of the coco plum, if it stopped
suddenly to crown the gold volcano,
called-by-their-name, out of their cabins,
the servant women!

Other than childhood, what was there in those days
that is here no longer?

4

A<small>ND</small> everything was glimmering realms and frontiers
of lights. And herds climbed, the cows smelled of cane
syrup. . . . My limbs grow
and wax heavy, nourished with age! I remember the
tears
on a day too beautiful in too much fright, in too much
fright! . . . and the white sky, O silence! which flamed
like a fevered gaze. . . . I weep, how I
weep in the hollow of old gentle hands. . . .

Oh! it is a pure sob that will not be comforted, oh!
it is only that, already rocking my forehead like a big
morning star.

. . . How beautiful your mother was, how pale,
when so tall and so languid, stooping,
she straightened your heavy hat of straw or of sun,
lined with a double seguine leaf,
and when, piercing a dream to shadows consecrated,
the dazzle of muslins
inundated your sleep!

. . . My nurse was a mestizo and smelled of the castor-
bean; always I noticed there were pearls of glistening

*son front, à l'entour de ses yeux—et si tiède, sa bouche
avait le goût des pommes-rose, dans la rivière, avant
midi.*

*. . . Mais de l'aieule jaunissante
et qui si bien savait soigner la piqûre des moustiques,
je dirai qu'on est belle, quand on a des bas blancs, et
que s'en vient, par la persienne, la sage fleur de feu vers
vos longues paupières
d'ivoire.*

*. . . Et je n'ai pas connu toutes Leurs voix, et je n'ai
pas connu toutes les femmes, tous les hommes qui
servaient dans la haute demeure
de bois; mais pour longtemps encore j'ai mémoire
des faces insonores, couleur de papaye et d'ennui, qui
s'arrêtaient derrière nos chaises comme des astres morts.*

5

*. . . Ô! j'ai lieu de louer!
Mon front sous des mains jaunes,
mon front, te souvient-il des nocturnes sueurs?
du minuit vain de fièvre et d'un goût de citerne?
et des fleurs d'aube bleue à danser sur les criques du
matin
et de l'heure midi plus sonore qu'un moustique, et des
flèches lancées par la mer de couleurs . . . ?*

*Ô j'ai lieu! ô j'ai lieu de louer!
Il y avait à quai de hauts navires à musique. Il y avait
des promontoires de campêche; des fruits de bois qui
éclataient . . . Mais qu'à-t-on fait des hauts navires à
musique qu'il y avait à quai?*

sweat on her forehead, and around her eyes—and so
warm, her mouth had the taste of rose-apples, in the
river, before noon.

. . . But of my yellowing grandmother
who knew so well what to do for mosquito bites,
I say that one is beautiful when one is wearing white
stockings, and when there comes through the shutters
the wise flower of fire towards your long eyelids
of ivory.

. . . And I never knew all Their voices, and I never
knew all the women and all the men who served in our
high
wooden house; but I shall still long remember
mute faces, the colour of papayas and of boredom,
that paused like burnt-out stars behind our chairs.

5

. . . O! I HAVE cause to praise!
My forehead under yellow hands,
my forehead, do you remember the night sweats?
midnight unreal with fever and with a taste of cisterns?
and the flowers of blue dawn dancing on the bays of
morning
and the hour of noon more sonorous than a mosquito,
and arrows shot out by the sea of colours? . . .

O I have cause! O I have cause to praise!
There were high musical ships at the quay. There
were headlands of logwood trees; and wooden fruits that
burst. . . . But what has become of the high musical
ships that were moored at the quay?

Palmes . . . ! Alors
une mer plus crédule et hantée d'invisibles départs,
étagée comme un ciel au-dessus des vergers,
se gorgeait de fruits d'or, de poissons violets et d'oiseaux.
Alors, des parfums plus affables, frayant aux cimes les
plus fastes,
ébruitaient ce souffle d'un autre âge,
et par le seul artifice du cannelier au jardin de mon
père—ô feintes!
glorieux d'écailles et d'armures un monde trouble
délirait.
(. . . . Ô j'ai lieu de louer! Ô fable généreuse, ô table
d'abondance!)

6

Palmes!
et sur la craquante demeure tant de lances de flamme!

. . . Les voix étaient un bruit lumineux sous-le-vent . . .
La barque de mon père, studieuse, amenait de grandes
figures blanches: peut-être bien, en somme, des Anges
dépeignés; ou bien des hommes sains, vêtus de belle toile
et casqués de sureau (comme mon père, qui fut noble
et décent).

. . . Car au matin, sur les champs pâles de l'Eau nue,
au long de l'Ouest, j'ai vu marcher des Princes et leurs
Gendres, des hommes d'un haut rang, tous bien vêtus et
se taisant, parce que la mer avant midi est un Dimanche
où le sommeil a pris le corps d'un Dieu, pliant ses jambes.

Et des torches, à midi, se haussèrent pour mes fuites.
Et je crois que des Arches, des Salles d'ébène et de fer-
blanc s'allumèrent chaque soir au songe des volcans,

Palms! . . . In those days
a more credulous sea and haunted by invisible depar-
tures,
tiered like a sky above orchards,
was gorged with gold fruit, violet fishes, and birds.
In those days more affable perfumes, grazing the most
festal crests,
betrayed that breath of another age,
and by the sole artifice of the cinnamon tree in my
father's garden—O wiles!—
glorious with scales and armour a vague world ran
riot.
(. . . O I have cause to praise! O bountiful fable, O
table of abundance!)

6

P<small>ALMS</small>!
and on the crackling house such spears of fire!

. . . The voices were a bright noise on the wind. . . .
Reverently, my father's boat brought tall white forms:
really, wind-blown angels perhaps; or else wholesome
men dressed in good linen with pith helmets (like my
father, who was noble and seemly).

For in the morning, on the pale meadows of the naked
Water, all along the West, I saw Princes walking, and
their Kinsmen, men of high rank, all well dressed and
silent, because the sea before noon is a Sunday where
sleep has taken on the body of a God bending his knees.

And torches, at noon, were raised for my flights.
And I believe that Arches, Halls of ebony and tin were
lighted every evening at the dream of the volcanoes,

à l'heure où l'on joignait nos mains devant l'idole à robe de gala.

Palmes! et la douceur
 d'une vieillesse des racines . . . ! Les souffles alizés, les ramiers et la chatte marronne
  trouaient l'amer feuillage où, dans la crudité d'un soir au parfum de Déluge,
   les lunes roses et vertes pendaient comme des mangues.

 . . . Or les Oncles parlaient bas à ma mère. Ils avaient attaché leur cheval à la porte. Et la Maison durait, sous les arbres à plumes.

1907

at the hour when our hands were joined before the
idol in gala robes.

Palms! and the sweetness
of an aging of roots! . . . the breath of the trade winds,
wild doves and the feral cat
pierced the bitter foliage where, in the rawness of an
evening with an odour of Deluge,
moons, rose and green, were hanging like mangoes.

. . . And the Uncles in low voices talked with my
mother. They had hitched their horses at the gate. And
the House endured under the plumed trees.

1907

ÉLOGES

1

LES viandes grillent en plein vent, les sauces se compo-
sent

et la fumée remonte les chemins à vif et rejoint qui
marchait.

Alors le Songeur aux joues sales
se tire
d'un vieux songe tout rayé de violences, de ruses et
d'éclats,

et orné de sueurs, vers l'odeur de la viande
il descend
comme une femme qui traîne: ses toiles, tout son linge
et ses cheveux défaits.

2

J'AI aimé un cheval—qui était-ce?—il m'a bien regardé
de face, sous ses mèches.

Les trous vivants de ses narines étaient deux choses belles
à voir—avec ce trou vivant qui gonfle au-dessus de chaque
œil.

Quand il avait couru, il suait: c'est briller!—et j'ai
pressé des lunes à ses flancs sous mes genoux d'enfant . . .

J'ai aimé un cheval—qui était-ce?—et parfois (car une
bête sait mieux quelles forces nous vantent)

il levait à ses dieux une tête d'airain: soufflante, sillon-
née d'un pétiole de veines.

PRAISES

1

Meats broil in the open air, sauces are brewing
  and the smoke goes up the raw paths and overtakes
someone walking.
  Then the Dreamer with dirty cheeks
  comes slowly out of
  an old dream all streaked with violence, wiles, and
flashes of light,
  and jewelled in sweat, towards the odour of meat
  he descends
  like a woman trailing: her linen, all her clothes, and
her hanging hair.

2

I loved a horse—who was he?—he looked me straight
in the face, under his forelock.

  The quivering holes of his nostrils were two beautiful
things to see—with that quivering hole that swells over
each eye.

  When he had run, he sweated: which means to shine!
—and under my child's knees I pressed moons on his
flanks. . . .

  I loved a horse—who was he?—and sometimes (for
animals know better the forces that praise us)

  Snorting, he would lift to his gods a head of bronze,
covered with a petiole of veins.

3

L ES *rythmes de l'orgueil descendent les mornes rouges.*
Les tortues roulent aux détroits comme des astres bruns.
Des rades font un songe plein de têtes d'enfants . . .

Sois un homme aux yeux calmes qui rit,
silencieux qui rit sous l'aile calme du sourcil, perfec-
tion du vol (et du bord immobile du cil il fait retour aux
choses qu'il a vues, empruntant les chemins de la mer
frauduleuse . . . et du bord immobile du cil
il nous a fait plus d'une promesse d'îles,
comme celui qui dit à un plus jeune: «Tu verras!»
Et c'est lui qui s'entend avec le maître du navire.)

4

A ZUR! *nos bêtes sont bondées d'un cri!*
Je m'éveille, songeant au fruit noir de l'Anibe dans sa
cupule verruqueuse et tronquée . . . Ah bien! les crabes
ont dévoré tout un arbre à fruits mous. Un autre est plein
de cicatrices, ses fleurs poussaient, succulentes, au tronc.
Et un autre, on ne peut le toucher de la main, comme on
prend à témoin, sans qu'il pleuve aussitôt de ces mouches,
couleurs! . . . Les fourmis courent en deux sens. Des
femmes rient toutes seules dans les abutilons, ces fleurs
jaunes-tachées-de-noir-pourpre-à-la-base que l'on emploie
dans la diarrhée des bêtes à cornes . . . Et le sexe sent
bon. La sueur s'ouvre un chemin frais. Un homme seul
mettrait son nez dans le pli de son bras. Ces rives gon-
flent, s'écroulent sous des couches d'insectes aux noces
saugrenues. La rame a bourgeonné dans la main du
rameur. Un chien vivant au bout d'un croc est le meilleur
appât pour le requin . . .

3

Rʜʏᴛʜᴍs of pride flow down the red mornes.
Turtles roll in the narrows like brown stars.
Roadsteads dream dreams full of children's heads. . . .

Be a man with calm eyes who laughs,
who silently laughs under the calm wing of his eye-
brow, perfection of flight (and from the immobile rim
of the lashes he turns back to the things he has seen, bor-
rowing the paths of the fraudulent sea . . . and from the
immobile rim of the lashes
more than one promise has he made us of islands,
as one who says to someone younger: "You will see!"
And it is he who treats with the master of the ship).

4

Azᴜʀᴇ! our beasts are bursting with a cry!
I awake dreaming of the black fruit of the Aniba in its
warty and truncated cupule. . . . Well! the crabs have de-
voured a whole tree of soft fruits. Another is covered
with scars, its flowers were growing, succulent, out of the
trunk. And another, you can't touch it with your hand,
the way you bear witness, without suddenly there raining
down such flies—colours! . . . The ants hurry in opposite
directions. Women are laughing all alone in the abuti-
lons, the yellow-spotted-black-purple-at-the-base flowers
that are used for the diarrhoea of horned animals. . . .
And there is the good odour of sex. Sweat makes a cool
path. A man alone would bury his nose in his armpit.
Those shores are swelling, crumbling under a layer of
insects celebrating absurd nuptials. The oar has budded
in the hand of the oarsman. A live dog on the end of a
hook is best bait for the shark. . . .

—*Je m'éveille songeant au fruit noir de l'Anibe; à des fleurs en paquets sous l'aisselle des feuilles.*

5

. . . O R CES *eaux calmes sont de lait*
et tout ce qui s'épanche aux solitudes molles du matin.
Le pont lavé, avant le jour, d'une eau pareille en songe
au mélange de l'aube, fait une belle relation du ciel. Et
l'enfance adorable du jour, par la treille des tentes roulées,
descend à même ma chanson.

Enfance, mon amour, n'était-ce que cela? . . .

Enfance, mon amour . . . ce double anneau de l'œil et
l'aisance d'aimer . . .
Il fait si calme et puis si tiède,
il fait si continuel aussi,
qu'il est étrange d'être là, mêlé des mains à la facilité
du jour . . .

Enfance mon amour! il n'est que de céder . . . Et l'ai-je
dit, alors? je ne veux plus même de ces linges
à remuer là, dans l'incurable, aux solitudes vertes du
matin . . . Et l'ai-je dit, alors? il ne faut que servir
comme de vieille corde . . . Et ce cœur, et ce cœur, là!
qu'il traîne sur les ponts, plus humble et plus sauvage et
plus, qu'un vieux faubert,
exténué . . .

I awake dreaming of the black fruit of the Aniba; of flowers in bundles under the axil of the leaves.

5

... Now these calm waters are made of milk
and everything that overflows in the soft solitudes of morning.
The deck, washed before daybreak with a water like the mixture of dawn in a dream, gives a splendid account of the sky. And the adorable childhood of day, through the trellis of furled canvas, descends along my song.

Childhood, my love, was it only that? . . .

Childhood, my love . . . that double ring of the eye and the ease of loving. . . .
It is so calm and then so warm,
so continuous too,
that it is strange to be there, hands plunged in the facility of day. . . .

Childhood, my love! nothing to do but to yield. . . .
And did I say, then? I don't even want those linens now
to stir, in the incurable, there in the green solitudes of the morning. . . . And did I say, then? one has only to serve
like an old rope. . . . And that heart, and that heart, there! let it drag on the decks, more humble and untamed and more, than an old swab,
exhausted. . . .

6

Eт d'autres *montent, à leur tour, sur le pont*
et moi je prie, encore, qu'on ne tende la toile . . . mais
pour cette lanterne, vous pouvez bien l'éteindre . . .

Enfance, mon amour! c'est le matin, ce sont
des choses douces qui supplient, comme la haine de
chanter,

douces comme la honte, qui tremble sur les lèvres, des
choses dites de profil,

ô douces, et qui supplient, comme la voix la plus douce
du mâle s'il consent à plier son âme rauque vers qui
plie . . .

Et à présent je vous le demande, n'est-ce pas le matin
. . . une aisance du souffle

et l'enfance agressive du jour, douce comme le chant
qui étire les yeux?

7

Un peu *de ciel bleuit au versant de nos ongles. La*
journée sera chaude où s'épaissit le feu. Voici la chose
comme elle sera:

Un grésillement aux gouffres écarlates, l'abîme piétiné
des buffles de la joie (ô joie inexplicable sinon par la
lumière!) Et le malade, en mer, dira

qu'on arrête le bateau pour qu'on puisse l'ausculter.

Et grand loisir alors à tous ceux de l'arrière, les ruées
du silence refluant à nos fronts . . . Un oiseau qui suivait,
son vol l'emporte par-dessus tête, il évite le mât, il passe,
nous montrant ses pattes roses de pigeon, sauvage comme
Cambyse et doux comme Assuérus . . . Et le plus jeune
des voyageurs, s'asseyant de trois quarts sur la lisse: «Je
veux bien vous parler des sources sous la mer . . .» (on
le prie de conter)

6

A<small>ND</small> others come up on the deck in their turn
and again I beg them not to set the tent . . . but as for
that lantern, you might as well put it out. . . .

Childhood, my love! it is morning, it is
gentle things that implore, like the hatred of singing,
gentle as the shame that trembles on the lips of things
said in profile,

O gentle, and imploring, like the voice of the male at
its gentlest when willing to bend his harsh soul towards
someone who bends. . . .

And now I am asking you, isn't it morning . . . a free-
dom of breath

and the aggressive childhood of day, gentle as the song
that half closes the eyes?

7

A <small>BIT</small> of sky grows blue on the slope of our nails. The
day will be hot where the fire thickens. This is how it
will be:

a crackling in the scarlet chasms, the abyss trampled
by buffaloes of joy (O joy inexplicable except by light!).
And out at sea, the sick man will ask them

to stop the ship so they can listen to his chest.

And great leisure then for all those in the stern, surges
of silence ebbing over our foreheads. . . . A bird that was
following, his flight sweeps him overhead, he misses the
mast, he sails by, showing us his pigeon-pink claws, wild
as Cambyses and gentle as Ahasuerus. . . . And the young-
est of the travellers, sitting on the taffrail: "I want to tell
you about the springs under the sea . . ." (they beg him
to tell).

—*Cependant le bateau fait une ombre vert-bleue;
paisible, clairvoyante, envahie de glucoses où paissent
  en bandes souples qui sinuent
  ces poissons qui s'en vont comme le thème au long
du chant.*

... *Et moi, plein de santé, je vois cela, je vais
près du malade et lui conte cela:
et voici qu'il me hait.*

8

Au négociant *le porche sur la mer, et le toit au faiseur
d'almanachs!* ... *Mais pour un autre le voilier au fond
des criques de vin noir, et cette odeur! et cette odeur
avide de bois mort, qui fait songer aux taches du Soleil,
aux astronomes, à la mort* ...

—*Ce navire est à nous et mon enfance n'a sa fin.
  J'ai vu bien des poissons qu'on m'enseigne à nommer.
J'ai vu bien d'autres choses, qu'on ne voit qu'en pleine
Eau; et d'autres qui sont mortes; et d'autres qui sont
feintes* ... *Et ni
  les paons de Salomon, ni la fleur peinte au baudrier
des Ras, ni l'ocelot nourri de viande humaine, devant les
dieux de cuivre, par Montezuma
  ne passent en couleurs
  ce poisson buissonneux hissé par-dessus bord pour
amuser ma mère qui est jeune et qui bâille.*

... *Des arbres pourrissaient au fond des criques de vin
noir.*

—Meanwhile the ship casts a green-blue shadow; peaceful, clairvoyant, permeated with glucose where graze
in supple and sinuating bands
those fish that move like the theme along the song.

... And I, full of health, I see this, I approach
the sick man and tell him about it:
and then how he hates me.

8

To the merchant the porch on the sea, and the roof to
the maker of almanacs! ... But for another the sail at
the far end of creeks of black wine, and that smell! that
avid smell of dead wood, making one think of Sun spots,
astronomers, and death. . . .

—This ship is ours and my childhood knows no end.
I have seen many fishes and am taught all their names.
I have seen many other things that can only be seen far
out on the Water; and others that are dead; and others
that are make-believe. . . . And neither
the peacocks of Solomon, nor the flower painted on the
baldric of the Ras, nor the ocelot fed on human flesh,
before the bronze gods, by Montezuma
surpass in colour
this bushy fish hoisted aboard to entertain my mother
who is young and who yawns.

... Trees were rotting at the far end of creeks of black
wine.

9

... Oh finissez! *Si vous parlez encore*
d'atterrir, j'aime mieux vous le dire,
je me jetterai là sous vos yeux.
La voile dit un mot sec, et retombe. Que faire?
Le chien se jette à l'eau et fait le tour de l'Arche.
Céder! comme l'écoute.

... Détachez la chaloupe
ou ne le faites pas, ou décidez encore
qu'on se baigne ... Cela me va aussi.

... Tout l'intime de l'eau se resonge en silence aux
contrées de la toile.
Allez, c'est une belle histoire qui s'organise là
—ô spondée du silence étiré sur ses longues!

... Et moi qui vous parlais, je ne sais rien, ni d'aussi
fort, ni d'aussi nu
qu'en travers du bateau, ciliée de ris et nous longeant
notre limite,
la grand'voile irritable couleur de cerveau.

... Actes, fêtes du front, et fêtes de la nuque! ...
et ces clameurs, et ces silences! et ces nouvelles en voyage
et ces messages par marées, ô libations du jour! ...
et la présence de la voile, grande âme malaisée, la voile
étrange, là, et chaleureuse révélée, comme la présence
d'une joue ... Ô
bouffées! ... Vraiment j'habite la gorge d'un dieu.

9

. . . Oh be quiet! If you speak again of landing,
let me tell you right now,
I'll throw myself overboard under your eyes.
. . . The sail snaps a dry word, and falls back again.
What's to be done?
The dog jumps into the water and takes a turn round
the Ark.
Yield! Like the sail.

. . . Cast off the ship's boat
or else don't, or decide
to go swimming . . . that suits me too.

All the secret being of the water is silently redreamed
in the countries of the sail.
Indeed, a fine story being composed there
—O spondee of silence with the longs drawn out!

. . . And I who am telling you, I know of nothing so
strong or so naked
as, across the boat, ciliated with reef-points, and graz-
ing us, our limit,
the irritable mainsail the colour of brains.

. . . Acts, feasts for the forehead and feasts for the
nape! . . .
and those clamours, those silences! and those tidings
on a journey and those messages on the tides, O libations
of the day! . . . and the presence of the sail, great restless
soul, the sail, strange there, showing warm, like the pres-
ence of a cheek . . . O
gusts! . . . Truly I inhabit the throat of a God.

10

Pour *débarquer des bœufs et des mulets,*
on donne à l'eau, par-dessus bord, ces dieux coulés en
or et frottés de résine.

L'eau les vante! jaillit!

et nous les attendons à quai, avec des lattes élevées en
guise de flambeaux; et nous tenons les yeux fixés sur
l'étoile de ces fronts—étant là tout un peuple dénué, vêtu
de son luisant, et sobre.

11

Comme *des lames de fond*
on tire aux magasins de grandes feuilles souples de
métal: arides, frémissantes et qui versent, capté, tout un
versant du ciel.

Pour voir, se mettre à l'ombre. Sinon, rien.

La ville est jaune de rancune. Le Soleil précipite dans
les darses une querelle de tonnerres. Un vaisseau de
fritures coule au bout de la rue
raboteuse, qui de l'autre, bombant, s'apprivoise parmi
la poudre des tombeaux.

(Car c'est le Cimetière, là, qui règne si haut, à flanc
de pierre ponce: foré de chambres, planté d'arbres qui
sont comme des dos de casoars.)

12

Nous *avons un clergé, de la chaux.*
Je vois briller les feux d'un campement de Soudeurs...

—Les morts de cataclysme, comme des bêtes épluchées,
dans ces boîtes de zinc portées par les Notables et qui
reviennent de la Mairie par la grand'rue barrée d'eau

10

To land oxen and mules,

those gods cast in gold and polished with resin are given overboard to the water.

The water lauds them! leaps up!

and we wait for them on the quay, with lifted rods instead of torches; and we keep our eyes fixed on the star on their foreheads—a whole destitute people dressed in its shine, and sober.

11

Like ground-swells

great undulating sheets of metal are dragged to the warehouses: dry, shivering, and spilling a whole slope of captured sky.

To see, go into the shade. Otherwise, nothing.

The city is yellow with rancour. The Sun in the roadsteads precipitates a quarrel of thunder. A boat with fish frying sinks at one end of the rough

street, which, at the other, arching, is tamed in the dust of the tombs.

(For it is the Cemetery that reigns so high, up there, with its pumice-stone flank: riddled with chambers, planted with trees that look like cassowaries' backs.)

12

We have priests, we have lime.

I can see the glow of the fires of a Solderers' camp. . . .

—The victims of disaster, like plucked animals,

in those zinc boxes borne by the Notables who are coming back from the Town Hall along the main street

*verte (ô bannières gaufrées comme des dos de chenilles,
et une enfance en noir pendue à des glands d'or!)*

   *sont mis en tas, pour un moment, sur la place couverte
du Marché:*

   où debout

   et vivant

   et vêtu d'un vieux sac qui fleure bon le riz,

   *un nègre dont le poil est de la laine de mouton noir
grandit comme un prophète qui va crier dans une
conque—cependant que le ciel pommelé annonce pour
ce soir*

   un autre tremblement de terre.

13

L*a* tête *de poisson ricane*

   *entre les pis du chat crevé qui gonfle—vert ou mauve?
—Le poil, couleur d'écaille, est misérable, colle,*

   *comme la mèche que suce une très vieille petite fille
osseuse, aux mains blanches de lèpre.*

   *La chienne rose traîne, à la barbe du pauvre, toute une
viande de mamelles. Et la marchande de bonbons*

   se bat

   *contre les guêpes dont le vol est pareil aux morsures
du jour sur le dos de la mer. Un enfant voit cela,*

   si beau

   *qu'il ne peut plus fermer ses doigts . . . Mais le coco
que l'on a bu et lancé là, tête aveugle qui clame affran-
chie de l'épaule,*

   détourne du dalot

   *la splendeur des eaux pourpres lamées de graisses et
d'urines, où trame le savon comme de la toile d'araignée.*

❖

crossed by green water (O banners diapered like cater-
pillars' backs, and children in black hanging to gold
tassels!)

are piled up for a moment on the covered Market
Place:

where erect

and alive

and dressed in an old sack good-smelling of rice,

a Negro whose hair is black sheep's wool rises like a
prophet about to shout into a conch—while the dappled
sky for this evening predicts

another earthquake.

13

THE FISH-HEAD sneers

in the midst of the dugs of the dead cat that is begin-
ning to swell—green or mauve?—Its fur, the colour of
tortoise-shell is miserable and sticky,

like the lock of hair that a very old little girl, bony
and with leper-white hands, is sucking.

The pink bitch drags, under the beggar's nose, a whole
banquet of dugs. And the candy-girl

battles

the wasps whose flight is like the bites of sunlight on
the back of the sea. A child sees it all,

so beautiful

that he can no longer close his fingers. . . . But the
coconut that's been drained and tossed there, blind
clamouring head set free from the shoulder,

diverts from the gutter

the metallic splendour of the purple waters mottled
with grease and urine, where soap weaves a spider's web.

❖

Sur la chaussée de cornaline, une fille vêtue comme un roi de Lydie.

14

Sɪʟᴇɴᴄɪᴇᴜsᴇᴍᴇɴᴛ *va la sève et débouche aux rives minces de la feuille.*

Voici d'un ciel de paille où lancer, ô lancer! à tour de bras la torche!

Pour moi, j'ai retiré mes pieds,

Ô mes amis où êtes-vous que je ne connais pas? . . . Ne verrez-vous cela aussi? . . . des havres crépitants, de belles eaux de cuivre mol où midi émietteur de cymbales troue l'ardeur de son puits . . . Ô c'est l'heure

où dans les villes surchauffées, au fond des cours gluantes sous les treilles glacées, l'eau coule aux bassins clos violée

des roses vertes de midi . . . et l'eau nue est pareille à la pulpe d'un songe, et le Songeur est couché là, et il tient au plafond son œil d'or qui guerroie . . .

Et l'enfant qui revient de l'école des Pères, affectueux longeant l'affection des Murs qui sentent le pain chaud, voit au bout de la rue où il tourne

la mer déserte plus bruyante qu'une criée aux poissons. Et les boucauts de sucre coulent, aux Quais de marcassite peints, à grands ramages, de pétrole

et des nègres porteurs de bêtes écorchées s'agenouillent aux faïences des Boucheries Modèles, déchargeant un faix d'os et d'ahan,

et au rond-point de la Halle de bronze, haute demeure courroucée où pendent les poissons et qu'on entend chanter dans sa feuille de fer, un homme glabre, en cotonnade jaune, pousse un cri: je suis Dieu! et d'autres: il est fou!

On the cornelian quay, a girl dressed like a Lydian king.

14

SILENTLY flows the sap and comes out on the slender shores of the leaf.

Behold, what a sky of straw into which to hurl, O hurl! with all one's might the torch!

As for me, I have drawn back my feet.

O my friends where are you, whom I do not know? . . . Can't you see this too? . . . harbours crackling, splendid waters of soft copper where noon, crumbler of cymbals, pierces the ardour of its well . . . O it is the hour

when, in the scorching cities, at the back of viscous courtyards, water flows in the enclosed pools under chill trellises, violated

by noon-green roses . . . and the naked water is like the pulp of a dream, and the Dreamer is lying there, and he fixes on the ceiling his bellicose golden eye. . . .

And the child coming home from the Fathers' school, affectionate, hugging the affection of the Walls that smell of hot bread, sees at the end of the street where he turns

the sea deserted and noisier than a fish auction. And the kegs of sugar drip on the Quays of marcasite painted in great festoons with fuel oil,

and Negroes, porters of skinned animals, kneel at the tile counters of the Model Butcher Shops, discharging a burden of bones and of groans,

and in the center of the Market of bronze, high exasperated abode where fishes hang and that can be heard singing in its sheet of tin, a hairless man in yellow cotton cloth gives a shout: I am God! and other voices: he is mad!

*et un autre envahi par le goût de tuer se met en
marche vers le Château-d'Eau avec trois billes de poison:
rose, verte, indigo.*

Pour moi, j'ai retiré mes pieds.

15

ENFANCE, *mon amour, j'ai bien aimé le soir aussi:
c'est l'heure de sortir.*

*Nos bonnes sont entrées aux corolles des robes . . . et
collés aux persiennes, sous nos tresses glacées, nous avons
    vu comme lisses, comme nues, elles élèvent à bout de
bras l'anneau mou de la robe.*

*Nos mères vont descendre, parfumées avec l'herbe-à-
Madame-Lalie . . . Leurs cous sont beaux. Va devant et
annonce: Ma mère est la plus belle!—J'entends déjà
    les toiles empesées*

*qui traînent par les chambres un doux bruit de ton-
nerre . . . Et la Maison! la Maison? . . . on en sort!*

*Le vieillard même m'envierait une paire de crécelles
    et de bruire par les mains comme une liane à pois, la
guilandine ou le mucune.*

*Ceux qui sont vieux dans le pays tirent une chaise sur
la cour, boivent des punchs couleur de pus.*

16

. . . CEUX *qui sont vieux dans le pays le plus tôt sont
levés*

*à pousser le volet et regarder le ciel, la mer qui change
de couleur*

and another filled with an urge to kill starts toward
the Reservoir with three balls of poison: rose, green,
indigo.

As for me, I have drawn back my feet.

15

CHILDHOOD, my love, I loved evening too: it is the
hour for going out.
  Our nurses have gone into the corolla of their dresses . . .
and glued to the blinds, under our clammy hair, we have
    seen as smooth, as bare, they lifted at arm's length the
soft ring of the dresses.
  Our mothers will be coming down, perfumed with
l'herbe-à-Madame-Lalie. . . . Their necks are beautiful.
Run ahead and announce: My mother is the most beau-
tiful! Already I can hear
    the starched petticoats
    trailing through the rooms a soft noise of thunder. . . .
And the House! the House? . . . we go out of it!
    Even the old man would envy me a pair of rattles and
    being able to make a noise with my hands like a wild
pea vine, the guilandina or the mucuna.

Those who are old in the country drag a chair to the
courtyard, drink punches the color of pus.

16

. . . THOSE who are old in the country are the earliest
risen
    to push open the shutters and to look at the sky, the
sea changing colour

et les îles, disant: la journée sera belle si l'on en juge par cette aube.

Aussitôt c'est le jour! et la tôle des toits s'allume dans la transe, et la rade est livrée au malaise, et le ciel à la verve, et le Conteur s'élance dans la veille!

La mer, entre les îles, est rose de luxure; son plaisir est matière à débattre, on l'a eu pour un lot de bracelets de cuivre!
Des enfants courent aux rivages! des chevaux courent aux rivages! . . . un million d'enfants portant leurs cils comme des ombelles . . . et le nageur

a une jambe en eau tiède mais l'autre pèse dans un courant frais; et les gomphrènes, les ramies,
l'acalyphe à fleurs vertes et ces piléas cespiteuses qui sont la barbe des vieux murs
s'affolent sur les toits, au rebord des gouttières,

car un vent, le plus frais de l'année, se lève, aux bassins d'îles qui bleuissent,
et déferlant jusqu'à ces cayes plates, nos maisons, coule au sein du vieillard
par le havre de toile jusqu'au lieu plein de crin entre les deux mamelles.

Et la journée est entamée, le monde
n'est pas si vieux que soudain il n'ait ri . . .

C'est alors que l'odeur du café remonte l'escalier.

and the islands, saying: the day will be fine to judge
by this dawn.

Suddenly it is day! and the tin of the roofs lights up
in a trance, the roadstead is a prey to uneasiness, the sky
full of zest, and the Storyteller plunges into his vigil!

The sea, between the islands, is rosy with lust; its
pleasure is a matter for bargaining, it was had for a
batch of bronze bracelets!
Children run to the shore! horses run to the shore! . . .
a million children wearing their lashes like umbels . . .
and the swimmer

has one leg in warm water while the other is heavy in
a cool current; and gomphrena, ramie,
acalypha with green flowers, and those tufted pilea that
are the beards of old walls
are in a frenzy on the roofs, along the edge of the
gutters,

for a wind, the coolest of the year, rises in the sounds
between the islands growing blue,
and unfurling over these flat cays, our houses, flows
over the old man's chest
through the haven of cotton to the hairy place be-
tween his breasts.

And the day is begun, and the world
is not too old to burst into laughter. . . .

It is then that the odour of coffee ascends the stairs.

17

«Q*uand vous aurez fini de me coiffer, j'aurai fini
de vous haïr.*»

L'enfant veut qu'on le peigne sur le pas de la porte.

«*Ne tirez pas ainsi sur mes cheveux. C'est déjà bien
assez qu'il faille qu'on me touche. Quand vous m'aurez
coiffé, je vous aurai haïe.*»

*Cependant la sagesse du jour prend forme d'un bel
arbre*

et l'arbre balancé

qui perd une pincée d'oiseaux,

*aux lagunes du ciel écaille un vert si beau qu'il n'y a
de plus vert que la punaise d'eau.*

«*Ne tirez pas si loin sur mes cheveux . . .*»

18

A *présent laissez-moi, je vais seul.*

*Je sortirai, car j'ai affaire: un insecte m'attend pour
traiter. Je me fais joie*

*du gros œil à facettes: anguleux, imprévu, comme le
fruit du cyprès.*

*Ou bien j'ai une alliance avec les pierres veinées-bleu:
et vous me laissez également,*

assis, dans l'amitié de mes genoux.

1908

17

"When you stop combing my hair, I'll stop hating you."

The child wants his hair combed on the doorstep.

"Don't pull like that. It's bad enough being touched. When you've finished my hair, I'll have hated you."

Meanwhile the wisdom of day takes the shape of a fine tree

and the swaying tree,

loosing a pinch of birds,

scales off in the lagoons of the sky a green so beautiful, there is nothing that is greener except the water-bug.

"Don't pull on my hair so far. . . ."

18

And now let me be, I go alone.

I shall go out, for I have things to do: an insect is waiting to treat with me. I delight in

his big, faceted eye: angular, unexpected, like the fruit of the cypress.

Or else I have an alliance with the blue-veined stones: and also you'll let me be,

sitting, in the friendship of my knees.

1908

IMAGES A CRUSOÉ

LES CLOCHES

Vieil homme aux mains nues,
   remis entre les hommes, Crusoé!
   tu pleurais, j'imagine, quand des tours de l'Abbaye,
comme un flux, s'épanchait le sanglot des cloches sur
la Ville . . .
   Ô Dépouillé!
   Tu pleurais de songer aux brisants sous la lune; aux
sifflements de rives plus lointaines; aux musiques
étranges qui naissent et s'assourdissent sous l'aile close
de la nuit,
   pareilles aux cercles enchaînés que sont les ondes d'une
conque, à l'amplification de clameurs sous la mer . . .

LE MUR

Le pan de mur est en face, pour conjurer le cercle
de ton rêve.
   Mais l'image pousse son cri.
   La tête contre une oreille du fauteuil gras, tu éprouves
tes dents avec ta langue: le goût des graisses et des
sauces infecte tes gencives.
   Et tu songes aux nuées pures sur ton île, quand l'aube
verte s'élucide au sein des eaux mystérieuses.
   . . . C'est la sueur des sèves en exil, le suint amer des
plantes à siliques, l'âcre insinuation des mangliers charnus
et l'acide bonheur d'une substance noire dans les gousses.
   C'est le miel fauve des fourmis dans les galeries de
l'arbre mort.

PICTURES FOR CRUSOE

THE BELLS

O LD man with naked hands,
cast up among men again, Crusoe!
you wept, I imagine, when from the Abbey towers,
like a tide, the sob of the bells poured over the City. . . .
O Despoiled!
You wept to remember the surf in the moonlight; the
whistlings of the more distant shores; the strange music
that is born and is muffled under the folded wing of the
night,
like the linked circles that are the waves of a conch,
or the amplifications of the clamours under the sea. . . .

THE WALL

T HE stretch of wall is across the way to break the
circle of your dream.
But the image cries out.
Your head against one wing of the greasy armchair,
you explore your teeth with your tongue: the taste of
grease and of sauces taints your gums.
And you dream of the pure clouds over your island,
when green dawn grows clear on the breast of the mys-
terious waters.
. . . It is the sweat of saps in exile, the bitter oozings
of plants with long pods, the acrid insinuation of fleshy
mangroves, and the acid delight of a black substance
within the pods.
It is the wild honey of ants in the galleries of the dead
tree.

C'est un goût de fruit vert, dont surit l'aube que tu bois; l'air laiteux enrichi du sel des alizés . . .

Joie! ô joie déliée dans les hauteurs du ciel! Les toiles pures resplendissent, les parvis invisibles sont semés d'herbages et les vertes délices du sol se peignent au siècle d'un long jour . . .

LA VILLE

L'ARDOISE *couvre leurs toitures ou bien la tuile où végètent les mousses.*

Leur haleine se déverse par le canal des cheminées. Graisses!

Odeur des hommes pressés, comme d'un abattoir fade! aigres corps des femmes sous les jupes!

Ô Ville sur le ciel!

Graisses! haleines reprises, et la fumée d'un peuple très suspect—car toute ville ceint l'ordure.

Sur la lucarne de l'échoppe—sur les poubelles de l'hospice—sur l'odeur de vin bleu du quartier des matelots—sur la fontaine qui sanglote dans les cours de police—sur les statues de pierre blette et sur les chiens errants—sur le petit enfant qui siffle, et le mendiant dont les joues tremblent au creux des mâchoires,

sur la chatte malade qui a trois plis au front,

le soir descend, dans la fumée des hommes . . .

—La Ville par le fleuve coule à la mer comme un abcès . . .

Crusoé!—ce soir près de ton Ile, le ciel qui se rapproche louangera la mer, et le silence multipliera l'exclamation des astres solitaires.

Tire les rideaux; n'allume point:

It is the sour taste of green fruit in the dawn that you drink; the air, milky and spiced with the salt of the trade winds. . . .

Joy! O joy set free in the heights of the sky! The pure linens are resplendent, invisible parvises are strewn with grasses and leaves, and the green delights of the earth are painted on the century of a long day. . . .

THE CITY

SLATE covers their roofs, or else tile where mosses grow.

Their breath flows out through the chimneys.

Grease!

Odour of men in crowds, like the stale smell of a slaughter-house! sour bodies of women under their skirts!

O City against the sky!

Grease! breaths rebreathed, and the smoke of a very dubious people—for every city encompasses filth.

On the skylight of the little shop—on the garbage cans of the poor-house—on the odour of cheap wine in the sailors' quarter—on the fountain sobbing in the police courtyards—on the statues of mouldy stone and on stray dogs—on the little boy whistling, and the beggar whose cheeks tremble in the hollow of his jaws,

on the sick cat with three wrinkles on its forehead,

the evening descends, in the smoke of men. . . .

—The City like an abscess flows through the river to the sea. . . .

Crusoe!—this evening over your Island, the sky drawing near will give praise to the sea, and the silence will multiply the exclamation of the solitary stars.

Draw the curtains; do not light the lamp:

C'est le soir sur ton Ile et à l'entour, ici et là, partout où s'arrondit le vase sans défaut de la mer; c'est le soir couleur de paupières, sur les chemins tissés du ciel et de la mer.

Tout est salé, tout est visqueux et lourd comme la vie des plasmes.

L'oiseau se berce dans sa plume, sous un rêve huileux; le fruit creux, sourd d'insectes, tombe dans l'eau des criques, fouillant son bruit.

L'île s'endort au cirque des eaux vastes, lavée des courants chauds et des laitances grasses, dans la fréquentation des vases somptueuses.

Sous les palétuviers qui la propagent, des poissons lents parmi la boue ont délivré des bulles avec leur tête plate; et d'autres qui sont lents, tachés comme des reptiles, veillent.—Les vases sont fécondées—Entends claquer les bêtes creuses dans leurs coques—Il y a sur un morceau de ciel vert une fumée hâtive qui est le vol emmêlé des moustiques—Les criquets sous les feuilles s'appellent doucement—Et d'autres bêtes qui sont douces, attentives au soir, chantent un chant plus pur que l'annonce des pluies: c'est la déglutition de deux perles gonflant leur gosier jaune . . .

Vagissement des eaux tournantes et lumineuses!

Corolles, bouches des moires: le deuil qui point et s'épanouit! Ce sont de grandes fleurs mouvantes en voyage, des fleurs vivantes à jamais, et qui ne cesseront de croître par le monde . . .

Ô la couleur des brises circulant sur les eaux calmes, les palmes des palmiers qui bougent!

Et pas un aboiement lointain de chien qui signifie la hutte; qui signifie la hutte et la fumée du soir et les trois pierres noires sous l'odeur de piment.

Mais les chauves-souris découpent le soir mol à petits cris.

It is evening on your Island and all around, here and there, wherever arches the faultless vase of the sea; it is evening the colour of eyelids, on roads woven of sky and of sea.

Everything is salty, everything is viscous and heavy like the life of plasmas.

The bird rocks itself in its feathers, in an oily dream; the hollow fruit, deafened by insects, falls into the water of the creeks, probing its noise.

The island falls asleep in the arena of vast waters, washed by warm currents and unctuous milt, in the embrace of sumptuous ooze.

Under the propagating mangroves, slow fishes in the mud have discharged bubbles with their flat heads; and others that are slow, spotted like reptiles, keep watch.— The slime is fecundated—Hear the hollow creatures rattling in their shells—Against a bit of green sky there is a sudden puff of smoke which is the tangled flight of mosquitos—The crickets under the leaves are gently calling to each other—And other gentle creatures, heedful of the night, sing a song purer than the signs of the coming rains: it is the swallowing of two pearls swelling their yellow gullets. . . .

Wailing of waters swirling and luminous!

Corollas, mouths of watered silk: mourning that breaks and blossoms! Big moving flowers on a journey, flowers alive forever, and that will not cease to grow throughout the world. . . .

O the colour of the winds circling over the calm waters,

the palm-leaves of the palm-trees that stir!

And no distant barking of a single dog that means a hut; that means a hut and the evening smoke and the three black stones under the odour of pimentoes.

But the bats stipple the soft evening with little cries.

Joie! ô joie déliée dans les hauteurs du ciel!

. . . Crusoé tu es là! Et ta face est offerte aux signes de la nuit, comme une paume renversée.

VENDREDI

Rires *dans du soleil,*

ivoire! agenouillements timides, les mains aux choses de la terre . . .

Vendredi! que la feuille était verte, et ton ombre nouvelle, les mains si longues vers la terre, quand, près de l'homme taciturne, tu remuais sous la lumière le ruissellement bleu de tes membres!

—Maintenant l'on t'a fait cadeau d'une défroque rouge. Tu bois l'huile des lampes et voles au garde-manger; tu convoites les jupes de la cuisinière qui est grasse et qui sent le poisson; tu mires au cuivre de ta livrée tes yeux devenus fourbes et ton rire, vicieux.

LE PERROQUET

C'est *un autre.*

Un marin bègue l'avait donné à la vieille femme qui l'a vendu. Il est sur le palier près de la lucarne, là où s'emmêle au noir la brume sale du jour couleur de venelles.

D'un double cri, la nuit, il te salue, Crusoé, quand, remontant des fosses de la cour, tu pousses la porte du couloir et élèves devant toi l'astre précaire de ta lampe. Il tourne sa tête pour tourner son regard. Homme à la lampe! que lui veux-tu? . . . Tu regardes l'œil rond sous le pollen gâté de la paupière; tu regardes le deuxième cercle comme un anneau de sève morte. Et la plume malade trempe dans l'eau de fiente.

Ô misère! Souffle ta lampe. L'oiseau pousse son cri.

Joy! O joy set free in the heights of the sky!
. . . Crusoe! you are there! and your face is proffered
to the signs of the night like an upturned palm.

FRIDAY

Laughter in the sun,
ivory! timid kneelings, and your hands on the things
of the earth . . .
Friday! how green was the leaf, and your shadow how
new, your hands so long towards the earth when, beside
the taciturn man, you moved in the light the streaming
blue of your limbs!
—Now they have given you a cast-off red coat. You
drink the oil of the lamps and steal from the larder; you
leer at the skirts of the cook who is fat and who smells
of fish; you see in the mirroring brass of your livery your
eyes grown sly and vicious your laughter.

THE PARROT

Here is another.
A stuttering sailor had given him to the old woman
who sold him. He is on the landing near the skylight,
where the darkness is mixed with the dirty fog of the
day, the colour of alleys.
At night, with a double cry he greets you, Crusoe,
when, coming up from the latrine in the courtyard, you
open the door of the passage and hold up the precarious
star of your lamp. To turn his eyes, he turns his head.
Man with the lamp! what do you want with him? . . .
You look at his round eye under the putrid pollen of
the lid; you look at the second circle that is like a ring
of dead sap. And the sick feather trails in the water of
his droppings.
O misery! blow out your lamp. The bird gives his cry.

LE PARASOL DE CHÈVRE

Il est *dans l'odeur grise de poussière, dans la soupente du grenier. Il est sous une table à trois pieds; c'est entre la caisse où il y a du sable pour la chatte et le fût décerclé où s'entasse la plume.*

L'ARC

Devant *les sifflements de l'âtre, transi sous ta houppelande à fleurs, tu regardes onduler les nageoires douces de la flamme.—Mais un craquement fissure l'ombre chantante: c'est ton arc, à son clou, qui éclate. Et il s'ouvre tout au long de sa fibre secrète, comme la gousse morte aux mains de l'arbre guerrier.*

LA GRAINE

Dans *un pot tu l'as enfouie, la graine pourpre demeurée à ton habit de chèvre.*

Elle n'a point germé.

LE LIVRE

Et quelle *plainte alors sur la bouche de l'âtre, un soir de longues pluies en marche vers la ville, remuait dans ton cœur l'obscure naissance du langage:*

«. . . D'un exil lumineux—et plus lointain déjà que l'orage qui roule—comment garder les voies, ô mon Seigneur! que vous m'aviez livrées?

«. . . Ne me laisserez-vous que cette confusion du soir —après que vous m'ayez, un si long jour, nourri du sel de votre solitude,

«témoin de vos silences, de votre ombre et de vos grands éclats de voix?»

THE GOATSKIN PARASOL

I‌T IS there in the grey odour of dust under the eaves of the attic. It is beneath the three-legged table; it is between the box of sand for the cat and the unhooped barrel piled with feathers.

THE BOW

B‌EFORE the hissings of the hearth, numb beneath your flowered wrapper, you watch the soft undulating fins of the flames.—But a snapping fissures the singing darkness: it is your bow, on its nail, that has burst. And it splits along the whole length of its secret fibre, like the dead pod in the hands of the warrior tree.

THE SEED

Y‌OU buried it in a flowerpot, the purple seed that had stuck to your goatskin jacket.

It has not sprouted.

THE BOOK

A‌ND then what a wail in the mouth of the hearth, a night of long rains on their march toward the city, stirred in your heart the obscure birth of speech:

". . . Of a luminous exile—and more distant already than the storm that is rolling—how can I, O Lord, keep the ways that you opened?

". . . Will you leave me only this confusion of evening—having, for so long a day, nourished me on the salt of your solitude,

"witness of your silences, of your shadow, and of the great blasts of your voice?"

—Ainsi tu te plaignais, dans la confusion du soir.

Mais sous l'obscure croisée, devant le pan de mur d'en face, lorsque tu n'avais pu ressusciter l'éblouissement perdu,

   alors, ouvrant le Livre,

   tu promenais un doigt usé entre les prophéties, puis le regard fixé au large, tu attendais l'instant du départ, le lever du grand vent qui te descellerait d'un coup, comme un typhon, divisant les nuées devant l'attente de tes yeux.

                                                   1904

—Thus you lamented in the confusion of evening.

But sitting by the window opposite the stretch of wall across the way, having failed to resuscitate the lost splendour,

you would open the Book,

and letting your worn finger wander among the prophecies, your gaze far away, you awaited the moment of departure, the rising of the great wind that would suddenly tear you away, like the typhoon, parting the clouds before your waiting eyes.

1904

LA GLOIRE DES

ROIS

✧

THE GLORY OF

KINGS

TRANSLATED BY LOUISE VARÈSE

RÉCITATION

A L'ÉLOGE D'UNE REINE

1

«Haut asile des graisses vers qui cheminent les désirs
d'un peuple de guerriers muets avaleurs de salive,
ô Reine! romps la coque de tes yeux, annonce
en ton épaule qu'elle vit!
ô Reine, romps la coque de tes yeux, sois-nous propice,
accueille
un fier désir, ô Reine! comme un jeu sous l'huile, de
nous baigner nus devant Toi,
jeunes hommes!»

✧

—Mais qui saurait par où faire entrée dans Son cœur?

2

«J'ai dit, ne comptant point ses titres sur mes doigts:
Ô Reine sous le rocou! grand corps couleur d'écorce, ô
corps comme une
table de sacrifices! et table de ma loi!
Aînée! ô plus Paisible qu'un dos de fleuve, nous louons
qu'un crin splendide et fauve orne ton flanc caché,
dont l'ambassadeur rêve qui se met en chemin
dans sa plus belle robe!»

✧

—Mais qui saurait par où faire entrée dans Son cœur?

RECITATION
IN PRAISE OF A QUEEN

1

"High sanctuary of flesh towards which journey the desires

of a warrior people, mute swallowers of spittle,

O Queen! break the shell of your eyes, in your shoulder
make known that it lives!

O Queen, break the shell of your eyes, to us be propitious, accept

a proud desire, O Queen! that before You, anointed
as for games, naked we should bathe,

young men!"

✧

—But who would know by what breach to enter Her heart?

2

"I said, on my fingers never counting her titles:

O Queen under the roucou! great body the colour of
bark, O body like a

table of sacrifices! and table of my law!

Great Elder, O more Placid than a river's back, we
give praise

that such splendid, tawny hair adorns your hidden flank,
dreamed of by the ambassador setting out

in his finest attire!"

✧

—But who would know by what breach to enter Her heart?

3

«J'AI *dit en outre, menant mes yeux comme deux chiennes bien douées:*

Ô bien-Assise, ô Lourde! tes mains pacifiques et larges
sont comme un faix puissant de palmes sur l'aise de tes jambes,

ici et là, où brille et tourne
le bouclier luisant de tes genoux; et nul fruit à ce ventre infécond scellé du haut nombril ne veut pendre, sinon

par on ne sait quel secret pédoncule
nos têtes!»

✧

—Mais qui saurait par où faire entrée dans Son cœur?

4

«ET DIT *encore, menant mes yeux comme de jeunes hommes à l'écart:*

. . . Reine parfaitement grasse, soulève
cette jambe de sur cette autre; et par là faisant don du parfum de ton corps,

ô Affable! ô Tiède, ô un-peu-Humide, et Douce,
il est dit que tu nous

dévêtiras d'un souvenir cuisant des champs de poivriers et des grèves où croît l'arbre-à-cendre et des gousses nubiles et des bêtes à poche
musquée!»

✧

—Mais qui saurait par où faire entrée dans Son cœur?

3

"I said, moreover, leading my eyes like two thoroughbred bitches:

O Solidly-Seated-One, O Heavy! your hands pacific and wide
    are like a powerful weight of palms on the ease of your limbs,
    here and there, where sparkles and turns
    the bright buckler of your knees; and no fruit in that infecund womb by the high navel sealed would hang, other than,
    from what secret stem,
    our heads!"

✧

—*But who would know by what breach to enter Her heart?*

4

"And said again, leading my eyes like young men apart:

    . . . Queen faultlessly fat, lift
    that leg from upon that other leg; and thus making a gift of the perfume of your body,
    O Affable One! O Warm, O a-little-Moist, and Soft, it is said that you
    will strip us of a burning memory of the pepper-fields, of shores where the tree-of-ashes grows, of nubile pods and animals with sacs of
    musk!"

✧

—*But who would know by what breach to enter Her heart?*

5

«Ha Nécessaire! *et Seule!* . . . *il se peut qu'aux
trois plis de ce ventre réside*

 toute sécurité de ton royaume:

 sois immobile et sûre, sois la haie de nos transes noc-
turnes!

 La sapotille choit dans une odeur d'encens; Celui qui
bouge entre les feuilles, le Soleil

 a des fleurs et de l'or pour ton épaule bien lavée

 et la Lune qui gouverne les marées est la même qui
commande, ô Légale!

 au rite orgueilleux de tes menstrues!»

—Mais qui saurait par où faire entrée dans Son cœur?

5

... "Ha Necessary One! and Solitary! ... it may
be that in the three folds of that belly resides
    your kingdom's whole security:
    be still and sure, be the hedge of our nocturnal ter-
rors!
The sapodilla falls in an odour of incense; the One
who moves among the leaves, the Sun
    has flowers and gold for your well-washed shoulder
    and the Moon that commands the tides is the same
that governs, O Lawful One!
    the proud rite of your menses!"

*—But who would know by what breach to enter Her
heart?*

AMITIÉ

DU PRINCE

1

Eт тoi *plus maigre qu'il ne sied au tranchant de l'esprit, homme aux narines minces parmi nous, ô Très-Maigre! ô Subtil! Prince vêtu de tes sentences ainsi qu'un arbre sous bandelettes,*

aux soirs de grande sécheresse sur la terre, lorsque les hommes en voyage disputent des choses de l'esprit adossés en chemin à de très grandes jarres, j'ai entendu parler de toi de ce côté du monde, et la louange n'était point maigre:

«. . . *Nourri des souffles de la terre, environné des signes les plus fastes et devisant de telles prémisses, de tels schismes, ô Prince sous l'aigrette, comme la tige en fleurs à la cime de l'herbe (et l'oiseau qui s'y berce et s'enfuit y laisse un tel balancement . . . et te voici toi-même, ô Prince par l'absurde, comme une grande fille folle sous la grâce à se bercer soi-même au souffle de sa naissance . . .),*

«*docile aux souffles de la terre, ô Prince sous l'aigrette et le signe invisible du songe, ô Prince sous la huppe, comme l'oiseau chantant le signe de sa naissance,*

«*je dis ceci, écoute ceci:*

«*Tu es le Guérisseur et l'Assesseur et l'Enchanteur aux sources de l'esprit! Car ton pouvoir au cœur de l'homme est une chose étrange et ton aisance est grande parmi nous.*

«*J'ai vu le signe sur ton front et j'ai considéré ton rôle parmi nous. Tiens ton visage parmi nous, vois ton visage*

FRIENDSHIP
OF THE PRINCE

1

A<small>ND YOU</small> on the keen edge of the spirit, leaner than is fitting, man of the thin nostrils among us, O Very-Lean! O Subtle! Prince attired in your sayings like a tree wrapped in bands,

evenings of great drought on the earth, while men on journeys argue the things of the spirit, leaning against very big jars to rest on their way, I have heard you spoken of in this part of the world, and the praise was not meagre:

"Nourished by the breaths of the earth, surrounded by the most auspicious signs and on such premises, on such schisms discoursing, O Prince under the aigrette, like the flowering spray at the top of the grass (and the bird that rocks there, and flies off, leaves such a swaying . . . and you yourself, incongruously, O Prince, like a great girl mad under grace rocking herself in the breath of her birth . . .),

"obedient to the breaths of the earth, O Prince under the aigrette and the invisible sign of the dream, O Prince under the crest, like the bird singing the sign of his birth,

"I tell you this, listen to this:

"You are the Healer and the Assessor and the Enchanter at the sources of the spirit! For your power over the hearts of men is a strange thing and great is your ease among us.

"I have seen the sign on your forehead and I have considered what your role is among us. Keep your face

dans nos yeux, sache quelle est ta race: non point débile,
mais puissante.

«Et je te dis encore ceci: Homme-très-attrayant, ô
Sans-coutume-parmi-nous, ô Dissident! une chose est cer-
taine, que nous portons le sceau de ton regard; et un
très grand besoin de toi nous tient aux lieux où tu res-
pires, et de plus grand bien-être qu'avec toi nous n'en
connaissons point . . . Tu peux te taire parmi nous, si
c'est là ton humeur; ou décider encore que tu vas seul,
si c'est là ton humeur: on ne te demande que d'être là!
(Et maintenant tu sais quelle est ta race) . . .»

✧

—C'est du Roi que je parle, ornement de nos veilles,
honneur du sage sans honneur.

2

Aɪɴsɪ *parlant et discourant, ils établissent son renom.*
Et d'autres voix s'élèvent sur son compte:

«. . . Homme très simple parmi nous; le plus secret
dans ses desseins; dur à soi-même, et se taisant, et ne
concluant point de paix avec soi-même, mais pressant,

«errant aux salles de chaux vive, et fomentant au plus
haut point de l'âme une grande querelle . . . A l'aube
s'apaisant, et sobre, saisissant aux naseaux une invisible bête
frémissante . . . Bientôt peut-être, les mains libres,
s'avançant dans le jour au parfum de viscères, et nour-
rissant ses pensées claires au petit-lait du jour . . .

«À midi, dépouillant, aux bouches des citernes, sa
fièvre aux mains de filles fraîches comme des cruches . . .
Et ce soir cheminant en lieux vastes et nus, et chantant à

among us, see your face in our eyes, know what race is your race; not weak, but powerful.

"And this also I tell you, Man-who-attracts, O With-out-conformity-among-us, O Dissenter! one thing is certain, that we all wear the seal of your gaze: and a very great need of you keeps us in the place where you breathe, and a greater contentment than being with you we do not know. . . . You may be silent among us, if that is your humour; or decide to go alone, if that is your humour: we ask only that you be there! (And now you know what race is your race). . . ."

—It is of the King that I speak, ornament of our vigils, honour of the sage without honour.

2

Sᴘᴇᴀᴋɪɴɢ thus and discoursing, they establish his fame. And other voices are raised concerning him:

". . . A man most simple among us: the most secret in his designs; stern with himself, and keeping his own counsel and making no peace with himself, but pressing forward,

"wandering in the halls of quicklime, and at the highest point of his soul fomenting a mighty quarrel. . . . Quieted in the dawn, and sober, seizing by its nostrils an invisible quivering beast. . . . Soon, perhaps, going on empty-handed through the day that has the odour of entrails, and feeding his clear thoughts on the whey of the morning . . .

"At noon before the mouths of the cisterns casting off his fever in the hands of girls fresh as water-jars . . . And this evening roaming through vast, naked places, and

la nuit ses plus beaux chants de Prince pour nos chauves-
souris nourries de figues pures . . .»

   Ainsi parlant et discourant . . . Et d'autres voix
s'élèvent sur son compte:

   «. . . Bouche close à jamais sur la feuille de l'âme! . . .
On dit que maigre, désertant l'abondance sur la couche
royale, et sur des nattes maigres fréquentant nos filles les
plus minces, il vit loin des déportements de la Reine
démente (Reine hantée de passions comme d'un flux du
ventre); et parfois ramenant un pan d'étoffe sur sa face,
il interroge ses pensées claires et prudentes, ainsi qu'un
peuple de lettrés à la lisière des pourritures monstrueuses
. . . D'autres l'ont vu dans la lumière, attentif à son
souffle, comme un homme qui épie une guêpe terrière;
ou bien assis dans l'ombre mimosée, comme celui qui
dit, à la mi-lune: «Qu'on m'apporte—je veille et je n'ai
point sommeil—qu'on m'apporte ce livre des plus vieilles
Chroniques . . . Sinon l'histoire, j'aime l'odeur de ces
grands Livres en peau de chèvre (et je n'ai point som-
meil).»

   «. . . Tel sous le signe de son front, les cils hantés d'om-
brages immortels et la barbe poudrée d'un pollen de
sagesse, Prince flairé d'abeilles sur sa chaise d'un bois
violet très odorant, il veille. Et c'est là sa fonction. Et il
n'en a point d'autre parmi nous.»

   Ainsi parlant et discourant, ils font le siège de son
nom. Et moi, j'ai rassemblé mes mules, et je m'engage
dans un pays de terres pourpres, son domaine. J'ai des
présents pour lui et plus d'un mot silencieux.

✧

—C'est du Roi que je parle, ornement de nos veilles,
honneur du sage sans honneur.

singing to the night his most beautiful Princely songs for our bats nourished on pure figs . . ."

Speaking thus and discoursing . . . And other voices are raised concerning him:

". . . Mouth forever closed over the leaf of the soul! . . . It is said that lean, deserting abundance on the royal couch, and on meagre mats frequenting our thinnest girls he lives far from the excesses of the demented Queen (Queen haunted by passions as by a flux of the womb); and at times drawing a fold of cloth over his face, he questions his clear, prudent thoughts, like a company of learned men on the edge of monstrous putre-factions. . . . Others have seen him in the light, hardly breathing, like a man watching for a digger-wasp, or else seated in the mimosa shade, like someone who says at the half moon: 'Let them bring me—I am wakeful and cannot sleep—let them bring me that book of an-cient Chronicles. . . . If not the story, I love the smell of those great Books bound in goatskin (and I am wake-ful).'

"Thus under the sign of his forehead, lashes haunted by immortal shade and beard powdered with a pollen of wisdom, Prince flaired by the bees on his chair of strong-scented violet wood, he keeps vigil. And that is his func-tion. And he has no other among us."

Speaking thus and discoursing, they lay siege to his name. As for me, I have assembled my mules, and I set out through a country of red earth, his domain. For him I have gifts and more than one silent word.

—It is of the King that I speak, ornament of our vigils, honour of the sage without honour.

3

Je reviendrai *chaque saison, avec un oiseau vert et bavard sur le poing. Ami du Prince taciturne. Et ma venue est annoncée aux bouches des rivières. Il me fait parvenir une lettre par les gens de la côte:*

«*Amitié du Prince! Hâte-toi . . . Son bien peut-être à partager. Et sa confiance, ainsi qu'un mets de prédilection . . . Je t'attendrai chaque saison au plus haut flux de mer, interrogeant sur tes projets les gens de mer et de rivière . . . La guerre, le négoce, les règlements de dettes religieuses sont d'ordinaire la cause des déplacements lointains: toi tu te plais aux longs déplacements sans cause. Je connais ce tourment de l'esprit. Je t'enseignerai la source de ton mal. Hâte-toi.*

«*Et si ta science encore s'est accrue, c'est une chose aussi que j'ai dessein de vérifier. Et comme celui, sur son chemin, qui trouve un arbre à ruches a droit à la propriété du miel, je recueillerai le fruit de ta sagesse; et je me prévaudrai de ton conseil. Aux soirs de grande sécheresse sur la terre, nous deviserons des choses de l'esprit. Choses probantes et peu sûres. Et nous nous réjouirons des convoitises de l'esprit . . . Mais d'une race à l'autre la route est longue; et j'ai moi-même affaire ailleurs. Hâte-toi! je t'attends! . . . Prends par la route des marais et par les bois de camphriers.*»

Telle est sa lettre. Elle est d'un sage. Et ma réponse est celle-ci:

«*Honneur au Prince sous son nom! La condition de l'homme est obscure. Et quelques-uns témoignent d'excellence. Aux soirs de grande sécheresse sur la terre, j'ai entendu parler de toi de ce côté du monde, et la louange n'était point maigre. Ton nom fait l'ombre d'un grand arbre. J'en parle aux hommes de poussière, sur les routes; et ils s'en trouvent rafraîchis.*

3

Eᴀᴄʜ season I shall return, with a garrulous green
bird on my wrist. Friend of the taciturn Prince. And
my coming is announced at the mouths of the rivers.
He sends me a letter by the people of the coast:

"Friendship of the Prince! Make haste! . . . His for-
tune perhaps to share. And his trust, as a morsel of
predilection . . . At the highest tide of the sea each sea-
son I shall await you, on your projects questioning the
people of the sea and of the river. . . . War, trade, re-
ligious debts to discharge, these are mostly the reasons
for men's distant journeyings: but you take pleasure in
distant journeys without reason. I know this torment
of the spirit. I shall teach you the source of your ill.
Make haste.

"And if your knowledge has further increased, that too
is a thing I mean to discover. And as the man who finds
in his path beehives in a tree has a right to the honey, so
I shall gather the fruit of your wisdom; and I shall avail
myself of your counsel. Evenings of great drought on the
earth, we shall discourse of the things of the spirit.
Probative things and uncertain. And we shall delight in
the lusts of the spirit. . . . But from one race to another
the road is long; and I too have business elsewhere.
Make haste! I await you! . . . Take the road through
the marshlands and through the camphor woods."

Such is his letter. It is that of a sage. And this is my
answer:

"Honour to the Prince under his name! Man's con-
dition is obscure. And a few give proof of excellence.
Evenings of great drought on the earth, I have heard
you spoken of in this part of the world, and the praise
was not meagre. Your name makes the shade of a great
tree. I speak of it to the men of dust, on the roads; and
they find themselves refreshed.

«*Ceci encore j'ai à te dire:*

«*J'ai pris connaissance de ton message. Et l'amitié est agréée, comme un présent de feuilles odorantes: mon cœur s'en trouve rafraîchi . . . Comme le vent du Nord-Ouest, quand il pousse l'eau de mer profondément dans les rivières (et pour trouver de l'eau potable il faut remonter le cours des affluents), une égale fortune me conduit jusqu'à toi. Et je me hâterai, mâchant la feuille stimulante.*»

Telle est ma lettre, qui chemine. Cependant il m'attend, assis à l'ombre sur son seuil . . .

❖

—C'est du Roi que je parle, ornement de nos veilles, honneur du sage sans honneur.

4

. . . $\mathbf{A}$ssis *à l'ombre sur son seuil, dans les clameurs d'insectes très arides. (Et qui demanderait qu'on fasse taire cette louange sous les feuilles?) Non point stérile sur son seuil, mais plutôt fleurissant en bons mots, et sachant rire d'un bon mot,*

assis, de bon conseil aux jeux du seuil, grattant sagesse et bonhomie sous le mouchoir de tête (et son tour vient de secouer le dé, l'osselet ou les billes):

tel sur son seuil je l'ai surpris, à la tombée du jour, entre les hauts crachoirs de cuivre.

Et le voici qui s'est levé! Et debout, lourd d'ancêtres et nourrisson de Reines, se couvrant tout entier d'or à ma venue, et descendant vraiment une marche, deux marches, peut-être plus, disant: «Ô Voyageur . . .», ne l'ai-je point vu se mettre en marche à ma rencontre? . . . Et par-dessus la foule des lettrés, l'aigrette d'un sourire me guide jusqu'à lui.

"This too I must tell you:

"I have taken note of your message. And your friendship is received, like a gift of fragrant leaves; my heart is refreshed by it. . . . Like the wind from the Northwest, when it drives the waters of the sea far up the rivers (and to find potable water one must go up tributary streams), a similar fortune leads me to you. And I shall make haste, chewing a stimulating leaf."

Such is my letter, which is on its way. Meanwhile he awaits me, seated in the shade on his threshold. . . .

—It is of the King that I speak, ornament of our vigils, honour of the sage without honour.

4

. . . SEATED in the shade on his threshold, in the clamour of very dry insects. (And who would ask to have silenced this praise under the leaves?) Not sterile, but flowering rather in jests and ready to laugh at a jest, there on his threshold

seated, of good counsel in the games of the threshold, scratching wisdom and geniality under his bandanna (and his turn comes to shake the dice, the bones, or the marbles):

thus on his threshold I surprised him, at the end of the day, between the high copper spittoons.

And now he has risen! And standing, heavy with ancestors and nursling of Queens, all covered with gold for my coming, and really descending one step, two steps, perhaps more, saying: "O Traveller . . ." did I not see him starting forward to meet me? . . . And above the throng of learned men, the aigrette of a smile guides me to him.

*Pendant ce temps les femmes ont ramassé les instru-
ments du jeu, l'osselet ou le dé: «Demain nous causerons
des choses qui t'amènent . . .»*

*Puis les hommes du convoi arrivent à leur tour; sont
logés, et lavés; livrés aux femmes pour la nuit: «Qu'on
prenne soin des bêtes déliées . . .»*

*Et la nuit vient avant que nous n'ayons coutume de
ces lieux. Les bêtes meuglent parmi nous. De très
grandes places à nos portes sont traversées d'un long
sentier. Des pistes de fraîcheur s'ouvrent leur route
jusqu'à nous. Et il se fait un mouvement à la cime de
l'herbe. Les abeilles quittent les cavernes à la recherche
des plus hauts arbres dans la lumière. Nos fronts sont
mis à découvert, les femmes ont relevé leur chevelure
sur leur tête. Et les voix portent dans le soir. Tous les
chemins silencieux du monde sont ouverts. Nous avons
écrasé de ces plantes à huile. Le fleuve est plein de bulles,
et le soir est plein d'ailes, le ciel couleur d'une racine
rose d'ipomée. Et il n'est plus question d'agir ni de
compter, mais la faiblesse gagne les membres du plus
fort; et d'heure plus vaste que cette heure, nous n'en
connûmes point . . .*

*Au loin sont les pays de terres blanches, ou bien d'ar-
doises. Les hommes de basse civilisation errent dans les
montagnes. Et le pays est gouverné . . . La lampe brille
sous Son toit.*

—C'est du Roi que je parle, ornement de nos veilles,
honneur du sage sans honneur.

Meanwhile the women have taken away all the games, the bones or the dice: "Tomorrow we shall speak of the things that have brought you. . . ."

Then the men of the convoy arrive in their turn; are lodged and are bathed; given over to the women for the night: "Have the unharnessed animals cared for. . . ."

And the night comes before we are used to these places. The animals bellow among us. At our doors vast spaces are crossed by a long path. Tracks of coolness open up their way to us. And there is a movement at the top of the grass. The bees leave the caverns to look for the tallest trees in the light. Our foreheads have been uncovered, the women have gathered up their hair on the top of their heads. And the voices carry far in the evening. All the silent paths of the world are open. We have crushed some of those oily plants. The river is full of bubbles, and the evening is full of wings, the sky is the colour of an ipomoea's pink root. And there is no more question of doing or counting, but weakness gains the limbs of the strongest: and an hour more vast than this hour we never have known. . . .

Far away are the lands of white earth, or of slate. Men of low civilization wander in the mountains. And the country is governed. . . . The lamp shines under His roof.

—*It is of the King that I speak, ornament of our vigils, honour of the sage without honour.*

Tu as *vaincu! tu as vaincu! Que le sang était beau,
et la main*

qui du pouce et du doigt essuyait une lame! . . .
C'était

*il y a des lunes. Et nous avions eu chaud. Il me sou-
vient des femmes qui fuyaient avec des cages d'oiseaux
verts; des infirmes qui raillaient; et des paisibles cul-
butés au plus grand lac de ce pays . . . ; du prophète qui
courait derrière les palissades, sur une chamelle borgne . . .*

*Et tout un soir, autour des feux, on fit ranger les plus
habiles de ceux-là*

qui sur la flûte et le triangle savent tenir un chant.

*Et les bûchers croulaient chargés de fruit humain. Et
les Rois couchaient nus dans l'odeur de la mort. Et quand
l'ardeur eut délaissé les cendres fraternelles,*

*nous avons recueilli les os blancs que voilà,
baignant dans le vin pur.*

THE REGENT'S STORY

You have conquered! You have conquered! How beautiful the blood, and the hand
  that with thumb and finger wiped clean the blade! . . .
That was
  moons ago. And it had been hot. I remember women
fleeing with cages of green birds; cripples jeering; and
peaceful people tossed into the biggest lake in the land;
. . . and the prophet speeding on a one-eyed camel behind the palisades. . . .

And all one evening, round the fires, had been grouped
the most skillful of those
  who on flute and triangle could carry a song.

And the pyres fell in loaded with human fruit. And
the Kings lay naked in the odour of death. And when
the ardour had forsaken the fraternal ashes
  we gathered the white bones you see over there,
  bathing in pure wine.

CHANSON
DU PRÉSOMPTIF

J'HONORE *les vivants, j'ai face parmi vous.*
Et l'un parle à ma droite dans le bruit de son âme
et l'autre monte les vaisseaux,
le Cavalier s'appuie de sa lance pour boire.
(Tirez à l'ombre, sur son seuil, la chaise peinte du vieil-
lard.)

✧

J'honore les vivants, j'ai grâce parmi vous.
Dites aux femmes qu'elles nourrissent,
qu'elles nourrissent sur la terre ce filet mince de fu-
mée . . .
Et l'homme marche dans les songes et s'achemine vers
la mer
et la fumée s'élève au bout des promontoires.

✧

J'honore les vivants, j'ai hâte parmi vous.
Chiens, ho! mes chiens, nous vous sifflons . . .
Et la maison chargée d'honneurs et l'année jaune entre
les feuilles
sont peu de chose au cœur de l'homme s'il y songe:
tous les chemins du monde nous mangent dans la main!

SONG OF THE HEIR
PRESUMPTIVE

I HONOUR the living, among you I have face.
And a man speaks at my right in the noise of his soul
and another is riding the boats,
the Horseman leans on his lance to drink.
(Draw into the shade, on his threshold, the old man's
  painted chair.)

I honour the living, among you I find grace.
Say to the women they should nourish,
should nourish on the earth that thin thread of
  smoke. . . .
And man walks through dreams and takes his way to-
  ward the sea
and the smoke rises at the end of the headlands.

I honour the living, among you I make haste.
Dogs, ho! my dogs, we're whistling for you. . . .
And the house heavy with honours and the year yellow
  among the leaves
are as nothing to man's heart when he thinks:
all the paths of the world eat out of our hand!

BERCEUSE

Première-née—temps de l'oriole,
Première-Née—le mil en fleurs,
Et tant de flûtes aux cuisines . . .
Mais le chagrin au cœur des Grands
Qui n'ont que filles à leur arc.

S'assembleront les gens de guerre,
Et tant de sciences aux terrasses . . .
Première-Née, chagrin du peuple,
Les dieux murmurent aux citernes,
Se taisent les femmes aux cuisines.

Gênait les prêtres et leurs filles,
Gênait les gens de chancellerie
Et les calculs de l'astronome:
«Dérangerez-vous l'ordre et le rang?»
Telle est l'erreur à corriger.

Du lait de Reine tôt sevrée,
Au lait d'euphorbe tôt vouée,
Ne ferez plus la moue des Grands
Sur le miel et sur le mil,
Sur la sébile des vivants . . .

L'ânier pleurait sous les lambris,
Oriole en main, cigale en l'autre:
«Mes jolies cages, mes jolies cages,
Et l'eau de neige de mes outres,
Ah! pour qui donc, fille des Grands?»

✧

LULLABY

GIRL, First-Born—oriole season,
Girl, First-Born—millet in bloom,
And so many flutes in the kitchens . . .
But grief in the heart of the Great
Who have only girls to their bow.

There will gather the council of war,
And so much learning on the terraces. . . .
Girl, First-Born, grief of the people,
The gods grumble at the wells,
The women are hushed in the kitchens.

Embarrassed the priests and their daughters,
Embarrassed the counsellors of kings
And the astronomer's reckonings:
"Will you disturb order and rank?"
That is the error to correct.

From Queen's milk soon weaned,
For euphorbia's milk soon fated,
Will turn no more the frown of the Great
Over the honey and over the millet,
Over the bowl of the living. . . .

The donkey-man wept in the gilded halls,
Cicada in one hand, oriole in the other:
"Oh, my cages, my pretty cages,
And the snow-water in my goatskin bottles,
For whom now, daughter of the Great?"

❖

Fut embaumée, fut lavée d'or,
Mise au tombeau dans les pierres noires:
En lieu d'agaves, de beau temps,
Avec ses cages à grillons
Et le soleil d'ennui des Rois.

S'en fut l'ânier, s'en vint le Roi!
«Qu'on peigne la chambre d'un ton vif
Et la fleur mâle au front des Reines . . .»
J'ai fait ce rêve, dit l'oriole,
D'un cent de reines en bas âge.

Pleurez, l'ânier, chantez, l'oriole,
Les filles closes dans les jarres
Comme cigales dans le miel,
Les flûtes mortes aux cuisines
Et tant de sciences aux terrasses.

N'avait qu'un songe et qu'un chevreau
—Fille et chevreau de même lait—
N'avait l'amour que d'une Vieille.
Ses caleçons d'or furent au Clergé,
Ses guimpes blanches à la Vieille . . .

Très vieille femme de balcon
Sur sa berceuse de rotin,
Et qui mourra de grand beau temps
Dans le faubourg d'argile verte . . .
«Chantez, ô Rois, les fils à naître!»

Aux salles blanches comme semoule
Le Scribe range ses pains de terre.
L'ordre reprend dans les grands Livres.
Pour l'oriole et le chevreau,
Voyez le Maître des cuisines.

Was embalmed, was washed with gold,
Laid in the tomb among the black stones;
Where the agave grew, on a clear day,
With her cages of crickets
And the desolate sunlight of Kings.

Went the donkey-man, came the King!
"Let the chamber be painted a bright colour
And the male flower on the brow of the Queens. . . ."
I dreamed this dream, said the oriole,
Infant queens by the hundred.

Weep, donkey-man, sing, oriole,
Girls sealed in jars
Like cicadas in honey,
Flutes dead in the kitchens
And so much learning on the terraces.

Had only a dream and a kid
—Daughter and kid of one milk—
Had love only of an Old Woman.
Her golden drawers went to the Clergy,
Her white frocks to the Old Woman. . . .

Very old woman on a balcony
In her rattan rocking-chair,
Who will die of too glorious a day
In the suburb of green clay . . .
"Sing, O Kings, the sons to be born!"

In halls as white as semolina
The Scribe puts by his earthen loaves.
Order is back in the great Books.
For the oriole and the kid,
See the Master of the kitchens.

ANABASE

ANABASIS

TRANSLATED BY T. S. ELIOT

CHANSON

Il naissait *un poulain sous les feuilles de bronze. Un homme mit des baies amères dans nos mains. Étranger. Qui passait. Et voici qu'il est bruit d'autres provinces à mon gré . . . "Je vous salue, ma fille, sous le plus grand des arbres de l'année."*

Car le Soleil entre au Lion et l'Étranger a mis son doigt dans la bouche des morts. Étranger. Qui riait. Et nous parle d'une herbe. Ah! tant de souffles aux provinces! Qu'il est d'aisance dans nos voies! que la trompette m'est délice et la plume savante au scandale de l'aile! . . . "Mon âme, grande fille, vous aviez vos façons qui ne sont pas les nôtres."

Il naquit un poulain sous les feuilles de bronze. Un homme mit ces baies amères dans nos mains. Étranger. Qui passait. Et voici d'un grand bruit dans un arbre de bronze. Bitume et roses, don du chant! Tonnerre et flûtes dans les chambres! Ah! tant d'aisance dans nos voies, ah! tant d'histoires à l'année, et l'Étranger à ses façons par les chemins de toute la terre! . . . "Je vous salue, ma fille, sous la plus belle robe de l'année."

SONG

Uɴᴅᴇʀ the bronze leaves a colt was foaled. Came such an one who laid bitter bay in our hands. Stranger. Who passed. Here comes news of other provinces to my liking.—"Hail, daughter! under the most considerable of the trees of the year."

For the Sun enters the sign of the Lion and the Stranger has laid his finger on the mouth of the Dead. Stranger. Who laughed. And tells us of an herb. O from the provinces blow many winds. What ease to our ways, and how the trumpet rejoices my heart and the feather adept of the scandal of the wing! "My Soul, great girl, you had your ways which are not ours."

Under the bronze leaves a colt had been foaled. Came such an one who laid this bitter bay in our hands. Stranger. Who passed. Out of the bronze tree comes a great bruit of voices. Roses and bitumen, gift of song, thunder and fluting in the rooms. O what ease in our ways, how many gestes to the year, and by the roads of all the earth the Stranger to his ways . . . "Hail, daughter! robed in the loveliest robe of the year."

ANABASE

I

Sur trois grandes saisons m'établissant avec honneur,
j'augure bien du sol où j'ai fondé ma loi.

Les armes au matin sont belles et la mer. A nos che-
vaux livrée la terre sans amandes

nous vaut ce ciel incorruptible. Et le soleil n'est point
nommé, mais sa puissance est parmi nous

et la mer au matin comme une présomption de l'esprit.

Puissance, tu chantais sur nos routes nocturnes!
. . . Aux ides pures du matin que savons-nous du songe,
notre aînesse?

Pour une année encore parmi vous! Maître du grain,
maître du sel, et la chose publique sur de justes ba-
lances!

Je ne hélerai point les gens d'une autre rive. Je ne
tracerai point de grands

quartiers de villes sur les pentes avec le sucre des
coraux. Mais j'ai dessein de vivre parmi vous.

Au seuil des tentes toute gloire! ma force parmi
vous! et l'idée pure comme un sel tient ses assises dans le
jour.

✧

. . . Or je hantais la ville de vos songes et j'arrêtais
sur les marchés déserts ce pur commerce de mon âme,
parmi vous

invisible et fréquente ainsi qu'un feu d'épines en
plein vent.

ANABASIS

I

I HAVE built myself, with honour and dignity have I built myself on three great seasons, and it promises well, the soil whereon I have established my Law.

Beautiful are bright weapons in the morning and behind us the sea is fair. Given over to our horses this seedless earth

delivers to us this incorruptible sky. The Sun is unmentioned but his power is amongst us

and the sea at morning like a presumption of the mind.

Power, you sang as we march in darkness. . . . At the pure ides of day what know we of our dream, older than ourselves?

Yet one more year among you! Master of the Grain, Master of the Salt, and the commonwealth on an even beam!

I shall not hail the people of another shore. I shall not trace the great

boroughs of towns on the slopes with powder of coral. But I have the idea of living among you.

Glory at the threshold of the tents, and my strength among you, and the idea pure as salt holds its assize in the light time.

. . . So I haunted the City of your dreams, and I established in the desolate markets the pure commerce of my soul, among you

invisible and insistent as a fire of thorns in the gale.

*Puissance, tu chantais sur nos routes splendides!
. . . "Au délice du sel sont toutes lances de l'esprit. . .
J'aviverai du sel les bouches mortes du désir!*

*Qui n'a, louant la soif, bu l'eau des sables dans un
casque,*

*je lui fais peu crédit au commerce de l'âme . . ." (Et
le soleil n'est point nommé, mais sa puissance est parmi
nous.)*

*Hommes, gens de poussière et de toutes façons, gens
de négoce et de loisir, gens des confins et gens d'ailleurs,
ô gens de peu de poids dans la mémoire de ces lieux;
gens des vallées et des plateaux et des plus hautes pentes
de ce monde à l'échéance de nos rives; flaireurs de signes,
de semences, et confesseurs de souffles en Ouest; suiveurs
de pistes, de saisons, leveurs de campements dans le
petit vent de l'aube; ô chercheurs de points d'eau sur
l'écorce du monde; ô chercheurs, ô trouveurs de raisons
pour s'en aller ailleurs,*

*vous ne trafiquez pas d'un sel plus fort quand, au
matin, dans un présage de royaumes et d'eaux mortes
hautement suspendues sur les fumées du monde, les
tambours de l'exil éveillent aux frontières*

l'éternité qui bâille sur les sables.

*. . . En robe pure parmi vous. Pour une année
encore parmi vous. "Ma gloire est sur les mers, ma force
est parmi vous!*

*À nos destins promis ce souffle d'autres rives et, por-
tant au delà les semences du temps, l'éclat d'un siècle
sur sa pointe au fléau des balances . . ."*

Mathématiques suspendues aux banquises du sel! Au

Power, you sang on our roads of splendour. . . . "In the delight of salt the mind shakes its tumult of spears. . . . With salt shall I revive the dead mouths of desire!

Him who has not praised thirst and drunk the water of the sands from a sallet

I trust him little in the commerce of the soul. . . ." (And the Sun is unmentioned but his power is amongst us.)

Men, creatures of dust and folk of divers devices, people of business and of leisure, men from the marches and those from beyond, O men of little weight in the memory of these lands; people from the valleys and the uplands and the highest slopes of this world to the ultimate reach of our shores; Seers of signs and seeds, and confessors of the western winds, followers of trails and of seasons, breakers of camp in the little dawn wind, seekers of watercourses over the wrinkled rind of the world, O seekers, O finders of reasons to be up and be gone,

you traffic not in a salt more strong than this, when at morning with omen of kingdoms and omen of dead waters swung high over the smokes of the world, the drums of exile waken on the marches

Eternity yawning on the sands.

. . . In a comely robe among you. For another year among you. "My glory is upon the seas, my strength is amongst you!

To our destiny promised this breath of other shores, and there beyond the seeds of time, the splendour of an age at its height on the beam of the scales . . ."

Calculations hung on the floes of salt! there at the

*point sensible de mon front où le poème s'établit, j'inscris
ce chant de tout un peuple, le plus ivre,*
  à nos chantiers tirant d'immortelles carènes!

II

Aux pays *fréquentés sont les plus grands silences,
aux pays fréquentés de criquets à midi.*

*Je marche, vous marchez dans un pays de hautes
pentes à mélisses, où l'on met à sécher la lessive des
Grands.*

*Nous enjambons la robe de la Reine, toute en den-
telle avec deux bandes de couleur bise (ah! que l'acide
corps de femme sait tacher une robe à l'endroit de
l'aisselle!)*

*Nous enjambons la robe de Sa fille, toute en dentelle
avec deux bandes de couleur vive (ah! que la langue
du lézard sait cueillir les fourmis à l'endroit de l'aisselle!)*

*Et peut-être le jour ne s'écoule-t-il point qu'un même
homme n'ait brûlé pour une femme et pour sa fille.*

*Rire savant des morts, qu'on nous pèle ces fruits!
. . . Eh quoi! n'est-il plus grâce au monde sous la rose
sauvage?*

*Il vient, de ce côté du monde, un grand mal violet
sur les eaux. Le vent se lève. Vent de mer. Et la lessive
part! comme un prêtre mis en pièces. . . .*

III

A la moisson *des orges l'homme sort. Je ne sais qui
de fort a parlé sur mon toit. Et voici que ces Rois sont
assis à ma porte. Et l'Ambassadeur mange à la table
des Rois. (Qu'on les nourrisse de mon grain!) Le*

sensitive point on my brow where the poem is formed, I inscribe this chant of all a people, the most rapt god-drunken,

drawing to our dockyards eternal keels!

II

In busy lands are the greatest silences, in busy lands with the locusts at noon.

I tread, you tread in a land of high slopes clothed in balm, where the linen of the Great is exposed to dry.

We step over the gown of the Queen, all of lace with two grey stripes (and how well the acid body of a woman can stain a gown at the armpit).

We step over the gown of the Queen's daughter, all of lace with two bright stripes (and how well the lizard's tongue can catch ants at the armpit).

And perhaps the day does not pass but the same man may burn with desire for a woman and for her daughter.

Knowing laugh of the dead, let this fruit be peeled for us. . . . How, under the wild rose is there no more grace to the world?

Comes from this side of the world a great purple doom on the waters. Rises the wind, the sea-wind. And the linen exposed to dry

scatters! like a priest torn in pieces. . . .

III

Man goes out at barley harvest. I know not what strong voice has been heard on my roof. And here at my door are seated these Kings. And the Ambassador eats at the table of the Kings. (Let them be fed on my grain!) The Assayer of Weights and Measures comes

Vérificateur des poids et des mesures descend les fleuves
emphatiques avec toute sorte de débris d'insectes
et de fétus de paille dans la barbe.

Va! nous nous étonnons de toi, Soleil! Tu nous as
dit de tels mensonges! . . Fauteur de troubles, de dis-
cordes! nourri d'insultes et d'esclandres, ô Frondeur! fais
éclater l'amande de mon œil! Mon cœur a pépié de joie
sous les magnificences de la chaux, l'oiseau chante: "ô
vieillesse! . .", les fleuves sont sur leurs lits comme des
cris de femmes et ce monde est plus beau
qu'une peau de bélier peinte en rouge!

Ha! plus ample l'histoire de ces feuillages à nos murs,
et l'eau plus pure qu'en des songes, grâces, grâces lui
soient rendues de n'être pas un songe! Mon âme est
pleine de mensonge, comme la mer agile et forte sous
la vocation de l'éloquence! L'odeur puissante m'envi-
ronne. Et le doute s'élève sur la réalité des choses. Mais
si un homme tient pour agréable sa tristesse, qu'on le
produise dans le jour! et mon avis est qu'on le tue,
sinon
il y aura une sédition.

Mieux dit: nous t'avisons, Rhéteur! de nos profits
incalculables. Les mers fautives aux détroits n'ont point
connu de juge plus étroit! Et l'homme enthousiasmé
d'un vin, portant son cœur farouche et bourdonnant
comme un gâteau de mouches noires, se prend à dire
de ces choses: ". . . Roses, pourpre délice: la terre vaste
à mon désir, et qui en posera les limites ce soir? . . la
violence au cœur du sage, et qui en posera les limites ce
soir? . ." Et un tel, fils d'un tel, homme pauvre,
vient au pouvoir des signes et des songes.

down the imposing rivers, with every sort of remains
of dead insects
  and bits of straw in his beard.

  Come, we are amazed at you, Sun! You have told us
such lies! . . . Instigator of strife and of discord! fed on
insults and slanders, O Slinger! crack the nut of my
eye! my heart twittered with joy under the splendour
of the quicklime, the bird sings O Senectus! . . . the
streams are in their beds like the cries of women and
this world has more beauty
  than a ram's skin painted red!

  Ha! ampler the story of the leaf shadows on our walls,
and the water more pure than in any dream, thanks,
thanks be given it for being no dream! My soul is full
of deceit like the agile strong sea under the vocation of
eloquence! The strong smells encompass me. And doubt
is cast on the reality of things. But if a man shall cherish
his sorrow—let him be brought to light! and I say, let
him be slain, otherwise
  there will be an uprising.

  Better said: we notify you, Rhetorician! of our profits
beyond reckoning. The seas erring in their straits have
not known a narrower judge! And man inspired by
wine, who wears his heart savage and buzzing like a
swarm of black flies, begins to say such words as these:
". . . Roses, purple delight; the earth stretched forth to
my desire—and who shall set bounds thereunto, this
evening? . . . violence in the heart of the sage, and who
shall set bounds thereunto, this evening? . . ." and upon
such an one, son of such an one, a poor man,
  devolves the power of signs and visions.

"*Tracez les routes où s'en aillent les gens de toute
race, montrant cette couleur jaune du talon: les princes,
les ministres, les capitaines aux voix amygdaliennes;
ceux qui ont fait de grandes choses, et ceux qui voient
en songe ceci ou cela. . . Le prêtre a déposé ses lois contre
le goût des femmes pour les bêtes. Le grammairien
choisit le lieu de ses disputes en plein air. Le tailleur
pend à un vieil arbre un habit neuf d'un très beau
velours. Et l'homme atteint de gonorrhée lave son linge
dans l'eau pure. On fait brûler la selle du malingre et
l'odeur en parvient au rameur sur son banc,*
    elle lui est délectable."

*À la moisson des orges l'homme sort. L'odeur puis-
sante m'environne, et l'eau plus pure qu'en Jabal fait ce
bruit d'un autre âge. . . Au plus long jour de l'année
chauve, louant la terre sous l'herbage, je ne sais qui de
fort a marché sur mes pas. Et des morts sous le sable
et l'urine et le sel de la terre, voici qu'il en est fait
comme de la balle dont le grain fut donné aux oiseaux.
Et mon âme, mon âme veille à grand bruit aux portes de
la mort—Mais dis au Prince qu'il se taise: à bout de lance
parmi nous*
    ce crâne de cheval!

IV

C'EST *là le train du monde et je n'ai que du bien à
en dire—Fondation de la ville. Pierre et bronze. Des feux
de ronces à l'aurore*
    mirent à nu ces grandes
    *pierres vertes et huileuses comme des fonds de temples,
de latrines,*

"Trace the roads whereon take their departure the folk of all races, showing the heel's yellow colour: the princes, the ministers, the captains with tonsillar voices; those who have done great things, and those who see this or that in a vision. . . . The priest has laid down his laws against the depravities of women with beasts. The grammarian chooses a place in the open air for his arguments. On an old tree the tailor hangs a new garment of an admirable velvet. And the man tainted with gonorrhea washes his linen in clean water. The saddle of the weakling is burnt and the smell reaches the rower on his bench,

it is sweet in his nostrils."

Man goes out at barley harvest. The strong smells encompass me, and the water more pure than that of Jabal makes sound of another age. . . . On the longest day of the bald year, praising the earth under grass, I know not what being of strength has followed my pace. And the Dead under the sand and the urine and the salt of the earth, it is done with these as with the husks whereof the grain was given to the fowls. And my soul, my soul keeps loud vigil at the portals of death—but say to the Prince to be still: on the point of a lance, amongst us,

this horse's skull!

I V

Such is the way of the world and I have nothing but good to say of it.—Foundation of the City. Stone and bronze. Thorn fires at dawn

bared these great

green stones, and viscid like the bases of temples, of latrines,

*et le navigateur en mer atteint de nos fumées vit que
la terre, jusqu'au faîte, avait changé d'image (de grands
écobuages vus du large et ces travaux de captation d'eaux
vives en montagne).*

*Ainsi la ville fut fondée et placée au matin sous les
labiales d'un nom pur. Les campements s'annulent aux
collines! Et nous qui sommes là sur les galeries de bois,
tête nue et pieds nus dans la fraîcheur du monde,*

*qu'avons-nous donc à rire, mais qu'avons-nous à rire,
sur nos sièges, pour un débarquement de filles et de
mules?*

*et qu'est-ce à dire, depuis l'aube, de tout ce peuple
sous les voiles?—Des arrivages de farines! . . . Et les
vaisseaux plus hauts qu'Ilion sous le paon blanc du ciel,
ayant franchi la barre, s'arrêtaient*

*en ce point mort où flotte un âne mort. (Il s'agit
d'arbitrer ce fleuve pâle, sans destin, d'une couleur de
sauterelles écrasées dans leur sève.)*

*Au grand bruit frais de l'autre rive, les forgerons
sont maîtres de leurs feux! Les claquements du fouet
déchargent aux rues neuves des tombereaux de mal-
heurs inéclos. Ô mules, nos ténèbres sous le sabre de
cuivre! quatre têtes rétives au nœud du poing font un
vivant corymbe sur l'azur. Les fondateurs d'asiles s'ar-
rêtent sous un arbre et les idées leur viennent pour le
choix des terrains. Ils m'enseignent le sens et la destina-
tion des bâtiments: face honorée, face muette; les galeries
de latérite, les vestibules de pierre noire et les piscines
d'ombre claire pour bibliothèques; des constructions très
fraîches pour les produits pharmaceutiques. Et puis s'en
viennent les banquiers qui sifflent dans leurs clefs. Et
déjà par les rues un homme chantait seul, de ceux qui
peignent sur leur front le chiffre de leur Dieu. (Crépite-
ments d'insectes à jamais dans ce quartier aux dé-*

and the mariner at sea whom our smoke reached saw that the earth to the summit had changed its form (great tracts of burnt-over land seen afar and these operations of channelling the living waters on the mountains).

Thus was the City founded and placed in the morning under the labials of a holy name. The encampments are razed from the hills! And we who are there in the wooden galleries,

head bare and foot bare in the freshness of the world,

what have we to laugh at, but what have we to laugh at, as we sit, for a disembarkation of girls and mules?

and what is there to say, since the dawn, of all this people under sail?—Arrivals of grain! . . . And the ships taller than Ilion under the white peacock of heaven, having crossed the bar, hove to

in this deadwater where floats a dead ass. (We must ordain the fate of this pale meaningless river, colour of grasshoppers crushed in their sap.)

In the great fresh noise of the yonder bank, the blacksmiths are masters of their fires! The cracking of whips in the new streets unloads whole wainsful of unhatched evils. O mules, our shadows under the copper sword! four restive heads knotted to the fist make a living cluster against the blue. The founders of asylums meet beneath a tree and find their ideas for the choice of situations. They teach me the meaning and the purpose of the buildings: front adorned, back blind; the galleries of laterite, the vestibules of black stone and the pools of clear shadow for libraries; cool places for wares of the druggist. And then come the bankers blowing into their keys. And already in the streets a man sang alone, one of those who paint on their brow the cipher of their god. (Perpetual crackling of insects in this quarter of

tritus!) . . Et ce n'est point le lieu de vous conter nos alliances avec les gens de l'autre rive; l'eau offerte dans des outres, les prestations de cavalerie pour les travaux du port et les princes payés en monnaie de poissons. (Un enfant triste comme la mort des singes—sœur aînée d'une grande beauté—nous offrait une caille dans un soulier de satin rose.)

. . . Solitude! l'œuf bleu que pond un grand oiseau de mer, et les baies au matin tout encombrées de citrons d'or!—C'était hier! L'oiseau s'en fut!

Demain les fêtes, les clameurs, les avenues plantées d'arbres à gousses et les services de voierie emportant à l'aurore de grands morceaux de palmes mortes, débris d'ailes géantes. . . Demain les fêtes,

les élections de magistrats du port, les vocalises aux banlieues et, sous les tièdes couvaisons d'orage,

la ville jaune, casquée d'ombre, avec ses caleçons de filles aux fenêtres.

✧

. . . À la troisième lunaison, ceux qui veillaient aux crêtes des collines replièrent leurs toiles. On fit brûler un corps de femme dans les sables. Et un homme s'avança à l'entrée du Désert—profession de son père: marchand de flacons.

V

Pour *mon âme mêlée aux affaires lointaines, cent feux de villes avivés par l'aboiement des chiens. . .*

Solitude! nos partisans extravagants nous vantaient nos façons, mais nos pensées déjà campaient sous d'autres murs:

vacant lots and rubbish!) ... And this is no time to tell
you, no time to reckon our alliances with the people of
the other shore; water presented in skins, commandeer-
ing of cavalry for the dockworks and princes paid in
currency of fish. (A child sorrowful as the death of
apes—one that had an elder sister of great beauty—of-
fered us a quail in a slipper of rose-coloured satin.)

... Solitude! the blue egg laid by a great sea-bird, and
the bays at morning all littered with gold lemons!—
Yesterday it was! The bird made off!

Tomorrow the festivals and tumults, the avenues
planted with podded trees, and the dustmen at dawn
bearing away huge pieces of dead palmtrees, fragments
of giant wings ... Tomorrow the festivals,

the election of harbour-masters, the voices practising
in the suburbs and, under the moist incubation of storms,

the yellow town, casque'd in shade, with the girls'
drawers hanging at the windows.

✧

... At the third lunation, those who kept watch on
the hilltops folded their canvas. The body of a woman
was burnt in the sands. And a man strode forth at the
threshold of the desert—profession of his father: dealer
in scent-bottles.

V

FOR MY soul engaged in far matters, in towns an
hundred fires revived by the barking of dogs ...

Solitude! our immoderate partisans boasted of our
ways, but our thoughts were already encamped beneath
other walls:

*"Je n'ai dit à personne d'attendre. . . Je vous hais
tous avec douceur. . . Et qu'est-ce à dire de ce chant que
vous tirez de nous? . ."*

*Duc d'un peuple d'images à conduire aux Mers
Mortes, où trouver l'eau nocturne qui lavera nos yeux?*

*Solitude! . . Des compagnies d'étoiles passent au bord
du monde, s'annexant aux cuisines un astre domestique.*

*Les Rois Confédérés du ciel mènent la guerre sur
mon toit et, maîtres des hauteurs, y établissent leurs
bivacs.*

*Que j'aille seul avec les souffles de la nuit, parmi les
Princes pamphlétaires, parmi les chutes de Biélides! . .*

*Âme jointe en silence au bitume des Mortes! Cousues
d'aiguilles nos paupières! louée l'attente sous nos cils!*

*La nuit donne son lait, qu'on y prenne bien garde!
et qu'un doigt de miel longe les lèvres du prodigue:*

". . . Fruit de la femme, ô Sabéenne! . ." *Trahissant
l'âme la moins sobre et soulevé des pures pestilences de
la nuit,*

*je m'élèverai dans mes pensées contre l'activité du
songe; je m'en irai avec les oies sauvages, dans l'odeur
fade du matin! . .*

*—Ha! quand l'étoile s'annuitait au quartier des ser-
vantes, savions-nous que déjà tant de lances nouvelles*

poursuivaient au désert les silicates de l'Été? *"Au-
rore, vous contiez . . ."* *Ablutions aux rives des Mers
Mortes!*

*Ceux qui ont couché nus dans l'immense saison se
lèvent en foule sur la terre—se lèvent en foules et s'écrient*

*que ce monde est insane! . . Le vieillard bouge des
paupières dans la lumière jaune; la femme s'étire sur
son ongle;*

et le poulain poisseux met son menton barbu dans

"I have told no one to wait. . . . I hate you all, gently. . . . And what is to be said of this song that you elicit from us? . . ."

Leader of a people of dreams to be led to the Dead Seas, where shall I find the water of night that shall bathe our eyes?

Solitude! . . . squadrons of stars pass the edge of the world, enlisting from the kitchens a homely star.

The Confederate Kings of Heaven make war over my roof and, lords of the high places, set there their bivouacs.

Let me go alone with the airs of the night, among the pamphleteering Princes, among the falling Bielides! . . .

Soul united in silence to the bitumen of the Dead! our eyelids sewn with needles! praised be the waiting under our eyelids!

The night gives its milk, O take heed! let a honeyed finger touch the lips of the prodigal:

". . . Fruit of woman, O Sabaean! . . ." Betraying the least sober soul and roused from the pure pestilences of night,

in my thoughts I will protest against the activity of dream; I shall be off with the wild geese, in the sick smell of morning! . . .

Ah when the star was benighted in the servant-girls' quarters, did we know that already so many new spears

pursued in the desert the silicates of Summer? "Dawn, you were saying . . ." Ablutions on the banks of the Dead Seas!

Those who lay naked in the enormous season arise in crowd on the earth—arise in crowds and cry out

that this world is mad! . . . The old man stirs his eyelids in the yellow light; the woman extends herself from nail to nail;

and the gummed colt thrusts his bearded chin into the

*la main de l'enfant, qui ne rêve pas encore de lui crever
un œil. . .*

*"Solitude! Je n'ai dit à personne d'attendre. . . Je
m'en irai par là quand je voudrai . . ."—Et l'Étranger
tout habillé*

*de ses pensées nouvelles, se fait encore des partisans
dans les voies du silence: son œil est plein d'une salive,*

*il n'y a plus en lui substance d'homme. Et la terre en
ses graines ailées, comme un poète en ses propos, voy-
age. . .*

VI

Tout-puissants *dans nos grands gouvernements mili-
taires, avec nos filles parfumées qui se vêtaient d'un
souffle, ces tissus,*

nous établîmes en haut lieu nos pièges au bonheur.

*Abondance et bien-être, bonheur! Aussi longtemps nos
verres où la glace pouvait chanter comme Memnon. . .*

*Et fourvoyant à l'angle des terrasses une mêlée
d'éclairs, de grands plats d'or aux mains des filles de
service fauchaient l'ennui des sables aux limites du
monde.*

*Puis ce fut une année de souffles en Ouest et, sur nos
toits lestés de pierres noires, tout un propos de toiles
vives adonnées au délice du large. Les cavaliers au fil
des caps, assaillis d'aigles lumineuses et nourrissant à
bout de lances les catastrophes pures du beau temps,
publiaient sur les mers une ardente chronique:*

*Certes! une histoire pour les hommes, un chant de
force pour les hommes, comme un frémissement du large
dans un arbre de fer! . . lois données sur d'autres rives,
et les alliances par les femmes au sein des peuples dis-
solus; de grands pays vendus à la criée sous l'inflation*

hand of the child, to whom it does not yet occur to knock out one of his eyes ...

"Solitude! I have told no one to wait . . . I shall go away in that direction when I wish . . ."—And the Stranger clothed

in his new thoughts, acquires still more partisans in the ways of silence: his eye is full of a sort of spittle,

there is no more substance of man in him. And the earth in its winged seeds, like a poet in his thoughts, travels. . . .

VI

OMNIPOTENT in our great military governments, with our scented girls clad in a breath of silk webs,

we set in high places our springes for happiness.

Plenty and well-being, happiness! For so long the ice sang in our glasses, like Memnon . . .

And deflecting a crossing of lights to the corners of terraces, great chargers of gold held up by the hand-maidens, smote the weariness of the sands, at the confines of the world.

Then came a year of wind in the west and, on our roofs weighted with black stones, all the business of bright cloths abandoned to the delight of wide spaces. The horsemen on the crest of the capes, battered by luminous eagles, and feeding on their spear-tips the pure disasters of sunshine, published over the seas a fiery bulletin:

Surely a history for men, a song of strength for men, like a shudder of space shaking an iron tree! . . . laws enacted upon other shores, alliances by marriage in the midst of dissolute peoples, great territories auctioned away beneath the inflation of the Sun, the highlands

solaire, les hauts plateaux pacifiés et les provinces mises
à prix dans l'odeur solennelle des roses. . .

Ceux-là qui en naissant n'ont point flairé de telle
braise, qu'ont-ils à faire parmi nous? et se peut-il qu'ils
aient commerce de vivants? "C'est votre affaire et non la
mienne de régner sur l'absence . . ." Pour nous qui
étions là, nous produisîmes aux frontières des accidents
extraordinaires, et nous portant dans nos actions à la
limite de nos forces, notre joie parmi vous fut une très
grande joie:

"Je connais cette race établie sur les pentes: cavaliers
démontés dans les cultures vivrières. Allez et dites à
ceux-là: un immense péril à courir avec nous! des actions
sans nombre et sans mesure, des volontés puissantes et
dissipatrices et le pouvoir de l'homme consommé comme
la grappe dans la vigne. . . Allez et dites bien: nos habi-
tudes de violence, nos chevaux sobres et rapides sur les
semences de révolte et nos casques flairés par la fureur
du jour. . . Aux pays épuisés où les coutumes sont à
reprendre, tant de familles à composer comme des en-
cagées d'oiseaux siffleurs, vous nous verrez, dans nos
façons d'agir, assembleurs de nations sous de vastes
hangars, lecteurs de bulles à voix haute, et vingt peuples
sous nos lois parlant toutes les langues. . .

"Et déjà vous savez l'histoire de leur goût: les capi-
taines pauvres dans les voies immortelles, les notables
en foule venus pour nous saluer, toute la population
virile de l'année avec ses dieux sur des bâtons, et les
princes déchus dans les sables du Nord, leurs filles tribu-
taires nous prodiguant les assurances de leur foi, et le
Maître qui dit: j'ai foi dans ma fortune. . .

"Ou bien vous leur contez les choses de la paix: aux
pays infestés de bien-être une odeur de forum et de
femmes nubiles, les monnaies jaunes, timbre pur, maniées
sous les palmes, et les peuples en marche sur de fortes

subdued and the provinces priced in the solemn odour of roses . . .

They who at birth have not sniffed such embers, what have they to do with us? Can they have commerce with the living? "It is your business, not mine, to rule over absence. . . ." For us who were there, we caused at the frontiers exceptional accidents, and pushing ourselves in our actions to the end of our strength, our joy amongst you was a very great joy:

"I know this folk squatting on the slopes, horsemen dismounted among the food crops. Go say to them: a great risk to run with us! deeds innumerable unmeasured, puissant and destructive wills, and the power of man absorbed like the cluster in the vine. . . . Go and say truly: our habits of violence, our horses abstemious and swift upon the seeds of sedition and our helmets sniffed by the fury of the day. . . . In the exhausted countries where the ways of life are to be remade, so many families to be composed like cages of whistling birds, you shall see us, the way we do, gatherers of nations under vast shelters, readers aloud of decrees, and twenty peoples under our law speaking all tongues. . . .

"And already you know their favourite tale: the needy captains in immortal paths, the notables crowding to do us obeisance, the whole male population of the year holding aloft its gods on staves, and the princes fallen in the Northern wastes, their daughters tributary swearing fealty to us, and the Master saying: I have faith in my destiny. . . .

"Or else you will tell them of the deeds of peace: in countries infested with comfort an odour of forum and of nubile women, the yellow coins of purest ring, fingered under palms, and peoples on the march on strong

*épices—dotations militaires, grands trafics d'influence à
la barbe des fleuves, l'hommage d'un puissant voisin assis
à l'ombre de ses filles et les messages échangés sur des
lamelles d'or, les traités d'amitié et de délimitation, les
conventions de peuple à peuple pour des barrages de
rivières, et les tributs levés dans les pays enthousiasmés!
(constructions de citernes, de granges, de bâtiments pour
la cavalerie—les carrelages d'un bleu vif et les chemins
de brique rose—les déploiements d'étoffes à loisir, les
confitures de roses à miel et le poulain qui nous est né
dans les bagages de l'armée—les déploiements d'étoffes
à loisir et, dans les glaces de nos songes, la mer qui
rouille les épées, et la descente, un soir, dans les pro-
vinces maritimes, vers nos pays de grand loisir et vers
nos filles*

*"parfumées, qui nous apaiseront d'un souffle, ces
tissus . . .")*

*—Ainsi parfois nos seuils pressés d'un singulier destin
et, sur les pas précipités du jour, de ce côté du monde,
le plus vaste, où le pouvoir s'exile chaque soir, tout un
veuvage de lauriers!*

*Mais au soir, une odeur de violettes et d'argile, aux
mains des filles de nos femmes, nous visitait dans nos
projets d'établissement et de fortune*

*et les vents calmes hébergeaient au fond des golfes
désertiques.*

VII

*N*OUS *n'habiterons pas toujours ces terres jaunes,
notre délice. . .*

*L'Été plus vaste que l'Empire suspend aux tables de
l'espace plusieurs étages de climats. La terre vaste sur*

spices—military endowments, great traffic of influence in the teeth of the rivers, the homage of a powerful neighbour seated in the shadow of his girls, and messages exchanged on leaves of gold, treaties of amity and of boundary, conventions of people with people for damming of streams, and tribute levied in delighted lands! (building of cisterns and of granges and of cavalry barracks—the floors of bright blue and the ways of rose-red brick—leisurely unfolding of stuffs, the honey rose jelly and the colt which is born to us among the army gear—the leisurely unfolding of stuffs, and in the mirror of our dreams, the sword-rusting sea, and, one evening, descent into the coast provinces, towards our lands of great ease and towards our

"scented girls, who shall soothe us with a breath, silken webs. . . .")

—In this wise sometimes our threshold trodden by a strange destiny, and on the hurried steps of day, on this side of the world, the most vast, where power each evening is exiled, all a widowhood of laurels!

But at evening an odour of violets and clay, in the hands of our wives' maidens, haunted us in our thoughts of foundation and fortune

and the still winds harboured in the depths of the desert-like gulfs.

VII

We shall not dwell forever in these yellow lands, our pleasance. . . .

The Summer vaster than the Empire hangs over the tables of space several terraces of climate. The huge earth

*son aire roule à pleins bords sa braise pâle sous les
cendres.—Couleur de soufre, de miel, couleur de choses
immortelles, toute la terre aux herbes s'allumant aux
pailles de l'autre hiver—et de l'éponge verte d'un seul
arbre le ciel tire son suc violet.*

*Un lieu de pierres à mica! Pas une graine pure dans
les barbes du vent. Et la lumière comme une huile.—
De la fissure des paupières au fil des cimes m'unissant,
je sais la pierre tachée d'ouïes, les essaims du silence aux
ruches de lumière; et mon cœur prend souci d'une fa-
mille d'acridiens. . .*

*Chamelles douces sous la tonte, cousues de mauves
cicatrices, que les collines s'acheminent sous les données
du ciel agraire—qu'elles cheminent en silence sur les in-
candescences pâles de la plaine; et s'agenouillent à la fin,
dans la fumée des songes, là où les peuples s'abolissent
aux poudres mortes de la terre.*

*Ce sont de grandes lignes calmes qui s'en vont à des
bleuissements de vignes improbables. La terre en plus
d'un point mûrit les violettes de l'orage; et ces fumées
de sable qui s'élèvent au lieu des fleuves morts, comme
des pans de siècles en voyage. . .*

*À voix plus basse pour les morts, à voix plus basse
dans le jour. Tant de douceur au cœur de l'homme, se
peut-il qu'elle faille à trouver sa mesure? . . "Je vous
parle, mon âme!—mon âme tout enténébrée d'un parfum
de cheval!" Et quelques grands oiseaux de terre, navi-
guant en Ouest, sont de bons mimes de nos oiseaux de
mer.*

*À l'orient du ciel si pâle, comme un lieu saint scellé
des linges de l'aveugle, des nuées calmes se disposent, où
tournent les cancers du camphre et de la corne. . .*

rolls on its surface over-flowing its pale embers under the ashes.—Sulphur colour, honey colour, colour of immortal things, the whole grassy earth taking light from the straw of last winter—and from the green sponge of a lonely tree the sky draws its violet juices.

A place of stone of quartz! Not a pure grain in the wind's barbs. And light like oil.—From the crack of my eye to the level of the hills I join myself, I know the stones gillstained, the swarms of silence in the hives of light; and my heart gives heed to a family of crickets. . . .

Milch-camels, gentle beneath the shears, sewn with mauve scars, let the hills march forth under the facts of the harvest sky—let them march in silence over the pale incandescence of the plain; and kneeling at last, in the fantasy of dreams, there where the peoples annihilate themselves in the dead powder of earth.

These are the great quiet lines that disperse in the fading blue of doubtful vines. The earth here and there ripens the violets of storm; and these sandsmokes that rise over dead river courses, like the skirts of centuries on their route . . .

Lower voice for the dead, lower voice by day. Such mildness in the heart of man, can it fail to find its measure? . . . "I speak to you, my soul!—my soul darkened by the horse smell!" and several great land birds, voyaging westwards, make good likeness of our sea birds.

In the east of so pale a sky, like a holy place sealed by the blind man's linen, calm clouds arrange themselves, where the cancers of camphor and horn revolve. . . .

*Fumées qu'un souffle nous dispute! la terre tout attente
en ses barbes d'insectes, la terre enfante des merveilles!* ..

*Et à midi, quand l'arbre jujubier fait éclater l'assise
des tombeaux, l'homme clôt ses paupières et rafraîchit sa
nuque dans les âges*. .. *Cavaleries du songe au lieu des
poudres mortes, ô routes vaines qu'échevèle un souffle
jusqu'à nous! où trouver, où trouver les guerriers qui
garderont les fleuves dans leurs noces?*

*Au bruit des grandes eaux en marche sur la terre,
tout le sel de la terre tressaille dans les songes. Et
soudain, ah! soudain que nous veulent ces voix? Levez
un peuple de miroirs sur l'ossuaire des fleuves, qu'ils
interjettent appel dans la suite des siècles! Levez des
pierres à ma gloire, levez des pierres au silence, et à la
garde de ces lieux les cavaleries de bronze vert sur de
vastes chaussées!* . . .

(L'ombre d'un grand oiseau me passe sur la face.)

VIII

L'ois *sur la vente des juments. Lois errantes. Et nous-
mêmes. (Couleur d'hommes.)*

*Nos compagnons ces hautes trombes en voyage, clep-
sydres en marche sur la terre,*

*et les averses solennelles, d'une substance merveilleuse,
tissées de poudres et d'insectes, qui poursuivaient nos
peuples dans les sables comme l'impôt de capitation.*

*(À la mesure de nos cœurs fut tant d'absence con-
sommée!)*

*Non que l'étape fût stérile: au pas des bêtes sans al-
liances (nos chevaux purs aux yeux d'aînés), beaucoup*

Smoke which a breath of wind claims from us! the earth poised tense in its insect barbs, the earth is brought to bed of wonders! . . .

And at noon, when the jujuba tree breaks the tombstone, man closes his lids and cools his neck in the ages. . . . Horse-tramplings of dreams in the place of dead powders, O vain ways swept away by a breath, to our feet! where find, where find, the warriors who shall watch the streams in their nuptials?

At the sound of great waters on march over the earth, all the salt of the earth shudders in dream. And sudden, ah sudden, what would these voices with us? Levy a wilderness of mirrors on the boneyard of streams, let them appeal in the course of ages! Erect stones to my fame, erect stones to silence; and to guard these places, cavalcades of green bronze on the great causeways! . . .

(The shadow of a great bird falls on my face.)

VIII

Laws concerning the sales of mares. Nomad laws. And ourselves. (Man colour.)

Our companions these high waterspouts on the march, clepsydrae travelling over the earth,

and the solemn rains, of a marvellous substance, woven of powders and insects, pursuing our folk in the sands like a headtax.

(To the scale of our hearts was such vacance completed!)

✧

Not that this stage was in vain: to the pace of the eremite beasts (our pure bred horses with eyes of elders)

*de choses entreprises sur les ténèbres de l'esprit—beau-
coup de choses à loisir sur les frontières de l'esprit—
grandes histoires séleucides au sifflement des frondes et
la terre livrée aux explications. . .*

*Autre chose: ces ombres—les prévarications du ciel
contre la terre. . .*

*Cavaliers au travers de telles familles humaines, où les
haines parfois chantaient comme des mésanges, lèverons-
nous le fouet sur les mots hongres du bonheur?—
Homme, pèse ton poids calculé en froment. Un pays-ci
n'est point le mien. Que m'a donné le monde que ce
mouvement d'herbes? . .*

✧

*Jusqu'au lieu dit de l'Arbre Sec:
et l'éclair famélique m'assigne ces provinces en Ouest.
Mais au delà sont les plus grands loisirs, et dans un
grand
pays d'herbages sans mémoire, l'année sans liens et
sans anniversaires, assaisonnée d'aurores et de feux.
(Sacrifice au matin d'un cœur de mouton noir.)*

✧

*Chemins du monde, l'un vous suit. Autorité sur tous
les signes de la terre.*

*Ô Voyageur dans le vent jaune, goût de l'âme! . . . et
la graine, dis-tu, du cocculus indien possède, qu'on la
broie! des vertus enivrantes.*

✧

*Un grand principe de violence commandait à nos
mœurs.*

many things undertaken on the darkness of the spirit—
infinity of things at leisure on the marches of the spirit
—great seleucid histories to the whistling of slings and
the earth given over to explanations. . . .

And again: these shadows—the prevarications of the
sky against the earth . . .
Cavaliers, across such human families, in whom
hatreds sang now and then like tomtits, shall we raise
our whip over the gelded words of happiness?—Man,
weigh your weight measured in wheat. A country here,
not mine. What has the world given me but this sway-
ing of grass? . . .

To the place called the Place of the Dry Tree:
and the starved levin allots me these provinces in the
West.
But beyond are the greater leisures, and in a great
land of grass without memory, the unconfined unreck-
oned year, seasoned with dawns and heavenly fires. (Ma-
tutinal sacrifice of the heart of a black sheep.)

Roads of the world, we follow you. Authority over all
the signs of the earth.
O Traveller in the yellow wind, lust of the soul! . . .
and the seed (so you say) of the Indian cocculus possesses
(if you mash it!) intoxicating properties.

A great principle of violence dictated our customs.

IX

Depuis *un si long temps que nous allions en Ouest,*
que savions-nous des choses
  périssables? . . et soudain à nos pieds les premières
fumées.

  —Jeunes femmes! et la nature d'un pays s'en trouve
toute parfumée:

✧

  ". . . Je t'annonce les temps d'une grande chaleur et
les veuves criardes sur la dissipation des morts.
  Ceux qui vieillissent dans l'usage et le soin du silence,
assis sur les hauteurs, considèrent les sables
  et la célébrité du jour sur les rades foraines;
  mais le plaisir au flanc des femmes se compose, et dans
nos corps de femmes il y a comme un ferment de raisin
noir, et de répit avec nous-mêmes il n'en est point.

  ". . . Je t'annonce les temps d'une grande faveur et la
félicité des feuilles dans nos songes.
  Ceux qui savent les sources sont avec nous dans cet
exil; ceux qui savent les sources nous diront-ils au soir
  sous quelles mains pressant la vigne de nos flancs
  nos corps s'emplissent d'une salive? (Et la femme s'est
couchée avec l'homme dans l'herbe; elle se lève, met
ordre aux lignes de son corps, et le criquet s'envole sur
son aile bleue.)

  ". . . Je t'annonce les temps d'une grande chaleur, et
pareillement la nuit, sous l'aboiement des chiens, trait son
plaisir au flanc des femmes.
  Mais l'Étranger vit sous sa tente, honoré de laitages,
de fruits. On lui apporte de l'eau fraîche
  pour y laver sa bouche, son visage et son sexe.

IX

Such a long time now we were making westward,
what did we know of those things which are
perishable? . . . and sudden at our feet the first
smokes.

—Young women! and the nature of a land is all
scented therewith:

✧

". . . I foretell you the time of great heat, and the
widows keening over the dissipation of the dead.
They who grow old in the custom and the care of si-
lence, squatting on the heights, contemplate the sands,
and the notoriety of the day over open roadsteads;
but the pleasure forms itself within the womb, and in
our women's bodies there is as a ferment of black grape,
and of respite with ourselves there is not.

". . . I foretell you the time of a great blessing and the
felicity of leaves in our dreams.
Those who know the springs are with us in this exile;
those who know the springs will they tell us at evening
beneath what hands pressing the vine of our wombs
our bodies are filled with a spittle? (And the woman
has lain down with the man in the grass; she rises,
arranges the lines of her body, and the cricket makes off
on blue wing.)

". . . I foretell you the time of great heat, and likewise
the night, when the dogs bark, takes its pleasure from
the womb of women.
But the Stranger dwells in his tent, honoured with
gifts of dairy produce and fruit. He is offered fresh water
to wash therewith his mouth, his face and his sex.

On lui mène à la nuit de grandes femmes bréhaignes (ha! plus nocturnes dans le jour!) Et peut-être aussi de moi tirera-t-il son plaisir. (Je ne sais quelles sont ses façons d'être avec les femmes.)

". . . Je t'annonce les temps d'une grande faveur et la félicité des sources dans nos songes.

Ouvre ma bouche dans la lumière, ainsi qu'un lieu de miel entre les roches, et si l'on trouve faute en moi, que je sois congédiée! sinon,

que j'aille sous la tente, que j'aille nue, près de la cruche, sous la tente,

et compagnon de l'angle du tombeau, tu me verras longtemps muette sous l'arbre-fille de mes veines. . . Un lit d'instances sous la tente, l'étoile verte dans la cruche, et que je sois sous ta puissance! nulle servante sous la tente que la cruche d'eau fraîche! (Je sais sortir avant le jour sans éveiller l'étoile verte, le criquet sur le seuil et l'aboiement des chiens de toute la terre.)

Je t'annonce les temps d'une grande faveur et la félicité du soir sur nos paupières périssables. . .

mais pour l'instant encore c'est le jour!"

—et debout sur la tranche éclatante du jour, au seuil d'un grand pays plus chaste que la mort,

les filles urinaient en écartant la toile peinte de leur robe.

At night he is brought tall barren women (more nocturnal in the day!) And perhaps of me also will he have his pleasure. (I know not what are his ways with women.)

". . . I foretell you the time of great blessing, and the felicity of fountains in our dreams.

Open my mouth in the light, as a honey store among the rocks, and if fault be found in me, let me be dismissed! otherwise

may I enter in under the tent, may I enter naked, near the cruse, under the tent,

and companion of the grave-corner, you shall see me for long time unspeaking under virgin branches of my veins. . . . A bed of entreaties under the tent, the green star in the cruse, and may I be under your dominion! no serving-maid under the tent but the cruse of cool water! (I have ways to depart before day without wakening the green star, the cricket on the threshold and the baying of the dogs of the whole world.)

I foretell you the time of great blessing and the bounty of the evening on our eyelids that endure not . . .

but for the time being it is still day!"

—and erect on the shining edge of the day, on the threshold of a great land more chaste than death,

the girls made water straddling and holding aside their print gowns.

X

Fais *choix d'un grand chapeau dont on séduit le bord.*
L'œil recule d'un siècle aux provinces de l'âme. Par la
porte de craie vive on voit les choses de la plaine: choses
vivantes, ô choses
   excellentes!

   des sacrifices de poulains sur des tombes d'enfants,
des purifications de veuves dans les roses et des ras-
semblements d'oiseaux verts dans les cours en l'honneur
des viellards;
   beaucoup de choses sur la terre à entendre et à voir,
choses vivantes parmi nous!
   des célébrations de fêtes en plein air pour des anni-
versaires de grands arbres et des cérémonies publiques
en l'honneur d'une mare; des dédicaces de pierres noires,
parfaitement rondes, des inventions de sources en lieux
morts, des consécrations d'étoffes, à bout de perches, aux
approches des cols, et des acclamations violentes, sous
les murs, pour des mutilations d'adultes au soleil, pour
des publications de linges d'épousailles!
   bien d'autres choses encore à hauteur de nos tempes:
les pansements de bêtes au faubourgs, les mouvements
de foules au-devant des tondeurs, des puisatiers et des
hongreurs; les spéculations au souffle des moissons et la
ventilation d'herbages, à bout de fourches, sur les toits;
les constructions d'enceintes de terre cuite et rose, de
sècheries de viande en terrasses, de galeries pour les
prêtres, de capitaineries; les cours immenses du vétérin-
aire; les corvées d'entretien de routes muletières, de
chemins en lacets dans les gorges; les fondations d'hos-
pices en lieux vagues; les écritures à l'arrivée des cara-
vanes et les licenciements d'escortes aux quartiers de
changeurs; les popularités naissantes sous l'auvent, de-

X

Sᴇʟᴇᴄᴛ a wide hat with the brim seduced. The eye withdraws by a century into the provinces of the soul. Through the gate of living chalk we see the things of the plain: living things,
excellent things!

sacrifice of colts on the tombs of children, purification of widows among the roses, and consignments of green birds in the courtyards to do honour to the old men;
many things on the earth to hear and to see, living things among us!
celebrations of open air festivals for the name-day of great trees and public rites in honour of a pool; consecration of black stones perfectly round, water-dowsing in dead places, dedication of cloths held up on poles, at the gates of the passes, and loud acclamations under the walls for the mutilation of adults in the sun, for the publication of the bride-sheets!
many other things too at the level of our eyes: dressing the sores of animals in the suburbs, stirring of the crowds before sheep-shearers, well-sinkers, and horse-gelders; speculations in the breath of harvests and turning of hay on the roofs, on the prongs of forks; building of enclosures of rose-red terra cotta, of terraces for meat-drying, of galleries for priests, of quarters for captains; the vast court of the horse-doctor; the fatigue parties for upkeep of muleways, of zig-zag roads through the gorges; foundation of hospices in vacant places; the invoicing at arrival of caravans, and disbanding of escorts in the quarter of money-changers; budding popularities under the penthouse, in front of the frying vats; protes-

vant les cuves à fritures; les protestations de titres de
créance; les destructions de bêtes albinos, de vers blancs
sous la terre, les feux de ronces et d'épines aux lieux
souillés de mort, la fabrication d'un beau pain d'orge
et de sésame; ou bien d'épeautre; et la fumée des
hommes en tous lieux. . .

ha! toutes sortes d'hommes dans leurs voies et façons:
mangeurs d'insectes, de fruits d'eau; porteurs d'em-
plâtres, de richesses; l'agriculteur et l'adalingue, l'acu-
poncteur et le saunier; le péager, le forgeron; marchands
de sucre, de cannelle, de coupes à boire en métal blanc
et de lampes de corne; celui qui taille un vêtement de
cuir, des sandales dans le bois et des boutons en forme
d'olives; celui qui donne à la terre ses façons; et l'homme
de nul métier: homme au faucon, homme à la flûte,
homme aux abeilles; celui qui tire son plaisir du timbre
de sa voix, celui qui trouve son emploi dans la con-
templation d'une pierre verte; qui fait brûler pour son
plaisir un feu d'écorces sur son toit; qui se fait sur
la terre un lit de feuilles odorantes, qui s'y couche et
repose; qui pense à des dessins de céramiques vertes
pour des bassins d'eaux vives; et celui qui a fait des
voyages et songe à repartir; qui a vécu dans un pays de
grandes pluies; qui joue aux dés, aux osselets, au jeu
des gobelets; ou qui a déployé sur le sol ses tables à
calcul; celui qui a des vues sur l'emploi d'une calebasse;
celui qui traîne un aigle mort comme un faix de bran-
chages sur ses pas (et la plume est donnée, non vendue,
pour l'empennage des flèches), celui qui récolte le pollen
dans un vaisseau de bois (et mon plaisir, dit-il, est dans
cette couleur jaune); celui qui mange des beignets, des
vers de palmes, des framboises; celui qui aime le goût
de l'estragon; celui qui rêve d'un poivron; ou bien en-
core celui qui mâche d'une gomme fossile, qui porte une
conque à son oreille, et celui qui épie le parfum de

tation of bills of credit; destruction of albino animals, of white worms in the soil; fires of bramble and thorn in places defiled by death, the making of a fine bread of barley and sesame; or else of spelt; and the firesmoke of mankind everywhere . . .

ha! all conditions of men in their ways and manners; eaters of insects, of water fruits; those who bear poultices, those who bear riches; the husbandman, and the young noble horsed; the healer with needles, and the salter; the toll-gatherer, the smith; vendors of sugar, of cinnamon, of white metal drinking cups and of lanthorns; he who fashions a leather tunic, wooden shoes and olive-shaped buttons; he who dresses a field; and the man of no trade: the man with the falcon, the man with the flute, the man with bees; he who has his delight in the pitch of his voice, he who makes it his business to contemplate a green stone; he who burns for his pleasure a thornfire on his roof; he who makes on the ground his bed of sweet-smelling leaves, lies down there and rests; he who thinks out designs of green pottery for fountains; and he who has travelled far and dreams of departing again; he who has dwelt in a country of great rains; the dicer, the knucklebone player, the juggler; or he who has spread on the ground his reckoning tablets; he who has his opinions on the use of a gourd; he who drags a dead eagle like a faggot on his tracks (and the plumage is given, not sold, for fletching); he who gathers pollen in a wooden jar (and my delight, says he, is in this yellow colour); he who eats fritters, the maggots of the palmtree, or raspberries; he who fancies the flavour of tarragon; he who dreams of green pepper, or else he who chews fossil gum, who lifts a conch to his ear, or he who sniffs the odour of genius in the freshly cracked

*génie aux cassures fraîches de la pierre; celui qui pense
au corps de femme, homme libidineux; celui qui voit
son âme au reflet d'une lame; l'homme versé dans les
sciences, dans l'onomastique; l'homme en faveur dans
les conseils, celui qui nomme les fontaines, qui fait un
don de sièges sous les arbres, de laines teintes pour les
sages; et fait sceller aux carrefours de très grands bols
de bronze pour la soif; bien mieux, celui qui ne fait rien,
tel homme et tel dans ses façons, et tant d'autres encore!
les ramasseurs de cailles dans les plis de terrains, ceux
qui récoltent dans les broussailles les œufs tiquetés de
vert, ceux qui descendent de cheval pour ramasser des
choses, des agates, une pierre bleu pâle que l'on taille à
l'entrée des faubourgs (en manière d'étuis, de tabatières
et d'agrafes, ou de boules à rouler aux mains des paraly-
tiques); ceux qui peignent en sifflant des coffrets en
plein air, l'homme au bâton d'ivoire, l'homme à la
chaise de rotin, l'ermite orné de mains de fille et le
guerrier licencié qui a planté sa lance sur son seuil pour
attacher un singe . . . ha! toutes sortes d'hommes dans
leurs voies et façons, et soudain! apparu dans ses vête-
ments du soir et tranchant à la ronde toutes questions
de préséance, le Conteur qui prend place au pied du
térébinthe . . .*

*Ô généalogiste sur la place! combien d'histoires de
familles et de filiations?—et que le mort saisisse le vif,
comme il est dit aux tables du légiste, si je n'ai vu toute
chose dans son ombre et le mérite de son âge: les en-
trepôts de livres et d'annales, les magasins de l'astronome
et la beauté d'un lieu de sépultures, de très vieux temples
sous les palmes, habités d'une mule et de trois poules
blanches—et par delà le cirque de mon œil, beaucoup
d'actions secrètes en chemin: les campements levés sur
des nouvelles qui m'échappent, les effronteries de peuples*

stone; he who thinks of the flesh of women, the lustful; he who sees his soul reflected in a blade; the man learned in sciences, in onomastic; the man well thought of in councils, he who names fountains, he who makes a public gift of seats in the shady places, of dyed wool for the wise men; and has great bronze jars, for thirst, planted at the crossways; better still, he who does nothing, such a one and such in his manners, and so many others still! those who collect quails in the wrinkled land, those who hunt among the furze for green-speckled eggs, those who dismount to pick things up, agates, a pale blue stone which they cut and fashion at the gates of the suburbs (into cases, tobacco-boxes, brooches, or into balls to be rolled between the hands of the paralysed); those who whistling paint boxes in the open air, the man with the ivory staff, the man with the rattan chair, the hermit with hands like a girl's and the disbanded warrior who has planted his spear at the threshold to tie up a monkey . . . ha! all sorts of men in their ways and fashions, and of a sudden! behold in his evening robes and summarily settling in turn all questions of precedence, the Story-Teller who stations himself at the foot of the turpentine tree. . . .

O genealogist upon the market-place! how many chronicles of families and connexions?—and may the dead seize the quick, as is said in the tables of the law, if I have not seen each thing in its own shadow and the virtue of its age: the stores of books and annals, the astronomer's storehouses and the beauty of a place of sepulture, of very old temples under the palmtrees, frequented by a mule and three white hens—and beyond my eye's circuit, many a secret doing on the routes: striking of camps upon tidings which I know not, effronteries of the hill tribes, and passage of rivers on skin-

aux collines et les passages de rivières sur des outres; les cavaliers porteurs de lettres d'alliance, l'embuscade dans les vignes, les entreprises de pillards au fond des gorges et les manœuvres à travers champs pour le rapt d'une femme, les marchandages et les complots, l'accouplement des bêtes en forêt sous les yeux des enfants, et des convalescences de prophètes au fond des bouveries, les conversations muettes de deux hommes sous un arbre . . .

mais par dessus les actions des hommes sur la terre, beaucoup de signes en voyage, beaucoup de graines en voyage, et sous l'azyme du beau temps, dans un grand souffle de la terre, toute la plume des moissons! . .

jusqu'à l'heure du soir où l'étoile femelle, chose pure et gagée dans les hauteurs du ciel . . .

Terre arable du songe! Qui parle de bâtir?—J'ai vu la terre distribuée en de vastes espaces et ma pensée n'est point distraite du navigateur.

jars; horsemen bearing letters of alliance, the ambush in the vineyard, forays of robbers in the depths of gorges and manoeuvres over field to ravish a woman, bargain-driving and plots, coupling of beasts in the forests before the eyes of children, convalescence of prophets in byres, the silent talk of two men under a tree . . .

but over and above the actions of men on the earth, many omens on the way, many seeds on the way, and under unleavened fine weather, in one great breath of the earth, the whole feather of harvest! . . .

until the hour of evening when the female star, pure and pledged in the sky heights . . .

Plough-land of dream! Who talks of building?—I have seen the earth parcelled out in vast spaces and my thought is not heedless of the navigator.

CHANSON

Mon cheval arrêté sous l'arbre plein de tourterelles, je siffle un sifflement si pur, qu'il n'est promesses à leurs rives que tiennent tous ces fleuves. (Feuilles vivantes au matin sont à l'image de la gloire)...

Et ce n'est point qu'un homme ne soit triste, mais se levant avant le jour et se tenant avec prudence dans le commerce d'un vieil arbre, appuyé du menton à la dernière étoile, il voit au fond du ciel à jeun de grandes choses pures qui tournent au plaisir...

Mon cheval arrêté sous l'arbre qui roucoule, je siffle un sifflement plus pur... Et paix à ceux, s'ils vont mourir, qui n'ont point vu ce jour. Mais de mon frère le poète on a eu des nouvelles. Il a écrit encore une chose très douce. Et quelques-uns en eurent connaissance...

SONG

I HAVE halted my horse by the tree of the doves, I whistle a note so sweet, shall the rivers break faith with their banks? (Living leaves in the morning fashioned in glory). . .

✧

And not that a man be not sad, but arising before day and biding circumspectly in the communion of an old tree, leaning his chin on the last fading star, he beholds at the end of the fasting sky great things and pure that unfold to delight. . . .

✧

I have halted my horse by the dove-moaning tree, I whistle a note more sweet. . . . Peace to the dying who have not seen this day! But tidings there are of my brother the poet: once more he has written a song of great sweetness. And some there are who have knowledge thereof. . . .

EXIL

EXILE

TRANSLATED BY DENIS DEVLIN

EXIL

1

Portes ouvertes sur les sables, portes ouvertes sur l'exil,
   Les clés aux gens du phare, et l'astre roué vif sur la
pierre du seuil:
   Mon hôte, laissez-moi votre maison de verre dans les
sables . . .
   L'Été de gypse aiguise ses fers de lance dans nos plaies,
   J'élis un lieu flagrant et nul comme l'ossuaire des
saisons,
   Et, sur toutes grèves de ce monde, l'esprit du dieu
fumant déserte sa couche d'amiante.
   Les spasmes de l'éclair sont pour le ravissement des
Princes en Tauride.

2

A nulles rives dédiée, à nulles pages confiée la pure
amorce de ce chant . . .
   D'autres saisissent dans les temples la corne peinte des
autels:
   Ma gloire est sur les sables! ma gloire est sur les sables!
. . . Et ce n'est point errer, ô Pérégrin,
   Que de convoiter l'aire la plus nue pour assembler aux
syrtes de l'exil un grand poème né de rien, un grand
poème fait de rien . . .
   Sifflez, ô frondes par le monde, chantez, ô conques
sur les eaux!
   J'ai fondé sur l'abîme et l'embrun et la fumée des
sables. Je me coucherai dans les citernes et dans les
vaisseaux creux,

EXILE

To Archibald MacLeish

1

D<small>OORS</small> open on the sands, doors open on exile,
  The keys with the lighthouse keepers, and sun spread-
eagled on the threshold stone:
  Leave me, dear host, your house of glass on the
sands. . . .
  Summer, all gypsum, whets its lance-heads in our
wounds,
  I have chosen a place glaring and null as the bone-heap
of the seasons,
  And, on all the shores of the world, the ghost of the
god in smoke abandons his bed of asbestos.
  The spasms of lightning are for the delight of Princes
in Taurida.

2

D<small>EDICATED</small> to no shores, imparted to no pages, the
pure beginnings of this song . . .
  Others in temples seize on the painted altar horns:
  My fame is on the sands! my fame is on the sands! . . .
And it is no error, O Peregrine,
  To desire the barest place for assembling on the wastes
of exile a great poem born of nothing, a great poem made
from nothing. . . .
  Whistle, O slings about the world, sing, O conches on
the waters!
  I have built upon the abyss and the spindrift and
the sand-smoke. I shall lie down in cistern and hollow
vessel,

*En tous lieux vains et fades où gît le goût de la gran-
deur.*

« . . . *Moins de souffles flattaient la famille des Jules;
moins d'alliances assistaient les grandes castes de prêtrise.*

*Où vont les sables à leur chant s'en vont les Princes
de l'exil,*

*Où furent les voiles haut tendues s'en va l'épave plus
soyeuse qu'un songe de luthier,*

*Où furent les grandes actions de guerre déjà blanchit
la mâchoire d'âne,*

*Et la mer à la ronde roule son bruit de crânes sur les
grèves,*

*Et que toutes choses au monde lui soient vaines, c'est
ce qu'un soir, au bord du monde, nous contèrent*

Les milices du vent dans les sables d'exil. . . .»

*Sagesse de l'écume, ô pestilences de l'esprit dans la
crépitation du sel et le lait de chaux vive!*

*Une science m'échoit aux sévices de l'âme . . . Le vent
nous conte ses flibustes, le vent nous conte ses méprises!*

*Comme le Cavalier, la corde au poing, à l'entrée du
désert,*

*J'épie au cirque le plus vaste l'élancement des signes
les plus fastes.*

*Et le matin pour nous mène son doigt d'augure parmi
de saintes écritures.*

*L'exil n'est point d'hier! l'exil n'est point d'hier! «Ô
vestiges, ô prémisses»,*

*Dit l'Étranger parmi les sables, «toute chose au monde
m'est nouvelle! . . .» Et la naissance de son chant ne lui
est pas moins étrangère.*

In all stale and empty places where lies the taste of greatness.

". . . There were fewer breezes to flatter the Julii; fewer alliances to assist the great priestly castes.

Where the sands go to their song, there go the Princes of exile,

Where there were high taut sails, there goes the wreck more silken than a lute-maker's dream,

Where there were great military actions, there lies whitening now the jawbone of an ass.

And the rounding sea rolls her noise of skulls on the shores,

And all things in the world to her are in vain, so we heard one night at the world's edge

From the wind's militias in the sands of exile. . . ."

Wisdom in the foam, O plagues of the mind in the crepitation of salt and the milk of quicklime!

I learn a science from the soul's aggressions. . . . The wind tells us its piracies, the wind tells us its errors!

Like the Rider, lariat in hand, at the gate of the desert,

I watch in this vast arena signs of good omen soaring.

And morning, for our sake, moves her prophetic finger through sacred writings.

Exile is not of yesterday! exile is not of yesterday! . . . "O vestiges, O premises,"

Says the Stranger on the sands, "the whole world is new to me. . . ." And the birth of his song is no less alien to him.

3

«. . . Toujours *il y eut cette clameur, toujours il y eut cette splendeur,*

Et comme un haut fait d'armes en marche par le monde, comme un dénombrement de peuples en exode, comme une fondation d'empires par tumulte prétorien, ha! comme un gonflement de lèvres sur la naissance des grands Livres,

Cette grande chose sourde par le monde et qui s'accroît soudain comme une ébriété.

«. . . *Toujours il y eut cette clameur, toujours il y eut cette grandeur,*

Cette chose errante par le monde, cette haute transe par le monde, et sur toutes grèves de ce monde, du même souffle proférée, la même vague proférant

Une seule et longue phrase sans césure à jamais inintelligible . . .

«. . . *Toujours il y eut cette clameur, toujours il y eut cette fureur,*

Et ce très haut ressac au comble de l'accès, toujours, au faîte du désir, la même mouette sur son aile, la même mouette sur son aire, à tire-d'aile ralliant les stances de l'exil, et sur toutes grèves de ce monde, du même souffle proférée, la même plainte sans mesure

A la poursuite, sur les sables, de mon âme numide . . .»

Je vous connais, ô monstre! Nous voici de nouveau face à face. Nous reprenons ce long débat où nous l'avions laissé.

Et vous pouvez pousser vos arguments comme des mufles bas sur l'eau: je ne vous laisserai point de pause ni répit.

3

". . . There has always been this clamour, there has always been this splendour,

And like a great feat of arms on the march across the world, like a census of peoples in exodus, like a foundation of empires in praetorian tumult, ah! like an animation of lips over the birth of great Books,

This huge muffled thing loose in the world, and suddenly growing huger like drunkenness . . .

". . . There has always been this clamour, there has always been this grandeur,

This thing wandering about the world, this high trance about the world, and on all the shores of the world, by the same breath uttered, the same wave uttering

One long phrase without pause forever unintelligible . . .

". . . There has always been this clamour, there has always been this furor,

And this tall surf at the pitch of passion, always, at the peak of desire, the same gull on the wing, the same gull under way, rallying with spread wings the stanzas of exile, and on all the shores of the world, by the same breath uttered, the same measureless lamentation

Pursuing across the sands my Numidian soul . . ."

I know you, monster-head! Once more face to face. We take up the long debate where we left off.

And you may urge your arguments like snouts low over the water: I will leave you no rest and no respite.

*Sur trop de grèves visitées furent mes pas lavés avant
le jour, sur trop de couches désertées fut mon âme livrée
au cancer du silence.*

*Que voulez-vous encore de moi, ô souffle originel? Et
vous, que pensez-vous encore tirer de ma lèvre vivante,*

*Ô force errante sur mon seuil, ô Mendiante dans nos
voies et sur les traces du Prodigue?*

*Le vent nous conte sa vieillesse, le vent nous conte sa
jeunesse . . . Honore, ô Prince, ton exil!*

*Et soudain tout m'est force et présence, où fume encore
le thème du néant.*

*«. . . Plus haute, chaque nuit, cette clameur muette sur
mon seuil, plus haute, chaque nuit, cette levée de siècles
sous l'écaille,*

*Et, sur toutes grèves de ce monde, un ïambe plus
farouche à nourrir de mon être! . . .*

*Tant de hauteur n'épuisera la rive accore de ton seuil,
ô Saisisseur de glaives à l'aurore,*

*Ô Manieur d'aigles par leurs angles, et Nourrisseur
des filles les plus aigres sous la plume de fer!*

*Toute chose à naître s'horripile à l'orient du monde,
toute chair naissante exulte aux premiers feux du jour!*

*Et voici qu'il s'élève une rumeur plus vaste par le
monde, comme une insurrection de l'âme . . .*

*Tu ne te tairas point, clameur! que je n'aie dépouillé
sur les sables toute allégeance humaine. (Qui sait encore
le lieu de sa naissance?)»*

4

*É*TRANGE *fut la nuit où tant de souffles s'égarèrent au
carrefour des chambres . . .*

*Et qui donc avant l'aube erre aux confins du monde
avec ce cri pour moi? Quelle grande fille répudiée s'en*

On too many frequented shores have my footsteps been washed away before the day, on too many deserted beds has my soul been delivered up to the cancer of silence.

What more do you want of me, O breath of origin? And you, what more would you drag from my living lips,

O power wandering about my threshold, O Beggar-woman on our roads and on the trail of the Prodigal?

The wind tells us its age, the wind tells us its youth. . . . Honour thine exile, O Prince!

And all at once all is power and presence for me, here where the theme of nothingness rises still in smoke.

". . . Higher, night by night, this silent clamour upon my sill, higher, night by night, this rising of the ages in their bristling scales,

And on all the shores of the world a fiercer iambic verse to be fed from my being! . . .

So great an altitude can never annul the sheer fall from thy sill, O Seizer of swords at dawn,

O Handler of eagles by their angles, Feeder of women shrill in their iron plumes!

All things at birth bristle to the east of the world, all flesh at birth exults in the first fires of day!

And here, a greater murmur is rising around the world, like an insurrection of the soul. . . .

You shall not cease, O clamour, until, upon the sands, I shall have sloughed off every human allegiance. (Who knows his birthplace still?)"

4

STRANGE was the night when so many breaths were lost at the crossways of the room. . . .

And who is that wandering before dawn at the ends of the earth, crying out for me? Which tall repudiated

*fut au sifflement de l'aile visiter d'autres seuils, quelle
grande fille malaimée,*

*À l'heure où les constellations labiles qui changent de
vocable pour les hommes d'exil déclinent dans les sables
à la recherche d'un lieu pur?*

*Partout-errante fut son nom de courtisane chez les
prêtres, aux grottes vertes des Sibylles, et le matin sur
notre seuil sut effacer les traces de pieds nus, parmi de
saintes écritures . . .*

*Servantes, vous serviez, et vaines, vous tendiez vos
toiles fraîches pour l'échéance d'un mot pur.*

*Sur des plaintes de pluviers s'en fut l'aube plaintive,
s'en fut l'hyade pluvieuse à la recherche du mot pur,*

*Et sur les rives très anciennes fut appelé mon nom . . .
L'esprit du dieu fumait parmi les cendres de l'inceste.*

*Et quand se fut parmi les sables essorée la substance
pâle de ce jour,*

*De beaux fragments d'histoires en dérive, sur des pales
d'hélices, dans le ciel plein d'erreurs et d'errantes pré-
misses, se mirent à virer pour le délice du scoliaste.*

*Et qui donc était là qui s'en fut sur son aile? Et qui
donc, cette nuit, a sur ma lèvre d'étranger pris encore
malgré moi l'usage de ce chant?*

*Renverse, ô scribe, sur la table des grèves, du revers
de ton style la cire empreinte du mot vain.*

*Les eaux du large laveront, les eaux du large sur nos
tables, les plus beaux chiffres de l'année.*

*Et c'est l'heure, ô Mendiante, où sur la face close des
grands miroirs de pierre exposés dans les antres*

*L'officiant chaussé de feutre et ganté de soie grège
efface, à grand renfort de manches, l'affleurement des
signes illicites de la nuit.*

girl has gone, on whistling wings, to visit other thresh-
olds, which girl, tall and crossed in love, has gone

At that hour when the lapsing constellations, whose
language changes for the men of exile, sink into the
sands in search of a place of purity?

World-wanderer was her courtesan's name among the
priests, in the Sibyls' green caves, and morning knew
how to erase the tracks of naked feet from our sill,
among sacred writings. . . .

Serving girls, you served, and in vain you held out
fresh linens to catch the chance fall of one pure word.

With the plovers' complaints departed the plaintive
dawn, departed the showery hyades in search of the pure
word,

And on most ancient shores my name was called. . . .
The ghost of the god dwelt among the smoking embers
of incest.

And when this day's pale substance had dried into the
sands,

Fragments of beautiful stories adrift in spirals, in the
sky full of errors and erring premises, went turning
around to the scholiast's delight.

And who was it there that flew away? And so who was
it, that night, who, against my will, stole from my
stranger's lips the practice of this song?

Turn over with your stylus, on the table of the shores,
O Scribe, the wax impressed with the empty statement.

Waters of the deep, the waters of the deep on our
tables will wash away the year's most beautiful numbers.

And it is the hour, O Beggarwoman, when on the shut
faces of great stone mirrors exposed in the caves

The celebrant, shod in felt and gloved in raw silk, with
a great sweep of his sleeve wipes away the illicit signs of
night.

*Ainsi va toute chair au cilice du sel, le fruit de cendre
de nos veilles, la rose naine de vos sables, et l'épouse
nocturne avant l'aurore reconduite . . .*

*Ah! toute chose vaine au van de la mémoire, ah! toute
chose insane aux fifres de l'exil: le pur nautile des eaux
libres, le pur mobile de nos songes,*

*Et les poèmes de la nuit avant l'aurore répudiés, l'aile
fossile prise au piège des grandes vêpres d'ambre jaune . . .*

*Ah! qu'on brûle, ah! qu'on brûle, à la pointe des sables,
tout ce débris de plume, d'ongle, de chevelures peintes et
de toiles impures,*

*Et les poèmes nés d'hier, ah! les poèmes nés un soir à
la fourche de l'éclair, il en est comme de la cendre au
lait des femmes, trace infime . . .*

*Et de toute chose ailée dont vous n'avez usage, me
composant un pur langage sans office,*

*Voici que j'ai dessein encore d'un grand poème dé-
lébile . . .*

5

*«. . . C*OMME *celui qui se dévêt à la vue de la mer,
comme celui qui s'est levé pour honorer la première brise
de terre (et voici que son front a grandi sous le casque),*

*Les mains plus nues qu'à ma naissance et la lèvre plus
libre, l'oreille à ces coraux où gît la plainte d'un autre âge,*

*Me voici restitué à ma rive natale . . . Il n'est d'histoire
que de l'âme, il n'est d'aisance que de l'âme.*

*Avec l'achaine, l'anophèle, avec les chaumes et les
sables, avec les choses les plus frêles, avec les choses les
plus vaines, la simple chose, la simple chose que voilà,
la simple chose d'être là, dans l'écoulement du jour . . .*

*Sur des squelettes d'oiseaux nains s'en va l'enfance de
ce jour, en vêtement des îles, et plus légère que l'enfance*

So goes all flesh to the hairshirt of salt, ashen fruit of our vigils, dwarf rose of your sands, and the spouse of a night shown out before the dawn. . . .

Ah! all is vain in the winnowing of memory! all insane among the fifes of exile: the pure nautilus of free waters, the pure mover of our dreams,

And night's poems disowned before the dawn, the fossil wing entrapped in great amber vespers. . . .

Ah! let them burn, let them burn on the sand-capes, all this refuse of feather, fingernail, dyed hair, impure linen,

And the poems born yesterday, ah! the poems born one evening in the lightning's fork, what's left of them is, like ash in women's milk, but the faintest trace. . . .

And I, from all winged things for which you have no use, composing a language free of usage and pure,

Now I have once more the design for a great, delible poem. . . .

5

". . . Like him who strips at sight of the sea, like him who has risen to do honour to the first land-breeze (how is his brow magnified under the helmet),

My hands more naked than at birth, and lips more free, ear to the coral reef where sounds the lament of another age,

Behold, I am restored to my native shore. . . . There is no history but the soul's, no ease but the soul's.

With the achene and the anopheles, with the culm and the sands, with the frailest things, with the idlest things, the simple thing, the simple thing of here, the simple thing of being here, as day drains away . . .

On skeletons of dwarf birds the childhood of the day departs, in the dress of the Isles, and lighter than child-

*sur ses os creux de mouette, de guifette, la brise enchante
les eaux filles en vêtement d'écailles pour les îles . . .*

*Ô sables, ô résines! l'élytre pourpre du destin dans une
grande fixité de l'œil! et sur l'arène sans violence, l'exil
et ses clés pures, la journée traversée d'un os vert comme
un poisson des îles . . .*

*Midi chante, ô tristesse! . . . et la merveille est an-
noncée par ce cri: ô merveille! et ce n'est pas assez d'en
rire sous les larmes . . .*

*Mais qu'est-ce là, oh! qu'est-ce, en toute chose, qui
soudain fait défaut? . . .»*

*Je sais. J'ai vu. Nul n'en convienne!—Et déjà la journée
s'épaissit comme un lait.*

*L'ennui cherche son ombre aux royaumes d'Arsace; et
la tristesse errante mène son goût d'euphorbe par le
monde, l'espace où vivent les rapaces tombe en d'étranges
déshérences . . .*

*Plaise au sage d'épier la naissance des schismes! . . .
Le ciel est un Sahel où va l'azalaïe en quête de sel
gemme.*

Plus d'un siècle se voile aux défaillances de l'histoire.

*Et le soleil enfouit ses beaux sesterces dans les sables,
à la montée des ombres où mûrissent les sentences d'orage.*

*Ô présides sous l'eau verte! qu'une herbe illustre sous
les mers nous parle encore de l'exil . . . et le Poète prend
ombrage*

*de ces grandes feuilles de calcaire, à fleur d'abîme, sur
des socles: dentelle au masque de la mort . . .*

hood on its hollow bones of seagull, of seaswallow, the
wind enchants the feminine seas dressed in their scaly
dress for the Isles. . . .

O sands! O rosin! crimson fate closing its wing case
under a great, staring eye! and on the peaceful arena,
exile and its pure keys, day traversed by a green bone
like a fish of the Isles . . .

Midday sings, O sadness! . . . and the wonder is an-
nounced by this cry: O wonder! and it's not enough to
laugh through the tears. . . .

But what is it then, O! what is it that in everything is
suddenly wanting? . . ."

I know. I have seen. No one and nothing need agree!—
And now day thickens like milk.

Ennui seeks out its shadow in the kingdoms of Arsace;
and wandering sadness trails its taste of spurge about the
world, and space where live the birds of prey falls into
strange intestacies. . . .

Well may the sage spy out the birth of schisms! . . .
The sky is a Sahel desert where the holy caravan goes in
search of rocksalt.

Many a century veils itself before the lapses of history.

And the sun buries his beautiful sesterce coins in the
sands, at the rising of shadows wherein the thunder's pro-
nouncements ripen.

O presidios under the green water! let a lustrous grass
below the sea speak to us again of exile . . . and the Poet
takes umbrage

At these great limestone leaves on their shelves level
with the abyss, lace on the mask of death. . . .

6

«. . . Celui *qui erre, à la mi-nuit, sur les galeries de
pierre pour estimer les titres d'une belle comète; celui qui
veille, entre deux guerres, à la pureté des grandes lentilles
de cristal; celui qui s'est levé avant le jour pour curer les
fontaines, et c'est la fin des grandes épidémies; celui qui
laque en haute mer avec ses filles et ses brus, et c'en était
assez des cendres de la terre . . .*

*Celui qui flatte la démence aux grands hospices de
craie bleue, et c'est Dimanche sur les seigles, à l'heure de
grande cécité; celui qui monte aux orgues solitaires, à
l'entrée des armées; celui qui rêve un jour d'étranges
latomies, et c'est un peu après midi, à l'heure de grande
viduité; celui qu'éveille en mer, sous le vent d'une île
basse, le parfum de sécheresse d'une petite immortelle des
sables; celui qui veille, dans les ports, aux bras des
femmes d'autre race, et c'est un goût de vétiver dans le
parfum d'aisselle de la nuit basse, et c'est un peu après
minuit, à l'heure de grande opacité; celui, dans le som-
meil, dont le souffle est relié au souffle de la mer, et au
renversement de la marée voici qu'il se retourne sur sa
couche comme un vaisseau change d'amures . . .*

*Celui qui peint l'amer au front des plus hauts caps,
celui qui marque d'une croix blanche la face des récifs;
celui qui lave d'un lait pauvre les grandes casemates
d'ombre au pied des sémaphores, et c'est un lieu de
cinéraires et de gravats pour la délectation du sage; celui
qui prend logement, pour la saison des pluies, avec les
gens de pilotage et de bornage—chez le gardien d'un
temple mort à bout de péninsule (et c'est sur un éperon
de pierre gris-bleu, ou sur la haute table de grès rouge);
celui qu'enchaîne, sur les cartes, la course close des cy-
clones; pour qui s'éclairent, aux nuits d'hiver, les grandes*

6

". . . He who, in the midnight hours, ranges the stone galleries assessing the title-deeds of a beautiful comet; he who, between two wars, watches over the purity of great crystal lenses; he who rises before daylight to clean out the fountains, and the great epidemics are at an end; he who does the lacquering on the high seas with his daughters and his sons' wives, and they have had enough of the ashes floating above the land . . .

He who soothes the insane in the great blue-chalk asylums, and it is Sunday over the rye-fields, the time of great blindness; he who, at the entry of the armies, goes up to the organs in their solitude; he who dreams one day about strange quarry-prisons, and it is a little after mid-day, the time of great bereavement; he who, at sea, below the wind from a low-lying island, is awakened by the dry scent of a little immortelle of the sands; he who stays awake in the ports, embraced by women of another race, and there is a vetiver flavour in the armpit smell of the low, receding night, and it is a little after midnight, the time of great opacity; he whose breathing, asleep, is one with the sea's breathing, and at the turn of the tide he turns on the bed like a ship putting about . . .

He who paints the landmark on the brow of high headlands, he who marks with a white cross the face of high reefs; he who, with thin lime, washes the great shadow-filled casemates at the foot of the semaphores, and it is a place of cineraria and stony rubbish for the delectation of the sage; he who takes lodgings for the rainy season with pilots and coastline crews—with the guardian of a dead temple at land's end (on a spur of grey-blue rock or on a high table of red sandstone); he who, leaning over the chart, is involved in the closed courses of cyclones; for whom, on winter nights, the great sidereal

*pistes sidérales; ou qui démêle en songe bien d'autres
lois de transhumance et de dérivation; celui qui quête, à
bout de sonde, l'argile rouge des grands fonds pour
modeler la face de son rêve; celui qui s'offre, dans les
ports, à compenser les boussoles pour la marine de plai-
sance . . .*

*Celui qui marche sur la terre à la rencontre des grands
lieux d'herbe; qui donne, sur sa route, consultation pour
le traitement d'un très vieil arbre; celui qui monte aux
tours de fer, après l'orage, pour éventer ce goût de crêpe
sombre des feux de ronces en forêt; celui qui veille, en
lieux stériles, au sort des grandes lignes télégraphiques;
qui sait le gîte et la culée d'atterrissage des maîtres câbles
sous-marins; qui soigne sous la ville, en lieu d'ossuaires
et d'égouts (et c'est à même l'écorce démasclée de la
terre), les instruments lecteurs de purs séismes . . .*

*Celui qui a la charge, en temps d'invasion, du régime
des eaux, et fait visite aux grands bassins filtrants lassés
des noces d'éphémères; celui qui garde de l'émeute, der-
rière les ferronneries d'or vert, les grandes serres fétides
du Jardin Botanique; les grands Offices des Monnaies,
des Longitudes et des Tabacs; et le Dépôt des Phares, où
gisent les fables, les lanternes; celui qui fait sa ronde, en
temps de siège, aux grands halls où s'émiettent, sous
verre, les panoplies de phasmes, de vanesses; et porte sa
lampe aux belles auges de lapis, où, friable, la princesse
d'os épinglée d'or descend le cours des siècles sous sa
chevelure de sisal; celui qui sauve des armées un hybride
très rare de rosier-ronce hymalayen; celui qui entretient
de ses deniers, aux grandes banqueroutes de l'État, le
luxe trouble des haras, des grands haras de brique fauve
sous les feuilles, comme des roseraies de roses rouges sous
les roucoulements d'orage, comme de beaux gynécées*

tracks are lighted up; or who, in dreams, disentangles quite other laws of migration and drifting; he who, with lead, gathers the red mud of the deep to model the mask of his dream; he who, in the seaports, offers his services to adjust the yachtsmen's compasses . . .

He who walks across the earth towards the great grasslands; who gives an opinion, on the way, about the treatment of a tree grown very old; he who climbs iron towers, when the storm is spent, to dispel the dark crêpe smell from the forest brambles on fire; he who, in sterile places, watches over the fate of the major telegraph lines; who knows the lie and the landing point of the submarine sheet-cables; who nurses, in a place of boneyards and sewers below the city (and it is down to the peeled bark of the earth), the reading instruments of pure seisms . . .

He who, in time of invasion, has charge of the water-systems and goes up to inspect the great filter reservoirs weary of the nuptials of dayflies; he who saves from the rioters the great fetid hothouses of the Botanical Gardens, behind the green-gold iron gates; the great Offices of the Mint, of Longitudes, and of the Tobacco Monopoly; the Department of Lighthouses strewn with fables and lanterns; he who, in time of siege, makes the round of the great halls in which panoplies of phasmas and vanessas crumble away under glass; who shines his lamp on handsome troughs of lapis lazuli in which an embalmed princess, her friable bones pinned with gold, descends the reaches of the centuries, capped in her sisal hair; he who rescues from the armies that rarest of hybrids, a Himalayan bramble-rose; he who, when the State goes bankrupt, finances the troubling splendour of the stud-farms, the great brick stud-farms tawny under the leaves, like rose-gardens of red roses under the dove-noises of the thunder, like handsome gynaecea full of

pleins de princes sauvages, de ténèbres, d'encens et de
substance mâle . . .

Celui qui règle, en temps de crise, le gardiennage des
hauts paquebots mis sous scellés, à la boucle d'un fleuve
couleur d'iode, de purin (et sous le limbe des verrières,
aux grands salons bâchés d'oubli, c'est une lumière
d'agave pour les siècles et à jamais vigile en mer); celui
qui vaque, avec les gens de peu, sur les chantiers et sur
les cales désertées par la foule, après le lancement d'une
grande coque de trois ans; celui qui a pour profession
d'agréer les navires; et celui-là qui trouve un jour le
parfum de son âme dans le vaigrage d'un voilier neuf;
celui qui prend la garde d'équinoxe sur le rempart des
docks, sur le haut peigne sonore des grands barrages de
montagne, et sur les grandes écluses océanes; celui, sou-
dain, pour qui s'exhale toute l'haleine incurable de ce
monde dans le relent des grands silos et entrepôts de
denrées coloniales, là où l'épice et le grain vert s'enflent
aux lunes d'hivernage comme la création sur son lit fade;
celui qui prononce la clôture des grands congrès d'or-
ographie, de climatologie, et c'est le temps de visiter
l'Arboretum et l'Aquarium et le quartier des filles, les
tailleries de pierres fines et le parvis des grands convul-
sionnaires . . .

Celui qui ouvre un compte en banque pour les re-
cherches de l'esprit; celui qui entre au cirque de son œuvre
nouvelle dans une très grande animation de l'être, et,
de trois jours, nul n'a regard sur son silence que sa mère,
nul n'a l'accès de sa chambre que la plus vieille des ser-
vantes; celui qui mène aux sources sa monture sans y
boire lui-même; celui qui rêve, aux selleries, d'un parfum
plus ardent que celui de la cire; celui, comme Baber, qui
vêt la robe du poète entre deux grandes actions viriles
pour révérer la face d'une belle terrasse; celui qui tombe

fiery princes, of darkness, of incense and of male substance . . .

He who, in time of crisis, arranges for the safeguard of the tall liners held under seal, at the loop of a river the colour of iodine and dung-water (and within the limbo of stained glass, in the great saloons sheeted in oblivion, there is an eternity of aloe-green light and forever an underseas world of vigil); he who lingers in the shipyards with people of no account and on the slips the crowds have deserted, after the launching of a great hull, three years in the building; he who has the job of consigning incoming ships; and he, too, who discovers one day the very perfume of his soul in the planking of a new sailboat; he who takes over the equinoctial watch on the ramparts of the docks, on the high, sonorous comb of great dams in the mountains and on the great ocean sluices; he who feels the whole incurable breath of this world suddenly breathed out of the stench of great silos and warehouses of colonial produce, where spice and green grain swell out beneath the wintering moons like creation on its stale bed; he who declares the closure of great congresses of orography, of climatology, and it is the time for visiting the Arboretum and the Aquarium and the prostitutes' district, the gem-cutters and the courts of the great convulsionists . . .

He who opens an account in the bank for the researches of the mind; he who enters the arena of his new creation, uplifted in his whole being and, for three days, no one may look upon his silence save his mother, no one may have access to his room save the oldest of the servants; he who leads his mount to the spring and does not himself drink; he who dreams in the saddlery of a smell more intense than the smell of wax; he who, like Baber, between two great feats of arms, puts on the poet's robe to pay homage to a beautiful terrace; he who

*en distraction pendant la dédicace d'une nef, et au tym-
pan sont telles cruches, comme des ouïes, murées pour
l'acoustique; celui qui tient en héritage, sur terre de
main-morte, la dernière héronnière, avec de beaux ou-
vrages de vénerie, de fauconnerie; celui qui tient com-
merce, en ville, de très grands livres: almagestes, portu-
lans et bestiaires; qui prend souci des accidents de
phonétique, de l'altération des signes et des grandes
érosions du langage; qui participe aux grands débats de
sémantique; qui fait autorité dans les mathématiques
usuelles et se complaît à la supputation des temps pour
le calendrier des fêtes mobiles (le nombre d'or, l'indiction
romaine, l'épacte et les grandes lettres dominicales; celui
qui donne la hiérarchie aux grands offices du langage;
celui à qui l'on montre, en très haut lieu, de grandes
pierres lustrées par l'insistance de la flamme . . .*

*Ceux-là sont princes de l'exil et n'ont que faire de mon
chant.»*

*Étranger, sur toutes grèves de ce monde, sans audience
ni témoin, porte à l'oreille du Ponant une conque sans
mémoire:*

*Hôte précaire à la lisière de nos villes, tu ne franchiras
point le seuil des Lloyds, où ta parole n'a point cours et
ton or est sans titre . . .*

*«J'habiterai mon nom», fut ta réponse aux question-
naires du port. Et sur les tables du changeur, tu n'as rien
que de trouble à produire,*

*Comme ces grandes monnaies de fer exhumées par la
foudre.*

becomes absent-minded during the consecration of a
nave, and there are crockets in the spandrel, like ears,
walled in for the acoustics; he whose inheritance, on land
held in mortmain, is the last heronry, with fine volumes
on venery and on falconry; he who deals, in the town,
in such great books as almagesta, portulans and besti-
aries; whose solicitude is for the accidents of phonetics,
the alteration of signs and the great erosions of lan-
guage; who takes part in the great debates on semantics;
who is an authority on the lower mathematics and de-
lights in the computation of dates for the calendar of
movable feasts (the golden number, the Roman indic-
tion, the epact and the great dominical letters); he who
grades the hierarchies in the great rituals of the lan-
guage; he who is shown, in a most high place, great
stones blazed beneath the insistence of flame . . .

Those are the princes of exile; they have no need of
my song."

Stranger, on all the shores of the world, without audi-
ence or witness, lift to the ear of the West a shell that has
no memory:

Precarious guest on the outskirts of our cities, you
shall not cross the threshold of Lloyd's where your word
has no currency and your gold no standard. . . .

"I shall live in my name," was your answer to the
questionnaire of the port-authority. And at the money-
changer's you have nothing to show but that which is
suspect,

Like those great iron coinages laid bare by lightning.

7

«. . . Syntaxe *de l'éclair! ô pur langage de l'exil!
Lointaine est l'autre rive où le message s'illumine:*

*Deux fronts de femmes sous la cendre, du même pouce
visités; deux ailes de femmes aux persiennes, du même
souffle suscitées . . .*

*Dormiez-vous cette nuit, sous le grand arbre de phos-
phore, ô cœur d'orante par le monde, ô mère du Proscrit,
quand dans les glaces de la chambre fut imprimée sa
face?*

*Et toi plus prompte sous l'éclair, ô toi plus prompte à
tressaillir sur l'autre rive de son âme, compagne de sa
force et faiblesse de sa force, toi dont le souffle au sien
fut à jamais mêlé,*

*T'assiéras-tu encore sur sa couche déserte, dans le
hérissement de ton âme de femme?*

*L'exil n'est point d'hier! l'exil n'est point d'hier! . . .
Exècre, ô femme, sous ton toit un chant d'oiseau de
Barbarie . . .*

*Tu n'écouteras point l'orage au loin multiplier la
course de nos pas sans que ton cri de femme, dans la
nuit, n'assaille encore sur son aire l'aigle équivoque du
bonheur!*»

*. . . Tais-toi, faiblesse, et toi, parfum d'épouse dans la
nuit comme l'amande même de la nuit.*

*Partout errante sur les grèves, partout errante sur les
mers, tais-toi, douceur, et toi présence gréée d'ailes à
hauteur de ma selle.*

*Je reprendrai ma course de Numide, longeant la mer
inaliénable . . . Nulle verveine aux lèvres, mais sur la
langue encore, comme un sel, ce ferment du vieux
monde.*

7

". . .Syntax of lightning! O pure speech of exile! Far
is that other shore where the message lights up:

Two women, their foreheads signed with ashes by the
same thumb; two women, at the slatted blinds, their
wings upraised on the same breath. . . .

Were you asleep that night, under the great phos-
phorus tree, O heart of prayers about the world, O mother
of the Proscript, when his likeness was stamped on the
mirrors in your room?

And you more swift, beneath the lightning, O you
more swift to spring up in answer on the other shore of
his soul, companion of his strength and weakness of his
strength, you whose breathing was with his forever
mingled,

Will you then sit on his deserted bed, amid the shud-
dering of your woman's soul?

Exile is not of yesterday! exile is not of yesterday! . . .
O woman! Loathe that song a Barbary bird sings beneath
your roof. . . .

You shall not hear the storm far off multiplying the
flight of our feet but that your woman's cry in the night
assault once more in his eyrie the ambiguous eagle of
happiness!"

. . . Be silent, weakness, and you, beloved fragrance
in the night like the very almond of night.

Wandering all over the shores, wandering all over the
seas, be silent, gentleness, and you, presence, arrayed
with wings at my saddle's height.

I shall resume my Numidian flight, skirting the in-
alienable sea . . . No vervain on the lips, but still on
the tongue, like a salty substance, this ferment of the
old world.

Le nitre et le natron sont thèmes de l'exil. Nos pensers courent à l'action sur des pistes osseuses. L'éclair m'ouvre le lit de plus vastes desseins. L'orage en vain déplace les bornes de l'absence.

Ceux-là qui furent se croiser aux grandes Indes atlantiques, ceux-là qui flairent l'idée neuve aux fraîcheurs de l'abîme, ceux-là qui soufflent dans les cornes aux portes du futur

Savent qu'aux sables de l'exil sifflent les hautes passions lovées sous le fouet de l'éclair . . . Ô Prodigue sous le sel et l'écume de Juin! garde vivante parmi nous la force occulte de ton chant!

Comme celui qui dit à l'émissaire, et c'est là son message: «Voilez la face de nos femmes; levez la face de nos fils; et la consigne est de laver la pierre de vos seuils . . . Je vous dirai tout bas le nom des sources où, demain, nous baignerons un pur courroux.»

Et c'est l'heure, ô Poète, de décliner ton nom, ta naissance, et ta race . . .

Long Beach Island, N.J., 1941.

Nitre and natron are themes of exile. Our thoughts run to action on bony tracks. Lightning lays bare to me the bed of immense designs. In vain the storm removes the bourns of absence.

Those who went on their quest to the great Atlantic Indies, those who scent the new idea in the freshness risen from the abyss, those who blow with horns at the gates of the future

Know that on the sands of exile there hiss the high passions coiled beneath the lightning's whip . . . O Prodigal in the salt and foam of June! keep alive in our midst the occult power of your song!

Like him who says to the emissary, and this is his message: "Veiled be the faces of our women; raised be the faces of our sons; and the order is: wash the stone of your sills. . . . I shall whisper low the name of the springs in which tomorrow we shall plunge a pure wrath."

And the time is come, O Poet, to declare your name, your birth, and your race. . . .

Long Beach Island, N.J., 1941.

PLUIES

RAINS

TRANSLATED BY DENIS DEVLIN

PLUIES

À Katherine et Francis Biddle

1

Le banyan *de la pluie prend ses assises sur la Ville,*
  *Un polypier hâtif monte à ses noces de corail dans tout
ce lait d'eau vive,*
  *Et l'Idée nue comme un rétiaire peigne aux jardins du
peuple sa crinière de fille.*

  *Chante, poème, à la criée des eaux l'imminence du
thème,*
  *Chante, poème, à la foulée des eaux l'évasion du
thème:*
  Une haute licence aux flancs des Vierges prophétiques,

  *Une éclosion d'ovules d'or dans la nuit fauve des
vasières*
  Et mon lit fait, ô fraude! à la lisière d'un tel songe,
  *Là où s'avive et croît et se prend à tourner la rose
obscène du poème.*

  *Seigneur terrible de mon rire, voici la terre fumante au
goût de venaison,*
  *L'argile veuve sous l'eau vierge, la terre lavée du pas
des hommes insomnieux,*
  *Et, flairée de plus près comme un vin, n'est il pas vrai
qu'elle provoque la perte de mémoire?*
  *Seigneur, Seigneur terrible de mon rire! voici l'envers
du songe sur la terre,*

RAINS

To Katherine and Francis Biddle

1

THE BANYAN of the rain takes hold of the City,
A hurried polyp rises to its coral wedding in all this
milk of living water,
And Idea, naked like a net-fighter, combs her girl's
mane in the people's gardens.

Sing, poem, at the opening cry of the waters the im-
minence of the theme,
Sing, poem, at the milling of the waters the evasion
of the theme,
High licence in the flanks of the prophetic Virgins,

Hatching of golden ovules in the tawny night of the
slime
And my bed made, O fraud! on the edge of such a
dream,
Where the poem, obscene rose, quickens and grows
and unfurls.

Terrible Lord of my laughter, behold the earth smok-
ing with a venison taste,
Widow clay under virgin water, earth washed clean
of the steps of sleepless men,
And, smelled close-to like wine, does it not truly bring
on loss of memory?
Lord, terrible Lord of my laughter! behold on earth
the reverse side of the dream,

Comme la réponse des hautes dunes à l'étagement des mers, voici, voici

La terre à fin d'usage, l'heure nouvelle dans ses langes, et mon cœur visité d'une étrange voyelle.

2

Nourrices *très suspectes, Suivantes aux yeux voilés d'aînesse, ô Pluies par qui*

L'homme insolite tient sa caste, que dirons-nous ce soir à qui prendra hauteur de notre veille?

Sur quelle couche nouvelle, à quelle tête rétive ravirons-nous encore l'étincelle qui vaille?

Muette l'Ande sur mon toit, j'ai une acclamation très forte en moi, et c'est pour vous, ô Pluies!

Je porterai ma cause devant vous: à la pointe de vos lances le plus clair de mon bien!

L'écume aux lèvres du poème comme un lait de coraux!

Et celle qui danse comme un psylle à l'entrée de mes phrases,

L'Idée, plus nue qu'un glaive au jeu des factions,

M'enseignera le rite et la mesure contre l'impatience du poème.

Seigneur terrible de mon rire, gardez-moi de l'aveu, de l'accueil et du chant.

Seigneur terrible de mon rire, qu'il est d'offense aux lèvres de l'averse!

Qu'il est de fraudes consumées sous nos plus hautes migrations!

Like the reply of the high dunes to the rising tiered seas, behold, behold

Earth used-up, the new hour in its swaddling clothes, and my heart host to a strange vowel.

2

Most suspect Nurses, Waiting-women with veiled elder eyes, O Rains through whom

The unusual man keeps his caste, what shall we say tonight to him that sounds the depths of our vigil?

On what new bed, from what restive head shall we ravish the valid spark?

Silent the Ande over my roof, I am loud with applause, and it is for you, O Rains!

I shall plead my cause before you: at your lance-points, my share of the world!

Foam on the lips of the poem like milk of coral rocks!

And she dancing like a snake-charmer at the entry of my phrases,

Idea, naked as a sword-blade at the faction fight,

Will teach me ceremony and measure against the poem's impatience.

Terrible Lord of my laughter, save me from the avowal, the welcome and the song.

Terrible Lord of my laughter, what offence rides on the lips of the rainstorm!

How much fraud consumed beneath our loftiest migrations!

Dans la nuit claire de midi, nous avançons plus d'une proposition

Nouvelle, sur l'essence de l'être . . . Ô fumées que voilà sur la pierre de l'âtre!

Et la pluie tiède sur nos toits fit aussi bien d'éteindre les lampes dans nos mains.

3

Sœurs *des guerriers d'Assur furent les hautes Pluies en marche sur la terre:*

Casquées de plume et haut-troussées, éperonnées d'argent et de cristal,

Comme Didon foulant l'ivoire aux portes de Carthage,

Comme l'épouse de Cortez, ivre d'argile et peinte, entre ses hautes plantes apocryphes . . .

Elles avivaient de nuit l'azur aux crosses de nos armes,

Elles peupleront l'Avril au fond des glaces de nos chambres!

Et je n'ai garde d'oublier leur piétinement au seuil des chambres d'ablution:

Guerrières, ô guerrières par la lance et le trait jusqu'à nous aiguisées!

Danseuses, ô danseuses par la danse et l'attrait au sol multipliées!

Ce sont des armes à brassées, ce sont des filles par charretées, une distribution d'aigles aux légions,

Un soulèvement de piques aux faubourgs pour les plus jeunes peuples de la terre—faisceaux rompus de vierges dissolues,

Ô grandes gerbes non liées! l'ample et vive moisson aux bras des hommes renversée!

In the clear night of noon, we proffer more than one new

Proposition, on the essence of being. . . . O smoke-curves there on the hearth-stone!

And the warm rain on our roofs did just as well to quench the lamps in our hands.

3

Sᴛᴇʀs of the warriors of Assur were the tall Rains striding over the earth:

Feather-helmeted, high-girded, spurred with silver and crystal,

Like Dido treading on ivory at the gates of Carthage,

Like Cortez' wife, heady with clay and painted, among her tall apocryphal plants . . .

They revived with night-dark the blue on the butts of our weapons,

They will people April in the mirrors' depths of our rooms!

Nor would I forget their stamping on the thresholds of the chambers of ablution:

Warrior-women, O warrior-women towards us sharpened by lance and dart-point!

Dancing-women, O dancing-women on the ground multiplied by the dance and the earth's attraction!

It is weapons by armfuls, helmeted girls by cartloads, a presentation of eagles to the legions,

A rising with pikes in the slums for the youngest peoples of the earth—broken sheaves of dissolute virgins,

O great unbound sheaves! the ample and living harvest laid over into the arms of men!

*. . . Et la Ville est de verre sur son socle d'ébène, la
science aux bouches des fontaines,*

*Et l'étranger lit sur nos murs les grandes affiches an-
nonaires,*

*Et la fraîcheur est dans nos murs, où l'Indienne ce soir
logera chez l'habitant.*

4

RELATIONS *faites à l'Édile; confessions faites à nos
portes . . . Tue-moi, bonheur!*

*Une langue nouvelle de toutes parts offerte! une
fraîcheur d'haleine par le monde*

*Comme le souffle même de l'esprit, comme la chose
même proférée,*

*À même l'être, son essence; à même la source, sa
naissance:*

*Ha! toute l'affusion du dieu salubre sur nos faces, et
telle brise en fleur*

*Au fil de l'herbe bleuissante, qui devance le pas des
plus lointaines dissidences!*

*. . . Nourrices très suspectes, ô Semeuses de spores, de
semences et d'espèces légères,*

*De quelles hauteurs déchues trahissez-vous pour nous
les voies,*

*Comme au bas des orages les plus beaux êtres lapidés
sur la croix de leurs ailes?*

*Que hantiez-vous si loin, qu'il faille encore qu'on en
rêve à en perdre le vivre?*

*Et de quelle autre condition nous parlez-vous si bas
qu'on en perde mémoire?*

*Pour trafiquer de choses saintes parmi nous, désertiez-
vous vos couches, ô Simoniaques?*

. . . And the City is of glass on its ebony base, knowledge in the mouths of fountains,

And the foreigner reads the great harvest announcements on our walls,

And freshness is in our walls where the Indian girl will lodge tonight with the townsman.

4

Rᴇᴘᴏʀᴛs made to the Aedile; confessions made at our gates . . . Be my death, happiness!

A new language offered from all sides! a fresh breathing about the world

Like the very breath of the spirit, like the thing itself proffered,

Flush with being, its essence; flush with the spring, its birth:

Ah! the full shower of the health-giving god on our faces, and such a breeze in flower

Skimming the blueing grass, outrunning the far, far-off moving dissidences!

. . . Most suspect Nurses, O Sowers of spores, seeds, and light species,

From what heights fallen, what sacred ways do you betray to us,

Like the beautiful beings at storms' foot stoned on the cross of their wings?

What was it you haunted so far that we still must dream of it when all breath fails us?

And of what other state do you speak so low that we cannot remember it?

Did you abandon your beds to traffic in holy things among us, O Simoniacs?

Au frais commerce de l'embrun, là où le ciel mûrit son goût d'arum et de névé,

Vous fréquentiez l'éclair salace, et dans l'aubier des grandes aubes lacérées,

Au pur vélin rayé d'une amorce divine, vous nous direz, ô Pluies! quelle langue nouvelle sollicitait pour vous la grande onciale de feu vert.

5

Q<small>UE</small> *votre approche fût pleine de grandeur, nous le savions, hommes des villes, sur nos maigres scories,*

Mais nous avions rêvé de plus hautaines confidences au premier souffle de l'averse,

Et vous nous restituez, ô Pluies! à notre instance humaine, avec ce goût d'argile sous nos masques.

En de plus hauts parages chercherons-nous mémoire? . . . ou s'il nous faut chanter l'oubli aux bibles d'or des basses feuillaisons? . . .

Nos fièvres peintes aux tulipiers du songe, la taie sur l'œil des pièces d'eau et la pierre roulée sur la bouche des puits, voilà-t-il pas beaux thèmes à reprendre,

Comme roses anciennes aux mains de l'invalide de guerre? . . . La ruche encore est au verger, l'enfance aux fourches du vieil arbre, et l'échelle interdite aux beaux veuvages de l'éclair . . .

Douceur d'agave, d'aloès . . . fade saison de l'homme sans méprise! C'est la terre lassée des brûlures de l'esprit.

Les pluies vertes se peignent aux glaces des banquiers. Aux linges tièdes des pleureuses s'effacera la face des dieux-filles.

Et des idées nouvelles viennent en compte aux bâtisseurs d'Empires sur leur table. Tout un peuple muet se lève dans mes phrases, aux grandes marges du poème.

In the fresh intercourse of the spray, there where the sky ripens its taste of arum-lily and névé,

You lived with the lust-leap lightning, and in the alburnum of great lacerated dawns,

On the pure vellum scored by a divine spark, you will tell us, O Rains! what new language the great uncial of green fire was soliciting for you.

5

YOUR approach was full of majesty, we knew that, men of the cities on our thin slag heaps,

But we had dreamt of more lofty confidences at the first breath of the rainstorm,

And you give us back, O Rains! to our human urgency, with the clay taste under our masks.

In higher places shall we seek memory? . . . or must we sing oblivion to the gold bibles of the lower foliage?

Our fevers painted on the tulip-trees of dream, the film on the pool's eye and the stone rolled over the wellmouth, are not those fine themes to resume,

Like roses of old in a wounded soldier's hands? . . . The hive is still in the orchard, childhood in the old tree's forks, and the ladder forbidden to lightning's lovely widowhoods. . . .

Sweetness of agave and aloe . . . Insipid season of the unerring man! It is earth tired of the mind's burns.

Green rains comb their hair before the bankers' glass windows. The faces of the maiden gods will be wiped off on the warm cloths of weeping women.

And new ideas come on account to the builders of Empires at their tables. A whole silent people rises in my phrases, in the great margins of the poem.

Dressez, dressez, à bout de caps, les catafalques du
Habsbourg, les hauts bûchers de l'homme de guerre, les
hauts ruchers de l'imposture.

Vannez, vannez, à bout de caps, les grands ossuaires de
l'autre guerre, les grands ossuaires de l'homme blanc sur
qui l'enfance fut fondée.

Et qu'on évente sur sa chaise, sur sa chaise de fer,
l'homme en proie aux visions dont s'irritent les peuples.

Nous n'en finirons pas de voir traîner sur l'étendue des
mers la fumée des hauts faits où charbonne l'histoire,

Cependant qu'aux Chartreuses et aux Maladreries, un
parfum de termites et de framboises blanches fait lever
sur leurs claies les Princes grabataires:

«J'avais, j'avais ce goût de vivre chez les hommes, et
voici que la terre exhale son âme d'étrangère . . .»

6

*U*N HOMME *atteint de telle solitude, qu'il aille et qu'il*
suspende aux sanctuaires le masque et le bâton de com-
mandement!

Moi je portais l'éponge et le fiel aux blessures d'un vieil
arbre chargé des chaînes de la terre.

«J'avais, j'avais ce goût de vivre loin des hommes, et
voici que les Pluies . . .»

Transfuges sans message, ô Mimes sans visage, vous
meniez aux confins de si belles semailles!

Pour quels beaux feux d'herbages chez les hommes
détournez-vous un soir vos pas, pour quelles histoires
dénouées

Au feu des roses dans les chambres, dans les chambres
où vit la sombre fleur du sexe?

Raise up, raise up, at the ends of promontories, the Habsburg catafalques, the tall pyres of the man of war, the tall apiaries of imposture.

Winnow, winnow, at the ends of promontories, the great ossuaries of the other war, the great ossuaries of the white man on which childhood was founded.

And let him be fanned on his chair, on his iron chair, the man preyed on by visions that inflame the nations.

We shall never see the end of it: trailing over the far reaches of the seas, the dark smoke of history's charred exploits,

While in the Charterhouses and Leperhouses, a perfume of termites and white raspberries makes bedridden Princes rise from their wattles:

"Once, once I had a taste for living among men, but now earth breathes out its alien soul. . . ."

6

A MAN stricken with such solitude, let him go and hang up in the sanctuary the mask and baton of command!

I raised sponge and gall to the wounds of an old tree laden with the chains of the earth.

"Once, once I had a taste for living far from men, but now the Rains . . ."

Visitors with no message, O faceless Mimes, what fine sowings of seed were yours at the borders!

For what fine grass fires among men do you turn aside your steps one night, for what stories unfolded

Before a fire of roses in rooms, in the rooms where lives the sombre flower of sex?

Convoitiez-vous nos femmes et nos filles derrière la
grille de leurs songes? (Il est des soins d'aînées
Au plus secret des chambres, il est de purs offices et
tels qu'on en rêverait aux palpes des insectes . . .)
N'avez-vous mieux à faire, chez nos fils, d'épier l'amer
parfum viril aux buffleteries de guerre? (comme un
peuple de Sphinges, lourdes du chiffre et de l'énigme,
disputent du pouvoir aux portes des élus . . .)

Ô Pluies par qui les blés sauvages envahissent la Ville,
et les chaussées de pierre se hérissent d'irascibles cactées,
Sous mille pas nouveaux sont mille pierres nouvelles
fraîchement visitées . . . Aux éventaires rafraîchis d'une
invisible plume, faites vos comptes, diamantaires!
Et l'homme dur entre les hommes, au milieu de la
foule, se surprend à rêver de l'élyme des sables . . .
«J'avais, j'avais ce goût de vivre sans douceur, et voici
que les Pluies . . .» (La vie monte aux orages sur l'aile
du refus.)

Passez, Métisses, et nous laissez à notre guet . . . Tel
s'abreuve au divin dont le masque est d'argile.
Toute pierre lavée des signes de voirie, toute feuille
lavée des signes de latrie, nous te lirons enfin, terre abluée
des encres du copiste . . .
Passez, et nous laissez à nos plus vieux usages. Que
ma parole encore aille devant moi! et nous chanterons
encore un chant des hommes pour qui passe, un chant du
large pour qui veille:

Did you covet our wives and daughters behind their grating of dreams? (The attentions older women pay to younger

In secretive depths of rooms, pure offices, such as one would dream of for the palps of insects . . .)

Would you not be better, among our sons, spying out the virile, bitter smell of their war-harness of hide? (like a people of Sphinxes, burdened with cyphers and riddles, disputing about power at the gates of the elect . . .)

O Rains through whom the wild wheat invades the City and the stone highways bristle with irascible cactuses,

Thousands of new stones by thousands of new footsteps are freshly visited. . . . Behind show-cases fanned by invisible feathers, make up your accounts, O diamond-cutters!

And the man, hard among men, in the crowd, catches himself thinking of the lyme-grass on the sands. . . . "Once, once I had a taste for living without sweetness, but now the Rains . . ." (Life rises to the storms on the wings of refusal.)

Pass by, Half-breeds, and leave us at our look-out. . . . He drinks of divinity whose mask is of clay.

Each stone washed clean of street-signs, each leaf washed clean of the signs of latria, we shall read you at last, earth cleansed of the copyists' inks. . . .

Pass by, and leave us to our oldest customs. May my word again go before me! and we shall sing once more a song of men for them that pass by, a song of the open for them that watch:

7

«I<small>NNOMBRABLES</small> *sont nos voies, et nos demeures in-
certaines. Tel s'abreuve au divin dont la lèvre est d'argile.
Vous, laveuses des morts dans les eaux-mères du matin—
et c'est la terre encore aux ronces de la guerre—lavez aussi
la face des vivants; lavez, ô Pluies! la face triste des vio-
lents, la face douce des violents . . . car leurs voies sont
étroites, et leurs demeures incertaines.*

«*Lavez, ô Pluies! un lieu de pierre pour les forts. Aux
grandes tables s'assiéront, sous l'auvent de leur force,
ceux que n'a point grisés le vin des hommes, ceux que n'a
point souillés le goût des larmes ni du songe, ceux-là qui
n'ont point cure de leur nom dans les trompettes d'os . . .
aux grandes tables s'assiéront, sous l'auvent de leur force,
en lieu de pierre pour les forts.*

«*Lavez le doute et la prudence au pas de l'action, lavez
le doute et la décence au champ de la vision. Lavez, ô
Pluies! la taie sur l'œil de l'homme de bien, sur l'œil de
l'homme bien pensant; lavez la taie sur l'œil de l'homme
de bon goût, sur l'œil de l'homme de bon ton; la taie de
l'homme de mérite, la taie de l'homme de talent; lavez
l'écaille sur l'œil du Maître et du Mécène, sur l'œil du
Juste et du Notable . . . sur l'œil des hommes qualifiés
par la prudence et la décence.*

«*Lavez, lavez la bienveillance au cœur des grands In-
tercesseurs, la bienséance au front des grands Éducateurs,
et la souillure du langage sur des lèvres publiques. Lavez,
ô Pluies, la main du Juge et du Prévôt, la main de*

7

"INNUMERABLE are our paths and our dwellings un-
certain. He drinks of divinity whose lip is of clay. You,
washers of the dead in the mother-waters of morning—
and it is earth still among the thorns of war—wash too
the faces of the living; wash, O Rains! the sorrowful
faces of the violent, the gentle faces of the violent . . .
for their paths are narrow and their dwellings uncertain.

"Wash, O Rains! a stone place for the strong. At the
great tables shall they sit, beneath the eaves of their
strength, those whom the wine of men has not made
drunk, those whom the taste of tears and of dream has
not defiled, those who care nothing for their name in the
bone trumpets . . . at the great tables shall they sit, be-
neath the eaves of their strength, in a stone place for the
strong.

"Wash doubt and prudence from the path of action,
wash doubt and modesty from the field of vision. Wash,
O Rains! the film from the eye of the upright man, from
the eye of the right-thinking man; wash the film from
the eye of the man of good taste, from the eye of the man
of good form; the film from the man of merit, the film
from the man of talent; wash the scales from the eye of
the Great Master and of the Patron of the Arts, from the
eye of the just man and of the man of standing . . .
from the eye of the men well qualified by prudence and
modesty.

"Wash, wash benevolence from the heart of the great
Intercessors, seemliness from the forehead of the great
Educators, and defilement of speech from the public lips.
Wash, O Rains! the hand of the Judge and of the Provost,

*l'accoucheuse et de l'ensevelisseuse, les mains léchées
d'infirmes et d'aveugles, et la main basse, au front des
hommes, qui rêve encore de rênes et du fouet . . . avec
l'assentiment des grands Intercesseurs, des grands Edu-
cateurs.*

«*Lavez, lavez l'histoire des peuples aux hautes tables
de mémoire: les grandes annales officielles, les grandes
chroniques du Clergé et les bulletins académiques. Lavez
les bulles et les chartes, et les Cahiers du Tiers-État; les
Covenants, les Pactes d'alliance et les grands actes
fédératifs; lavez, lavez, ô Pluies! tous les vélins et tous
les parchemins, couleur de murs d'asiles et de léproseries,
couleur d'ivoire fossile et de vieilles dents de mules . . .
Lavez, lavez, ô Pluies! les hautes tables de mémoire.*

«*Ô Pluies! lavez au cœur de l'homme les plus beaux
dits de l'homme: les plus belles sentences, les plus belles
séquences; les phrases les mieux faites, les pages les mieux
nées. Lavez, lavez, au cœur des hommes, leur goût de
cantilènes, d'élégies; leur goût de vilanelles et de ron-
deaux; leurs grands bonheurs d'expression; lavez le sel de
l'atticisme et le miel de l'euphuisme, lavez, lavez la literie
du songe et la litière du savoir: au cœur de l'homme sans
refus, au cœur de l'homme sans dégoût, lavez, lavez, ô
Pluies! les plus beaux dons de l'homme . . . au cœur des
hommes les mieux doués pour les grandes œuvres de
raison.*»

8

«. . . LE BANYAN *de la pluie perd ses assises sur la
Ville. Au vent du ciel la chose errante et telle*

*Qu'elle s'en vint vivre parmi nous! . . . Et vous ne
nierez pas, soudain, que tout nous vienne à rien.*

the hand of the midwife and of the layer-out, the hand licked by the sick and the blind, and the iron hand on the foreheads of men, dreaming still of reins and whip . . . with the assent of the great Intercessors of the great Educators.

"Wash, wash the peoples' history from the tall tables of memory: the great official annals, the great Chronicles of the Clergy, the bulletins of the Academies. . . . Wash bulls and charters, and the Memorials of the Third Estate; Covenants, Pacts of Alliance and the great Acts of Federation; wash, wash, O Rains! all the vellums and parchments, coloured like the walls of asylums and Lazar-houses, coloured like fossil ivory and old mules' teeth. . . . Wash, wash, O Rains! the tall tables of memory.

"O Rains! wash from the heart of man the most beautiful sayings of man: the most beautiful sentence, the most beautiful sequence; the well-turned phrase, the noble page. Wash, wash, from the hearts of men their taste for roundelays and for elegies; their taste for villanelles and rondeaux; their great felicities of expression; wash Attic salt and euphuist honey, wash, wash, the bedding of dream and the litter of knowledge: from the heart of the man who makes no refusals, from the heart of the man who has no disgusts, wash, wash, O Rains! the most beautiful gifts of man . . . from the hearts of men most gifted for the great works of reason."

8

". . . THE BANYAN of the rain loses its hold on the City. Wandering thing on the winds of heaven,

And so it came to live among us! . . . And you will not deny that it's all suddenly come to nothing with us.

*Qui veut savoir ce qu'il advient des pluies en marche
sur la terre, s'en vienne vivre sur mon toit, parmi les
signes et présages.*

*Promesses non tenues! Inlassables semailles! Et fumées
que voilà sur la chaussée des hommes!*

*Vienne l'éclair, ha! qui nous quitte! . . . Et nous recon-
duirons aux portes de la Ville*

*Les hautes Pluies en marche sous l'Avril, les hautes
Pluies en marche sous le fouet comme un Ordre de
Flagellants.*

*Mais nous voici livrés plus nus à ce parfum d'humus
et de benjoin où s'éveille la terre au goût de vierge noire.*

*. . . C'est la terre plus fraîche au cœur des fougeraies,
l'affleurement des grands fossiles aux marnes ruisselantes,*

*Et dans la chair navrée des roses après l'orage, la terre,
la terre encore au goût de femme faite femme.*

*. . . C'est la Ville plus vive aux feux de mille glaives,
le vol des sacres sur les marbres, le ciel encore aux
vasques des fontaines,*

*Et la truie d'or à bout de stèle sur les places désertes.
C'est la splendeur encore aux porches de cinabre; la bête
noire ferrée d'argent à la plus basse porte des jardins;*

*C'est le désir encore au flanc des jeunes veuves, des
jeunes veuves de guerriers, comme de grandes urnes
rescellées.*

*. . . C'est la fraîcheur courant aux crêtes du langage,
l'écume encore aux lèvres du poème,*

*Et l'homme encore de toutes parts pressé d'idées nou-
velles, qui cède au soulèvement des grandes houles de
l'esprit:*

He who would know what becomes of the rains striding over the earth, let him come and live on my roof, among the signs and the portents.

Unkept promises! ceaseless sowings of seed! And smoke-curves there on the highway of men!
Let the lightning come, ah! it leaves us! . . . And at the City gates we shall usher out
The tall Rains striding under April, the tall Rains striding under the whip like an Order of Flagellants.

But see us now delivered more naked to this smell of mould and benzoin where the black-virgin earth awakens.
. . . It is earth fresher in the heart of the fern-brakes, the rising of great fossils flush with dripping marls,
And in the harrowed flesh of roses after the storm, earth, earth again with the taste of woman made woman.

. . . It is the City livelier in the fires of a thousand sword-blades, the flight of hawks over the marbles, sky in the fountain basins again,
And the golden sow on its column in the deserted squares. It is splendour again on the portals of cinnabar; black beast shod with silver at the lowest gate of the garden;
It is desire again in the flanks of the young widows, young widows of warriors, like great urns resealed.

. . . It is freshness running along the summits of speech, foam again at the lips of the poem,
And man, once more beset with new ideas from all sides, who surrenders to the upheaval of the great surges of mind:

«*Le beau chant, le beau chant que voilà sur la dissipa-
tion des eaux! . . .*» *et mon poème, ô Pluies! qui ne fut
pas écrit!*

9

Lᴀ ɴᴜɪᴛ *venue, les grilles closes, que pèse l'eau du ciel
au bas-empire des taillis?*

*À la pointe des lances le plus clair de mon bien! . . .
Et toutes choses égales, au fléau de l'esprit,*

*Seigneur terrible de mon rire, vous porterez ce soir
l'esclandre en plus haut lieu.*

*. . . Car telles sont vos délices, Seigneur, au seuil aride
du poème, où mon rire épouvante les paons verts de la
gloire.*

Savannah, 1943.

"The beautiful song, the beautiful song, there, above the vanishing waters! . . ." and my poem, O Rains! which was not written!

9

Night come, the gates closed, what does sky-water weigh in the lower empire of the copeswood?

At the points of the lances, my share of the world! . . . And all things equal, on the scales of the mind,

Terrible Lord of my laughter, you will expose the scandal tonight in higher places.

. . . For such, O Lord, are your delights, at the arid threshold of the poem, where my laughter scares the green peacocks of fame.

Savannah, 1943.

NEIGES

SNOWS

TRANSLATED BY DENIS DEVLIN

NEIGES

À Françoise-Renée Saint-Leger Leger

1

Et puis *vinrent les neiges, les premières neiges de l'absence, sur les grands lés tissés du songe et du réel; et toute peine remise aux hommes de mémoire, il y eut une fraîcheur de linges à nos tempes. Et ce fut au matin, sous le sel gris de l'aube, un peu avant la sixième heure, comme en un havre de fortune, un lieu de grâce et de merci où licencier l'essaim des grandes odes du silence.*

Et toute la nuit, à notre insu, sous ce haut fait de plume, portant très haut vestige et charge d'âmes, les hautes villes de pierre ponce forées d'insectes lumineux n'avaient cessé de croître et d'exceller, dans l'oubli de leur poids. Et ceux-là seuls en surent quelque chose, dont la mémoire est incertaine et le récit est aberrant. La part que prit l'esprit à ces choses insignes, nous l'ignorons.

Nul n'a surpris, nul n'a connu, au plus haut front de pierre, le premier affleurement de cette heure soyeuse, le premier attouchement de cette chose fragile et très futile, comme un frôlement de cils. Sur les revêtements de bronze et sur les élancements d'acier chromé, sur les moellons de sourde porcelaine et sur les tuiles de gros verre, sur la fusée de marbre noir et sur l'éperon de métal blanc, nul n'a surpris, nul n'a terni

cette buée d'un souffle à sa naissance, comme la première transe d'une lame mise à nu . . . Il neigeait, et

SNOWS

To Françoise-Renée Saint-Leger Leger

1

A<small>ND THEN</small> came the snows, the first snows of absence, on the great linens of dream and reality interwoven; and, all affliction lifted from men of memory, there was a freshness of linen cloths at our temples. And it was at morning, beneath the gray salt of dawn, a little before the sixth hour, as in a chance haven, a place of grace and of mercy for releasing the swarms of the great odes of silence.

And all night long, unknown to us, under this lofty feat of feathers, bearing aloft the souls' vestiges, the souls' burden, lofty pumice stone cities bored through by luminous insects had not ceased growing, transcendent, forgetful of their weight. And those alone knew something of it, whose memories are uncertain, whose stories aberrant. What part the mind played in these notable things, that we know not.

None has surprised, none has known, at the highest stone frontal, the first alighting of this silken hour, the first light touch of this thing, fragile and so trifling, like a fluttering of eyelashes. On bronze revetments and on soaring chromium steel, on heavy blocks of mute porcelain and on thick glass tiles, on rocket of black marble and on white metal spur, none has surprised, none has tarnished

that mist of breath at its birth like the first shiver of a sword bared. . . . It snowed, and behold, we shall tell

voici, nous en dirons merveilles: l'aube muette dans sa
plume, comme une grande chouette fabuleuse en proie
aux souffles de l'esprit, enflait son corps de dahlia blanc.
Et de tous les côtés il nous était prodige et fête. Et le
salut soit sur la face des terrasses, où l'Architecte, l'autre
été, nous a montré des œufs d'engoulevent!

2

J<small>E</small> <small>SAIS</small> *que des vaisseaux en peine dans tout ce naissain*
pâle poussent leur meuglement de bêtes sourdes contre
la cécité des hommes et des dieux; et toute la misère du
monde appelle le pilote au large des estuaires. Je sais
qu'aux chutes des grands fleuves se nouent d'étranges
alliances, entre le ciel et l'eau: de blanches noces de
noctuelles, de blanches fêtes de phryganes. Et sur les
vastes gares enfumées d'aube comme des palmeraies sous
verre, la nuit laiteuse engendre une fête du gui.

Et il y a aussi cette sirène des usines, un peu avant la
sixième heure et la relève du matin, dans ce pays, là-haut,
de très grands lacs, où les chantiers illuminés toute la nuit
tendent sur l'espalier du ciel une haute treille sidérale:
mille lampes choyées des choses grèges de la neige . . .
De grandes nacres en croissance, de grandes nacres sans
défaut méditent-elles leur réponse au plus profond des
eaux?—ô toutes choses à renaître, ô vous toute réponse!
Et la vision enfin sans faille et sans défaut! . . .

Il neige sur les dieux de fonte et sur les aciéries cin-
glées de brèves liturgies; sur le mâchefer et sur l'ordure
et sur l'herbage des remblais: il neige sur la fièvre et sur
l'outil des hommes—neige plus fine qu'au désert la

the wonder of it: how dawn silent in its feathers, like a great fabulous owl under the breath of the spirit, swelled out in its white dahlia body. And from all sides there came upon us marvel and festival. And let there be salutation upon the surface of the terraces, where the Architect, that summer, showed us the eggs of nighthawks!

2

I KNOW that ships in distress in this wide, pale oyster-spat thrust their lowing of deaf beasts against the blindness of men and gods; and the whole world's wretchedness calls the pilot off the estuaries. I know of strange alliances between sky and water at the waterfalls of the great rivers: white nuptials of noctuids, white festivals of may-flies. And on the vast railway-stations smoky with dawn like palm-groves under glass, the milky night begets a mistletoe feast.

And there is also that siren from the factories, a little before the sixth hour and the day-shift, above there in the great lake country, where the shipyards lit up all night stretch a long sidereal vine across the espalier of the sky: a thousand lamps fondled by the raw-silk things of snow. . . . Great pearl-fields widening, great flawless pearls, are they meditating their reply at the deepest depths of the waters?—O all things there to be reborn, O you entire reply! And the vision at last without fault or flaw! . . .

It is snowing on the cast-iron gods and on the steel-works lashed by short liturgies; on the slag and the sweepings and the embankment grasses: it is snowing on the fever and implements of men—snow finer than

graine de coriandre, neige plus fraîche qu'en avril le premier lait des jeunes bêtes . . . Il neige par là-bas vers l'Ouest, sur les silos et sur les ranchs et sur les vastes plaines sans histoire enjambées de pylônes; sur les tracés de villes à naître et sur la cendre morte des camps levés;

sur les hautes terres non rompues, envenimées d'acides, et sur les hordes d'abiès noirs empêtrés d'aigles barbelés, comme des trophées de guerre . . . Que disiez-vous, trappeur, de vos deux mains congédiées? Et sur la hache du pionnier quelle inquiétante douceur a cette nuit posé la joue? . . . Il neige hors chrétienté sur les plus jeunes ronces et sur les bêtes les plus neuves. Épouse du monde ma présence! . . . Et quelque part au monde où le silence éclaire un songe de mélèze, la tristesse soulève son masque de servante.

3

CE N'ÉTAIT pas assez que tant de mers, ce n'était pas assez que tant de terres eussent dispersé la course de nos ans. Sur la rive nouvelle où nous halons, charge croissante, le filet de nos routes, encore fallait-il tout ce plain-chant des neiges pour nous ravir la trace de nos pas . . . Par les chemins de la plus vaste terre étendrez-vous le sens et la mesure de nos ans, neiges prodigues de l'absence, neiges cruelles au cœur des femmes où s'épuise l'attente?

Et Celle à qui je pense entre toutes femmes de ma race, du fond de son grand âge lève à son Dieu sa face de douceur. Et c'est un pur lignage qui tient sa grâce en moi. «Qu'on nous laisse tous deux à ce langage sans paroles dont vous avez l'usage, ô vous toute présence, ô

the coriander seed in the desert, snow fresher than the first milk of young creatures in April. . . . It is snowing, out there, there, out towards the West, on the silos and the ranches and the vast, unstoried plains straddled by pylons; on the layout of unborn cities and on the dead ashes of struck camps;

on the high unbroken soil, poisoned with acids, and on the hordes of black fir-trees entangled with barbed eagles, like war trophies. . . . What had you to say, trapper, of your two idled hands? And what disquieting gentleness has laid its cheek tonight upon the pioneer's axe? . . . It is snowing outside Christendom on the youngest bramble and on the newest creature. Spouse of the world, my presence! . . . And somewhere in the world where silence illuminates a larch-tree's dream, sadness raises its servant's mask.

3

It was not enough that so many seas, it was not enough that so many lands had dispersed the paths of our life. On the new shore, where we are hauling in the net of our routes, a growing burden, had there to be, also, all this plain-chant of the snows to rob us of the trace of our footsteps? . . . Over the longest roads of the wide world, will you stretch the meaning and measurement of our years, snows prodigal of absence, snows cruel to the heart of women where hope wastes away?

And She whom I think of among all the women of my race, from the depths of her old age raises to her God her face of gentleness. And it is a pure lineage that her grace keeps in me. "Let us be left, the two of us, to this speech without words which is yours to speak, O you all

vous toute patience! Et comme un grand Ave *de grâce sur nos pas chante tout bas le chant très pur de notre race. Et il y a un si long temps que veille en moi cette affre de douceur . . .*

Dame de haut parage fut votre âme muette à l'ombre de vos croix; mais chair de pauvre femme, en son grand âge, fut votre cœur vivant de femme en toutes femmes suppliciée . . . Au cœur du beau pays captif où nous brûlerons l'épine, c'est bien grande pitié des femmes de tout âge à qui le bras des hommes fit défaut. Et qui donc vous mènera, dans ce plus grand veuvage, à vos Eglises souterraines où la lampe est frugale, et l'abeille, divine?

. . . Et tout ce temps de mon silence en terre lointaine, aux roses pâles des ronciers j'ai vu pâlir l'usure de vos yeux. Et vous seule aviez grâce de ce mutisme au cœur de l'homme comme une pierre noire . . . Car nos années sont terres de mouvance dont nul ne tient le fief, mais comme un grand Ave *de grâce sur nos pas nous suit au loin le chant de pur lignage; et il y a un si long temps que veille en nous cette affre de douceur . . .*

Neigeait-il, cette nuit, de ce côté du monde où vous joignez les mains? . . . Ici, c'est bien grand bruit de chaînes par les rues, où vont courant les hommes à leur ombre. Et l'on ne savait pas qu'il y eût encore au monde tant de chaînes, pour équiper les roues en fuite vers le jour. Et c'est aussi grand bruit de pelles à nos portes, ô vigiles! Les nègres de voirie vont sur les aphtes de la terre comme gens de gabelle. Une lampe

survit au cancer de la nuit. Et un oiseau de cendre rose, qui fut de braise tout l'été, illumine soudain les cryptes

presence, O you all patience! And like a great *Ave* of grace on our path, there sings low the pure song of our race. And for so long a time this agony of sweetness has kept vigil in me. . . .

A Lady of high lineage was your silent soul in the shadows of your Cross; but a grieving woman's flesh in her old age was your living heart of a woman agonizing in all women. . . . In the heart of the beautiful captive country where we shall burn the thorn, pity indeed is great for the women of every age whose men's arms have failed them. And who is it will lead you, in this greater widowhood, to your Churches underground, where the lamp is frugal, and the bee, divine?

. . . And all this time of my silence in a far country, I have watched on the pale bramble roses your worn eyes become paler. And you alone were spared that speechlessness that is like a black stone in the heart of man. . . . For our years are lands in tenure which no one holds in fief, but like a great *Ave* of grace on our path, there follows us afar the song of pure lineage; and for so long a time this agony of sweetness has kept vigil in us. . . .

Did it snow, this night, on that side of the world where you join your hands? . . . Here, there is great noise of chains in the streets where men go running towards their shadow. And it was not known that there were still so many chains in the world for the equipment of wheels in flight towards the day. And there is also a great noise of spades at our doors, O vigils! The black streetcleaners move upon the scurf of the earth like people of the Salt Excise. A lamp

survives the cancer of the night. And a bird of pink ash, which was a burning ember all summer, suddenly

de l'hiver, comme l'Oiseau du Phase aux Livres d'heures
de l'An Mille ... Épouse du monde ma présence, épouse
du monde mon attente! Que nous ravisse encore la
fraîche haleine de mensonge! ... Et la tristesse des
hommes est dans les hommes, mais cette force aussi qui
n'a de nom, et cette grâce, par instants, dont il faut bien
qu'ils aient souri.»

4

Sᴇᴜʟ *à faire le compte, du haut de cette chambre*
d'angle qu'environne un Océan de neiges.—Hôte précaire
de l'instant, homme sans preuve ni témoin, détacherai-je
mon lit bas comme une pirogue de sa crique? ... Ceux
qui campent chaque jour plus loin du lieu de leur nais-
sance, ceux qui tirent chaque jour leur barque sur
d'autres rives, savent mieux chaque jour le cours des
choses illisibles; et remontant les fleuves vers leur source,
entre les vertes apparences, ils sont gagnés soudain de
cet éclat sévère où toute langue perd ses armes.

Ainsi l'homme mi-nu sur l'Océan des neiges, rompant
soudain l'immense libration, poursuit un singulier dessein
où les mots n'ont plus prise. Épouse du monde ma
présence, épouse du monde ma prudence! ... Et du côté
des eaux premières me retournant avec le jour, comme
le voyageur, à la néoménie, dont la conduite est incertaine
et la démarche est aberrante, voici que j'ai dessein d'errer
parmi les plus vieilles couches du langage, parmi les plus
hautes tranches phonétiques: jusqu'à des langues très
lointaines, jusqu'à des langues très entières et très parci-
monieuses,

comme ces langues dravidiennes qui n'eurent pas de
mots distincts pour «hier» et pour «demain»... Venez

lights up the crypts of winter, like the Phasian Bird in
the Books of Hours, Year One Thousand. . . . Spouse of
the world, my presence, spouse of the world, my vigil!
May the fresh breath of falsehood ravish us once more!
. . . And in men is the sadness of men, but also that
strength which is nameless and, at moments, that grace
at which they surely must have smiled."

4

I, ONLY accountant, from the height of this corner
room surrounded by an Ocean of snows.—Precarious
guest of the moment, man without proof or witness, shall
I unmoor my low bed like a canoe from its cove? . . .
Those who, each day, pitch camp farther from their
birthplace, those who, each day, haul in their boat on
other banks, know better, day by day, the course of il-
legible things; and tracing the rivers towards their
source, through the green world of appearances they are
caught up suddenly into that harsh glare where all lan-
guage loses its power.

Thus man, half naked on the Ocean of the snows,
suddenly breaking asunder the vast libration, follows a
singular design in which words cease to take hold.
Spouse of the world, my presence, spouse of the world,
my prudence! . . . And turning with the day towards
the primal waters, like the traveller, at new moon, whose
direction is uncertain and whose gait is aberrant, it is
my design, now to wander among the oldest layers of
speech, among the farthest phonetic strata: as far as
the most far-off languages, as far as the most whole and
most parsimonious languages,

like those Dravidian languages which had no distinct
words for "yesterday" and "tomorrow." . . . Come and

et nous suivez, qui n'avons mots à dire: nous remontons
ce pur délice sans graphie où court l'antique phrase hu-
maine; nous nous mouvons parmi de claires élisions, des
résidus d'anciens préfixes ayant perdu leur initiale, et
devançant les beaux travaux de linguistique, nous nous
frayons nos voies nouvelles jusqu'à ces locutions inouïes,
où l'aspiration recule au delà des voyelles et la modulation
du souffle se propage, au gré de telles labiales mi-sonores,
en quête de pures finales vocaliques.

. . . Et ce fut au matin, sous le plus pur vocable, un
beau pays sans haine ni lésine, un lieu de grâce et de
merci pour la montée des sûrs présages de l'esprit; et
comme un grand Ave *de grâce sur nos pas, la grande*
roseraie blanche de toutes neiges à la ronde . . . Fraîcheur
d'ombelles, de corymbes, fraîcheur d'arille sous la fève,
ha! tant d'azyme encore aux lèvres de l'errant! . . .
Quelle flore nouvelle, en lieu plus libre, nous absout de
la fleur et du fruit? Quelle navette d'os aux mains des
femmes de grand âge, quelle amande d'ivoire aux mains
des femmes de jeune âge

nous tissera linge plus frais pour la brûlure des vi-
vants? . . . Épouse du monde notre patience, épouse du
monde notre attente! . . . Ah! tout l'hièble du songe à
même notre visage! Et nous ravisse encore, ô monde!
ta fraîche haleine de mensonge! . . . Là où les fleuves
encore sont guéables, là où les neiges encore sont gué-
ables, nous passerons ce soir une âme non guéable . . .
Et au delà sont les grands lés du songe, et tout ce bien
fongible où l'être engage sa fortune . . .

Désormais cette page où plus rien ne s'inscrit.

New York, 1944.

follow us, who have no words to say: ascending that pure unwritten delight where runs the ancient human phrase, we move about among clear elisions, the residues of old prefixes that have lost their initial, and, preceding the master works in linguistics, we clear our new ways to those unheard-of locutions where the aspiration withdraws behind its vowels and the modulation of the breath spreads out, under the sway of certain half-voiced labials, in search of pure vocalic finals.

... And it was at morning, beneath the purest of wordforms, a beautiful country without hatred or meanness, a place of grace and of mercy for the ascension of the unfailing presages of the mind; and like a great *Ave* of grace on our path, the great white rose-garden of all the snows all around. . . . Freshness of umbels, of corymbs, freshness of aril under the bean, ah! such a wafer-thin taste on the lips of the wanderer! . . . What new flora, in a freer place, absolves us from the flower and from the fruit? What bone shuttle in the hands of very old women, what ivory almond in the hands of very young women

will weave us fresher linen for the burns of the living? . . . Spouse of the world, our patience, spouse of the world, our vigil! . . . Ah! all the dwarf-elder of dream against our faces! And once again, O world! may your fresh breath of falsehood ravish us! . . . There where the rivers are still fordable, there where the snows are still fordable, we shall pass on, this night, an unfordable soul. . . . And beyond are the great linens of dream and all that fungible wealth in which man involves his fate. . . .

✧

Henceforth this page on which no more is written.

New York, 1944.

POÈME
À L'ÉTRANGÈRE

✦

POEM TO
A FOREIGN LADY

POÈME À L'ÉTRANGÈRE

«*Alien Registration Act*»

1

Les sables ni les chaumes n'enchanteront le pas des siècles à venir, où fut la rue pour vous pavée d'une pierre sans mémoire—ô pierre inexorable et verte plus que n'est le sang vert des Castilles à votre tempe d'Etrangère!

Une éternité de beau temps pèse aux membranes closes du silence, et la maison de bois qui bouge, à fond d'abîme, sur ses ancres, mûrit un fruit de lampes à midi pour de plus tièdes couvaisons de souffrances nouvelles.

Mais les tramways à bout d'usure qui s'en furent un soir au tournant de la rue, qui s'en furent sur rails au pays des Atlantes, par les chaussées et par les rampes et les ronds-points d'Observatoires envahis de sargasses,

par les quartiers d'eaux vives et de Zoos hantés des gens de cirques, par les quartiers de Nègres et d'Asiates aux migrations d'alevins, et par les beaux solstices verts des places rondes comme des attolls,
(là où campait un soir la cavalerie des Fédéraux, ô mille têtes d'hippocampes!)

chantant l'hier, chantant l'ailleurs, chantaient le mal à sa naissance, et, sur deux notes d'Oiseau-chat, l'Eté boisé

POEM TO A FOREIGN LADY

"Alien Registration Act"

1

Nᴏʀ sands nor straw will charm the footsteps of the
Ages to come, where the street was paved for you in a
stone without memory—O stone inexorable and green,
more so than
  the green blood of the Castiles beating in your temples,
foreign Lady!

An eternity of fair weather weighs upon the closed
membranes of silence, and, in the depths of the abyss,
the wooden house moving on its anchors ripens its fruit
of lamps at noon
  for the warmer brooding of new sufferings.

But the trams worn out with use which went off one
evening at the turning of the street, which went off on
rails to the Atlantis countries by the causeways and the
ramps
  and the Observatory Circles overrun with sargasso,

through the districts of fresh waters and of Zoos
haunted by circus folk, through the districts of Negroes
and of Asians migrating like minnows, and by the beau-
tiful green solstices of plazas, circular as atolls,
  (where one night the Federal cavalry pitched camp,
O thousand heads of sea-horses!)

singing the yesterdays, singing the otherwhere, sang
evil at its birth, and, on the two notes of the Cat-bird,

des jeunes Capitales infestées de cigales . . . Or voici bien,
à votre porte, laissés pour compte à l'Etrangère,
  ces deux rails, ces deux rails—d'où venus?—qui n'ont
pas dit leur dernier mot.

✧

  «Rue Gît-le-cœur . . . Rue Gît-le-cœur . . .» chante tout
bas l'Alienne sous ses lampes, et ce sont là méprises de
sa langue d'Etrangère.

2

Non point *des larmes—l'aviez-vous cru?—mais ce*
mal de la vue qui nous vient, à la longue, d'une trop
grande fixité du glaive sur toutes braises de ce monde,
  (ô sabre de Strogoff à hauteur de nos cils!)

  peut-être aussi l'épine, sous la chair, d'une plus jeune
ronce au cœur des femmes de ma race; et j'en conviens
aussi, l'abus de ces trop longs cigares de veuve jusqu'à
l'aube, parmi le peuple de mes lampes,
  dans tout ce bruit de grandes eaux que fait la nuit du
Nouveau Monde.

  . . . Vous qui chantez—c'est votre chant—vous qui
chantez tous bannissements au monde, ne me chanterez-
vous pas un chant du soir à la mesure de mon mal? un
chant de grâce pour mes lampes,
  un chant de grâce pour l'attente, et pour l'aube plus
noire au cœur des althæas?

  De la violence sur la terre il nous est fait si large
mesure . . . Ô vous, homme de France, ne ferez-vous

the wooded Summer of young Capitals infested with cicadas . . . Well, here at your door, delivered for the Foreign Lady,

these two rails, these two rails—come from where?— which have not said their last.

"Rue Gît-le-cœur . . . Rue Gît-le-cœur . . ." sings softly the Alien One under her lamps, and there are there the mistakes of her Foreign Lady's tongue.

2

No, NOT tears—had you thought so?—but that afflic- tion of the eyes which comes to us, in the end, from an excessive fixity of the sword-blade on all embers of this world,

(O sabre of Strogoff at the height of our eyelashes!)

perhaps also, in the flesh, the thorn of a younger bramble at the heart of the women of my race; and, I quite agree, the abuse until dawn of those long cigars of widows, among the people of my lamps,

in all this noise of rushing waters the night of the New World makes.

. . . You that sing—it is your song—you that sing all the banishments of the world, will you not sing me an evening song to the measure of my pain? a song of grace for my lamps,

a song of grace for the vigil and for the dawn darker at the heart of the althaeas?

Of violence on earth there is given to us in such large measure. . . . O you, man of France, will you not see to

pas encore que j'entende, sous l'humaine saison, parmi
les cris de martinets et toutes cloches ursulines, monter
dans l'or des pailles et dans la poudre de vos Rois
    un rire de lavandières aux ruelles de pierre?

    . . . Ne dites pas qu'un oiseau chante, et qu'il est, sur
mon toit, vêtu de très beau rouge comme Prince d'Église.
Ne dites pas—vous l'avez vu—que l'écureuil est sur la
véranda; et l'enfant-aux-journaux, les Sœurs quêteuses
et le laitier. Ne dites pas qu'à fond de ciel
    un couple d'aigles, depuis hier, tient la Ville sous le
charme de ses grandes manières.

    Car tout cela est-il bien vrai, qui n'a d'histoire ni de
sens, qui n'a de trêve ni mesure? . . . Oui tout cela qui
n'est pas clair, et ne m'est rien, et pèse moins qu'à mes
mains nues de femme une clé d'Europe teinte de sang
. . . Ah! tout cela est-il bien vrai? . . . (et qu'est-ce
encore, sur mon seuil,
    que cet oiseau vert-bronze, d'allure peu catholique,
qu'ils appellent Starling?)»

«*Rue Gît-le-cœur . . . Rue Gît-le-cœur . . .*» *chantent*
tout bas les cloches en exil, et ce sont là méprises de leur
langue d'étrangères.

3

Dıeux *proches, dieux sanglants, faces peintes et closes!*
Sous l'orangerie des lampes à midi mûrit l'abîme le plus
vaste. Et cependant que le flot monte à vos persiennes
closes, l'Eté déjà sur son déclin virant la chaîne de ses
ancres,

it that I hear, under the human season, among the cries
of the martins and all the Ursuline bells, rising through
the gold chaff and the powder of your Kings
    a laughter of washerwomen in the cobbled alleyways?

    . . . Do not say there is a bird singing and that he is
on my roof, dressed in fine red like a Prince of the
Church. Do not say—you have seen him—that the squir-
rel is on the veranda, with the paper boy, the begging
Nuns and the milkman. Do not say that far in the sky
    a pair of eagles, since yesterday, hold the City under
the charm of their noble manners.

    For is there any truth in all that, which has no history
or meaning, which has no truce or measure? . . . Yes, all
that which is not clear and is nothing to me, weighing
less with me than in my woman's bare hands a key from
Europe stained with blood. . . . Ah! is there any truth
in all that? . . . (and what is this again, on my sill,
    that green-bronze bird of suspect air which they call
a   Starling?)"

✧

    "Rue Gît-le-cœur . . . Rue Gît-le-cœur . . ." softly sing
the bells in exile, and there are there the mistakes of
their foreign tongue.

3

Gods close by, blood-stained gods, faces painted and
shut! Beneath the orangery of the noontide lamps the
vastest abyss matures. And as the flood rises to your
drawn blinds, Summer, already in decline, heaving in
its anchor chains,

vire aux grandes roses d'équinoxe comme aux verrières des Absides.

Et c'est déjà le troisième an que le fruit du mûrier fait aux chaussées de votre rue de si belles taches de vin mûr, comme on en voit au cœur des althæas, comme on en vit aux seins des filles d'Eloa. Et c'est déjà le troisième an qu'à votre porte close,
comme un nid de Sibylles, l'abîme enfante ses merveilles: lucioles!

Dans l'Été vert comme une impasse, dans l'Été vert de si beau vert, quelle aube tierce, ivre créance, ouvre son aile de locuste? Bientôt les hautes brises de Septembre tiendront conseil aux portes de la Ville, sur les savanes d'aviation, et dans un grand avènement d'eaux libres
la Ville encore au fleuve versera toute sa récolte de cigales mortes d'un Été.

. . . Et toujours il y a ce grand éclat du verre, et tout ce haut suspens. Et toujours il y a ce bruit de grandes eaux. Et parfois c'est Dimanche, et par les tuyauteries des chambres, montant des fosses atlantides, avec ce goût de l'incréé comme une haleine d'outre-monde,
c'est un parfum d'abîme et de néant parmi les moisissures de la terre . . .

Poème à l'Étrangère! Poème à l'Émigrée! . . . Chaussée de crêpe ou d'amarante entre vos hautes malles inécloses! Ô grande par le cœur et par le cri de votre race! . . . L'Europe saigne à vos flancs comme la Vierge du Toril! Vos souliers de bois d'or furent aux vitrines de l'Europe,

veers towards the great roses of the Equinox as to-
wards the stained glass of the Apses.

And it is already the third year that the mulberry fruit
on the pavements of your street makes such beautiful
stains of ripe wine, such as were seen at the heart of the
althaeas, such as were seen on the breasts of the daugh-
ters of Eloa. And it is already the third year that at your
shut door,
like a nest of Sibyls, the abyss gives birth to its won-
ders: fireflies!

In Summer green as an impasse, in Summer green
with such beautiful green, what third dawn, drunk with
belief, opens its locust wings? Soon the high September
breezes will hold counsel at the City gates, on the sa-
vannahs of airports, and in a great advent of free waters
the City will pour again into the river its whole har-
vest of a Summer's dead cicadas.

. . . And always there is this great glitter of glass and
all this lofty suspense. And always there is this noise of
great waters. And sometimes it is Sunday and through
the pipes of the rooms, rising from the Atlantidean pits,
with that taste of the uncreated like a breath of the other
world,
there is a smell of abyss and of nothingness amidst the
earth's mustiness. . . .

Poem to the Foreign Lady! Poem to the Emigrant
Lady! . . . Shod in crêpe or amaranth among your tall
trunks not yet unfolded! O great in heart and in the cry
of your race! . . . Europe bleeds at your flanks like the
Virgin of the Toril! Your gilded wooden shoes were in
the display cases of Europe,

*et les sept glaives de vermeil de Votre Dame des
Angoisses.*

*Les cavaleries encore sont aux églises de vos pères,
humant l'astre de bronze aux grilles des autels. Et les
hautes lances de Bréda montent la garde au pas des
portes de famille. Mais plus d'un cœur bien né s'en fut
à la canaille. Et il y avait aussi bien à redire à cette en-
seigne du bonheur, sur vos golfes trop bleus,*
    comme le palmier d'or au fond des boîtes à cigares.

*Dieux proches, dieux fréquents! quelle rose de fer nous
forgerez-vous demain? L'Oiseau-moqueur est sur nos
pas! Et cette histoire n'est pas nouvelle que le Vieux
Monde essaime à tous les siècles, comme un rouge pollen
. . . Sur le tambour voilé des lampes à midi, nous
mènerons encore plus d'un deuil, chantant l'hier, chan-
tant l'ailleurs, chantant le mal à sa naissance*
    *et la splendeur de vivre qui s'exile à perte d'hommes
cette année.*

*Mais ce soir de grand âge et de grande patience, dans
l'Été lourd d'opiats et d'obscures laitances, pour délivrer
à fond d'abîme le peuple de vos lampes, ayant, homme
très seul, pris par ce haut quartier de Fondations d'aveu-
gles, de Réservoirs mis au linceul et de vallons en cage
pour les morts, longeant les grilles et les lawns et tous
ces beaux jardins à l'italienne*
    *dont les maîtres un soir s'en furent épouvantés d'un
parfum de sépulcre,*

*je m'en vais, ô mémoire! à mon pas d'homme libre,
sans horde ni tribu, parmi le chant des sabliers, et, le front
nu, lauré d'abeilles de phosphore, au bas du ciel très vaste
d'acier vert comme en un fond de mer, sifflant mon*

and the seven blades of vermeil of Your Lady of Anguish.

The cavalry-horses are still in the churches of your fathers, sniffing at the bronze stars on the altar grilles. And the tall lances of Breda mount guard at the family gates. But many a well-born heart has gone over to the canaille. And there was also more to be said against that sign of happiness, on your gulfs too blue,
like the gold palm-tree inside the boxes of cigars.

Gods close by, frequent gods! what rose of iron will you forge for us tomorrow? The Mocking Bird is at our back! And it is not new, this story that the Old World spreads century after century, like red pollen. . . . To the muffled drums of the noontide lamps we shall again conduct many a funeral procession, singing the yesterdays, singing the otherwhere, singing evil at its birth
and the splendour of living that, this year, goes into exile far beyond the reach of men.

But this evening of great age and great patience, in the Summer heavy with opiates and the dimness of milt, I, most solitary man, who shall deliver in the depths of the abyss the people of your lamps, having taken my way up through this high district of Hospices for the Blind, enshrouded Reservoirs and encaged valleys for the dead, walking by railings and lawns and fine Italian gardens
whose masters fled one night, terrified by a smell of the grave,

I proceed, O memory! with my free man's stride, without horde or tribe, amidst the song of the hourglasses, and my bare forehead laurelled with phosphorescent bees, at the foot of the vast steely sky green as a sea bed, whis-

*peuple de Sibylles, sifflant mon peuple d'incrédules, je
flatte encore en songe, de la main, parmi tant d'êtres
invisibles,*

*ma chienne d'Europe qui fut blanche et, plus que moi,
poète.*

✧

«*Rue Gît-le-cœur . . . Rue Gît-le-cœur . . .*» *chante tout
bas l'Ange à Tobie, et ce sont là méprises de sa langue
d'Étranger.*

Washington, 1942.

tling up my host of Sibyls, whistling up my host of in-
credulous ones, once more in dreams I pat with my hand,
among so many invisible beings,

my hound bitch in Europe who was white and, more
than I, a poet.

✧

"Rue Gît-le-cœur . . . Rue Gît-le-cœur . . ." softly
sings the Angel to Tobias, and there are there the mis-
takes of his Foreigner's tongue.

Washington, 1942.

VENTS

✧

WINDS

TRANSLATED BY HUGH CHISHOLM

To Atlanta and Allan P.

1

C'ÉTAIENT *de très grands vents sur toutes faces de ce monde,*

De très grands vents en liesse par le monde, qui n'avaient d'aire ni de gîte,

Qui n'avaient garde ni mesure, et nous laissaient, hommes de paille,

En l'an de paille sur leur erre . . . Ah! oui, de très grands vents sur toutes faces de vivants!

Flairant la pourpre, le cilice, flairant l'ivoire et le tesson, flairant le monde entier des choses,

Et qui couraient à leur office sur nos plus grands versets d'athlètes, de poètes,

C'étaient de très grands vents en quête sur toutes pistes de ce monde,

Sur toutes choses périssables, sur toutes choses saisissables, parmi le monde entier des choses . . .

Et d'éventer l'usure et la sécheresse au cœur des hommes investis,

Voici qu'ils produisaient ce goût de paille et d'aromates, sur toutes places de nos villes,

Comme au soulèvement des grandes dalles publiques. Et le cœur nous levait

Aux bouches mortes des Offices. Et le dieu refluait des grands ouvrages de l'esprit.

I

1

THESE were very great winds over all the faces of this world,

Very great winds rejoicing over the world, having neither eyrie nor resting-place,

Having neither care nor caution, and leaving us, in their wake,

Men of straw in the year of straw. . . . Ah, yes, very great winds over all the faces of the living!

Scenting out the purple, the haircloth, scenting out the ivory and the potsherd, scenting out the entire world of things,

And hurrying to their duties upon our greatest verses, verses of athletes and poets,

These were very great winds questing over all the trails of this world,

Over all things perishable, over all things graspable, throughout the entire world of things. . . .

And airing out the attrition and drought in the heart of men in office,

Behold, they produced this taste of straw and spices, in all the squares of our cities,

As it is when the great public slabs are lifted up. And our gorge rose

Before the dead mouths of the Offices. And divinity ebbed from the great works of the spirit.

*Car tout un siècle s'ébruitait dans la sécheresse de sa
paille, parmi d'étranges désinences: à bout de cosses, de
siliques, à bout de choses frémissantes,*

*Comme un grand arbre sous ses hardes et ses haillons
de l'autre hiver, portant livrée de l'année morte;*

*Comme un grand arbre tressaillant dans ses crécelles
de bois mort et ses corolles de terre cuite—*

*Très grand arbre mendiant qui a fripé son patrimoine,
face brûlée d'amour et de violence où le désir encore va
chanter.*

*«Ô toi, désir, qui vas chanter . . .» Et ne voilà-t-il pas
déjà toute ma page elle-même bruissante,*

*Comme ce grand arbre de magie sous sa pouillerie
d'hiver: vain de son lot d'icônes, de fétiches,*

*Berçant dépouilles et spectres de locustes; léguant, liant
au vent du ciel filiales d'ailes et d'essaims, lais et relais
du plus haut verbe—*

*Ha! très grand arbre du langage peuplé d'oracles, de
maximes et murmurant murmure d'aveugle-né dans les
quinconces du savoir . . .*

2

*«O vous que rafraîchit l'orage . . . Fraîcheur et gage
de fraîcheur . . .» Le Narrateur monte aux remparts.
Et le Vent avec lui. Comme un Shaman sous ses brace-
lets de fer:*

*Vêtu pour l'aspersion du sang nouveau—la lourde
robe bleu de nuit, rubans de faille cramoisie, et la mante
à longs plis à bout de doigts pesée.*

*Il a mangé le riz des morts; dans leurs suaires de coton
il s'est taillé droit d'usager. Mais sa parole est aux vivants;
ses mains aux vasques du futur.*

For a whole century was rustling in the dry sound of its straw, amid strange terminations at the tips of husks of pods, at the tips of trembling things,

Like a great tree in its rags and remnants of last winter, wearing the livery of the dead year,

Like a great tree shuddering in its rattles of dead wood and its corollas of baked clay—

Very great mendicant tree, its patrimony squandered, its countenance seared by love and violence whereon desire will sing again.

"O thou, desire, who art about to sing . . ." And does not my whole page itself already rustle,

Like that great magical tree in its winter squalor, proud of its portion of icons and fetishes,

Cradling the shells and spectres of locusts; bequeathing, relaying to the wind of heaven affiliations of wings and swarmings, tide marks of the loftiest Word—

Ah! very great tree of language, peopled with oracles and maxims, and murmuring the murmur of one born blind among the quincunxes of knowledge . . .

2

"O YOU, whom the storm refreshes . . . Freshness and promise of freshness . . ." The Narrator mounts the ramparts. And the Wind with him. Like a Shaman in his bracelets of iron:

Robed for the sprinkling of new blood—the heavy, night-blue robe, ribbons of corded crimson silk, and the cloak with long folds weighted down at the finger-tips.

He has eaten of the rice of the dead; from their cotton shrouds he has fashioned for himself the right of usage. But his word is for the living, his hands for the fountains of the future.

*Et sa parole nous est plus fraîche que l'eau neuve.
Fraîcheur et gage de fraîcheur . . . «Ô vous que rafraîchit
l'orage . . .»*

*(Et qui donc ne romprait, du talon ne romprait l'en-
chaînement du chant?) Se hâter, se hâter! Parole de
vivant!*

*Le Narrateur monte aux remparts dans la fraîcheur
des ruines et gravats. La face peinte pour l'amour comme
aux fêtes du vin . . . «Et vous avez si peu de temps pour
naître à cet instant!»*

*Jadis, l'esprit du dieu se reflétait dans les foies d'aigles
entr'ouverts, comme aux ouvrages de fer du forgeron, et
la divinité de toutes parts assiégeait l'aube des vivants.*

*Divination par l'entraille et le souffle et la palpitation
du souffle! Divination par l'eau du ciel et l'ordalie des
fleuves . . .*

*Et de tels rites furent favorables. J'en userai. Faveur
du dieu sur mon poème! Et qu'elle ne vienne à lui
manquer!*

*«Favorisé du songe favorable» fut l'expression choisie
pour exalter la condition du sage. Et le poète encore
trouve recours dans son poème,*

*Reconnaissant pour excellente cette mantique du
poème, et tout ce qu'un homme entend aux approches
du soir;*

*Ou bien un homme s'approchant des grandes céré-
monies majeures où l'on immole un cheval noir.—
«Parler en maître, dit l'Écoutant.»*

3

C'ÉTAIENT *de très grandes forces en croissance sur
toutes pistes de ce monde, et qui prenaient source plus
haute qu'en nos chants, en lieu d'insulte et de discorde;*

And his word is fresher to us than new water. Freshness and promise of freshness . . . "O you, whom the storm refreshes . . ."

(And who now would not break, with the stamp of his heel would not break the chain of the song?) Make haste, make haste! Cry of the living!

The Narrator mounts the ramparts in the freshness of ruins and rubble. His face painted for love as at wine feasts . . . "And you have so little time to be born to this instant!"

Of old, the spirit of the god was reflected in the livers of eagles laid open, as in the blacksmith's wrought-iron, and from all sides divinity besieged the dawn of the living.

Divination by entrails and breath and palpitations of breath. Divination by rain and the ordeal of the rivers . . .

And such rites were favourable. I shall make use of them. Favour of the god on my poem! And never from my poem be it withdrawn!

"Favoured by the favourable dream" was the phrase chosen to exalt the condition of the sage. And once again the poet receives grace from his poem,

Recognizing as excellent the mantic power of the poem, and all that a man may hear at the approach of night;

Or else a man approaching the great master ceremonies where a black horse is sacrificed.—"Speak as a Master, says the Listener."

3

These were very great forces increasing over all the trails of this world, rising from sources higher than our songs, from heights of insult and discord;

*Qui se donnaient licence par le monde—ô monde entier
des choses—et qui vivaient aux crêtes du futur comme
aux versants de glaise du potier . . .*

*Au chant des hautes narrations du large, elles prome-
naient leur goût d'enchères, de faillites; elles disposaient,
sur toutes grèves, des grands désastres intellectuels,*

*Et sur les pas précipités du soir, parmi les pires dé-
sordres de l'esprit, elles instituaient un nouveau style de
grandeur où se haussaient nos actes à venir;*

*Ou disputant, aux îles lointaines, des chances du divin,
elles élevaient sur les hauteurs une querelle d'Esséniens
où nous n'avions accès . . .*

*Par elles prospéraient l'erreur et le prodige, et la
sauterelle verte du sophisme; les virulences de l'esprit
aux abords des salines et la fraîcheur de l'érotisme à
l'entrée des forêts;*

*Par elles l'impatience aux rives feintes des Mers mortes,
aux cimes peintes de vigognes, et sur toutes landes de
merveille où s'assemblent les fables, les grandes aberra-
tions du siècle . . .*

*Elles infestaient d'idées nouvelles la laine noire des
typhons, le ciel bas où voyagent les beaux édits de pro-
scription,*

*Et propageant sur tous les sables la salicorne du désir,
elles promettaient semence et sève de croissance comme
délice de cubèbe et de giroflier,*

*Elles promettaient murmure et chant d'hommes vi-
vants, non ce murmure de sécheresse dont nous avons
déjà parlé.*

*Achève, Narrateur! . . . Elles sifflaient aux portes des
Curies. Elles couchaient les dieux de pierre sur leur face,
le baptistère sous l'ortie, et sous la jungle le Bayon.*

Giving themselves licence throughout the world—O entire world of things—and living on the crests of the future as though on the clay slopes of the potter. . . .

To the chant of the lofty narratives of space, they aired their taste for auctions and bankruptcies; on all shores they rejoiced in the great intellectual disasters,

And following in the hurried footsteps of the night, amidst the spirit's worst disorders, they instituted a new style of grandeur to which our future acts must rise;

Or discussing, on distant isles, the chances of the divine, they raised to the heights an Essenian dispute to which we had no access. . . .

Through them error and wonder prospered, and the green grasshopper of sophistry; virulences of the spirit at the edges of salt-flats, and the freshness of erotism at the entrances to forests;

Through them impatience on the simulated shores of dead Seas, on the peaks streaked with vicuñas, and on all the moors of wonder where gather the fables and the great aberrations of the century . . .

They infested with new ideas the black wool of typhoons, the low sky where the beautiful edicts of proscription ride,

And propagating the saltwort of desire over all the sands, they promised seed and sap of growth as a delight of cubeb and clove,

They promised murmur and chant of living men, not this dry murmuring of which we have already spoken.

Tell on to the end, Narrator! . . . They whistled at the doors of the Curiae. They laid the stone gods on their faces, the baptistery under nettles, and under jungle the pagoda.

Elles libéraient la source sous la ronce et le pavé des Rois—dans les patios des Cours de Comptes et dans les Jeux de Paume, dans les ruelles jonchées d'estampes, d'incunables et de lettres de femmes.

Elles épousaient toute colère de la pierre et toute querelle de la flamme; avec la foule s'engouffraient dans les grands songes bénévoles, et jusqu'aux Cirques des faubourgs, pour l'explosion de la plus haute tente et son échevèlement de fille, de Ménade, dans un envol de toiles et d'agrès . . .

Elles s'en allaient où vont les hommes sans naissance et les cadets sans majorat, avec les filles de licence et les filles d'Église, sur les Mers catholiques couleur de casques, de rapières et de vieilles châsses à reliques,

Et s'attachant aux pas du Pâtre, du Poète, elles s'annexaient en cours de route la mouette mauve du Mormon, l'abeille sauvage du désert et les migrations d'insectes sur les mers, comme fumées de choses errantes prêtant visière et ciel de lit aux songeries des femmes sur la côte.

❖

Ainsi croissantes et sifflantes au tournant de notre âge, elles descendaient des hautes passes avec ce sifflement nouveau où nul n'a reconnu sa race,

Et dispersant au lit des peuples, ha! dispersant— qu'elles dispersent! disions-nous—ha! dispersant

Balises et corps-morts, bornes milliaires et stèles votives, les casemates aux frontières et les lanternes aux récifs; les casemates aux frontières, basses comme des porcheries, et les douanes plus basses au penchant de la terre; les batteries désuètes sous les palmes, aux îles de corail blanc avilies de volaille; les édicules sur les caps et les croix aux carrefours; tripodes et postes de vigie, gabions,

They liberated the living spring from under the bramble and the pavement of Kings—in the patios of Cours de Comptes and in the Jeux de Paume, in the alleys strewn with engravings, incunabula, and letters from women.

They espoused all the stone's anger and all the wrangling of the flame; with the crowd they surged into great prodigal dreams, all the way to the Circuses in the suburbs, to the explosion of the tallest tent and its dishevelment, like that of a girl, a Maenad, in a flying of canvas and rigging. . . .

They were going where go the men of no birth and the younger sons of no expectations, with loose women and women of the Church, on catholic Seas the colour of helmets, of rapiers and old reliquaries,

And following in the Shepherd's footsteps, and the Poet's, they annexed on the way the Mormon's mauve sea-gull, the wild bee of the desert, and insects migrating over the seas like the fumes of fugitive things lending visor and canopy to the dreamings of women on the shore.

✧

Increasing and whistling thus at the turn of our time, they came down from the high passes with this new whistling wherein no one has known his own race,

And scattering on the bed of the peoples, ha! scattering—let them scatter! we were saying—ha! scattering

Beacons and buoys, milestones and votive stelae, the casemates on the frontiers and the lanterns on the reefs; the casemates on the frontiers, low as pigsties, and the customhouses down lower still to the sloping of the earth; obsolete batteries under the palm trees on white coral isles defiled by poultry; the turrets on the headlands and the crosses at the crossroads; tripods and look-

granges et resserres, oratoire en forêt et refuge en mon-
tagne; les palissades d'affichage et les Calvaires aux
détritus; les tables d'orientation du géographe et le
cartouche de l'explorateur; l'amas de pierres plates du
caravanier et du géodésien; du muletier peut-être ou
suiveur de lamas? et la ronce de fer aux abords des
corrals, et la forge de plein air des marqueurs de bétail,
la pierre levée du sectateur et le cairn du landlord, et
vous, haute grille d'or de l'Usinier, et le vantail ouvragé
d'aigles des grandes firmes familiales . . .

Ha! dispersant—qu'elles dispersent! disions-nous—
toute pierre jubilaire et toute stèle fautive,

Elles nous restituaient un soir la face brève de la terre,
où susciter un cent de vierges et d'aurochs parmi l'hysope
et la gentiane.

Ainsi croissantes et sifflantes, elles tenaient ce chant
très pur où nul n'a connaissance.

Et quand elles eurent démêlé des œuvres mortes les
vivantes, et du meilleur l'insigne,

Voici qu'elles nous rafraîchissaient d'un songe de
promesses, et qu'elles éveillaient pour nous, sur leurs
couches soyeuses,

Comme prêtresses au sommeil et filles d'ailes dans leur
mue, ah! comme nymphes en nymphose parmi les rites
d'abeillage—lingeries d'ailes dans leur gaine et faisceaux
d'ailes au carquois—

Les écritures nouvelles encloses dans les grands schistes
à venir . . .

Ô fraîcheur dans la nuit où fille d'ailes se fit l'aube:
à la plus haute cime du péril, au plus haut front

De feuilles et de frondes! . . . «Enchante-moi, pro-
messe, jusqu'à l'oubli du songe d'être né . . .»

out posts, blinds, barns and sheds, forest chapel and mountain refuge; the billboards and the Calvaries amid the refuse; the geographer's tables of orientation and the explorer's tablet; the flat stones piled by the caravan leader and the geodetic surveyor, by the muleteer, perhaps, or the driver of llamas? and the iron bramble at the approaches to the corrals, and the cattle brander's open-air forge, the votary's stone upright and the landowner's cairn, and you, tall gilded iron gate of the Mill-Owner, and the eagle-crested portals of the great family firms. . . .

Ha! scattering—let them scatter! we were saying—every jubilee stone and every faulty stele,

One evening they restored to us the sharp face of the earth, thereon to conjure forth a hundred virgins and aurochs amid the hyssop and the gentian.

Increasing and whistling thus, they maintained this very pure song whereof no one has understanding.

And when they had unravelled the living works from the dead, and from the best the supreme,

Behold, they refreshed us with a dream of promises, and for us they awakened, on their silken couches,

Like priestesses in sleep and winged girls in their moulting, ah! like nymphs in nymphose amid the rites of the bees—lingerie of wings in their sheaths and sheafs of wings in the quiver—

The new scriptures enclosed in the great schists of the future. . . .

O freshness in the night when dawn transformed herself into a winged girl; at the highest peak of peril, at the highest point

Of leaves and fronds! . . . "Promise, enchant me unto forgetfulness of the dream of being born. . . ."

*Et comme celui qui a morigéné les Rois, j'écouterai
monter en moi l'autorité du songe.*

*Ivre, plus ivre, disais-tu, d'avoir renié l'ivresse . . .
Ivre, plus ivre, d'habiter*
    La mésintelligence.

4

Tout *à reprendre. Tout à redire. Et la faux du regard
sur tout l'avoir menée!*

*Un homme s'en vint rire aux galeries de pierre des
Bibliothécaires.—Basilique du Livre! . . . Un homme
aux rampes de sardoine, sous les prérogatives du bronze
et de l'albâtre. Homme de peu de nom. Qui était-il, qui
n'était-il pas?*

*Et les murs sont d'agate où se lustrent les lampes,
l'homme tête nue et les mains lisses dans les carrières de
marbre jaune—où sont les livres au sérail, où sont les
livres dans leurs niches, comme jadis, sous bandelettes,
les bêtes de paille dans leurs jarres, aux chambres closes
des grands Temples—les livres tristes, innombrables, par
hautes couches crétacées portant créance et sédiment dans
la montée du temps . . .*

*Et les murs sont d'agate où s'illustrent les lampes.
Hauts murs polis par le silence et par la science, et par
la nuit des lampes. Silence et silencieux offices. Prêtres
et prêtrise. Sérapéum!*

*À quelles fêtes du Printemps vert nous faudra-t-il
laver ce doigt souillé aux poudres des archives—dans
cette pruine de vieillesse, dans tout ce fard de Reines
mortes, de flamines—comme aux gisements des villes
saintes de poterie blanche, mortes de trop de lune et
d'attrition?*

And as one who has reprimanded Kings, I shall listen to the authority of the dream mounting within me.

Drunken, the more drunken, you were saying, for having denied drunkenness . . . Drunken, the more drunken, for dwelling

In disaccord.

4

ALL to be done again. All to be told again. And the scything glance to be swept across all man's heritage.

A man came who laughed at the Librarians' stone galleries. —Basilica of the Tome! . . . A man on the sardonyx stairs, beneath the prerogatives of bronze and alabaster. Man of little renown. Who was he, who was he not?

And the walls are of agate where the lamps gain lustre, the man, bare-headed, with smooth hands, in the yellow marble quarries—where the tomes are in the seraglio, where the tomes are in their niches, like stuffed animals under wrappings, long ago, in their jars within the closed rooms of great Temples—the tomes, innumerable and sad, in high cretaceous strata carrying credence and sediment through the ascent of time . . .

And the walls are of agate where the lamps take lustre. Tall walls polished by silence and by science, and by the night of the lamps. Silence and silent rituals. Priests and priesthood. Serapeum!

At what rites of green Spring must we cleanse this finger, soiled with the dust of archives—in this bloom of age, in all this powder of dead Queens and flamens—as though from deposits of holy cities, cities of white pottery, dead from too much attrition, too much moon?

*Ha! qu'on m'évente tout ce lœss! Ha! qu'on m'évente
tout ce leurre! Sécheresse et supercherie d'autels . . .
Les livres tristes, innombrables, sur leur tranche de craie
pâle . . .*

*Et qu'est-ce encore, à mon doigt d'os, que tout ce talc
d'usure et de sagesse, et tout cet attouchement des poudres
du savoir? comme aux fins de saison poussière et poudre
de pollen, spores et sporules de lichen, un émiettement
d'ailes de piérides, d'écailles aux volves des lactaires . . .
toutes choses faveuses à la limite de l'infime, dépôts
d'abîmes sur leurs fèces, limons et lies à bout d'avilisse-
ment—cendres et squames de l'esprit.*

*Ha! tout ce parfum tiède de lessive et de fomentation
sous verre . . . de terres blanches à sépulcre, de terres
blanches à foulon et de terre de bruyère pour vieilles
Serres Victoriennes . . . toute cette fade exhalaison de
soude et de falun, de pulpe blanche de coprah, et de
sécherie d'algues sous leurs thalles au feutre gris des
grands herbiers,*

*Ha! tout ce goût d'asile et de casbah, et cette pruine
de vieillesse aux moulures de la pierre—sécheresse et
supercherie d'autels, carie de grèves à corail, et l'infection
soudaine, au loin, des grandes rames de calcaire aux
trahisons de l'écliptique . . .*

S'en aller! s'en aller! Parole de vivant!

5

*. . . E*â, *dieu de l'abîme, ton bâillement n'est pas plus
vaste.*

*Des civilisations s'en furent aux feux des glaces, avec
la flamme des grands vins,*

Ha! let all this loess be aired out! Ha, let all this delusion be aired out. Fraud and sterility of altars . . . The tomes, innumerable and sad, on their pale chalk edges . . .

And what is all this talc again to my finger of bone, talc of wear and wisdom, and all that dusty touch of scholarship? like powder and dust of pollen at the season's end, spores and sporules of lichens, a crumbling of wings of the Pieridae, of flaking volvas of the lactaries . . . all things scaling off toward nothingness, deposits of the depths over their faeces, slime and dregs at the very bottom of silt—ashes and scales of the spirit.

Ha! all this tepid odour of lye and fomentation under glass . . . of white earth of sepulchres, of white fuller's earth and heath-mould for old Victorian greenhouses . . . all that stale exhalation of kelp-ash and shell-marl, of white pulp of copra, and of seaweed's thalli drying under the gray felt of great herbariums,

Ha! all that taste of asylum and casbah, and that bloom of age over the stone mouldings—fraud and sterility of altars, decay of coral coasts, and, far away, the sudden infection of the vast lifts of limestone at the perfidies of the ecliptic . . .

Let us be gone! be gone! Cry of the living!

5

. . . Eâ, god of the abyss, your yawn is not more cavernous.

Civilizations dwindled away in the fires of tall mirrors, with the flame of great wines,

Et les aurores descendues des fêtes boréales, aux mains de l'habilleuse,

N'ont pas encore changé leur jeu de lingerie.

Nous coucherons ce soir les saisons mortes dans leurs robes de soirée, dans leurs dentelles de vieil or,

Et comme un chant d'oublies sur le pas des armées, au renversement des tables de Merveilleuses, de Gandins,

Notre stance est légère sur le charroi des ans!

Ne comptez pas sur moi pour les galas d'adieux des Malibran.

Qui se souvient encore des fêtes chez les hommes?— les Pâlilies, les Panonies,

Christmas et Pâques et la Chandeleur, et le Thanksgiving Day . . .

Vous qui savez, rives futures, où résonneront nos pas,

Vous embaumez déjà la pierre nue et le varech des fonts nouveaux.

Les livres au fleuve, les lampes aux rues, j'ai mieux à faire sur nos toits de regarder monter l'orage.

Que si la source vient à manquer d'une plus haute connaissance.

L'on fasse coucher nue une femme seule sous les combles—

Là même où furent, par milliers, les livres tristes sur leurs claies comme servantes et filles de louage . . .

Là qu'il y ait un lit de fer pour une femme nue, toutes baies ouvertes sur la nuit.

Femme très belle et chaste, agréée entre toutes femmes de la Ville

Pour son mutisme et pour sa grâce et pour sa chair irréprochable, infusée d'ambre et d'or aux approches de l'aine,

And the dawns, down from their boreal festivals into the hands of the dresser,

Have made as yet no change in their play of lingerie.

Tonight we shall lay the dead seasons to bed in their ballgowns, in their laces of old gold,

And like a chant of the vendor of gaufres in the wake of armies, at the upsetting of the tables of Merveilleuses, of Dandies,

Our stanza is light on the traffic of the years!

Do not count on me for the Malibrans' farewell galas.

Who still remembers those feasts in the cities of men? —the Palilia, the Panionia,

Christmas and Easter and Candlemas, and Thanksgiving Day. . . .

Shores of the future, you who know where our footsteps will resound,

Already you exhale the smell of new fonts, naked stone and kelp.

To the river with the tomes, to the streets with the lamps! I have better things to do on the roofs watching the storm arise.

And should the spring of higher understanding chance to fail,

Let offering be made of a naked woman lying alone under the rooftree—

There where the tomes were, by the thousands, on their racks, sad as servants and hired-girls. . . .

There, let there be a bed of iron for a naked woman, all the bays open to the night.

A woman, very beautiful, and chaste, chosen among all the women of the town

By virtue of her silence and her grace and her irreproachable flesh, infused with amber and gold at the curving of the groin,

Femme odorante et seule avec la Nuit, comme jadis, sous la tuile de bronze,

Avec la lourde bête noire au front bouclé de fer, pour l'accointement du dieu,

Femme loisible au flair du Ciel et pour lui seul mettant à vif l'intimité vivante de son être . . .

Là qu'elle soit favorisée du songe favorable, comme flairée du dieu dont nous n'avons mémoire,

Et frappée de mutisme, au matin, qu'elle nous parle par signes et par intelligences du regard.

Et dans les signes du matin, à l'orient du ciel, qu'il y ait aussi un sens et une insinuation . . .

Ainsi quand l'Enchanteur, par les chemins et par les rues,

Va chez les hommes de son temps en habit du commun,

Et qu'il a dépouillé toute charge publique,

Homme très libre et de loisir, dans le sourire et la bonne grâce,

Le ciel pour lui tient son écart et sa version des choses.

Et c'est par un matin, peut-être, pareil à celui-ci,

Lorsque le ciel en Ouest est à l'image des grandes crues,

Qu'il prend conseil de ces menées nouvelles au lit du vent.

Et c'est conseil encore de force et de violence.

A woman odorous and alone with the Night, for the coupling of the god.

As, long ago, under the bronze tile, alone with the heavy black beast crowned by curls of iron,

A woman there, ripe for Heaven's desire, and to Heaven alone revealing the fragrant intimacy of her being. . . .

There may she be favoured with the favourable dream, as though scented out by the god of whom we have no memory,

And, lying mute in the morning, may she speak to us in signs and the eyes' intimations.

And, in the signs of the morning, on the Eastern sky, may there be also a meaning and an insinuation. . . .

Thus, when the Enchanter, by streets and highways,

Comes among the men of his time in the garb of a commoner,

Having laid aside all public office,

A very free man, and leisurely, smiling and of good grace,

For him the sky keeps its distance and its version of things.

And perhaps it is on a morning such as this,

When the Western sky takes on the image of the great floods,

That he takes counsel with the new conspiracies in the bed of the wind.

And once again it is counsel of force and of violence.

6

«I<small>VRE</small>, *plus ivre, disais-tu, de renier l'ivresse . . .»*
Un homme encore se lève dans le vent. Parole brève
comme éclat d'os. Le pied déjà sur l'angle de sa
course . . .

«*Ah! oui, toutes choses descellées! Qu'on se le dise*
entre vivants!
Aux bas-quartiers surtout—la chose est d'importance.
Et vous, qu'allez-vous faire, hommes nouveaux, des
lourdes tresses dénouées au front de l'heure répudiée?
Ceux qui songeaient les songes dans les chambres se
sont couchés hier soir de l'autre côté du Siècle, face aux
lunes adverses.
D'autres ont bu le vin nouveau dans les fontaines
peintes au minium. Et de ceux-là nous fûmes. Et la
tristesse que nous fûmes s'en aille au vin nouveau des
hommes comme aux fêtes du vent!
Fini le songe où s'émerveille l'attente du Songeur.
Notre salut est dans la hâte et la résiliation. L'impa-
tience est en tous lieux. Et par-dessus l'épaule du Songeur
l'accusation de songe et d'inertie.

Qu'on nous cherche aux confins les hommes de grand
pouvoir, réduits par l'inaction au métier d'Enchanteurs.
Hommes imprévisibles. Hommes assaillis du dieu.
Hommes nourris au vin nouveau et comme percés
d'éclairs.

6

"DRUNKEN, the more drunken, you were saying, for denying drunkenness. . . ."

Once again a man arises in the wind. His word as brief as the splintering of bone. His foot already angled on its course. . . .

"Ah, yes, all things torn loose! Let it be told among the living!

Above all in the lower districts—this matter is of importance.

And you, new men, what are you going to do with the heavy braids unbraided over the brow of the repudiated hour?

Those who dreamed dreams in their rooms went to bed last night on the other side of the century, facing the adverse moons.

Others have drunk the new wine in fountains painted with red lead. And we were of those. And may the sadness that we were be dissolved in the new wine of men, as in the festivals of the wind!

Ended the dream wherein the Dreamer marvels throughout his watch.

Our salvation is in the haste and the cancelling out. Impatience is everywhere. And over the Dreamer's shoulder the indictment of dream and inertia.

Let them bring us from the Marches men of great power, reduced by inaction to the profession of Enchanter.

Unpredictable men. Men assailed by the god. Men nourished on the new wine and as though transfixed by lightning.

Nous avons mieux à faire de leur force et de leur œil occulte.

Notre salut est avec eux dans la sagesse et dans l'intempérance.»

. . . Et la tristesse que nous fûmes s'en aille encore au vin des hommes!

Nous y levons face nouvelle, nous y lavons face nouvelle. Contractants et témoins s'engagent sur les fonts.

Et si un homme auprès de nous vient à manquer à son visage de vivant, qu'on lui tienne de force la face dans le vent!

Les dieux qui marchent dans le vent ne lèvent pas en vain le fouet.

Ils nous disaient—vous diront-ils?—qu'un cent d'épées nouvelles s'avive au fil de l'heure.

Ils nous aiguiseront encore l'acte, à sa naissance, comme l'éclat de quartz ou d'obsidienne à la pointe des flèches.

«Divinités propices à l'éclosion des songes, ce n'est pas vous que j'interpelle, mais les Instigatrices ardentes et court-vêtues de l'action.

Nous avançons mieux nos affaires par la violence et par l'intolérance.

La condition des morts n'est point notre souci, ni celle du failli.

L'intempérance est notre règle, l'acrimonie du sang notre bien-être.

Et de grands livres pénétrés de la pensée du vent, où sont-ils donc? Nous en ferions notre pâture.

Notre maxime est la partialité, la sécession notre coutume. Et nous n'avons, ô dieux! que mésintelligences dans la place.»

We have better use for their strength and for their occult eye.

Our salvation is with them, in wisdom and in vehemence."

. . . And let the sadness that was ours be dissolved again in the wine of men.

We lift a new face to it, we wash a new face in it. Covenanters and witnesses take oath before the fonts.

And should the face of any man near us fail to do honour to life, that face be held by force into the wind.

The gods who walk in the wind do not raise the whip in vain.

They told us—will they tell you?—that a hundred new swords are sharpened on the edge of the hour.

For us they will sharpen again the act, at its inception, like the splinter of quartz or obsidian at the point of arrows.

"Not on you do I call, divinities propitious for the flowering of dreams, but on you, the passionate and high-girded ones, goddesses of action.

We further our affairs with more success by violence and intolerance.

The state of the dead is no care of ours, nor that of the bankrupt.

Vehemence is our rule, acrimony of the blood our well-being.

And great books imbued with the thought of the wind, where may they be? We would feast upon them.

Our maxim is partiality, secession our custom. And we have, O gods, nothing but misunderstanding with those inside the walls."

Nos revendications furent extrêmes, à la frontière de l'humain.

Sifflez, faillis! Les vents sont forts! Et telle est bien notre prérogative.

Nous nous levons avec ce très grand cri de l'homme dans le vent

Et nous nous avançons, hommes vivants, pour réclamer notre bien en avance d'hoirie.

Qu'on se lève de partout avec nous! Qu'on nous donne, ô vivants, la plénitude de notre dû!

Ha! oui, toutes choses descellées, ha! oui, toutes choses lacérées! Et l'An qui passe, l'aile haute! . . .

C'est un envol de pailles et de plumes! une fraîcheur d'écume et de grésil dans la montée des signes! et la Ville basse vers la mer dans un émoi de feuilles blanches: libelles et mouettes de même vol.

L'impatience encore est de toutes parts. Et l'homme étrange de tous côtés, lève la tête à tout cela: l'homme au brabant sur la terre noire, le cavalier en pays haut dans les polypes du ciel bas, et l'homme de mer en vue des passes, dans l'explosion de sa plus haute toile.

Le philosophe babouviste sort tête nue devant sa porte. Il voit la Ville, par trois fois, frappée du signe de l'éclair, et par trois fois la Ville, sous la foudre, comme au clair de l'épée, illuminée dans ses houillères et dans ses grands établissements portuaires—un golgotha d'ordure et de ferraille, sous le grand arbre vénéneux du ciel, portant son sceptre de ramures comme un vieux renne de Saga:

«Ô vous que rafraîchit l'orage . . . fraîcheur et gage de fraîcheur . . .

On the frontiers of the human, our claims were ex-
treme.

Whistle, failures! The winds are strong! And such is
surely our privilege.

We arise with this very great cry of man within the
wind

And we move forward, living men, to claim our estate
in advance of inheritance.

Let them arise with us from everywhere. Let the full-
ness of our due, O living ones, be given unto us.

Ah, yes, all things torn loose! ah, yes, all things torn
asunder! And the Year going by, high-winged . . .

There is a fleeing of straws and feathers! and freshness
of sleet and foam in the rising of signs! and the City,
low towards the sea, in a flutter of white leaves: leaflets
and sea-mews in the same flight.

Still the impatience is on all sides. And on every side,
man, a stranger, raises his head to it all; the man at the
plough on the black earth, the horseman on the high-
land, amid the polyps of the low sky, and the seaman
in sight of the channels, in the explosion of his highest
sail.

The Babouvist philosopher comes out of his door bare-
headed. Three times over he sees the City struck by the
sign of lightning, and three times over, under the thun-
derbolt, as though in a sword's flash, the City illuminated
in its collieries and the vast installations of its harbour—
a golgotha of scrap iron and garbage under the vast and
poisonous tree of the sky that bears its sceptre of
branches like an old reindeer of the Sagas:

"O you whom the storm refreshes . . . freshness and
promise of freshness . . .

Repris aux dieux votre visage, au feu des forges votre éclat,

Voici que vous logez de ce côté du Siècle où vous aviez vocation.

Basse époque, sous l'éclair, que celle qui s'éteint là!

Se hâter, se hâter! parole de vivants! Et vos aînés peut-être sur des civières seront-ils avec vous.

Et ne voyez-vous pas, soudain, que tout nous vient à bas—toute la mâture et tout, le gréement avec la vergue, et toute la voile à même notre visage—comme un grand pan de croyance morte, comme un grand pan de robe vaine et de membrane fausse—

Et qu'il est temps enfin de prendre la hache sur le pont? . . .»

«Enlèvement de clôtures, de bornes! Semences et barbes d'herbe nouvelle! Et sur le cercle immense de la terre, apaisement au cœur du Novateur . . .

Les grandes invasions doctrinales ne nous surprendront pas, qui tiennent les peuples sur leur angle comme l'écaille de la terre.

Se hâter, se hâter! l'angle croît! . . . Et dans l'acclamation des choses en croissance, n'y a-t-il pas pour nous le ton d'une modulation nouvelle?

Nous t'épierons, colchique d'or! comme un chant de tuba dans la montée des cuivres.

Et si l'homme de talent préfère la roseraie et le jeu de clavecin, il sera dévoré par les chiens.»

Au buffet d'orgues des passions, exulte, Maître du chant!

Et toi, Poète, ô contumace et quatre fois relaps, la face encore dans le vent, chante à l'antiphonaire des typhons:

Your countenance recovered from the gods, your radiance from the fire of the forges,

Behold, you take your stand on this side of the Century, where you followed your calling.

A vile era this, dying out beneath the lightning-flash!

Make haste, make haste! cry of the living! And your elders, perhaps on stretchers, will be at your side.

And do you not see, suddenly, that everything is crashing around us—all the masting and everything, the rigging with the main yard, and the whole sail over our faces—like a great fold of dead faith, like great folds of empty robes and false membranes—

And that at last, on deck, it is time to use the axe? . . ."

"Removal of enclosures, of boundary-stones! Seeds and beards of new grass! And over the earth's immense circle, gratification in the heart of the Innovator . . .

We will not be surprised by the great doctrinal invasions which keep the peoples on an angle like the scales of the earth.

Make haste! make haste! the angle increases! And in the acclamation of increasing things, is there not the tone of a new modulation for us?

Golden crocus, like a tuba's song in the mounting brass, we shall watch for you!

And if the man of talent prefers the rose-garden and the playing of the harpsichord, he shall be devoured by the dogs."

Master of song, exult at the keyboard of the passions!

And you, Poet, O rebel, four times relapsed into your heresy, with your face still in the wind, sing from the Antiphonary of typhoons:

... «*Vous qui savez, rives futures, où s'éveilleront nos actes, et dans quelles chairs nouvelles se lèveront nos dieux, gardez-nous un lit pur de toute défaillance* ...

Les vents sont forts! les vents sont forts! Écoute encore l'orage labourer dans les marbres du soir.

Et toi, désir, qui vas chanter, sous l'étirement du rire et la morsure du plaisir, mesure encore l'espace réservé à l'irruption du chant.

Les revendications de l'âme sur la chair sont extrêmes. Qu'elles nous tiennent en haleine! Et qu'un mouvement très fort nous porte à nos limites, et au delà de nos limites!

Enlèvement de clôtures, de bornes ... *Apaisement au cœur du Novateur* ... *Et sur le cercle immense de la terre, un même cri des hommes dans le vent, comme un chant de tuba* ... *Et l'inquiétude encore de toutes parts* ... *Ô monde entier des choses* ...»

Maugréantes les mers sous l'étirement du soir, comme un tourment de bêtes onéreuses engorgées de leur lait.

Murmurantes les grèves, parmi l'herbe grainante, et tout ce grand mouvement des hommes vers l'action.

Et sur l'empire immense des vivants, parmi l'herbe des sables, cet autre mouvement plus vaste que notre âge!

... *Jusqu'à ce point d'écart et de silence où le temps fait son nid dans un casque de fer—et trois feuilles errantes autour d'un osselet de Reine morte mènent leur dernière ronde.*

... *Jusqu'à ce point d'eaux mortes et d'oubli en lieu d'asile et d'ambre, où l'Océan limpide lustre son herbe d'or parmi de saintes huiles—et le Poète tient son œil sur de plus pures laminaires.*

"Shores of the future, you who know where our acts will awaken and in what new flesh our gods will arise, keep for us a bed free of all failure. . . .

The winds are strong! the winds are strong! Listen once more to the storm labouring in the marble quarries of night.

And thou, desire, who art about to sing, sharpened by laughter and pleasure's sting, measure once more the space reserved for the irruption of song.

The soul's claims on the flesh are extreme. May they keep us alert! And let some very powerful movement carry us to our limits, and beyond our limits.

Removal of enclosures, of boundary-stones . . . Gratification in the heart of the Innovator . . . And over the immense circle of the earth, within the wind the cry of all men, like the tuba's song . . . And again uneasiness everywhere . . . O entire world of things . . ."

Moaning and fretting of seas under the drawing-out of evening, like the torment of burdened beasts swollen with their milk,

Murmuring of beaches amid grass running to seed, and all this great migration of men towards action,

And over the immense empire of the living, amid the beach grass, that other migration vaster than our age!

. . . Up to this point of withdrawal and silence, where time builds its nest in an iron helmet—and three leaves, wandering round a dead Queen's knucklebone, dance their last dance.

. . . Up to this point of dead waters and oblivion in a place of asylum and amber, where the limpid ocean adds lustre to its grasses, golden amid sacred oils—and the Poet keeps his eye on purer laminariae.

7

. . . Eā, *dieu de l'abîme, les tentations du doute seraient promptes*

Où vient à défaillir le Vent . . . Mais la brûlure de l'âme est la plus forte,

Et contre les sollicitations du doute, les exactions de l'âme sur la chair

Nous tiennent hors d'haleine, et l'aile du Vent soit avec nous!

Car au croisement des fiers attelages du malheur, pour tenir à son comble la plénitude de ce chant,

Ce n'est pas trop, Maître du chant, de tout ce bruit de l'âme—

Comme au grand jeu des timbres, entre le bol de bronze et les grands disques frémissants,

La teneur à son comble des grands essaims sauvages de l'amour.

«*Je t'ai pesé, poète, et t'ai trouvé de peu de poids.*

Je t'ai louée, grandeur, et tu n'as point d'assise qui ne faille.

L'odeur de forges mortes au matin empuantit les antres du génie.

Les dieux lisibles désertaient la cendre de nos jours. Et l'amour sanglotait sur nos couches nocturnes.

Ta main prompte, César, ne force au nid qu'une aile dérisoire.

Couronne-toi, jeunesse, d'une feuille plus aiguë!

Le Vent frappe à ta porte comme un Maître de camp,

7

. . . Eâ, god of the abyss, the temptations of doubt would be prompt

Were the wind to fail. . . . But the fever of the soul prevails,

And contrary to the solicitations of doubt, may the demands of the soul on the flesh

Keep us breathless, and the wing of the Wind be with us!

For, when the proud chariot-teams of misfortune cross,

All this clamour of the soul is not excessive, O Master of the song, to maintain the fullness of this song at its height—

As, in the great ringing of bells, between the brass bowl and the great quivering disks,

Love's great savage swarms are maintained at their height.

"I have weighed you, poet, and found you of little weight.

I have praised you, grandeur, and found you faulty in all your foundations.

The odour of dead forges at dawn infests the caverns of genius.

All trace of the gods deserted the ashes of our days. And love sobbed on our nocturnal beds.

Caesar, your prompt hand forces from the nest but one derisive wing.

Crown yourself, youth, with a sharper-pointed leaf.

The Wind knocks at your door like the Master of a camp,

À ta porte timbrée du gantelet de fer.

Et toi, douceur, qui vas mourir, couvre-toi la face de ta toge

Et du parfum terrestre de nos mains . . .»

Le Vent s'accroisse sur nos grèves et sur la terre calcinée des songes!

Les hommes en foule sont passés sur la route des hommes,

Allant où vont les hommes, à leurs tombes. Et c'est au bruit

Des hautes narrations du large, sur ce sillage encore de splendeur vers l'Ouest, parmi la feuille noire et les glaives du soir . . .

Et moi j'ai dit: N'ouvre pas ton lit à la tristesse. Les dieux s'assemblent sur les sources,

Et c'est murmure encore de prodiges parmi les hautes narrations du large.

Comme on buvait aux fleuves incessants, hommes et bêtes confondus à l'avant-garde des convois,

Comme on tenait au feu des forges en plein air le long cri du métal sur son lit de luxure,

Je mènerai au lit du vent l'hydre vivace de ma force, je fréquenterai le lit du vent comme un vivier de force et de croissance.

Les dieux qui marchent dans le vent susciteront encore sur nos pas les accidents extraordinaires.

Et le poète encore est avec nous. Et c'est montée de choses incessantes dans les conseils du ciel en Ouest.

Un ordre de solennités nouvelles se compose au plus haut faîte de l'instant.

At your door crested with the iron gauntlet.

And gentleness, you who are about to die, bury your face in your toga,

In the earthy smell of our hands. . . ."

Let the Wind increase on our shores and on the calcined land of dreams!

Multitudes of men have passed along man's road,

Going where men go, to their graves. And they go to the sound

Of the lofty narratives of space, still in this wake of splendour westward, between the black leaves and the blades of night. . . .

And I have said: Do not open your bed to sorrow. The gods are assembling at the fountain-heads,

And there is a murmur of wonders once more in the lofty narratives of space.

Even as we drank from ceaseless rivers, men and animals mingled in the vanguard of the convoys,

Even as we held in the fire of the open-air forges the long scream of the metal on its bed of lust,

So I shall bring to the wind's bed the fiery hydra of my strength, I shall frequent the wind's bed as a breeding-ground of vigour and increase.

The gods who walk in the wind will again rouse extraordinary events along our paths.

And the poet is still with us. And in the councils of the Western sky recurrent signs are in the ascendant.

An order of new solemnities is composed at the instant's pinnacle.

*Et par là-bas mûrissent en Ouest les purs ferments
d'une ombre prénatale—fraîcheur et gage de fraîcheur,
Et tout cela qu'un homme entend aux approches du
soir, et dans les grandes cérémonies majeures où coule le
sang d'un cheval noir . . .*

S'en aller! s'en aller! Parole de vivant.

And down there the pure ferments of a prenatal shadow mature in the West—freshness and promise of freshness,

And all that a man hears at the approaches of night, and in the great master ceremonies when the blood of a black horse flows . . .

Let us be gone! be gone! Cry of the living.

II

1

. . . Des terres *neuves, par là-bas, dans un très haut parfum d'humus et de feuillages,*

Des terres neuves, par là-bas, sous l'allongement des ombres les plus vastes de ce monde,

Toute la terre aux arbres, par là-bas, sur fond de vignes noires, comme une Bible d'ombre et de fraîcheur dans le déroulement des plus beaux textes de ce monde.

Et c'est naissance encore de prodiges, fraîcheur et source de fraîcheur au front de l'homme mémorable.

Et c'est un goût de choses antérieures, comme aux grands Titres préalables l'évocation des sources et des gloses,

Comme aux grands Livres de Mécène les grandes pages liminaires—la dédicace au Prince, et l'Avant-dire, et le Propos du Préfacier.

. . . *Des terres neuves, par là-haut, comme un parfum puissant de grandes femmes mûrissantes,*

Des terres neuves, par là-haut, sous la montée des hommes de tout âge, chantant l'insigne mésalliance,

Toute la terre aux arbres, par là-haut, dans le balancement de ses plus beaux ombrages, ouvrant sa tresse la plus noire et l'ornement grandiose de sa plume, comme un parfum de chair nubile et forte au lit des plus beaux êtres de ce monde.

Et c'est une fraîcheur d'eaux libres et d'ombrages, pour la montée des hommes de tout âge, chantant l'insigne mésalliance,

II

1

NEW lands, out there, in their very lofty perfume of humus and foliage,

New lands, out there, under the lengthening of this world's widest shadows,

All the land of trees, out there, on a background of black vines, like a Bible of shadow and freshness in the unrolling of this world's most beautiful texts.

And once more there is birth of prodigious things, freshness and source of freshness on the brow of man, the immemorial.

And there is a taste of things anterior, like the evocation of sources and commentaries for the great preliminary Titles,

Like the great prefatory pages for the great Books of Maecenas—the Dedication to the Prince, and the Foreword, and the Authority's Introduction.

New lands, up there, like a powerful perfume of tall women ripening,

New lands, up there, beneath the ascent of men of every age, singing the signal misalliance,

All the land of trees, up there, in the swaying of its most beautiful shades, opening the blackest of its tresses and the imposing ornament of its plumage, like a perfume of flesh, nubile and vigorous, in the bed of this world's most beautiful beings.

And there is a freshness of free waters, of shades, for the ascent of men of every age, singing the signal misalliance,

Et c'est une fraîcheur de terres en bas âge, comme un parfum des choses de toujours, de ce côté des choses de toujours,

Et comme un songe prénuptial où l'homme encore tient son rang, à la lisière d'un autre âge, interprétant la feuille noire et les arborescences du silence dans de plus vastes syllabaires.

Toute la terre nouvelle par là-haut, sous son blason d'orage, portant cimier de filles blondes et l'empennage du Sachem,

Toute la terre nubile et forte, au pas de l'Étranger, ouvrant sa fable de grandeur aux songes et fastes d'un autre âge,

Et la terre à longs traits, sur ses plus longues laisses, courant, de mer à mer, à de plus hautes écritures, dans le déroulement lointain des plus beaux textes de ce monde.

✧

Là nous allions, la face en Ouest, au grondement des eaux nouvelles. Et c'est naissance encore de prodiges sur la terre des hommes. Et ce n'est pas assez de toutes vos bêtes peintes, Audubon! qu'il ne m'y faille encore mêler quelques espèces disparues: le Ramier migrateur, le Courlis boréal et le Grand Auk . . .

Là nous allions, de houle en houle, sur les degrés de l'Ouest. Et la nuit embaumait les sels noirs de la terre, dès la sortie des Villes vers les pailles, parmi la chair tavelée des femmes de plein air. Et les femmes étaient grandes, au goût de seigles et d'agrumes et de froment moulé à l'image de leur corps.

Et nous vous dérobions, ô filles, à la sortie des salles, ce mouvement encore du soir dans vos chevelures libres—tout ce parfum d'essence et de sécheresse, votre aura,

And there is a freshness of lands in infancy, like a perfume of things everlasting, on this side of everlasting things,

And like a prenuptial dream wherein man, on the verge of another age, retains his rank, interpreting the black leaf and the arborescences of silence in vaster syllabaries.

All the land, up there, new beneath its blazonry of storm, wearing the crest of golden girls and the feathered head-dress of the Sachem,

All the nubile and vigorous land, at the step of the Stranger, opening up the fable of its grandeur to the dreams and pageantries of another age.

And the land in its long lines, on its longest strophes, running, from sea to sea, to loftier scriptures, in the distant unrolling of this world's most beautiful texts.

Thither were we going, westward-faced, to the roaring of new waters. And once more there is birth of prodigious things in the land of men. And all your painted birds are not enough, O Audubon, but I must still add to them some species now extinct: the Passenger-Pigeon, the Northern Curlew, and the Great Auk. . . .

Thither were we going, from swell to swell, along the Western degrees. And, from the outskirts of the cities towards the stubble-fields, amidst the freckled flesh of women of the open air, the night was fragrant with the black salts of the land. And the women were tall, with the taste of citrus and rye, and of wheat moulded in the image of their bodies.

And from you, O girls, at the doors of the halls, we ravished that continuous stir of evening in your free-breathing hair—all that odour of heat and dryness, your

comme une fulguration d'ailleurs . . . Et vos jambes étaient longues et telles qu'elles nous surprennent en songe, sur les sables, dans l'allongement des feux du soir . . . La nuit qui chante aux lamineries des Villes n'étire pas chiffre plus pur pour les ferronneries d'un très haut style.

Et qui donc a dormi cette nuit? Les grands rapides sont passés, courant aux fosses d'un autre âge avec leur provision de glace pour cinq jours. Ils s'en allaient contre le vent, bandés de métal blanc, comme des athlètes vieillissants. Et tant d'avions les prirent en chasse, sur leurs cris! . . .

Les fleuves croissent dans leurs crues! Et la fusée des routes vers l'amont nous tienne hors de souffle! . . . Les Villes à sens unique tirent leur charge à bout de rues. Et c'est ruée encore de filles neuves à l'An neuf, portant, sous le nylon, l'amande fraîche de leur sexe.

Et c'est messages sur tous fils, et c'est merveilles sur toutes ondes. Et c'est d'un même mouvement à tout ce mouvement lié, que mon poème encore dans le vent, de ville en ville et fleuve en fleuve, court aux plus vastes houles de la terre, épouses elles-mêmes et filles d'autres houles . . .

2

*. . . P*LUS *loin, plus haut, où vont les hommes minces sur leur selle; plus loin, plus haut, où sont les bouches minces, lèvres closes.*

La face en Ouest pour un long temps. Dans un très haut tumulte de terres en marche vers l'Ouest. Dans un déferlement sans fin de terres hautes à l'étale.

aura, like a flash of light from elsewhere. . . . And your
legs were long and like those that surprise us in dreams,
on the sands, in the lengthening out of the day's last
rays. . . . Night, singing among the rolling-mills of the
cities, draws forth no purer cipher for the ironwork of a
lofty style.

And who, then, has been to sleep this night? The great
expresses have gone by, hastening to the chasms of an-
other age, with their supply of ice for five days. They
were running against the wind, strapped with white
metal, like aging athletes. And, on their cries, so many
airplanes gave chase! . . .

Let the rivers increase in their risings! And the roads
that go rocketing upwards hold us breathless! . . . The
one-way Cities haul their loads to the open roads. And
once more there is a rush of new girls to the New Year,
wearing, under the nylon, the fresh almond of their sex.

And there are messages on every wire, marvels on
every wave. And in this same movement, to all this move-
ment joined, my poem, continuing in the wind, from city
to city and river to river, flows onward with the highest
waves of the earth, themselves wives and daughters of
other waves. . . .

2

. . . Farther on, further up, where the thin men go
on their saddles: farther on, further up, to where the
thin mouths are, with sealed lips.

For a long time westward-faced. In a very high tu-
mult of lands on the westward march. In an endless un-
rolling of highlands at their highest flood.

Et c'est fini, derrière nous, dans l'œil occulte qui nous suit, de voir monter le haut retable de la mer comme le grand Mur de pierre des Tragiques.

Et il y avait cette année-là, à vos portes de corne, tout ce parfum poignant de bêtes lourdes, mufle bas, sur les divinations errantes de la terre et la rumeur croissante des conques souterraines.

L'Hiver crépu comme Caïn, créant ses mots de fer, règne aux étendues bleues vêtues d'écailles immortelles,

Et la terre à son comble, portant tribut d'États nouveaux, assemble, d'aire en aire, ses grands quartiers de bronze vert où s'inscrivent nos lois.

Et par là, c'est le Vent! . . . Qu'il erre aux purs lointains givrés des poudres de l'esprit:

Partout où l'arbre Juniper aiguise sa flamme de sel noir, partout où l'homme sans mesure songe à lever pierre nouvelle;

En lieux jonchés de lances et de navettes d'os, en lieux jonchés de sabots morts et de rognures d'ailes;

Jusqu'à ces hauts récifs de chênes et d'érables, gardés par les chevaux de frise des sapins morts,

Jusqu'à ces lourds barrages pris de gel, où l'An qui passe, l'autre automne, tenait encore si haute école de déclamation;

Sur les glacis et sur les rampes et tous ces grands versants offerts au vent qui passe comme un arroi de lances à l'arrêt,

Sur tout ce hérissement de fer aux chevaleries du sol et tout ce ban de forces criant l'host, sur toute cette grande chronique d'armes par là-bas

Et ces grandes proses hivernales, qui sont aux laines du Vieux Monde la louveterie du Nouveau Monde . . .

And behind us, in the occult eye which follows us, there is an end of seeing the sea's tall reredos arise like the great stone Wall of the Tragedies.

And in that year, before your doors of horn, there was all that poignant perfume of heavy beasts, their muzzles down, on the roving divinations of the land and the mounting rumour of conches underground.

Winter, crisp as the hair of Cain, creating its iron words, reigns over the blue expanses clad in immortal scales,

And the earth in its fullness, bearing tribute of new States, from area to area assembles its great blocks of green bronze whereon our laws are inscribed.

And over there is the Wind! . . . Let it wander to the pure far distances frosted with the powders of the Spirit:

Wherever the Juniper tree points its black salt flame, wherever man, unlimited, dreams of raising new stone;

In places strewn with lances and shuttles of bone, in places strewn with dead hooves and mangled wings;

Up to those high reefs of maples and oaks, guarded by the chevaux-de-frise of dead firs,

Up to those heavy falls, now frozen over, where, last autumn, the passing year held so eminent a school of declamation;

On the granite descents and on the gradients and on all those wide slopes tendered to the passing wind like an array of couched lances,

On all this bristling of steel at the chivalries of the soil and all this host of forces called to war, on all that great chronicle of arms out there

And this great winter prose that is, to the Old World's flocks, the wolf-lore of the New World. . . .

De grandes œuvres à façon, de grandes œuvres, dure-
ment, se composent-elles aux antres de l'An neuf?
    Et l'Hiver sous l'auvent nous forge-t-il sa clef de grâce?

    « . . . *Hiver bouclé comme un bison, Hiver crispé*
comme la mousse de crin blanc,
    Hiver aux puits d'arsenic rouge, aux poches d'huile
et de bitume,
    Hiver au goût de skunk et de carabe et de fumée de
bois de hickory,
    Hiver aux prismes et cristaux dans les carrefours de
diamant noir,
    Hiver sans thyrses ni flambeaux, Hiver sans roses ni
piscines,
    Hiver! Hiver! tes pommes de cèdre de vieux fer! tes
fruits de pierre! tes insectes de cuivre!
    Tant de vers blancs d'onyx, et d'ongles forts, et de
tambours de corne où vit la pieuvre du savoir,
    Hiver sans chair et sans muqueuse, pour qui toute
fraîcheur gît au corps de la femme . . .»

    Et la Terre ancillaire, mise à nu, refait au Ciel d'hiver
le lit de sa servante.
    Et vous pouvez, ô Nuit, chanter les eaux nouvelles dans
le grès et dans les auges de bois rouge!
    Voici les baies de laque rose et le corail des sorbes,
pour vos noces indiennes,
    Et le fruit cramoisi d'un sumac cher aux poules de
bruyère . . .

    «. . . *Hiver bouclé comme un traitant et comme un*
reître, vieux soldat de métier à la solde des prêtres,
    Hiver couleur de vieilles migrations célestes, et de pel-
leteries errantes sur la terre des forts,

Are great works on order, are great works in travail
within the lairs of the New Year?

And under the eaves is Winter forging for us its key
of grace?

". . . Winter curly as a bison, Winter crinkled as
white horsehair moss,

Winter with wells of red arsenic, with pockets of oil
and bitumen,

Winter with the taste of skunk, of carabid beetle and
smoke of hickory wood,

Winter with prisms and crystals at the black diamond
cross-roads,

Winter without thyrsi or torches, winter without roses
or pools,

Winter! Winter! your cedar-apples of old iron! your
stone fruits! your brass insects!

So many grubs of onyx, and strong claws, and drums
of horn wherein the octopus of knowledge dwells,

Winter without flesh or fruit, for whom all freshness
rests within the body of woman . . ."

And the ministrant Earth, stripped naked, remakes
her ancillary bed for the winter Sky,

And you may sing, O Night, of new waters in the
sandstone and the troughs of red wood:

Here, for your Indian nuptials, are the berries of rose-
coloured lacquer and the coral of sorb-apples,

And the crimson fruit of a sumac, savoured by briar-
hens . . .

". . . Winter curly as a trader, as a mercenary, old
soldier of fortune in the pay of the priests,

Winter, colour of old migrations in the sky and of
peltries wandering on the land of the strong,

Hiver en nous radieux et fort! Hiver, Hiver, dans la splendeur des haches et l'obscurcissement des socs!

Hiver, Hiver, au feu des forges de l'An noir! Délivrenous d'un conte de douceur et des timbales fraîches de l'enfance sous la buée du songe.

Enseigne-nous le mot de fer, et le silence du savoir comme le sel des âges à la suture des grands vaisseaux de fonte oubliés du fondeur . . .»

Au seuil d'un grand pays nouveau sans titre ni devise, au seuil d'un grand pays de bronze vert sans dédicace ni millésime,

Levant un doigt de chair dans la ruée du vent, j'interroge, Puissance! Et toi, fais attention que ma demande n'est pas usuelle.

Car l'exigence en nous fut grande, et tout usage révoqué—comme à la porte du poète la sollicitation de quelque mètre antique, alcaïque ou scazon.

Et mon visage encore est dans la vent. Avec l'avide de sa flamme, avec le rouge de son vin! . . . Qu'on se lève avec nous aux forceries du vent! Qu'on nous donne, ô vivants! la plénitude de notre dû . . .

Je t'interroge, plénitude!—Et c'est un tel mutisme . . .

3

. . . De hautes pierres dans le vent occuperaient encore mon silence.—Les migrations d'oiseaux s'en sont allées par le travers du Siècle, tirant à d'autres cycles leurs grands triangles disloqués. Et c'est milliers de verstes à leur guise, dans la dérivation du ciel en fuite comme une fonte de banquises.

Winter radiant and strong within us! Winter, Winter, in the splendour of axes and the dimming of plough-shares!

Winter, Winter, in the fire of the black Year's forges! Deliver us from a tale of gentleness and the cool moisture of dream forming on childhood's silver mugs.

Teach us the iron word, and the silence of knowledge, like the salt of ages at the seams of great cast-iron vessels forgotten by the caster. . . ."

At the threshold of a great new country without title or device, at the green threshold of a great bronze country without dedication or date,

Lifting a finger of flesh in the rush of the wind, I question, O Power! And you, take note that my query is not commonplace.

For the exigency within us was great, and all usage revoked—like the solicitations, at the poet's door, of some antique metre, alcaic or scazon.

And still my face is in the wind. With the greed of its flame, with the red of its wine! . . . Let all of you rise with us to the forcing-places of the wind! Let us receive, O living ones! the plenitude of our due. . . .

You I question, O plenitude!—And there is such a silence . . .

3

. . . ONCE more tall stones in the wind would occupy my silence.—Migrations of birds have departed across the breadth of the Century, drawing to other cycles their great dislocated triangles. And there are millions of versts open to them, and the fleeing sky adrift like ice-floes melting.

*Aller! où vont toutes bêtes déliées, dans un très grand
tourment de l'aile et de la corne . . . Aller! où vont les
cygnes violents, aux yeux de femmes et de murènes . . .*

*Plus bas, plus bas, où les vents tièdes essaiment, à
longues tresses, au fil des mousses aériennes . . . Et l'aile
en chasse par le monde fouette une somme plus mobile
dans de plus larges mailles, et de plus lâches . . .*

*Je te connais, ô Sud pareil au lit des fleuves infatués, et
l'impatience de ta vigne au flanc des vierges cariées. On
ne fréquente pas sans s'infecter la couche du divin; et
ton ciel est pareil à la colère poétique, dans les délices et
l'ordure de la création.*

*Je sais qu'au fond des golfes assouvis, comme des fins
d'Empires, la charge mâle du désir fait osciller la table
des eaux libres,*

*Et j'abîmerai ma face de plaisir dans ces dénivellements
plus vastes qu'il n'en règne aux rampes vertes des rap-
ides—lividités en marche vers l'abîme et ses torsions
d'aloès . . .*

*La mer solde ses monstres sur les marchés déserts
accablés de méduses. Vente aux feux des enchères et sur
licitation! Toute la somme d'ambre gris comme un corps
de doctrine!*

*C'est la mer de Colomb à la criée publique, vieilles
cuirasses et verrières—un beau tumulte d'exorcisme!—
et la grande rose catholique hors de ses plombs pour
l'antiquaire.*

*Ah! qu'une aube nouvelle s'émerveille demain dans de
plus vertes gemmes, ce n'est pas moi qui raviverai l'épine
au cœur des saisons mortes.*

*La face fouettée d'autres enseignes, se lèvent, à leur
nom, les hommes tard venus de ce côté des grandes eaux.*

To be gone! where all the unleashed animals go, in a very great torment of wing and of horn. . . . To be gone! where go the violent swans, with women's eyes and the eyes of morays. . . .

Further down, further down, where the warm winds stream, with long tresses among aerial mosses . . . And the wing which courses through the world whips a more mobile mass into larger, looser meshes. . . .

I know you, O South like the bed of infatuated rivers, and your vine's impatience on the flanks of rotted virgins. One does not visit the bed of the god without infection; and your sky is like the poetic wrath, in the delight and filth of creation.

I know that in the satiated gulfs, like Empires at an end, the male burden of desire causes the surface of free waters to oscillate,

And enraptured shall I plunge my face into these broad swells vaster than any that reign on the rapids' green inclines—livid flashes marching towards the abyss and its torsions, colour of aloes. . . .

On deserted markets, glutted with medusas, the sea unloads its monsters. Selling in the heat of bids and by auction! The full sum of ambergris like a body of doctrine!

It is the sea of Columbus up at public auction, old breast plates and stained glass—a fine uproar of exorcism!—and the great Catholic rose out of its leads for the antiquarian.

Ah, should a new dawn, tomorrow, marvel among gems more green, it will not be I who revive the thorn in the heart of the dead seasons.

Their faces ardent under new signs, the latecomers to this side of the great waters stand forth at the sound of

Douces au pas du Novateur seront ces boues actives, ces
limons fins où s'exténue l'extrême usure reconquise.

Et du pays des bûcherons descendent les fleuves sous
leurs bulles, la bouche pleine de limaille et de renouée
sauvage.

Et la beauté des bulles en dérive sur les grands Livres
du Déluge n'échappe pas aux riverains. Mais de plus
hautes crues en marche vers le large descendent, rang
sur rang, les degrés de mon chant—au bruit des grandes
évacuations d'œuvres mortes de ce siècle . . .

4

*. . . G*UIDEZ, *ô chances, vers l'eau verte les grandes*
îles alluviales arrachées à leur fange! Elles sont pétries
d'herbage, de gluten; tressées de lianes à crotales et de
reptiles en fleurs. Elles nourrissaient à leurs gluaux la
poix d'un singulier idiome.

Coiffées de chouettes à présages, aimantées par l'œil
noir du Serpent, qu'elles s'en aillent, au mouvement des
choses de ce monde, ah! vers les peuplements de palmes,
vers les mangles, les vases et les évasements d'estuaires
en eau libre,

Qu'elles descendent, tertres sacrés, au bas du ciel cou-
leur d'anthrax et de sanie, avec les fleuves sous leurs
bulles tirant leur charge d'affluents, tirant leur chaîne
de membranes et d'anses et de grandes poches placen-
taires—toute la treille de leurs sources et le grand arbre
capillaire jusqu'en ses prolongements de veines, de
veinules . . .

Des essaims passent en sifflant, affranchis de la ruche—
une mitraille d'insectes durs comme de la corne! . . .
Anguilles aux berges se frayeront leurs routes de spi-
rilles . . .

their names. Soft to the feet of the Innovator will be these mires astir, these fine clays of erosion, wherein the ultimate silt, recovered, is being worn down yet again.

And from the woodcutters' country the rivers descend under their bubbles, their mouths full of filings and wild knot-grass.

And the beauty of bubbles adrift on the great Books of the Deluge does not escape the rivermen. But higher floods on the march to the open sea descend the degrees of my song, rank on rank—to the sound of the great evacuations of dead works of this century. . . .

4

. . . O CHANCES, guide towards the green water the great alluvial islands wrested from their slime! They are moulded from grass, from gluten; interwoven with snake-bearing lianas and flowering reptiles. Among their lime-twigs they nourished the pitch of a peculiar idiom.

Capped with owls of omen, magnetized by the Serpent's black eye, let them go on, to the movement of the things of this world, ah! towards the groves of wild palms, towards the mangroves, the mud-flats, and the opening out of estuaries into free waters,

Let them go down, like sacred mounds, at the edge of a sky the colour of anthrax and pus, with rivers under their bubbles pulling their load of tributaries, pulling their chain of membranes, viscera, and great placentary pouches—all the vine of their sources and the great capillary tree, from its least tracery of veins and veinlets. . . .

Swarms whistle by, freed of the hive—grapeshot of insects hard as horn! . . . Eels, like spirilla, will worm their way into the banks. . . .

Et l'Oiseau Anhinga, la dinde d'eau des fables, dont l'existence n'est point fable, dont la présence m'est délice et ravissement de vivre—et c'est assez pour moi qu'il vive—

À quelle page encore de prodiges, sur quelles tables d'eaux rousses et de rosettes blanches, aux chambres d'or des grands sauriens, apposera-t-il ce soir l'absurde paraphe de son col?

✧

Présages en marche. Vent du Sud. Et grand mépris des chiffres sur la terre! «Un vent du Sud s'élèvera . . .» C'est assez dire, ô Puritaines, et qu'on m'entende: tout le lait de la femme s'égarera-t-il encore aux lianes du désir?

Les plus beaux arbres de la terre léguant leurs feuilles dans le vent sont mis à nu hors de saison. La vie dans ses ruptures de volves se rit des avortements de bêtes en forêt. Et l'on a vu, et l'on a vu—et ce n'est pas que l'on n'en ait souci—

Ces vols d'insectes par nuées qui s'en allaient se perdre au large comme des morceaux de textes saints, comme des lambeaux de prophéties errantes et des récitations de généalogistes, de psalmistes . . . On leur a dit, on leur a dit—ah! que ne leur disait-on pas?—qu'ils s'allaient perdre sur les mers, et qu'il fallait virer de bord; on leur criait, on leur criait—ah! que ne leur criait-on pas?— qu'ils s'en revinssent, ah! s'en revinssent parmi nous . . . Mais non! ils s'en allaient plutôt par là, où c'est se perdre avec le vent! (Et qu'y pouvions-nous faire?)

Les migrations de crabes sur la terre, l'écume aux lèvres et la clé haute, prennent par le travers des vieilles Plantations côtières, enclouées pour l'hiver comme des batteries de Fédéraux. Les blattes brune sont dans les chambres

And Anhinga, the Bird, fabled water-turkey whose existence is no fable, whose presence is my delight, my rapture of living—it is enough for me that he lives—

To which page of prodigies again, on what tables of russet waters and white rosettes, in the golden rooms of the great saurians, will he affix tonight the absurd paraph of his neck?

✧

Omens on the march. South Wind. And great contempt for ciphers all over the earth! "A South Wind will arise. . . ." It is enough to say, O Puritan maids, and may I be understood: shall all the milk of woman once again be lost to the lianas of desire?

Bequeathing their leaves to the wind, the earth's most beautiful trees are stripped bare out of season. Life, in its ruptures of volvas, scoffs at the abortions of beasts in the forest. And one has seen, and one has seen—and it is no matter of unconcern—

Those flights of insects going off in clouds to lose themselves at sea, like fragments of sacred texts, like the tatters of errant prophecies and of recitations by genealogists, by psalmists. . . . One has told them, one has told them—ah! what has one not told them?—that they would lose themselves on the seas, and that they should put about; one cried to them, one cried to them—ah! what did one not cry to them?—that they should return, ah! should return among us. . . . But no! they went that way instead, where one is lost with the wind! (And what could we do about it?)

With foam on their lips and claws held high, the migrations of crabs over the earth march across old coastal plantations boarded up for the winter like disabled Federal batteries. Brown cockroaches are in the music rooms

*de musique et la réserve à grain; les serpents noirs lovés
sur la fraîcheur des lins, aux buanderies de camphre et
de cyprès.*

*Et nul n'a vu s'enfuir les Belles, des hautes demeures
à colonnes, ni leurs sœurs alezanes dans leur beau jeu
d'écume et de gourmettes. Mais sur la terre rouge et or
de la création, ah! sur la terre de vin rose, couleur de
pousses de manguiers roses, n'ai-je pas vu,*

*Ivre d'éthyle et de résine dans la mêlée des feuilles de
tout âge—comme au rucher de sa parole, parmi le peuple
de ses mots, l'homme de langage aux prises avec l'em-
bûche de son dieu—n'ai-je pas vu le Voyageur d'antan
chanceler et tituber, sur la chaussée de mangues roses et
vertes—ou jaune-feu mouchetées de noir—parmi le mil-
lion de fruits de cuir et d'amadou, d'amandes mons-
trueuses et de coques de bois dur vidant leurs fèves
minces et leurs lentilles rondes, comme menuaille de fé-
tiches? . . .*

*Ô toi qui reviendras, sur les derniers roulements
d'orage, dans la mémoire honnie des roses et la douceur
sauvage de toutes choses reniées, qu'as-tu donc foulé là,
sur les grands lits d'ébène et de burgau, de chair radieuse
encore entre toutes chairs humaines, périssables?*

*Les vents peut-être enlèveront-ils, avec nos Belles d'une
nuit, la fraîche demeure de guipure blanche aux ferron-
neries d'argent, et tous ses lustres à verrines et toutes ses
malles de famille, les robes du soir dans les penderies, et
les papiers de l'Étranger . . .*

*Nos bêtes alors, toutes sellées, s'irriteront de l'ongle et
du sabot au bruit d'écaille et d'os des vieilles terrasses de
brique rose. Et cela est bien vrai, j'en atteste le vrai.
L'ulcère noir grandit au fond des parcs où fut le lit*

and the granary; black serpents coiled on the linens' freshness in the camphor and cypress laundries.

And no one saw the Belles fleeing from the tall columned dwellings, nor their chestnut sisters in the beautiful play of curb-chains and foam. But over the red and gold land of creation, ah! over the land of rose-red wine, colour of the sprouts of mango trees, did I not see,

Drunk with ethyl and rosin in the melee of every age's leaves, as though in the apiary of his speech, among the population of his words, the man of language grappling with the ambush of his god, did I not see the Voyager of yesteryear stagger and reel along the avenue strewn with rose and green mangoes—or flame-yellow flecked with black—among the million fruits of leather and amadou, of monstrous almonds and hardwood shells emptying their slender beans and round lentils, like handfuls of small fetishes? . . .

✧

O you who will return on the last rumblings of the storm, in the spurned memory of roses and the savage sweetness of everything disavowed, what is it, then, that you have embraced there, on the great beds of ebony and mother-of-pearl, but flesh still radiant amidst all human flesh which must die?

Perhaps the winds will carry off, with our Belles of one night, the cool dwelling of white guipure lace with silvery ironwork, and all its chandeliers with hurricane shades and all its family trunks, the evening dresses in the dressingrooms, and the papers of the Stranger. . . .

Then our beasts, all saddled, will feel, in their hooves and nails, the irritation of the shell and bone sound on the old rose brick terraces. And that is quite true, I vouch for its truth. The black ulcer is growing in the heart of the parks where stood the summer bed of the

*d'Été des Belles . . . Quelques passes d'armes encore,
au bas du ciel d'orage, éclairent à prix d'or les dernières
palpitations d'alcôves, en Ouest . . . Et que l'Aigle
pêcheur, dans tout ce bel émoi, vienne à lâcher sa proie
sur la piscine de vos filles, c'est démesure encore et
mauvais goût dans la chronique du poète.—S'en aller!
s'en aller! Parole du Prodique.*

5

A<small>INSI</small> *dans le foisonnement du dieu, l'homme lui-
même foisonnant . . . Ainsi dans la dépravation du dieu,
l'homme lui-même forlignant . . . Homme à la bête.
Homme à la conque. Homme à la lampe souterraine.*

*Et il y a là encore matière à suspicion . . . Et comme
un homme né au battement d'ailes sauvages sur les
grèves, lui faudra-t-il toujours fêter l'arrachement nou-
veau?*

*Aux pays du limon où cède toute chair, la femme à
ses polypes, la terre à ses fibromes, c'était tout un charroi
de vases dénouées, comme de linges d'avorteuses.*

*Les roses noires des Cantatrices descendaient au matin
les fleuves souillés d'aube, dans les rousseurs d'alcools et
d'opiums. Et les ferronneries de Veuves, sur les patios
déserts, haussaient en vain contre le temps leur herse de
corail blanc. «De tout j'ai grande lassitude . . .» Nous
connaissons l'antienne. Elle est du Sud . . .*

*Ah! qu'on m'éteigne, ah! qu'on m'éteigne aux lames
des persiennes ces grands bonheurs en peine, sur cour et
sur jardin, ces grandes clartés d'ailleurs, où toute palme
offerte est déjà lourde de son ombre.*

Belles. . . . A few passages of arms, low in the stormy
sky, still illuminate, with flashes of gold in the West,
the last palpitations of alcoves. And in all this fervour,
should the fishing Eagle drop its prey into your daugh-
ters' pool, it is again excessive and in bad taste in the
poet's chronicle.—Let us be gone! be gone! Cry of the
Prodigal.

5

Thus in the abundance of the god, man himself
abounding . . . Thus in the depravation of the god, man
himself betraying his race . . . The man with the beast.
The man with the conch. The man with the subter-
ranean lamp.

And still there is cause for suspicion. . . . And like a
man born to the beating of wild wings on the shores,
must he always be celebrating a new uprooting?

In the lands of silt where all flesh yields, the woman
to her polyps, the earth to its tumours, there was a whole
carriage of loosened slime, like the rags of abortionists.

In the morning the black roses of Opera Singers
floated down the rivers soiled with dawn, in the yellow-
reds of alcohol and opium. And the iron gates of the
Widows, in deserted patios, raised in vain against time
their white coral portcullis. "Great is my lassitude to-
ward everything . . ." We know the refrain. It is the
South . . .

Ah! let them shut out for me, ah! let them shut out
for me, between the blades of the shutters, on courtyard
and on garden, those great flashes of lost happiness, those
great lights from elsewhere, where every proffered palm
is already weighted with its shadow.

(Et l'Émissaire nous trahit dans l'instant même du message. Et qu'est-ce là qui m'est ravi, dans ce renversement soudain des camphriers en fleurs—lingeries froissées à tous les souffles? . . . Et l'alizé vient à manquer, dans les salons déserts, aux gouffres de tulle des croisées . . .)

Un goût de tubéreuse noire et de chapelle ardente fait se cabrer la bête au passage des fêtes. L'ombre monte ses masques et ses fougères redoutables dans les chambres d'albâtre.

Et la Mort qui songeait dans la beauté des femmes aux terrasses avivera ce soir d'un singulier éclat l'étoile au front de l'Étrangère, qui descend seule, après minuit, la nuit royale des sous-sols vers la piscine de turquoise illuminée d'azur.

Ah! oui, que d'autres zestes nous trahissent dans nos boissons de limons verts; d'autres essences dans nos songes, sur les galeries d'attente des aéroports! Et vous tiendrez plus forte, ô vents! la torche rouge du réveil.

Avertissement du dieu! Aversion du dieu! . . . Aigle sur la tête du dormeur. Et l'infection dans tous nos mets . . . J'y aviserai.—La face encore en Ouest! au sifflement de l'aile et du métal! Avec ce goût d'essence sur les lèvres . . . Avec ce goût poreux de l'âme, sur la langue, comme d'une piastre d'argile . . .

C'est de pierre aujourd'hui qu'il s'agit, et de combler, d'un seul tenant, l'espace de pierre entre deux mers, le temps de pierre entre deux siècles.—Laisse peser, à fond de toile, sous le gruau des pluies,

(And the Emissary betrays us in the very instant of the message. And of what have I been robbed there, in this sudden reversal of flowering camphor-trees—lingerie rumpled by every breath of wind? And the trade wind forsakes us, in the deserted drawing-rooms, at the tulle whirlpools of the casements. . . .)

A taste of black tuberose and mortuary chapel causes the animal to rear at the passing festivals. Darkness ascends, bringing its masks and its ominous ferns into the alabaster rooms.

And Death, who has been dreaming deep within the beauty of the women on the terraces, this evening will brighten, with a singular radiancy, the star on the brow of the Stranger, a woman alone, who, after midnight, descends along the royal night of the basement towards the turquoise swimming-pool illuminated with azure.

Ah, yes, let other zests betray us in our green lime drinks; other essences in our dreams, in the waiting-galleries of airports! And you, O winds, will strengthen the red torch of awakening.

Warning of the god! Aversion of the god! . . . Eagle over the sleeper's head. And the infection in our every dish . . . I shall look to it.—Still facing westward! to the whistling of wing and metal! With this taste of essence on the lips . . . With this porous taste of the soul, on the tongue, like that of a clay piastre . . .

Today it is wholly a matter of stone, and of building into a single block, the stone place between two seas, the stone time between two centuries.—Let the slimy river lie heavy and deep in its bed under the groats of rain,

*Le fleuve gras qui trait, en son milieu, toute la fonte
d'un pays bas, comme aux plus basses lunaisons, sous la
pesée du ciel gravide, toute l'entraille femelle hors de
ses trompes, de ses cornets et de ses conques . . .*

*Nos routes dures sont en Ouest, où court la pierre à
son afflux. S'émacier, s'émacier jusqu'à l'os! à bout de vol
et d'acier fin, à bout d'antennes et de rémiges, vers ce
pays de pierre et d'os où j'ai mes titres et créances.*

*Là vont toutes choses s'élimant, parmi les peuplements
d'oponces, d'aloès, et tant de plantes à plumules; parmi
l'orage magnétique, peignant au soufre de trois couleurs
l'exhalaison soudaine d'un monde de stupeur.*

*Un peuple encore se lèvera-t-il dans les vergers de cuivre
rouge? Les vallées mortes, à grands cris, s'éveillent dans
les gorges, s'éveillent et fument à nouveau sur leurs lits
de shamans!*

*Les vents sentent les feux sur d'invisibles seuils. Le
porche d'argile est sans vantail. La cruche suspendue
dans les fauveries du soir . . . Moins poreuse l'argile aux
flancs des filles de grand hâle, assouvies de sécheresse.*

*C'est par là-haut qu'il faut chercher les dernières
chances d'une ascèse. La face libre jusqu'à l'os, la bouche
au dur bâillon du vent, et du front nu pesant au cuir de
fronde des rafales, comme à la sangle du haleur,*

*Nous remonterons l'âpre coulée de pierre dans un
broiement d'élytres, de coraux. Nous y chercherons nos
failles et fissures. Là où l'entaille fait défaut, que nous
ravisse l'aplomb lui-même, sur son angle!*

*Et nous coucherons ce soir nos visions princières sur la
coutellerie de pierre du paria . . . Sur les hauts-fonds de*

Drawing along, in its very centre, all the melting of a low land, as during the lowest lunations, under the weight of the gravid sky, all the feminine entrails from their tubes, cornets, and conches. . . .

Our rough roads are to the West, where stone runs to its afflux. Emaciation, emaciation to the bone! to the limit of flight, of drawn steel, to the limit of feelers, of wing-tips, towards this land of stone and bone where my titles and credits stand.

Thither go all things, fining down, amidst the colonies of cacti, of aloes, and so many plants with plumules; amidst the magnetic storm, painting with three sulphur colours the sudden exhalation of a world of stupor.

Will a people arise again in the red copper orchards? The dead valleys awaken in their gorges, with great cries awaken and smoke again on their shamans' beds!

On invisible thresholds the winds smell of fires. The clay patio has no gates. In the tawny colours of evening, the water-jug is hanging. . . . Less porous the clay on the flanks of girls deeply burned by the sun, sated with dryness.

It is up there one must look for the last chances of an ascetic rule. With our faces bare to the bone, our mouths to the wind's harsh gag, and our naked brows leaning on the leather sling of squalls, as though on the carrier's strap.

We shall remount the rough stone run in a grinding of wing-cases, of corals. There we shall search for our faults and fissures. There, where the notch is lacking, let the sheer bluff above ravish us!

And tonight we shall lay our princely visions down on the stone knives of the pariah. . . . On the mauve chalk

*pâte mauve entachés de sclérose, c'est un bilan de cornes,
de bucrânes, dragués par les vents crus.*

*Les Cavaliers sur les mesas, foulant la poterie des morts
et les squelettes de brebis roses, consument en plein ciel
un lieu de poudres et d'esquilles . . . Une aigle d'armorial
s'élève dans le vent.*

6

*. . . E<small>T</small> <small>DU</small> mal des ardents tout un pays gagné, avant
le soir, s'avance dans le temps à la rencontre des lunes
rougissantes. Et l'An qui passe sur les cimes . . . ah!
qu'on m'en dise le mobile! J'entends croître les os d'un
nouvel âge de la terre.*

*Souvenirs, souvenirs! qu'il en soit fait de vous comme
des songes du Songeur à la sortie des eaux nocturnes.
Et que nous soient les jours vécus comme visages d'in-
nommés. L'homme paisse son ombre sur les versants
de grande transhumance! . . .*

*Les vents sont forts! la chair est brève! . . . Aux crêtes
lisérées d'ors et de feux dans les lancinations du soir, aux
crêtes ciliées d'aiguilles lumineuses, parmi d'étranges
radiolaires,*

*N'est-ce toi-même tressaillant dans de plus pures es-
pèces, avec cela d'immense et de puéril qui nous ouvre
sa chance? . . . Je veille. J'aviserai. Et il y a là encore
matière à suspicion . . . Qu'on m'enseigne le ton d'une
modulation nouvelle!*

*Et vous pouvez me dire: Où avez-vous pris cela?—
Textes reçus en langage clair! versions données sur deux*

shelves encrusted with sclerosis, there is a final account-
ing of horns, of skulls of steers, dredged up by the raw
winds.

The Horsemen on the mesas, trampling underfoot the
pottery of dead men and the rose-coloured skeletons of
sheep, burn under the open sky a soil of powders and
bone splinters. . . . A heraldic eagle arises in the wind.

6

And a whole country, overtaken before evening by the
sacred fever of sectaries, advances in time towards the
encounter of the reddening moons. And the Year that
passes by on the peaks . . . ah! may its aim and its mov-
ing power be revealed to me! I hear them growing, the
bones of a new age of the earth.

Memories, memories! may it happen to you as it hap-
pens to the dreams of the Dreamer at the issuance of
nocturnal waters. And may the days we have lived
through be, for us, like faces without names. Let man
pasture his shadow on the slopes of great transhu-
mance! . . .

The winds are strong! flesh is brief! . . . On the ridges
edged with gold and fire in the spasms of evening, on
the ridges fringed with luminous needles, amid strange
radiolaria,

Is it not you, yourself, in purer species, who quivers
there, with all that is immense and puerile unfolding
its luck for us? . . . I watch. I will consider. And still
there is cause for suspicion there. . . . Let them teach me
the tone of a new modulation!

And you may say to me: Where did you learn that?—
Texts received in clear language! versions given on two

versants! . . . Toi-même stèle et pierre d'angle! . . . Et
pour des fourvoiements nouveaux, je t'appelle en litige
sur ta chaise dièdre,

Ô *Poète, ô bilingue, entre toutes choses bisaiguës, et*
toi-même litige entre toutes choses litigieuses—homme
assailli du dieu! homme parlant dans l'équivoque! . . .
ah! comme un homme fourvoyé dans une mêlée d'ailes
et de ronces, parmi des noces de busaigles!

Et toi, Soleil d'en bas, férocité de l'Être sans paupière,
tiens ton œil de puma dans tout ce pain de pierrerie! . . .
Hasardeuse l'entreprise où j'ai mené la course de ce chant
. . . Et il y a là encore matière à suspicion. Mais le Vent,
ah! le Vent! sa force est sans dessein et d'elle-même
éprise.

Nous passons, et nos ombres . . . De grandes œuvres,
feuille à feuille, de grandes œuvres en silence se compo-
sent aux gîtes du futur, dans les blancheurs d'aveugles
couvaisons. Là nous prenons nos écritures nouvelles, aux
feuilles jointes des grands schistes . . .

Et au delà sont les craies vives de vigie, les hautes
tranches à grands cris abominant la nuit; et les figura-
tions en marche sur les cimes, parmi la cécité des choses;
et les pierres blanches immobiles face aux haches ardentes.

Et les terres rouges prophétisent sur la coutellerie du
pauvre. Et les textes sont donnés sur la terre sigillée. Et
cela est bien vrai, j'en atteste le vrai. Et vous pouvez me
dire: Où avez-vous vu cela? . . . Plus d'un masque
s'accroît au front des hauts calcaires éblouis de présence.

sides! . . . You, yourself, a stele and a cornerstone! . . .
And for new bewilderments, I summon you in litigation
on your dihedral chair,

O Poet, O bilingual one, amidst all things two-pronged,
and you, yourself, litigation amid all things litigious—
man assailed by the god! man speaking in the equivocal!
. . . ah! like a man gone astray in a melee of wings and
brambles, among nuptials of harrier-eagles!

And you, Sun from below, ferocity of the Being with
no eyelids, hold your puma's eye in all this conglomerate
of precious stones! . . . Hazardous is the enterprise on
which I have led the course of this song. . . . And still
there is cause for suspicion. But the Wind, ah! the Wind!
its power is without design and of itself enamoured.

We pass on, and our shadows . . . Great works, page
by page, great works are silently composed in the breed-
ing-places of the future, in the whiteness of blind brood-
ings. From there we take our new writings, from the
layered pages of great schists. . . .

And beyond are the living chalks of look-out rocks,
the steep escarpments holding the night in abhorrence
with great cries; and the forms marching on the peaks,
amid the blindness of things; and the white stones im-
mobile in the face of the white-hot axes.

And the red lands are prophesying on their beggar's
bed of stone knives. And on the printed soil, the texts
are revealed. And that is quite true, I call truth to wit-
ness. And you may say to me: Where did you see that?
. . . More than one mask is forming on the brows of the
tall limestones, dazzled with presence.

1

Des hommes *dans le temps ont eu cette façon de tenir face au vent:*

Chercheurs de routes et d'eaux libres, forceurs de pistes en Ouest, par les cañons et par les gorges et les raillères chargées d'ans—Commentateurs de chartes et de bulles, Capitaines de corvée et Légats d'aventure, qui négociaient au prix du fer les hautes passes insoumises, et ces gisements au loin de mers nouvelles en plein ciel, dans leur mortier de pierre pâle, comme une lactation en songe de grandes euphorbes sous la meule . . .

Et par là-bas s'en furent, au bruit d'élytres de la terre, les grands Itinérants du songe et de l'action: les Interlocuteurs avides de lointains et les Dénonciateurs d'abîmes mugissants, grands Interpellateurs de cimes en exil et Disputeurs de chances aux confins, qui sur les plaines bleuissantes menaient un œil longtemps froncé par l'anneau des lunettes.

Et la terre oscillait sur les hauts plans du large, comme aux bassins de cuivre d'invisibles balances,

Et c'était de toutes parts, dans une effloraison terrestre, toute une fraîcheur nouvelle de Grandes Indes exondées, et comme un souffle de promesses à l'ouverture de grands Legs—dotations à fonds perdu et fondations de sinécures, institution de majorats pour filles nobles de grands poètes vieillissants . . .

Les Cavaliers sous le morion, greffés à leur monture, montaient, au grincement du cuir, parmi les ronces d'autre race . . . La barbe sur l'épaule et l'arme de profil,

III

1

Mᴇɴ, in Time, have had this way of confronting the wind:

Seekers after routes and open waters, blazers of trails westward, by canyons and gorges and inclines laden with years—Commentators of charters and decrees, Captains of forced labour and Legates of adventure, negotiating the high unsubjugated passes at the point of steel, and those distant layers of new seas high in the sky, high in their mortar of pale stone, as, in a dream, a lactation of great stalks of euphorbia under the grindstone. . . .

And out there, to a sound as of beetle-shells trampled on the ground, went the great Itinerants of action and dream: the Interlocutors avid for far-off lands and the Informers of roaring abysses, great Questioners of exiled peaks and Disputors of chances on the borders, who cast across the blueing plains an eye long contracted by the circle of the glass.

And the earth oscillated on the high planes of the open, as though on the brass pans of invisible scales,

And from all sides, in an earthly efflorescence, there came a whole new freshness of great Indies newly risen from the sea, like a breath of promise at the disclosure of great Legacies—life-endowments and foundations of sinecures, institution of estates for high-born daughters of great aging poets. . . .

The Horsemen under their morions, grafted to their mounts, climbed, to the creaking of leather, amongst brambles of another race. . . . With their beards over

ils s'arrêtaient parfois à mesurer, sur les gradins de pierre,
la haute crue de terres en plein ciel succédant derrière
eux à la montée des eaux. Ou bien, la tête haute, entourés
de moraines, ils éprouvaient de l'œil et de la voix l'im-
passe silencieuse, à fond de cirque, comme aux visions
grandioses du dormeur l'immense mur de pierre, à fond
d'abîme, scellé d'un mufle de stupeur et d'un anneau de
bronze noir.

Et les mers étaient vastes, aux degrés de leur songe,
dont ils perdaient un jour mémoire sur les plus hautes
marches.

Et d'avoir trop longtemps, aux côtes basses, dans les
criques, écouté sous la pluie l'ennui trouer la vase des
vasières, et d'avoir trop longtemps, au lit des fleuves
équivoques, poussé comme blasphèmes leurs coques
lourdes d'algues, et leurs montures, de sangsues, ils
émergeaient, la lèvre haute au croc du rire, dans les
trouées de fièvre du ciel bleu, fouettés d'alcools et de
grand vent.

Et comme les pluies étaient légères sur ces pentes,
moins promptes à prendre le hâle y furent les armes of-
fertes au spectre de la terre: une lignée de lances pures et
d'épées chastes y tinrent veillée d'âmes à l'insu de leurs
maîtres . . . Mais la chair étrangère hantait d'un goût
d'oronge et d'amanite ces hommes nés, aux Chrétientés,
de chair plus blonde que chair d'alberges ou de pavies
. . . Fils de la femme en toutes chairs! ô pas de l'homme,
d'âge en âge, sur toutes menthes de la terre! . . . Où
furent ces hommes sous le fer, où furent ces hommes
dans le vent, montant, au pas des bêtes, avec le spectre
de la terre,

Les grands itinéraires encore s'illuminent au revers de
l'esprit, comme traces de l'ongle au vif des plats d'argent.

their shoulders and their weapons in profile, from time
to time they halted to measure, on the stone tiers, the
high rising of lands into the sky behind them to the
rising of the waters. Or else, head high, surrounded by
moraines, they tested with eye and voice the silent ram-
part at the circle's close, as in the sleeper's grandiose
visions, at the bottom of the abyss, the huge stone wall
sealed with an awesome mask and a black bronze ring.

And to the gradients of their dream those seas were
vast, which were lost to memory, one day, on the highest
steps.

And because for too long, on the low shores, in the
creeks, they had listened under the rain to tedium bur-
rowing in the silt of the mud-banks, and because for too
long, in the bed of equivocal rivers, they had thrust for-
ward like blasphemies their hulls heavy with algae and
their mounts heavy with leeches, they emerged, their lips
high on the hook of laughter, into the fevered spaces of
a blue sky, flogged by spirits, by great wind.

And as the rains were light on these slopes, the weap-
ons presented to the spectre of the earth were less prone
to tarnish there; a lineage of pure lances and chaste
swords held a vigil of souls unknown to their masters.
. . . But the foreign flesh haunted those men with a taste
of agaric and amanita, men born, in Christendom, of
flesh more blond than the flesh of the wild peach or the
wild apricot. . . . Sons of woman in every flesh! O foot-
steps of man, from age to age, on all the mints of the
earth! . . . Where went those men under steel, where
went those men in the wind, climbing at the pace of their
beasts with the spectre of the earth,

The great itineraries flash again on the reverse side of
the mind, like scratches of a claw on the quick of silver
plates.

2

... Des hommes *encore, dans le vent, ont eu cette façon de vivre et de gravir.*

Des hommes de fortune menant, en pays neuf, leurs yeux fertiles comme des fleuves.

Mais leur enquête ne fut que de richesses et de titres ... Les buses sur les cols, prises aux courbes de leur vol, élargissaient le cirque et la mesure de l'avoir humain. Et le loisir encore, riche d'ombres, étendait ses audiences au bord des campements. La nuit des sources hébergeait l'argenterie des Vice-Rois ...

Et puis vinrent les hommes d'échange et de négoce. Les hommes de grand parcours gantés de buffle pour l'abus. Et tous les hommes de justice, assembleurs de police et leveurs de milices. Les Gouverneurs en violet prune avec leurs filles de chair rousse au parfum de furet.

Et puis les gens de Papauté en quête de grands Vicariats; les Chapelains en selle et qui rêvaient, le soir venu, de beaux diocèses jaune paille aux hémicycles de pierre rose:

«Cà! nous rêvions, parmi ces dieux camus! Qu'un bref d'Église nous ordonne tout ce chaos de pierre mâle, comme chantier de grandes orgues à reprendre! et le vent des Sierras n'empruntera plus aux lèvres des cavernes, pour d'inquiétants grimoires, ces nuées d'oiseaux-rats qu'on voit flotter avant la nuit comme mémoires d'alchimistes ... »

S'en vinrent aussi les grands Réformateurs—souliers carrés et talons bas, chapeau sans boucle ni satin, et la cape de pli droit aux escaliers du port:

«Qu'on nous ménage, sur deux mers, les baies nouvelles pour nos fils, et, pour nos filles de front droit aux tresses

2

... M<small>EN</small> again have found, in the wind, this way of living and of climbing.

Men of fortune, bringing with them, into new country, eyes as fertile as rivers.

But their quest was for no more than gold and grants. ... Buzzards on the passes, caught at the curve of their soaring, enlarged the circle and measure of human possession. And leisure, still, rich in shadows, held audiences on the edge of the encampments. The night of the springs harboured the silver plate of Viceroys. . . .

And then came the men of barter and trade. Men of wide range gloved with buff leather for abuse. And all the men of justice, assemblers of police and leviers of militia. The Governors in plum purple and their russet-fleshed daughters smelling of ferrets.

And then the people of the Papacy in search of great Vicariates; the Chaplains in the saddle and dreaming, at evening's fall, of fine straw-yellow dioceses with apses of pink stone:

"Dreaming, indeed, were we, amongst these flat-nosed gods: Let a brief from the Church bring order to all this chaos of male stone, like an open yard for the assembling of great organs! and the wind of the Sierras will no longer borrow from the caverns' lips, for disquieting scrawls, those clouds of ratbirds one sees floating before nightfall like alchemists' formulae. . . ."

Came also the great Reformers—square shoes and low heels, hat without buckle or satin, and the cape falling in straight folds to the stairways of the port:

"Let new bays, on two seas, be provided for our sons, and for our daughters, with their straight foreheads and

*nouées contre le mal, des villes claires aux rues droites
ouvertes au pas du juste . . . »*

*Et après eux s'en vinrent les grands Protestataires—ob-
jecteurs et ligueurs, dissidents et rebelles, doctrinaires de
toute aile et de toute séquelle; précurseurs, extrémistes
et censeurs—gens de péril et gens d'exil, et tous bannis
du songe des humains sur les chemins de la plus vaste
mer: les évadés des grands séismes, les oubliés des grands
naufrages et les transfuges du bonheur, laissant aux portes
du légiste, comme un paquet de hardes, le statut de leurs
biens, et sous leurs noms d'emprunt errant avec douceur
dans les grands Titres de l'Absence . . .*

*Et avec eux aussi les hommes de lubie—sectateurs,
Adamites, mesmériens et spirites, ophiolâtres et sourciers
. . . Et quelques hommes encore sans dessein—de ceux-là
qui conversent avec l'écureuil gris et la grenouille d'arbre,
avec la bête sans licol et l'arbre sans usage:*

*«Ah! qu'on nous laisse, négligeables, à notre peu de
hâte. Et charge à d'autres, ô servants, d'agiter le futur
dans ses cosses de fer . . .»*

*Enfin les hommes de science—physiciens, pétrographes
et chimistes: flaireurs de houilles et de naphtes, grands
scrutateurs des rides de la terre et déchiffreurs de signes
en bas âge; lecteurs de purs cartouches dans les tambours
de pierre, et, plus qu'aux placers vides où gît l'écaille d'un
beau songe, dans les graphites et dans l'urane cherchant
le minuit d'or où secouer la torche du pirate, comme les
détrousseurs de Rois aux chambres basses du Pharaon.*

*. . . Et voici d'un autre âge, ô Confesseurs terrestres—
Et c'est un temps d'étrange confusion, lorsque les grands
aventuriers de l'âme sollicitent en vain le pas sur les*

their tresses knotted against evil, bright towns with straight streets open to the step of the upright man. . . ."

And after them came the great Protesters—objectors and leaguers, dissenters and rebels, doctrinaires of every wing and following; forerunners, extremists, and censurers—men of peril and men of exile, and all those who were banished from the dream of other human beings to the paths of the vaster sea; those who escaped from great upheavals, those who were overlooked in great shipwrecks, and the deserters from happiness who left, at the legist's doors, like a parcel of rags, the statute of their possessions, and wandered at peace under assumed names in the great Titles of Absence. . . .

And with them also, the men of vagaries—votaries, Adamites, mesmerists and spiritists, ophiolatrists, and water-diviners . . . And some men also with no purpose— of those who converse with the grey squirrel and the tree-frog, the animal without halter and the tree without use:

"Ah, may they leave us, negligible ones, to our lack of haste. And let others, O men who serve, be charged with shaking the future in its iron pods. . . ."

Lastly, the men of science—physicists, petrographers, and chemists: detectors of coal and naphtha, great scrutinizers of the earth's wrinkles and decipherers of primal signs; readers of pure tablets in the drums of stone, and, rather than in false placers where lie the scales of a fine dream, searching in graphites and uranium for the golden midnight wherein to brandish the pirate's torch, like the riflers of Kings in the low chambers of the Pharaoh.

. . . And here is another age, O Confessors of the earth —And it is a time of strange confusion, when the great adventurers of the soul apply in vain for precedence

puissances de matière. Et voici bien d'un autre schisme,
ô dissidents! . . .

   «*Car notre quête n'est plus de cuivres ni d'or vierge,*
n'est plus de houilles ni de naphtes, mais comme aux
bouges de la vie le germe même sous sa crosse, et comme
aux antres du Voyant le timbre même sous l'éclair, nous
cherchons, dans l'amande et l'ovule et le noyau d'espèces
nouvelles, au foyer de la force l'étincelle même de son
cri! . . .»

   Et l'ausculteur du Prince défaille sur son ouïe—comme
le visionnaire au seuil de sa vision; comme aux galeries
du Monstre le chasseur; comme l'Orientaliste sur sa page
de laque noire, aux clés magiques du colophon.

   Soleil à naître! cri du Roi! . . . Capitaine et Régent
aux commanderies des Marches!

   Tiens bien ta bête frémissante contre la première ruée
barbare . . . Je serai là des tout premiers pour l'irruption
du dieu nouveau . . .

   Aux porcheries du soir vont s'élancer les torches d'un
singulier destin!

3

E*T* DÉJÀ *d'autres forces s'irritent sous nos pas, au pur*
solstice de la pierre: dans le métal et dans les sels nou-
vellement nommés, dans la substance émerveillée où
vont les chiffres défrayant une ardente chronique.

   «*Je t'insulte, matière, illuminée d'onagres et de vierges:*
en toutes fosses de splendeur, en toutes châsses de ténèbre
où le silence tend ses pièges.

   Ce sont noces d'hiver au feu des glaives de l'esprit, au
feu des grandes roses de diamant noir, comme lances de
gel au foyer des lentilles, comme au tranchant du verre
décharge d'aubes nouvelles:

over the Powers of matter. And here in truth is another schism, O dissenters! . . .

"For our quest is no longer for copper or virgin gold, no longer for coal or naphtha, but like the germ itself beneath its vault in the crypts of life, and like the bell itself beneath the lightning in the caverns of the Seer, we seek, in the kernel and the ovule and the core of new species, at the hearth of force, the very spark of its cry! . . .

And the auscultator of the Prince falls in a faint at what he hears—like the visionary on the threshold of his vision, like the hunter in the galleries of the Monster; like the Orientalist on his black lacquer page, at the magic keys of the colophon.

Sun to be born! cry of the King! . . . Captain and Regent at the command posts of the Marches!

Hold tight your trembling beast against the first barbarous onrush. . . . I shall be there among the very first for the irruption of the new god. . . .

From the pigsties of night, the torches of a singular destiny will flare!

3

AND already, under our footsteps, other forces are rebelling at the pure solstice of the stone; in metal and in salts newly named, in enraptured substances where ciphers move, illustrating an ardent chronicle.

"I insult you, matter, blazing with wild asses and virgins; in all chasms of splendour, in all shrines of gloom where snares are laid by silence.

These are winter nuptials in the fire of the spirit's swords, in the fire of great black-diamond roses, like spears of frost at the focus of the lens, like a discharge of new dawns on the edge of glass:

Crépitant au croisement de toutes répliques lumineuses, et brûlant tous alliages dans l'indicible bleu lavande d'une essence future!»

Chevaleries errantes par le monde à nos confins de pierre, ô déités en marche sous le heaume et le masque de fer, en quelles lices tenez-vous vos singuliers exploits?

Dans les grands tomes du Basalte et les Capitulaires de l'An noir, cherchez, manants, qui légifère!

Nous y trouvons nos tables et calculs pour des égarements nouveaux. Et c'est Midi déjà sur l'échiquier des sciences, au pur dédale de l'erreur illuminé comme un sanctuaire.

(Si loin, si loin sur l'autre rive, si loin dejà, dans vos récits de guerre, les grands taillis de force où montait l'astre de nos songes . . .)

Et le Monstre qui rôde au corral de sa gloire, l'Œil magnétique en chasse parmi d'imprévisibles angles, menant un silencieux tonnerre dans la mémoire brisée des quartz,

Au pas précipité du drame tire plus loin le pas de l'homme, pris au lancer de son propre lasso:

Homme à l'ampoule, homme à l'antenne, homme chargé des chaînes du savoir—crêté de foudres et d'aigrettes sous le délice de l'éclair, et lui-même tout éclair dans sa fulguration.

Que son visage s'envenime au pire scandale de l'histoire! . . . Et c'est bien autre exil, ô fêtes à venir! dans l'élargissement de la pâque publique et la tristesse des grands thèmes de laïcité.

. . . L'oreille aux sources d'un seul être, l'oreille aux sistres d'un seul âge, écoute, radieux, la grande nuit de pierre lacérée de prodiges. L'insulte et la menace en toutes

Flashing at the crossing of all luminous replies, and consuming all alloys in the ineffable lavender blue of some future essence!"

Chivalries wandering the world on our stone borders, O deities on the march under helm and iron mask, in what lists do you perform your singular exploits?

In the great tomes of Basalt and the Capitularies of the black Year, seek out, O churls, who legislates!

We discover therein our tables and calculations for new aberrations. And already it is Noon on the chessboard of the sciences, in the pure maze of error illuminated like a sanctuary.

(So far away, so far on the other shore, already so far, in your tales of war, the great brushwood of force whence the star of our dreams arose . . .)

And the Monster prowling the corral of his glory, the magnetic Eye hunting amid unpredictable angles, rolling a silent thunder into the broken memory of quartzes,

With the hasty stride of the drama, draws ever further the stride of man, caught in the throw of his own lasso:

Man with the bulb, man with the antenna, man charged with the chains of knowledge—crested with thunderbolts and aigrettes under the delight of the lightning, and he himself, in his fulguration, all lightning.

May his face inflame at the worst scandal in history! ... And it is altogether another exile, O festivals to come! in the enlarging of the public Easter and the sadness of the great secular themes.

With your ear at the sources of one single being, with your ear at the sistra of one single age, listen, radiant one, to the great night of stone lacerated with prodigies.

langues nous répondent . . . «Tu te révéleras! chiffre
nouveau: dans les diagrammes de la pierre et les indices
de l'atome;

Aux grandes tables interdites où plus fugaces vont les
signes; dans les miroirs lointains où glisse la face de
l'Errant—face d'hélianthe qui ne cille;

Aux longues rampes de fureur où courent d'autres
attelages, sous les rafales de douceur et la promesse haut
tenue d'un immense loisir . . .»

✧

—*Et l'Exterminateur au gîte de sa veille, dans les*
austérités du songe et de la pierre, l'Être muré dans sa
prudence au nœud des forces inédites, mûrissant en ses
causses un extraordinaire génie de violence,

Contemple, face à face, le sceau de sa puissance,
comme un grand souci d'or aux mains de l'Officiant.

4

. . . Mais *c'est de l'homme qu'il s'agit! Et de l'homme*
lui-même quand donc sera-t-il question?—Quelqu'un au
monde élèvera-t-il la voix?

Car c'est de l'homme qu'il s'agit, dans sa présence
humaine; et d'un agrandissement de l'œil aux plus
hautes mers intérieures.

Se hâter! se hâter! témoignage pour l'homme!

. . . *Et le Poète lui-même sort de ses chambres mil-*
lénaires:

Avec la guêpe terrière et l'Hôte occulte de ses nuits,
Avec son peuple de servants, avec son peuple de sui-
vants—

Insult and menace answer us in all languages. . . . "You shall reveal yourself, new cipher: in the diagrams of stone and the atom's indices;

At the great forbidden tables where the signs more swiftly pass: in the distant mirrors where the face of the Wanderer passes by—a sunflower's face unblinking;

Over the long ramps of wrath where other chariots race, under squalls of sweetness and the promise of immense leisure, held high. . . ."

And, the Exterminator, from the site of his vigil, in the austerities of dream and stone, Supreme Being immured in his prudence at the hub of forces yet untried, maturing in his chalk-beds an extraordinary genius for violence,

Contemplates the seal of his power, face to face, like a great golden marigold in the hands of the Celebrant.

4

. . . But man is in question! So when will it be a question of man himself?—Will someone in the world raise his voice?

For man is in question, in his human presence; and the eye's enlargement over the loftiest inner seas.

Make haste! make haste! testimony for man!

. . . And the Poet himself comes out of his millennial rooms:

With the digger wasp and the occult Guest of his nights,

With his tribe of attendants, with his tribe of followers—

*Le Puisatier et l'Astrologue, le Bûcheron et le Saunier,
Le Savetier, le Financier, les Animaux malades de la
peste,
L'Alouette et ses petits et le Maître du champ, et le Lion
amoureux, et le Singe montreur de lanterne magique.*

*... Avec tous hommes de patience, avec tous hommes
de sourire,
Les éleveurs de bêtes de grand fond et les navigateurs
de nappes souterraines,
Les assembleurs d'images dans les grottes et les sculp-
teurs de vulves à fond de cryptes,
Les grands illuminés du sel et de la houille, ivres
d'attente et d'aube dans les mines; et les joueurs d'ac-
cordéon dans les chaufferies et dans les soutes;
Les enchanteurs de bouges prophétiques, et les meneurs
secrets de foules à venir, les signataires en chambre de
chartes révolutionnaires,
Et les animateurs insoupçonnés de la jeunesse, insti-
gateurs d'écrits nouveaux et nourriciers au loin de visions
stimulantes.*

*... Avec tous hommes de douceur, avec tous hommes
de sourire sur les chemins de la tristesse,
Les tatoueurs de Reines en exil et les berceurs de
singes moribonds dans les bas-fonds de grands hôtels,
Les radiologues casqués de plomb au bord des lits de
fiançailles,
Et les pêcheurs d'éponges en eaux vertes, frôleurs de
marbres filles et de bronzes latins,
Les raconteurs d'histoires en forêt parmi leur audience
de chanterelles, de bolets, les siffloteurs de «blues» dans
les usines secrètes de guerre et les laboratoires,*

The Welldigger and the Astrologer, the Woodcutter and the Saltmaker,

The Cobbler, the Financier, "the Animals ill with plague,"

"The Lark and its young and the Master of the field," and "the Enamoured Lion" and "the Monkey, a magic-lantern showman."

. . . With all men of patience, with all men of smiles,

Breeders of deep-sea beasts and navigators of sheets of underground waters,

Assemblers of images in the grottoes and sculptors of vulvas at the bottom of crypts,

Great visionaries of salt and coal, drunk with expectation and dawn down in the mines; and accordion-players in the stackholds and the bunkers;

Enchanters in dens of prophecy and secret leaders of crowds to come, signers in garrets of revolutionary charters,

And unsuspected animators of youth, instigators of new writings, and fosterers from afar of stimulating visions.

. . . With all men of gentleness, with all men who smile on the paths of sorrow,

Tattooers of exiled Queens and cradlers of moribund monkeys in the basements of great hotels,

Radiologists helmeted with lead on the edge of betrothal beds,

And sponge-fishermen in green waters, brushing by marble girls and latin bronzes,

The story-tellers in the forest amongst their audience of fungi, chanterelle, and boletus, "blues" whistlers in secret war-plants and laboratories,

Et le magasinier des baraquements polaires, en chaus-
sons de castor, gardien des lampes d'hivernage et lecteur
de gazettes au soleil de minuit.

. . . Avec tous hommes de douceur, avec tous hommes
de patience aux chantiers de l'erreur,
　　Les ingénieurs en balistique, escamoteurs sous roche
de basiliques à coupoles,
　　Les manipulateurs de fiches et manettes aux belles
tables de marbre blanc, les vérificateurs de poudres et
d'artifices, et correcteurs de chartes d'aviation,
　　Le Mathématicien en quête d'une issue au bout de
ses galeries de glaces, et l'Algébriste au nœud de ses
chevaux de frise; les redresseurs de torts célestes, les
opticiens en cave et philosophes polisseurs de verres,
　　Tous hommes d'abîme et de grand large, et les aveugles
de grandes orgues, et les pilotes de grand'erre, les grands
Ascètes épineux dans leur bogue de lumière,
　　Et le Contemplateur nocturne, à bout de fil, comme
l'épeire fasciée.

. . . Avec son peuple de servants, avec son peuple de
suivants, et tout son train de hardes dans le vent, ô
sourire, ô douceur,
　　Le Poète lui-même à la coupée du Siècle!
　　—Accueil sur la chaussée des hommes, et le vent à
cent lieues courbant l'herbe nouvelle.

✧

Car c'est de l'homme qu'il s'agit, et de son renouement.
　　Quelqu'un au monde n'élèvera-t-il la voix? Témoi-
gnage pour l'homme . . .
　　Que le Poète se fasse entendre, et qu'il dirige le juge-
ment!

And the warehouse-keeper of polar barracks, in beaver slippers, guardian of winter lamps and reader of gazettes under the midnight sun.

. . . With all men of gentleness, with all men of patience in the workshops of error,

Ballistic engineers, concealers, underground, of turretted basilicas,

Manipulators of switches and keys at the beautiful white marble tables, verifiers of powders and flares, and correctors of aviation charts,

The Mathematician in search of an issue at the end of his mirrored galleries, and the Algebraist at the knot of his chevaux-de-frise; the redressers of celestial wrongs, opticians in cellars and philosophers, polishers of lenses,

All men of abyss and open spaces, and blind players of grand organs, and pilots of high spheres, great Ascetics thorny in their husk of light,

And the nocturnal Contemplator, at a thread's end, like the "fasciated" spider.

. . . With his tribe of attendants, with his tribe of followers, and all his train of rags in the wind, O smile, O gentleness,

The Poet himself at the gangway of the Century:

—Welcome on the causeway of men, and the wind bending the new grass a hundred leagues away.

For man is in question, and his reintegration.

Will no one in the world raise his voice? Testimony for man . . .

Let the Poet speak, and let him guide the judgment!

5

«Jᴇ ᴛ'ɪɢɴᴏʀᴇ, *litige. Et mon avis est que l'on vive!*
Avec la torche dans le vent, avec la flamme dans le
vent,
Et que tous hommes en nous si bien s'y mêlent et se
consument,
Qu'à telle torche grandissante s'allume en nous plus
de clarté . . .

Irritable la chair où le prurit de l'âme nous tient en-
core rebelles!
Et c'est un temps de haute fortune, lorsque les grands
aventuriers de l'âme sollicitent le pas sur la chaussée des
hommes,
Interrogeant la terre entière sur son aire, pour con-
naître le sens de ce très grand désordre—interrogeant
Le lit, les eaux du ciel et les relais du fleuve d'ombre
sur la terre—peut-être même s'irritant de n'avoir pas
réponse . . .

Et d'embrasser un tel accomplissement des choses hors
de tes rives, rectitude,
Qu'ils n'aillent point dire: tristesse . . . , s'y plaisant—
dire: tristesse . . . , s'y logeant, comme aux ruelles de
l'amour.
Interdiction d'en vivre! Interdiction faite au poète, faite
aux fileuses de mémoire. Plutôt l'aiguille d'or au grésille-
ment de la rétine!
Brouille-toi, vision, où s'entêtait l'homme de raison . . .
Le Chasseur en montagne cousait d'épines sauvages les
paupières de l'appelant. Nos Vierges henniront aux portes
du Sophiste.

5

"Litigation, I ignore you. And my opinion is that we should live!

With the torch in the wind, with the flame in the wind,

And that all men amongst us should be so mingled and consumed therein,

That this growing torch may kindle within us a greater clarity.

Irritable the flesh where irritation of the soul keeps us rebellious!

And it is a time of high fortune, when the great adventurers of the soul apply for precedence on the causeway of men,

Interrogating the whole of the earth over its area, to know the meaning of this very great disorder—interrogating

The bed, the waters of the sky, and the tide-marks of the river of shadow over the earth—perhaps even growing angry at finding no answer. . . .

And when they embrace such a fulfillment of things beyond your borders, O rectitude,

Let them not say: Sadness . . . , revelling in it—say: Sadness . . . , lingering in it, as though in the alcoves of love.

Injunction against living on it! Injunction made to the poet, made to the spinners of memory. Rather the golden needle to the sizzling retina!

Blur yourself, clear eye, in which the man of reason placed his trust. . . . With wild thorns the Hunter on the mountainside used to sew up the eyelids of the decoy. Our Virgins will whinny at the doors of the Sophist.

Et comme un homme frappé d'aphasie en cours de voyage, du fait d'un grand orage, est par la foudre même mis sur la voie des songes véridiques,

Je te chercherai, sourire, qui nous conduise un soir de Mai mieux que l'enfance irréfutable.

Ou comme l'Initié, aux fêtes closes de la mi-nuit, qui entend tout à coup céder le haut vantail de cèdre à la ruée du vent—et toutes torches renversées, dans la dispersion des tables rituelles s'aventurent ses pas, et le filet du dieu d'en bas s'est abattu sur lui, et de toutes parts l'aile multiple de l'erreur, s'affolant comme un sphex, lui démêle mieux sa voie—

Je te licencierai, logique, où s'estropiaient nos bêtes à l'entrave.

Aux porches où nous levons la torche rougeoyante, aux antres où plonge notre vue, comme le bras nu des femmes, jusqu'à l'aisselle, dans les vaisseaux de grain d'offrande et la fraîcheur sacrée des jarres,

C'est une promesse semée d'yeux comme il n'en fut aux hommes jamais faite,

Et la maturation, soudain, d'un autre monde au plein midi de notre nuit . . .

Tout l'or en fèves de vos Banques, aux celliers de l'État, n'achèterait point l'usage d'un tel fonds.

Au fronton de nos veilles soient vingt figures nouvelles arrachées à l'ennui, comme Vierges enchâssées au bourbier des falaises!

Contribution aussi de l'autre rive! Et révérence au Soleil noir d'en bas!

Confiance à tout cet affleurement de monstres et d'astres sans lignage, de Princes et d'Hôtes sous le pschent, mêlant leur faune irréprochable à notre hégire d'Infidèles . . .

And as a man, in the course of a voyage, stricken with aphasia by virtue of a great storm, is by the very lightning put in the path of veracious dreams,

I shall search for you, smile, to lead us, one evening in May, more certainly than irrefutable childhood.

Or as the Initiate, at the closed rites of the half night, who hears of a sudden the tall cedar portal giving way to the onslaught of the wind—and all torches overturned, his footsteps venture amongst the scattered ritual tables, and the net of the nether god has fallen upon him, and from all sides the multiple wing of error, whirling like a sphex, more surely shows him his way—

I shall dismiss you, logic, on whose shackle our beasts disabled themselves.

On the porches where we raise the reddening torch, in the caves wherein our sight goes plunging down, like women's arms, bare to the arm-pits, in vessels of offertory grain and the sacred freshness of the jars,

It is a promise, sown with eyes, such as never was made to man,

And the sudden ripening of another world in the high noon of our night. . . .

All the golden beans of your Banks, in the vaults of the State, would not purchase the use of such a fund.

May twenty new figures appear on the façade of our vigils, wrested from tedium, like Virgins enchased in the clay of the cliffs!

Contribution also from the other shore! And reverence to the black Sun from below!

Confidence in all this outcropping of monsters and of stars without lineage, of Princes and of Hosts beneath the pschent headdress, mingling their irreproachable fauna with our hegira of Infidels . . .

*Et toi, prends la conduite de la course, œil magnifique
de nos veilles! pupille ouverte sur l'abîme,—comme au
navigateur nocturne penché sur l'habitacle la fleur de
feu dans son bol d'or, et sous la bulle errante de l'am-
poule, la noire passiflore en croix sur la rose des vents.»*

6

T‌ELLE *est l'instance extrême où le Poète a témoigné.*

*Et en ce point extrême de l'attente, que nul ne songe
à regagner les chambres.*

*«Enchantement du jour à sa naissance . . . Le vin
nouveau n'est pas plus vrai, le lin nouveau n'est pas
plus frais . . .*

*Quel est ce goût d'airelle, sur ma lèvre d'étranger, qui
m'est chose nouvelle et m'est chose étrangère? . . .*

*A moins qu'il ne se hâte, en perdra trace mon poème
. . . Et vous aviez si peu de temps pour naître à cet
instant . . .»*

*(Ainsi quand l'Officiant s'avance pour les cérémonies
de l'aube, guidé de marche en marche et assisté de toutes
parts contre le doute—la tête glabre et les mains nues, et
jusqu'à l'ongle, sans défaut—, c'est un très prompt mes-
sage qu'émet aux premiers feux du jour la feuille aro-
matique de son être.)*

*Et le Poète aussi est avec nous, sur la chaussée des
hommes de son temps.*

*Allant le train de notre temps, allant le train de ce
grand vent.*

*Son occupation parmi nous: mise en clair des messages.
Et la réponse en lui donnée par illumination du cœur.*

And you, take over the steering of the course, magnificent eye of our vigils! pupil open over the abyss

Like the flower of fire in its golden bowl to the nocturnal navigator bending over his binnacle, and, under the ampulla's errant bubble, the black passion-flower crossed with the rose of the winds."

6

Such is the extreme instance in which the Poet has testified.

And at this extreme point of expectation, let no one dream of regaining the houses.

"Enchantment of the day at its beginning . . . New wine is not more true, new linen not more fresh. . . .

What is this taste of bilberry, on my lips, the lips of a stranger, that is new to me and is strange to me? . . .

Unless I make haste, my poem will lose trace of it. . . .
And you had so little time to be born to this instant. . . ."

(Thus, when the Celebrant advances for the dawn ceremonies, guided from step to step and aided on every side against doubt—with smooth head and bare hands and flawless to the finger-nails—it is a very prompt message that the aromatic leaf of his being puts forth at the first fires of day.)

And the Poet too is with us, on the causeway of men of his time.

Keeping pace with our time, keeping pace with this great wind.

His occupation among us: deciphering of messages. And the answer given within him by the heart's illumination.

Non point l'écrit, mais la chose même. Prise en son vif et dans son tout.

Conservation non des copies, mais des originaux. Et l'écriture du poète suit le procès-verbal.

(Et ne l'ai-je pas dit? les écritures aussi évolueront.— Lieu du propos: toutes grèves de ce monde.)

«Tu te révéleras, chiffre perdu! . . . Que trop d'attente n'aille énerver

L'usage de notre ouïe! nulle impureté souiller le seuil de la vision! . . .»

Et le Poète encore est avec nous, parmi les hommes de son temps, habité de son mal . . .

Comme celui qui a dormi dans le lit d'une stigmatisée, et il en est tout entaché,

Comme celui qui a marché dans une libation renversée, et il en est comme souillé,

Homme infesté du songe, homme gagné par l'infection divine,

Non point de ceux qui cherchent l'ébriété dans les vapeurs du chanvre, comme un Scythe,

Ni l'intoxication de quelque plante solanée—belladone ou jusquiame,

De ceux qui prisent la graine ronde d'Ologhi mangée par l'homme d'Amazonie,

Yaghé, liane du pauvre, qui fait surgir l'envers des choses—ou la plante Pí-lu,

Mais attentif à sa lucidité, jaloux de son autorité, et tenant clair au vent le plein midi de sa vision:

«Le cri! le cri perçant du dieu! qu'il nous saisisse en pleine foule, non dans les chambres,

Not the writing, but the thing itself. Seized at the quick and in its entirety.

Conservation, not of copies, but of the originals. And the poet's writing follows the record.

(And have I not said so? the writings also will evolve.—Whereabouts of the statement: all shores of this world.)

"You shall reveal yourself, lost cipher! . . . Let not too much waiting weaken

The use of our hearing! no impurity sully the threshold of the vision! . . ."

And the Poet is still with us, amongst the men of his time, inhabited by his malady . . .

Like the one who slept in the bed of a woman with the stigmata, and he is thereby thoroughly tainted,

Like the one who stepped in an overturned libation, and he is as though soiled thereby,

Man infested with dream, man overtaken by the divine infection,

No, not of those who seek inebriation in the vapours of hemp, like a Scythian,

Or the intoxication of some solanal root—belladonna or henbane,

Nor of those who prize the round seed of Ologhi eaten by man in Amazonia,

Yaghe, liana of the poor, that evokes the reverse of things—or the Pi-lu plant,

But mindful of his lucidity, jealous of his authority, and holding clear in the wind the high noon of his vision:

"The cry! the piercing cry of the god! let it seize us in the midst of the crowd, not in the houses,

Et par la foule propagé qu'il soit en nous répercuté
jusqu'aux limites de la perception . . .

Une aube peinte sur les murs, muqueuse en quête de
son fruit, ne saurait nous distraire d'une telle adjura-
tion!»

Et le Poète encore est parmi nous . . . Cette heure peut-
être la dernière, cette minute même, cet instant! . . . Et
nous avons si peu de temps pour naître à cet instant!

«. . . Et à cette pointe extrême de l'attente, où la
promesse elle-même se fait souffle,

Vous feriez mieux vous-même de tenir votre souffle
. . . Et le Voyant n'aura-t-il pas sa chance? l'Écoutant sa
réponse? . . .»

Poète encore parmi nous . . . Cette heure peut-être la
dernière . . . cette minute même! . . . cet instant! . . .

—«Le cri! le cri perçant du dieu sur nous!»

.   .   .   .

And spread abroad by the crowd may it reverberate within us to the limits of perception. . . .

A dawn painted on the walls, living tissue in quest of its seed, would fail to distract us from such an adjuration!"

And still the Poet is with us. . . . This hour perhaps the last, this minute even, this instant! . . . And we have so little time to be born to this instant!

". . . And at this extreme point of expectation, where promise itself becomes a breath,

You yourselves would do better to hold your breath. . . . And will the Seer not have his chance? the Listener his answer? . . ."

Poet still amongst us . . . This hour perhaps the last . . . this minute even! . . . this instant! . . .

—"The cry! the piercing cry of the god upon us!"

·   ·   ·   ·   ·   ·   ·   ·   ·   ·   ·   ·   ·   ·   ·

I V

1

. . . C'ÉTAIT hier. Les vents se turent.—N'est-il rien que d'humain?

«À moins qu'il ne sa hâte, en perdra trace ton poème . . .» Ô frontière, ô mutisme! Aversion du dieu!

Et les capsules encore du néant dans notre bouche de vivants.

Si vivre est tel, qu'on n'en médise! (le beau recours! . . .) Mais toi n'aille point, ô Vent, rompre ton alliance.

Sinon, c'est tel reflux au désert de l'instant! . . . l'insanité, soudain, du jour sur la blancheur des routes, et, grandissante vers nos pas, à la mesure d'un tel laps,

L'emphase immense de la mort comme un grand arbre jaune devant nous.

Si vivre est tel, qu'on s'en saisisse! Ah! qu'on en pousse à sa limite,

D'une seule et même traite dans le vent, d'une seule et même vague sur sa course,

Le mouvement! . . .

Et certains disent qu'il faut rire—allez-vous donc les révoquer en doute? Ou qu'il faut feindre—les confondre?

Et d'autres s'inscrivent en faux dans la chair de la femme, comme étroitement l'Indien, dans sa pirogue d'écorce, pour remonter le fleuve vagissant jusqu'en ses bras de fille, vers l'enfance.

IV

1

... I⊤ was yesterday. The winds fell silent.—Is there nothing but the human thing?

"Unless you make haste, your poem will lose track of it. . . ." O frontier, O silence! Aversion of the god!

And still the capsules of nothingness in our living mouths.

If living is like this, let it not be slandered! (a fine recourse! . . .) But neither must you, O Wind, break off your alliance.

Otherwise, there is such a reflux in the desert of the instant! . . . suddenly, the madness of light on the whiteness of the roads, and, growing towards our footsteps, within such a halt of time,

The immense emphasis of death like a great yellow tree before us.

If living is like this, let us seize upon it! Ah! let us force it,

With one and the same blast in the wind, with one and the same wave on its course,

To its limit this movement! . . .

And some say one must laugh—will you then call them in question? Or that one must dissemble—will you confound them?

And others, dissenters, take refuge in the flesh of woman, as the Indian close held in his bark canoe, to ascend the river wailing up to its woman's arms, towards infancy.

Il nous suffit ce soir du front contre la selle, à l'heure brève de la sangle: comme en bordure de route, sur les cols, l'homme aux naseaux de pierre de la source—et jusqu'en ce dernier quartier de lune mince comme un ergot de rose blanche, trouvera-t-il encore le signe de l'éperon.

Mais quoi! n'est-il rien d'autre, n'est-il rien d'autre que d'humain? Et ce parfum de sellerie lui-même, et cette poudre alezane qu'en songe, chaque nuit,

Sur son visage encore promène la main du Cavalier, ne sauraient-ils en nous éveiller d'autre songe

Que votre fauve image d'amazones, tendres compagnes de nos courses imprégnant de vos corps la laine des jodhpurs?

Nous épousions un soir vos membres purs sur les pelleteries brûlantes du sursaut de la flamme,

Et le vent en forêt vous était corne d'abondance, mais nos pensées tenaient leurs feux sur d'arides rivages,

Et, femmes, vous chantiez votre grandeur de femmes aux fils que nous vous refusions . . .

Amour, aviez-vous donc raison contre les monstres de nos fables?

Toujours des plaintes de palombes repeupleront la nuit du Voyageur.

Et qu'il fut vain, toujours, entre vos douces phrases familières, d'épier au très lointain des choses ce grondement, toujours, de grandes eaux en marche vers quelque Zambézie! . . .

Enough for us, tonight, is our brow against the saddle at the brief moment of girthing: as it is for the man by the roadside on the passes, against the stone nostrils of the spring—and even in this last quarter of the moon, slender as the spur of a white rose, will he see once more the sign of the spur.

And now! is there nothing else, is there nothing else but the human thing? And this perfume of saddlery itself, and this powder of a sorrel horse that every night, in dreams,

The hand of the Horseman passes across his face again, can it arouse within us no other dream

Than your tawny image of riders, O tender companions of our rides, whose jodhpurs are imbued with the perfume of your bodies?

One night we espoused your pure limbs on the furs ardent from the sudden darting of the flame,

And to you the wind in the forest was a horn of plenty, but our thoughts kept their watch-fires along barren shores,

And, women, you sang of your grandeur as women, to the sons that we denied you. . . .

Love, were you then in the right against the monsters of our fables?

Always the wood-doves' lamentations will repeople the night of the Traveller.

And how vain it was, always, between your soft familiar phrases, in the great remoteness of things to espy that thundering, always, of great waters advancing towards some Zambezi-land! . . .

De grandes filles nous furent données, qui dans leurs bras d'épouses dénouaient plus d'hydres que nos fuites.

Où êtes-vous qui étiez là, silencieux arome de nos nuits, ô chastes libérant dans vos chevelures impudiques une chaleureuse histoire de vivantes?

Vous qui nous entendrez un soir au tournant de ces pages, sur les dernières jonchées d'orage, Fidèles aux yeux d'orfraies, vous saurez qu'avec vous

Nous reprenions un soir la route des humains.

2

ET L'HOMME *encore fait son ombre sur la chaussée des hommes,*

Et la fumée de l'homme est sur les toits, le mouvement des hommes sur la route,

Et la saison de l'homme sur nos lèvres comme un thème nouveau . . .

Si vivre est tel, si vivre est tel, nous faudra-t-il chercher plus bas faces nouvelles?

Aller où vont les Cordillères bâtées d'azur comme d'un chargement de quartz,

Où court la longue échine sur son arc, levant un fait d'écaille et d'os au pas de l'homme sans visage?

✧

. . . Je me souviens d'un lieu de pierre—très haute table de ce monde où le vent traîne le soc de son aile de fer. Une Crau de pierres sur leur angle, comme un lit d'huîtres sur leur tranche: telle est l'étrille de ce lieu sous la râpe du vent. (Des bêtes ont cette langue revêche, et comme madréporique, dont rêvent les belluaires.)

Tall girls were given us, who unwound in their bridal arms more hydras than did our flights.

Where are you who were there, silent aroma of our nights, O chaste ones setting free in your wanton hair an ardent history of living beings?

You who will hear us one night at the turn of these pages, on the storm's last scatterings, Faithful Ones with ospreys' eyes, you will know that with you,

One night, we took once more the road of human beings.

2

A<small>ND</small> again man cast his shadow on the causeway of men.

And the smoke of man is on the roofs, the movement of men on the road,

And the season of man like a new theme on our lips. . . .

If living is like this, if living is like this, will we have to seek new faces further down?

To go where go the Cordilleras saddled with azure as though with a freight of quartz,

Where runs the long chine on its arc, raising a deed of shell and bone in the steps of faceless man?

. . . I remember a land of stone—very high table of this world where the wind drags the ploughshare of its iron wing. A Crau of stones at an angle, like a bed of oysters on edge: such is the curry-comb of this place under the rasp of the wind. (Some animals have such a tongue, harsh, like a madreporic, of which the wild-beast tamers dream.)

Je me souviens du haut pays sans nom, illuminé d'hor-
reur et vide de tout sens. Nulle redevance et nulle accise.
Le vent y lève ses franchises; la terre y cède son aînesse
pour un brouet de pâtre—terre plus grave, sous la gravi-
tation de femmes lentes au relent de brebis . . . Et la
Montagne est honorée par les ambulations des femmes et
des hommes. Et ses adorateurs lui offrent des fœtus de
lamas. Lui font une fumigation de plantes résineuses.
Lui jettent à la volée des tripes de bêtes égorgées. Excré-
ments prélevés pour le traitement des peaux.

Je me souviens du haut pays de pierre où les porcheries
de terre blanche, avant l'orage, resplendissent au soir
comme des approches de villes saintes. Et très avant dans
la nuit basse, aux grandes salines s'éclaireront les maré-
cages bordés de bauges pour les truies. Et de petits abris
pour voyageurs, enfumés de copal . . .

　—Qu'irais-tu chercher là?

. . . Une civilisation du maïs noir—non, violet: Of-
frandes d'œufs de flamants roses; bouillons d'avoine dans
les cornes; et la sagesse tirée des grandes sacoches à coca.

Une civilisation de la laine et du suint: Offrandes de
graisse sauvage; la mèche de laine au suif des lampes; et
les femmes dégraissées au naphte pour les fêtes, les che-
velures de lignite assouplies à l'urine.

Une civilisation de la pierre et de l'aérolithe: Offrandes
de pyrites et de pierres à feu; mortiers et meules de grès
brut; et l'œil au nœud des moellons comme à l'épi des
nébuleuses ornant la grande nuit des pâtres . . .

　—Qu'irais-tu sceller là?

I remember the high nameless country, illumined with horror and void of all sense. No dues and no excise. There the wind claims its franchises; there the earth yields its birthright for a shepherd's pottage—earth more grave, under the gravitation of women moving slowly, smelling of sheep. . . . And the Mountain is honoured by the perambulation of women and of men. And its worshippers offer up to it foetuses of llamas. Brew resinous plants before it. Fling to it the tripe of slaughtered animals. Excrements set apart for the treating of the hides.

I remember the high stone land where, before the storm, the white earth pigsties shine at evening like the approaches to sacred towns. And very late in the low night, at the great salt-flats, light will come to the marshes bordered with wallows for the sows. And to little shelters for travellers, smoky with copal . . .

—What would you go there to seek?

. . . A civilization of the black maize—no, of the violet one: Offerings of pink flamingo eggs; oatmeal broths in horns; and wisdom drawn forth from the great coca-pouches.

A civilization of wool and wool-fat: Offerings of wild grease; the woolen wick in the tallow of the lamps; and the women cleansed with naphtha for the feasts, tresses of lignite made supple with urine.

A civilization of the stone and the aerolite: Offerings of pyrites and flints; mortars and grindstones of rough sandstone; and the eye in the knot of the ashlars, like that at the core of the nebulae adorning the great night of the shepherds . . .

—What would you go there to seal?

. . . Je vous connais, réponses faites en silence et les clés peintes aux diagrammes des poteries usuelles. De grandes fêtes de la pierre, de la laine et du grain assembleront une épaisseur et un mutisme comme on en vit aux tranches des carrières: agrégation massive des grandes familles indivises—bêtes gravides, hommes de grès, femmes plus lourdes et vastes que des pierres meulières—et l'intégration finale de la terre dans les accouplements publics . . .

—Qu'irais-tu clore là?

✧

. . . Plus loin! plus loin! sur les versants de crépon vert,
   Plus bas, plus bas, et face à l'Ouest! dans tout cet épanchement du sol
   Par grandes chutes et paliers—vers d'autres pentes, plus propices, et d'autres rives, charitables . . .

Jusqu'à cette autre masse d'irréel, jusqu'à ce haut gisement de chose pâle, en Ouest,
   Où gît la grâce d'un grand nom—Mer Pacifique . . . ô mer de Balboa! . . . Celle qu'il ne faut jamais nommer.
   (Nuñez de Balboa, les tentations toujours sont fortes dans ce sens!)
   Plus bas, plus bas! sur les étagements gradués de ce versant du monde, baissant d'un ton, à chaque degré, la table plus proche de la Mer. (Et de toutes parts au loin elle m'est présente et proche, et de toutes parts au loin elle m'est alliance et grâce, et circonlocution—invitée à ma table de plein air et mêlée à mon pain, à l'eau de source dans les verres, avec la nappe bleuissante et l'argent et le sel, et l'eau du jour entre les feuilles.)

I know you, answers made in silence, and the keys painted in the diagrams of domestic pottery. Great festivals of the stone, the wool, and the grain will assemble a thickness and a muteness such as one saw in the layers of the quarries; massive aggregations of the great undivided families—gravid beasts, men of sandstone, women larger and heavier than grindstones—and the final integration of the earth in the public couplings. . . .

—What would you go there to conclude?

. . . Farther on, farther on, on the green crêpe slopes,

Further down, further down, and the West! in all this effusion of the soil

By great falls and flats—towards other slopes, more favourable, and other shores, more charitable . . .

To this other mass of unreality, to this high layer of pallor, in the West,

Wherein abides the grace of a great name—Pacific Sea . . . O sea of Balboa! . . . The one that must never be named.

(Nuñez of Balboa, always the temptations are strong in this direction!)

Further down, further down! on the graduated tiers of this slope of the world, lowering by one tone, at each degree, the table nearer to the Sea. (And from everywhere in the distance she is present to me and close, and from everywhere in the distance she is alliance to me and grace, and circumlocution—invited to my table in the open and mingled with my bread, with the spring-water in the glasses, with the bluing table-cloth and the silver and the salt, and the water of day light between the leaves.)

*Plus vite, plus vite! à ces dernières versions terrestres,
à ces dernières coulées de gneiss et de porphyre, jusqu'à
cette grève de pépites, jusqu'à la chose elle-même, jaillis-
sante! la mer elle-même jaillissante! hymne de force et
de splendeur où l'homme un soir pousse sa bête frisson-
nante,*

*La bête blanche, violacée de sueur, et comme assombrie
là du mal d'être mortelle . . .*

*Je sais! . . . Ne rien revoir!—Mais si tout m'est connu,
vivre n'est-il que revoir?*

*. . . Et tout nous est reconnaissance. Et toujours, ô mé-
moire, vous nous devancerez, en toutes terres nouvelles
où nous n'avions encore vécu.*

*Dans l'adobe, et le plâtre, et la tuile, couleur de corne
ou de muscade, une même transe tient sa veille, qui tou-
jours nous précède; et les signes qu'aux murs retrace
l'ombre remuée des feuilles en tous lieux, nous les avions
déjà tracés.*

❖

*Ici la grève et la suture. Et au delà le reniement . . .
La Mer en Ouest, et Mer encore, à tous nos spectres
familière.*

❖

*. . . Plus loin, plus loin, où sont les premières îles soli-
taires—les îles rondes et basses, baguées d'un infini
d'espace, comme des astres—îles de nomenclateurs, de
généalogistes; grèves couvertes d'emblèmes génitaux, et
de crânes volés aux sépultures royales . . .*

*. . . Plus loin, plus loin, où sont les îles hautes—îles de
pierre ponce aux mains de cent tailleurs d'images; lèvres
scellées sur le mystère des écritures, pierres levées sur le
pourtour des grèves et grandes figures averses aux lippes
dédaigneuses . . .*

Hasten on, hasten on! to these last terrestrial versions, to this last flow of gneiss and porphyry, up to this shore of nuggets, up to the thing itself gushing forth! the sea itself, gushing forth! a hymn of strength and of splendour into which one evening man thrusts his quivering beast,

The white beast, violet with sweat, and as though clouded over there with the evil of being mortal . . .

I know! . . . To see nothing twice over!—But if all is known to me, is living not itself to see twice over?

. . . And everything is recognition for us. And always will you have been before us, O memory, in all the new lands where we have not yet lived.

In the adobe, and the plaster, and the tile, the colour of horn or of nutmeg, the same trance holds vigil, always preceding us; and the signs the moving shadow of the leaves retraces on the walls everywhere, we have already traced.

✧

Here the shore and the seam. And beyond, the disowning . . . The Sea in the West, and Sea again, familiar to all our phantoms.

✧

. . . Farther on, farther on, where the first solitary islands are—islands round and low, ringed with infinite space, like stars—islands of nomenclators, of genealogists; shores covered with genital emblems, and with skulls stolen from royal sepulchres. . . .

. . . Farther on, farther on, where the high islands are —islands of pumice stone in the hands of a hundred carvers of images; lips sealed on the mystery of scriptures stones raised on the periphery of the shores and great averted figures with long disdainful lips. . . .

. . . *Et au delà, les purs récifs, et de plus haute soli-*
tude—les grands ascètes inconsolables lavant aux pluies
du large leurs faces ruisselantes de pitié . . .

. . . *Et au delà, dernière en Ouest, l'île où vivait, il y a*
vingt ans, le dernier arbrisseau: une méliacée des laves,
croyons-nous—Caquetage des eaux libres sur les effondre-
ments de criques, et le vent à jamais dans les porosités
de roches basaltiques, dans les fissures et dans les grottes
et dans les chambres les plus vaines, aux grandes masses
de tuf rouge . . .

. . . *Et au delà, et au delà sont les derniers froncements*
d'humeur sur l'étendue des mers. Et mon poème encore
vienne à grandir avec son ombre sur la mer . . .

. . . *Et au delà, et au delà, qu'est-il rien d'autre que*
toi-même—qu'est-il rien d'autre que d'humain? . . .
Minuit en mer après Midi . . . Et l'homme seul comme
un gnomon sur la table des eaux . . . Et les capsules de
la mort éclatent dans sa bouche . . .

. . . *Et l'homme en mer vient à mourir. S'arrête un*
soir de rapporter sa course. Capsules encore du néant
dans la bouche de l'homme . . .

3

C'est en *ce point de ta rêverie que la chose survint:*
l'éclair soudain, comme un Croisé!—le Balafré sur ton
chemin, en travers de la route,

Comme l'Inconnu surgi hors du fossé qui fait cabrer
la bête du Voyageur.

Et à celui qui chevauchait en Ouest, une invincible
main renverse le col de sa monture, et lui remet la tête
en Est. «Qu'allais-tu déserter là? . . .»

✧

. . . And beyond, the inviolate reefs, in higher solitude
—the great inconsolable ascetics washing in the rains of
the open seas their faces streaming with pity . . .

. . . And beyond, last in the West, the island where,
twenty years ago, the last shrub lived: a meliacea of the
lavas, we believe—Chattering of free waters over the
sunken creeks, and the wind forever in the porosities of
basalt rocks, in the fissures and the grottoes and the
waste chambers, through great masses of red tufa . . .

. . . And beyond, and beyond, are the last frowns of a
mood on the expanse of the seas. And may my poem yet
come to grow with its shadow on the sea. . . .

. . . And beyond, and beyond, what is there other than
yourself? what is there other than the human thing? . . .
Midnight at sea after Midday . . . A man alone like a
gnomon on the table of the waters . . . And the capsules
of death explode in his mouth. . . .

. . . And man at sea comes to his death. Ceases one
night to mark his course. Capsules of nothingness still in
the mouth of man . . .

3

It is at this point in your reverie that the thing oc-
curred: the sudden flash of light, like a Crusader!—the
Scarface on your path, athwart the road,

Like the Unknown One arisen from the ditch, who
causes the Traveller's animal to rear.

And on him, who was riding Westward, an invincible
hand descends, wrenching his horse's head around to the
East. "What were you about to abandon there? . . ."

✧

*Songe à cela plus tard, qu'il t'en souvienne! Et de
l'écart où maintenir, avec la bête haut cabrée,
Une âme plus scabreuse.*

4

Nous *reviendrons, un soir d'Automne, sur les derniers
roulements d'orage, quand le trias épais des golfes sur-
volés ouvre au Soleil des morts ses fosses de goudron bleu,*

*Et l'heure oblique, sur l'aile de métal, cloue sa première
écharde de lumière avec l'étoile de feu vert. Et c'est un
jaillissement de sève verte au niveau de notre aile,*

*Et soudain, devant nous, sous la haute barre de ténè-
bres, le pays tendre et clair de nos filles, un couteau d'or
au cœur!*

✧

*«. . . Nous avions rendez-vous avec la fin d'un âge. Et
nous voici, les lèvres closes, parmi vous. Et le Vent avec
nous—ivre d'un principe amer et fort comme le vin de
lierre;*

*Non pas appelé en conciliation, mais irritable et qui
vous chante: j'irriterai la moelle dans vos os . . . (Qu'é-
troite encore fut la mesure de ce chant!)*

*Et l'exigence en nous ne s'est point tue; ni la créance
n'a décru. Notre grief est sans accommodement, et l'éché-
ance ne sera point reportée.*

*Nous vous demanderons un compte d'hommes nou-
veaux—d'hommes entendus dans la gestion humaine,
non dans la précession des équinoxes.*

*L'aile stridente, sur nos ruines, vire déjà l'heure nou-
velle. Et c'est un sifflement nouveau! . . . Que nul ne
songe, que nul ne songe à déserter les hommes de sa race!*

Dream of that later on, may you remember it! And
the aloofness in which to maintain, with the animal rear-
ing high,

A soul more roughly daring.

4

Oₙₑ autumn evening we shall return, on the last rum-
blings of the storm, when the dense trias of the gulfs we
fly over opens its pits of blue tar to the Sun of the dead,

And the oblique hour, on the metal wing, nails its first
splinter of light with the star of green fire. And there is
a gushing forth of green sap level with our wing,

And suddenly, before us, beneath the lofty bar of the
dark, the clear and tender land of our girls, a golden
knife in its heart!

✧

". . . We had a rendezvous with the end of an age.
And here we are, close-lipped, among you. And the
Wind with us—drunk with a principle bitter and strong
as ivy wine.

Not summoned in conciliation, but irritable and sing-
ing to you: I will irritate the marrow in your bones. . . .
(Still how limited has been the compass of this song!)

And the exigency within us has not been stilled; nor
has our claim decreased. Our grievance is beyond settle-
ment, and its maturity will not be delayed.

We will call you to account for new men—men skilled
in human management, not in the precession of the
equinoxes.

Its wing strident, the new hour is already soaring over
our ruins. And new is the whistling! . . . Let no one
dream, let no one dream of deserting the men of his own
race!

Toutes les herbes d'Asie à la semelle blanche du lettré ne sauraient nous distraire de cette activité nouvelle; ni un parfum de fraise et d'aube dans la nuit verte des Florides . . .»

—*Et vous, hommes du nombre et de la masse, ne pesez pas les hommes de ma race. Ils ont vécu plus haut que vous dans les abîmes de l'opprobre.*

Ils sont l'épine à votre chair; la pointe même au glaive de l'esprit. L'abeille du langage est sur leur front,

Et sur la lourde phrase humaine, pétrie de tant d'idiomes, ils sont seuls à manier la fronde de l'accent.

. . . Nous reviendrons un soir d'Automne, avec ce goût de lierre sur nos lèvres; avec ce goût de mangles et d'herbages et de limons au large des estuaires.

Comme ce Drake, nous dit-on, qui dînait seul en mer au son de ses trompettes, rapporterons-nous en Est un mouvement plus large d'avoir crû sur l'arc des golfes les plus vastes? . . .

Nous reviendrons avec le cours des choses réversibles, avec la marche errante des saisons, avec les astres se mouvant sur leurs routes usuelles,

Les trois étoiles mensuelles se succédant encore dans leur coucher héliaque et la révolution des hommes s'aggravant en ce point de l'année où les planètes ont leur exaltation.

Et le Vent, ha! le Vent avec nous, dans nos desseins et dans nos actes, qu'il soit notre garant! (Comme l'Émissaire d'autres contrées, de l'autre côté des grandes chaînes désertiques,

Qui a longtemps couru et voyagé pour rapporter bouture de feu dans son pavot de fer; ou qui s'avance, s'écriant:

All the herbs of Asia under the white sole of the Sage
could not deter us from this new activity; nor a perfume
of strawberries and dawn in the green night of the Flori-
das. . . ."

—And you, men of the number and the mass, do not
weigh the men of my race. They have lived more loftily
than you in the abysses of disgrace.

They are the thorn to your flesh; the very point of the
spirit's sword. The bee of language is on their brow,

And on the heavy human phrase, kneaded with so
many idioms, they are the only ones to wield the sling of
the accent.

✧

. . . One autumn evening we will return, with this taste
of ivy on our lips; with this taste of mangrove swamps
and grass-lands and silt beyond the estuaries.

Like that Drake who dined, we are told, alone at sea to
the sound of his trumpets, will we bring back to the
East a movement larger for having grown on the arc of
the greatest of gulfs? . . .

We will return with the course of reversible things,
with the wandering progress of the seasons, with the stars
moving along their accustomed routes,

The three monthly stars once more succeeding each
other in their heliacal setting and the evolution of man
increasing at that stage of the year when the planets reach
their exaltation. And the Wind, ah! the Wind with us,
in our designs and in our actions, may he be our guaran-
tor! (Like the Emissary from other regions, on the other
side of the great desert ranges,

Who has roved and traveled long to bring back a slip
of fire in his iron poppy; or who draws near, crying: new

semences nouvelles pour vos terres! vignes nouvelles pour vos combes! Et les gens du pays se lèvent sur leurs maux.)

... *Ou survolant peut-être, avant le jour, les ports encore sous leurs feux verts, nous faudra-t-il, longeant les douanes silencieuses et les gares de triage, et puis prenant par les faubourgs, et l'arrière-cour et les communs,*

Nous faudra-t-il, avant le jour, nous frayer route d'étranger jusqu'à la porte de famille? alors qu'il n'est personne encore dans les rues pour disputer aux Parques matinales

L'heure où les morts sans sépulture quétent les restes de poubelles et les doctrines au rebut dans les amas du chiffonnier ...

Et c'est l'heure, ô Mendiant! où sur les routes méconnues l'essaim des songes vrais ou faux s'en va encore errer le long des fleuves et des grèves, autour des grandes demeures familiales désertées du bonheur,

Et la visibilité de Mercure est encore proche dans la constellation du Capricorne, et Mars peut-être à sa plus grande puissance se tient, splendide et vaste, sur la Beauce,

Et les lits des guerriers sont encore vides pour longtemps. (Ils nous ont fait, disent-ils, des prédictions: qu'ils prennent la garde pour longtemps contre le renouvellement des mêmes choses.)

«... Pétrels, nos cils, au creux de la vision d'orage, nous épelez-vous lettre nouvelle dans les grands textes épars où fume l'indicible?

Vous qui savez, rives futures, où s'inscriront nos actes, et dans quelles chairs nouvelles se lèveront nos dieux,

Gardez-nous un lit pur de toute défaillance, une demeure libre de toute cendre consumée ...»

seeds for your land! new vines for your valleys! And the
men of the land arise from their hardships.)

... Or flying perhaps, before daybreak, over the ports
still marked with green lights, will it be necessary for us,
skirting the silent custom-houses and the sorting stations,
and then going by way of the suburbs, and the backyard
and the outbuildings,

Will it be necessary for us, before daybreak, to follow
a stranger's road to the family door? when as yet there is
no one in the streets to contend with the early-morning
Fates

For that hour when the unburied dead go in search of
scraps in the garbage and rejected doctrines in the rag-
picker's piles. . . .

And it is the hour, O Mendicant! when, on disregarded
roads, the swarm of dreams true or false goes wandering
again along the rivers and the shores, around the great
familiar dwellings deserted by happiness,

And in the constellation of Capricorn one still sees Mer-
cury near by, and Mars perhaps at the height of its power
hangs, huge and splendid, over Beauce,

And for a long time the beds of the warriors are still
empty. (They had made, they say, predictions for us: let
them keep a long watch against the renewal of the same
things.)

✧

". . . Petrels, our eyelashes, in the trough of our vision's
storm, do you spell for us a new letter from the great
scattered texts where smokes the inexpressible?

Shores of the future, you who know where our acts will
be inscribed, and in what new flesh our gods will arise,

Keep for us a bed innocent of all failure, a dwelling
free of all consumed ashes. . . ."

Des caps ultimes de l'exil—un homme encore dans le vent tenant conseil avec lui-même—j'élèverai une dernière fois la main.

Demain, ce continent largué . . . et derrière nous encore tout ce sillage d'ans et d'heures, toute cette lie d'orages vieillissants.

Là nous allions parmi les hommes de toute race. Et nous avions beaucoup vécu. Et nous avions beaucoup erré. Et nous lisions les peuples par nations. Et nous disions les fleuves survolés, et les plaines fuyantes, et les cités entières sur leurs disques qui nous filaient entre les doigts—grands virements de comptes et glissements sur l'aile.

. . . Et comme s'inclinait l'immense courbe vers sa fin, à ce très grand tournant de l'heure vers sa rive et vers son dernier port,

J'ai vu encore la Ville haute sous la foudre, la Ville d'orgues sous l'éclair comme ramée du pur branchage lumineux, et la double corne prophétique cherchant encore le front des foules, à fond de rues et sur les docks . . .

Et de tels signes sont mémorables—comme la fourche du destin au front des bêtes fastidieuses, ou comme l'algue bifourchue sur sa rotule de pierre noire.

5

A<small>VEC</small> *vous, et le Vent avec nous, sur la chaussée des hommes de ma race!*

«. . . Nous avions rendez-vous avec la fin d'un âge. Nous trouvons-nous avec les hommes d'un autre âge?

Les grandes abjurations publiques ne suffiraient à notre goût. Et l'exigence en nous ne s'est point tue.

Il n'y a plus pour nous d'entente avec cela qui fut.

From the very last headlands of exile—a man still in the wind holding counsel with himself—I will raise my hand one last time.

Tomorrow, this continent cast off . . . and still behind us all that wake of years and hours, all those dregs of aging storms.

There we walked with the men of every race. And we had lived long, and we had wandered far. And we read the peoples by nations. And we spoke of the rivers we had flown over, of the fleeing plains, and of the entire cities on their disks that slipped through our fingers—great veerings of accounts and sideslips on the wing.

And as the immense curve inclined towards its end, at this very great turning of the hour towards its shore and towards its last port,

I saw again the Town high under the thunderbolt, the Town of giant organs under the lightning as though branched with pure luminous boughs, and the paired prophetic horns still searching the brow of the crowd, in the depth of the streets and on the docks. . . .

And such signs are memorable—like the fork of destiny on the brow of fastidious beasts, or like the forked seaweed on its patella of black stone.

5

WITH you, and the Wind with us, on the causeway of the men of my race!

". . . We had a rendezvous with the end of an age. Do we find ourselves with men of another age?

The great public abjurations would not be sufficient for our taste. And the exigency within us has not been stilled.

For us no longer any agreement with what has been.

Nous en avions assez de ces genoux trop calmes où s'enseignait le blé,

De ces prudhommeries de pierre sur nos places, et de ces Vierges de Comices sur le papier des Banques;

Assez de ces porteuses de palmes et d'olives sur nos monnaies trop blondes, comme ces filles et mères d'Empereurs qui s'appelaient Flavie.

Nous en avions assez, Lia, des grandes alliances de familles, des grandes cléricatures civiles; et de ces fêtes de Raison, et de ces mois intercalaires fixés par les pouvoirs publics.

Nous possédons un beau dossier de ces jeux d'écritures. Vos bêtes à beurre, vos étables n'en sauraient plus faire les frais.

Et les Palais d'Archives sur la Ville hausseront-ils encore au jour naissant leurs médaillons de pierre vides comme des taies d'aveugles?»

✧

Ah! quand les peuples périssaient par excès de sagesse, que vaine fut notre vision! . . . La ravenelle et la joubarbe enchantaient vos murailles. La terre contait ses Roi René. Et dans ces grands Comtats où le blé prit ses aises, dispersant feux et braises aux grandes orgues des Dimanches, le ravissement des femmes aux fenêtres mêlait encore aux carrosseries du songe le bruit d'attelages des grillons . . .

Filles de veuves sur vos landes, ô chercheuses de morilles dans les bois de famille, alliez-vous vivre du bien d'épaves de vos côtes? . . . herpes marines et ambre gris, et autres merveilles atlantiques—moulures fauves et trumeaux peints des vieilles frégates noir et or, ouvertes en mer, de main divine, pour vos acquêts en dot et pour

We have had enough of those knees, too calm, on which we were instructed about the wheat,

Of those stone pomposities in our squares, and of those Virgins of Comitia on the paper of Banks;

Enough of those bearers of palms and olives on our pale gold coins, like those daughters and mothers of Emperors who were named Flavia.

We have had enough, Lia, of those great family alliances, of the great lay priesthoods; and of those festivals of Reason, and of those intercalary months appointed by the public authorities.

We possess fine records of those stacks of papers. Your dairy-cattle, your stables could no longer bear the expense of them.

And will the Halls of Archives lift again, over the Town, to the dawning day, their stone medallions blank as blind men's eyes?"

Ah! when nations were perishing from an excess of prudence, how vain was our vision! . . . The wallflower and the stonecrop gave enchantment to your ramparts. The earth told the tale of its King Renés. And in those great Counties where the wheat took its ease, scattering fire and embers to the great Sunday organs, the delight of women at their windows still harnessed the crickets' jingling bells to the coaches of dream.

Daughters of widows on your moors, O seekers of mushrooms in the family woods, were you going to live off salvage from the wrecks on your coasts? . . . sea treasures and ambergris, and other Atlantic marvels—gilt mouldings and painted panels of old black and gold frigates, opened at sea, by divine hand, for your dowry

*vos douaires—peut-être aussi quelque figure de proue
aux seins de jeune Indienne, à fiancer un soir d'hiver,
dans les Cuisines, à vos histoires de sœurs de lait? . . .*

*Et vous, hommes de venelles et d'impasses aux petites
villes à panonceaux, vous pouvez bien tirer au jour vos
liards et mailles de bon aloi: ce sont reliques d'outre-
monde et dîmes pour vos Marguilliers . . . Compère, as-
tu fini d'auner ton drap sur le pas de l'échoppe? et tireras-
tu toujours les Rois dans l'arrière-boutique? Ton vin tiré,
d'autres l'ont bu. Et la caution n'est plus bourgeoise . . .*

*«Nous en avions assez, prudence, de tes maximes à
bout de fil à plomb, de ton épargne à bout d'usure et de
reprise. Assez aussi de ces Hôtels de Ventes et de Tran-
sylvanie, de ces marchandes d'antiquailles au coin des
places à balcons d'or et ferronneries d'Abbesses—bon-
heurs-du-jour et cabinets d'écaille, ou de guyane; vitrines
à babioles et verreries de Bohême, pour éventails de
poétesses—assez de ces friperies d'autels et de boudoirs,
de ces dentelles de famille reprises en compte au tabel-
lion . . .*

*Et que dire de celui qui avait hérité un petit bien de
famille, qui épousait pignon sur rue, ou qui tenait de-
meure de loisir sur la place de l'Église?—de celui qu'apai-
sait une petite vigne aux champs; un verger en province
pleurant ses gommes d'or; un vieux moulin fleurant la
toile peinte, série du Fabuliste; un clos d'abeilles, peut-être,
en bordure de rivière, et son arceau de vieille Abbaye?
—ou mieux, s'aménageait, de ses recettes en Bourse, une
gloriette ou folie, en retrait d'angle ou en encorbellement,*

portions and your marriage settlements—also perhaps
some figurehead with the breasts of a young Indian girl,
to join one winter night, in the kitchens, to your tales
of foster-sisters? . . .

And you, men of lanes and of blind alleys in small
towns with escutcheon signs, you may well bring to light
your farthings and half-farthings of sound worth; they
are relics of another world and tithes for your Church-
wardens. . . . Fellow, have you finished measuring your
cloth on the threshold of the stall? and will you always
celebrate Twelfth-Night in the back shop? The wine you
have drawn, others have drunk. And security is no longer
valid. . . .

"We have had enough, O prudence! of your maxims
weighted to plumb-line, of your thrift pushed to the end
of usury and recovery. Enough too of those Hôtels de
Ventes and de Transylvanie, of those antique dealers at
the corner of squares with gilded balconies and ironwork
of Abbesses—escritoires and cabinets of tortoise-shell, or
of Guiana wood; glass-cupboards for bibelots and Bo-
hemian glass, for poetesses' fans—enough of those frip-
peries of altars and of boudoirs, of those family laces re-
covered on account from the notary. . . .
And what is to be said of him who had inherited a
small family property, who married someone possessed of
a fine house, or who maintained a spare-time dwelling on
the Church square?—of him whom a little vineyard in
the fields appeased; an orchard in the country weeping
its golden gum; an old mill smelling of printed hangings,
Fabulist series; an enclosure with bees, perhaps, by the
side of the stream, and its old Abbey archway?—or better,
laid out for himself, from his receipts on the Stock Ex-
change, a pavilion or a folly, nestling in a corner or pro-

contre les remparts d'une ville morte—dentelle de fer et
d'or sous le masque des pampres, reliures de miel et d'or
au creux des pièces en rotonde, et le duvet d'alcôve, à
fond de chambre, aux derniers feux des soirs d'Été . . .

Ô tiédeur, ô faiblesse! Ô tiédeur et giron où pâlissait
le front des jeunes hommes . . . Il y aura toujours assez
de lait pour les gencives de l'esthète et pour les bulbes du
narcisse . . . Et quand nos filles elles-mêmes s'aiguisent
sous le casque, chanterez-vous encore l'ariette de boudoir,
ô grâces mortes du langage? . . .

Soufflé l'avoir, doublée la mise—sur toute ruine l'idée
neuve! . . . Ah! qu'elle vibre! qu'elle vibre! . . . et stri-
dente, nous cingle!—comme la corde résineuse au dé de
corne de l'archer.»

À la queue de l'étang dort la matière caséeuse. Et la
boue de feuilles mortes au bassin d'Apollon.

Qu'on nous débonde tout cela! Qu'on nous divise ce
pain d'ordure et de mucus. Et tout ce sédiment des âges
sur leurs phlegmes!

Que l'effarvate encore entre les joncs nous chante la
crue des eaux nouvelles . . .

Et la ruée des eaux nouvelles se fraye sa route de fraî-
cheur dans ces purins et dans ces tartres,

Et l'An nouveau s'ouvre du poitrail un radieux sillage,
et c'est comme un plaisir sexuel

De jeunes bêtes sous l'écume et d'hommes en armes
s'ébrouant dans le torrent d'Arbelles . . .

«Laves! et le mouvement, au revers de l'immense la-
bour, levant à l'infini du monde la grande chose ourli-
enne! . . .

jecting, against the ramparts of a dead city—lacework of gold and iron beneath the mask of the vine leaves, honey and golden bindings in the hollow of circular rooms, and the down bed in the alcove, at the end of the room, in the dying lights of Summer evenings. . . .

O tepid love, O weakness! O tepid love, O lap whereon the brows of young men paled . . . There will always be sufficient milk for the gums of the aesthete and for the bulb of the narcissus. . . . And when our daughters themselves grow keen-faced under the helmet, will you again sing the boudoir arietta, O dead graces of the language?

The property vanished, the stakes doubled—on every ruin the young idea! . . . Ah! let it vibrate! let it vibrate! . . . and, strident, let it lash us!—like the resinous cord against the archer's horn thimble."

At the end of the pond sleeps the caseous matter. And the mire of dead leaves in Apollo's basin.

Let them sluice out all of that! Let them slice for us that loaf of garbage and mucus. And all that sediment of the ages on their phlegm!

Let the reed-warbler amid his reeds sing for us again the rising of new waters. . . .

And the rush of new waters carves out its path of freshness amongst these scums and these tartars,

And with its breast the new Year opens up a radiant wake, and it is like a sexual pleasure

Of young animals under the foam and of men in arms splashing in the torrent of Arbela. . . .

"Lavas! and the movement, on the other side of the vast furrow, lifting the great swelling thing to the infinite of the world! . . .

Ô décharge! ô charroi! où l'Ange noir des laves nous chante encore son chant de trompes volcaniques, dans des ruptures de cols et de matrices! . . .

Et le Vent avec lui! comme un grand feu d'écume pétillante, ou le jaillissement soudain, au passage de la barre, de la plus haute vague! avant le débouché en mer vers les eaux vertes . . .»

✧

. . . Et ce n'est pas, grand merci non! que l'inquiétude encore ne rôde en tous parages:

Avec ces chouanneries d'orage dans nos bois, avec l'épine et l'aileron du vent sur toutes landes et guérets;

Dans les menées du ciel en course comme levées de jacqueries, et dans les pailles des cours de fermes,

Entre la faux, la fourche et les grands fers d'étables;

Avec ce frémissement de chaînes dans les granges et ce tintement d'éperons dans les pénombres,

Comme aux temps d'équinoxe, dans les jumenteries, quand il est recommandé aux gardiens de juments de prendre femmes au pays . . .

Un vent du Sud s'élèvera-t-il à contre-feu? Inimitiés alors dans le pays. Renchérissement du grain. Et le lit des jeunes hommes demeurera encore vide . . . Et les naissances poétiques donneront lieu à enquête . . .

✧

«. . . Or c'est de tout cela que vous tirez levain de force et ferment d'âme.

Et c'est temps de bâtir sur la terre des hommes. Et c'est regain nouveau sur la terre des femmes.

De grandes œuvres déjà tressaillent dans vos seigles et l'empennage de vos blés.

O discharge! O carriage! where the black Angel of the lavas sings to us again his song of volcanic trumps, in the rupture of cols and matrices! . . .

And the Wind with him! like a great fire of sparkling foam, or the sudden spouting forth of the tallest wave at the passage of the bar! before opening out into the sea towards the green waters . . ."

✧

. . . And it is not, thank God! that anxiety does not still prowl in every quarter:

With those gathering storms like Chouan risings in our woods, with the thorn and pinion of the wind on all heaths and fallow lands;

In the schemings of the racing sky, like an outbreak of Jacqueries, and in the flying straw of the farmyards,

Between the scythe, the fork, and the great irons of the stables;

With that rattling of chains in the barns and that jingling of spurs in the dusk,

As at the time of the equinox, in the breeding-studs, when the guardians of the mares are enjoined to take wives in the country. . . .

Will a South wind arise as a back-fire? Then enmities in the land. Rise in the price of wheat. And the young men's bed will still remain empty. . . . And the births of Poets will provoke an inquiry. . . .

✧

". . . Now it is from all this that you draw yeast of strength and ferment of soul.

And it is time to build on the land of men. And there is a new growth on the land of women.

Already great works quiver in your rye and the feathered tips of your wheat.

Ouvrez vos porches à l'An neuf! . . . Un monde à naître sous vos pas! hors de coutume et de saison! . . .

La ligne droite court aux rampes où vibre le futur, la ligne courbe vire aux places qu'enchante la mort des styles . . .

—Se hâter! Se hâter! Parole du plus grand Vent!»

—Et du talon frappée, cette mesure encore au sol, cette mesure au sol donnée,

Cette mesure encore, la dernière! comme au Maître du chant.

Et le Vent avec nous comme Maître du chant:

«. . . Je hâterai la sève de vos actes. Je mènerai vos œuvres à maturation.

Et vous aiguiserai l'acte lui-même comme l'éclat de quartz ou d'obsidienne.

Des forces vives, ô complices, courent aux flancs de vos femmes, comme les affres lumineuses aux flancs des barques lacées d'or.

Et le poète est avec vous. Ses pensées parmi vous comme des tours de guet. Qu'il tienne jusqu'au soir, qu'il tienne son regard sur la chance de l'homme!

Je peuplerai pour vous l'abîme de ses yeux. Et les songes qu'il osa, vous en ferez des actes. Et à la tresse de son chant vous tresserez le geste qu'il n'achève . . .

Ô fraîcheur, ô fraîcheur retrouvée parmi les sources du langage! . . . Le vin nouveau n'est pas plus vrai, le lin nouveau n'est pas plus frais.

. . . Et vous aviez si peu de temps pour naître à cet instant!»

Open your porches to the new Year! . . . A world to be born under your footsteps! outside of custom and season! . . .

The straight line runs to the slopes where the future vibrates, the curved line turns to the squares enchanted by the death of styles. . . .

—Hasten! Hasten! Word of the greatest Wind!"

—And tapped out by the heel, this metre still to the soil, this metre given to the soil,

This metre still, the last! as though to the Master of song.

And the Wind with us as Master of song:

". . . I shall hasten the rising of sap in your acts. I shall lead your works to ripening.

And I shall sharpen for you the act itself like the splinter of quartz or obsidian.

Live forces, O accomplices, run along the flanks of your women, as luminous shivers run along the flanks of hulls laced with gold.

And the Poet is with you. His thoughts amongst you like watchtowers. Until the evening, may he maintain, may he maintain his gaze on the fortune of man!

I shall people for you the abyss of his eyes. And you will turn into acts the dreams he has dared. And into the braid of his song you will weave the gesture he does not conclude. . . .

O freshness, O freshness rediscovered among the sources of language! . . . The new wine is no truer, the new flax no fresher.

. . . And you had so little time to be born to this instant! . . ."

6

... C'ÉTAIENT *de très grands vents sur la terre des hommes—de très grands vents à l'œuvre parmi nous,*

Qui nous chantaient l'horreur de vivre, et nous chantaient l'honneur de vivre, ah! nous chantaient et nous chantaient au plus haut faîte du péril,

Et sur les flûtes sauvages du malheur nous conduisaient, hommes nouveaux, à nos façons nouvelles.

C'étaient de très grandes forces au travail, sur la chaussée des hommes—de très grandes forces à la peine

Qui nous tenaient hors de coutume et nous tenaient hors de saison, parmi les hommes coutumiers, parmi les hommes saisonniers,

Et sur la pierre sauvage du malheur nous restituaient la terre vendangée pour de nouvelles épousailles.

Et de ce même mouvement de grandes houles en croissance, qui nous prenaient un soir à telles houles de haute terre, à telles houles de haute mer,

Et nous haussaient, hommes nouveaux, au plus haut faîte de l'instant, elles nous versaient un soir à telles rives, nous laissant,

Et la terre avec nous, et la feuille, et le glaive—et le monde où frayait une abeille nouvelle ...

Ainsi du même mouvement le nageur, au revers de sa nage, quêtant la double nouveauté du ciel, soudain tâte du pied l'ourlet des sables immoblies,

Et le mouvement encore l'habite et le propage, qui n'est plus que mémoire—murmure et souffle de grandeur à l'hélice de l'être,

Et les malversations de l'âme sous la chair longtemps le tiennent hors d'haleine—un homme encore dans la

6

... THESE were very great winds over the land of men—
very great winds at work among us,

Singing to us the horror of living, and singing to us
the honour of living, ah! singing to us and singing to us
from the very summit of peril,

And, with the savage flutes of misfortune, leading us,
new men, to our new ways.

These were very great forces at work on the causeway
of men—very great forces in labour

Holding us outside of custom and holding us outside
of season, among men of custom, among men of season,

And on the savage stone of misfortune restoring to us
the land, by vintage bared, for new nuptials.

And with this same movement of great swells on the
increase, which seized us one evening from such swells of
high land, from such swells of high sea,

And raised us, new men, to the very summit of the in-
stant, they cast us one evening onto new shores, leaving
us,

And the land with us, and the leaf, and the sword—
and the world visited by a new bee. . . .

Thus through the same movement the swimmer, roll-
ing and rolling, to seek and seek, on each side, a new
vision of the sky, suddenly feels with his foot the rim of
immobile sands,

And the movement still dwells in him and drives him
on—a movement which remains only memory—murmur
and breath of grandeur in the spiral of being,

And the frauds of the soul beneath the flesh keep him
a long time out of breath—a man still in the memory of

*mémoire du vent, un homme encore épris du vent,
comme d'un vin . . .*

*Comme un homme qui a bu à une cruche de terre
blanche: et l'attachement encore est à sa lèvre
Et la vésication de l'âme sur sa langue comme une
intempérie,
Le goût poreux de l'âme, sur sa langue, comme une
piastre d'argile . . .*

*Ô vous que rafraîchit l'orage, la force vive et l'idée
neuve rafraîchiront votre couche de vivants, l'odeur fé-
tide du malheur n'infectera plus le linge de vos femmes.
Repris aux dieux votre visage, au feu des forges votre
éclat, vous entendrez, et l'An qui passe, l'acclamation des
choses à renaître sur les débris d'élytres, de coquilles.
Et vous pouvez remettre au feu les grandes lames
couleur de foie sous l'huile. Nous en ferons fers de labour,
nous connaîtrons encore la terre ouverte pour l'amour, la
terre mouvante, sous l'amour, d'un mouvement plus grave
que la poix.*

*Chante, douceur, à la dernière palpitation du soir et de
la brise, comme un apaisement de bêtes exaucées.
Et c'est la fin ce soir du très grand vent. La nuit s'évente
à d'autres cimes. Et la terre au lointain nous raconte ses
mers.
Les dieux, pris de boisson, s'égareront-ils encore sur la
terre des hommes? Et nos grands thèmes de nativité se-
ront-ils discutés chez les doctes?*

*Des Messagers encore s'en iront aux filles de la terre, et
leur feront encore des filles à vêtir pour le délice du poète.*

the wind, a man still enamoured of the wind, as of a wine. . . .

Like a man who has drunk from a white earthen jar: and the seal is still on his lip
And the burning of the soul on his tongue like a torrid climate,
The porous taste of the soul on his tongue, like a clay piastre. . . .

O you whom the storm refreshes, the live force and the young idea will refresh your bed of living men, the fetid odour of unhappiness will no more infect the linen of your women.
Your face recovered from the gods, your lustre from the fire of the forges, you will hear the passing Year, and the greeting of things to be reborn on the rubble of wing-sheaths and of shells.
And you can replace in the fire the great blades, colour of liver under oil. We shall make of them iron for the plough, we shall know again the earth open to love, the earth moving, under love, with a movement heavier than pitch.

Sing, sweetness, to the last palpitation of the evening and the breeze, like an appeasement of gratified beasts.
And to its end, this evening, comes the very great wind. The night airs itself at other summits. And in the distance the earth tells us of its seas.
Will the gods, taken with drink, venture again on the earth of men? And will our great themes of nativity be discussed among the learned?

Messengers will go forth again to the daughters of the earth, and will have from them more daughters, to be dressed for the poet's delight.

Et nos poèmes encore s'en iront sur la route des hommes, portant semence et fruit dans la lignée des hommes d'un autre âge—

Une race nouvelle parmi les hommes de ma race, une race nouvelle parmi les filles de ma race, et mon cri de vivant sur la chaussée des hommes, de proche en proche, et d'homme en homme,

Jusqu'aux rives lointaines où déserte la mort! . . .

7

Q UAND *la violence eut renouvelé le lit des hommes sur la terre,*

Un très vieil arbre, à sec de feuilles, reprit le fil de ses maximes . . .

Et un autre arbre de haut rang montait déjà des grandes Indes souterraines,

Avec sa feuille magnétique et son chargement de fruits nouveaux.

Hundred Acre Island, Maine, 1945

And our poems will go forth again on the roadway of men, bearing seed and fruit in the lineage of men of another age—

A new race among the men of my race, a new race among the daughters of my race, and my cry of a living being on the causeway of men, from place to place, and from man to man,

As far as the distant shores where death deserts! . . .

7

WHEN violence had remade the bed of men on the earth,

A very old tree, barren of leaves, resumed the thread of its maxims. . . .

And another tree of high degree was already rising from the great subterranean Indies,

With its magnetic leaf and its burden of new fruits.

Hundred Acre Island, Maine, 1945

AMERS

SEAMARKS

TRANSLATED BY WALLACE FOWLIE

INVOCATION

INVOCATION

1

Eᴛ vous, *Mers, qui lisiez dans de plus vastes songes,
nous laisserez-vous un soir aux rostres de la Ville, parmi
la pierre publique et les pampres de bronze?*

*Plus large, ô foule, notre audience sur ce versant d'un
âge sans déclin: la Mer, immense et verte comme une
aube à l'orient des hommes,*

*La Mer en fête sur ses marches comme une ode de
pierre: vigile et fête à nos frontières, murmure et fête à
hauteur d'hommes—la Mer elle-même notre veille,
comme une promulgation divine . . .*

*L'odeur funèbre de la rose n'assiégera plus les grilles
du tombeau; l'heure vivante dans les palmes ne taira plus
son âme d'étrangère . . . Amères, nos lèvres de vivants le
furent-elles jamais?*

*J'ai vu sourire aux feux du large la grande chose fériée:
la Mer en fête de nos songes, comme une Pâque d'herbe
verte et comme fête que l'on fête,*

*Toute la Mer en fête des confins, sous sa fauconnerie
de nuées blanches, comme domaine de franchise et
comme terre de mainmorte, comme province d'herbe
folle et qui fut jouée aux dés . . .*

*Inonde, ô brise, ma naissance! Et ma faveur s'en aille
au cirque de plus vastes pupilles! . . . Les sagaies de Midi
vibrent aux portes de la joie. Les tambours du néant
cèdent aux fifres de lumière. Et l'Océan, de toutes parts,
foulant son poids de roses mortes,*

Sur nos terrasses de calcium lève sa tête de Tétrarque!

1

AND you, Seas, who have read in wider dreams, will you leave us one evening at the rostra of the City, in the centre of the public stone and the bronze vine leaves?

Larger, O crowd, our audience on this versant of an age without decline: the Sea, immense and green like a dawn at the orient of men,

The Sea, in celebration of its steps, like an ode of stone: vigil and celebration on our frontiers, murmur and celebration at the height of men—the Sea itself our vigil, like a divine promulgation. . . .

The funeral smell of the rose will no longer lay siege to the grilles of the tomb; the life hour in the palms will no longer silence its soul of a stranger. . . . Bitter? have our lips of living men ever been such?

I saw smiling in the fires of the open sea the great festive thing: the Sea as celebrated in our dreams, like an Easter of green grasses and like a feast day that we celebrate,

All the Sea in celebration on its confines, under its falconry of white clouds, like a tax-free domain and like entailed land, like a province of rank weeds that was wagered on the dice. . . .

O breeze, flood my birth! And may my favour go to the circus of wider pupils! The javelins of Noon quiver in the gates of joy. The drums of nothingness yield to the fiefs of light. And the Ocean, on all sides, trampling its weight of dead roses,

Over our terraces of calcium raises its head of a Tetrarch!

2

« . . . J<small>E</small> vous *ferai pleurer, c'est trop de grâce parmi
nous.*

«*Pleurer de grâce, non de peine, dit le Chanteur du plus
    beau chant;*
«*Et de ce pur émoi du cœur dont j'ignore la source,*
«*Comme de ce pur instant de mer qui précède la brise . . .*»

*Parlait ainsi homme de mer, tenant propos d'homme de
    mer.*
Louait ainsi, louant l'amour et le désir de mer
*Et vers la mer, de toutes parts, ce ruissellement encore
    des sources du plaisir . . .*

«*C'est une histoire que je dirai, c'est une histoire qu'on
    entendra;*
«*C'est une histoire que je dirai comme il convient qu'elle
    soit dite,*
«*Et de telle grâce sera-t-elle dite qu'il faudra bien qu'on
    s'en réjouisse:*

«*Certes, une histoire qu'on veuille entendre, dans l'insou-
    ciance encore de la mort,*
«*Et telle et telle, en sa fraîcheur, au cœur de l'homme
    sans mémoire,*
«*Qu'elle nous soit faveur nouvelle et comme brise d'estu-
    aire en vue des lampes de la terre.*

«*Et de ceux-là qui l'entendront, assis sous le grand arbre
    du chagrin,*
«*Il en est peu qui ne se lèvent, qui ne se lèvent avec nous
    et n'aillent, souriant,*
«*Dans les fougères encore de l'enfance et le déroulement
    des crosses de la mort.*»

2

". . . I will make you weep, there is too much grace
between us.

"Tears of grace, not of sorrow, says the Singer of the
   most beautiful song;
"And for that pure feeling of the heart whose source I
   ignore
"As for that pure instant of the sea which comes before
   the breeze . . ."

Thus spoke the man of the sea, talking a seaman's talk.
Thus did he praise, praising love and desire of the sea
And towards the sea, from all sides, this new flowing of
   the springs of pleasure. . . .

"It is a tale I will tell, it is a tale you will hear;
"It is a tale I will tell as it should be told,
"And with such grace will it be told, that all must de-
   light in it.

"Surely, a story that one would wish once more to hear
   in the carefreeness of death,
"And such and such, fresh as it is, in the heart of man
   without memory,
"That it will be to us a new favour, like the breeze from
   the estuary in sight of the lamps on land.

"And of those who will hear it, seated under the great
   tree of sorrow,
"There will be few who will not rise, will not rise with
   us and go, smiling,
"Among the ferns again of childhood and the unrolling
   of the curled fronds of death."

3

P<small>OÉSIE</small> *pour accompagner la marche d'une récitation en l'honneur de la Mer.*

Poésie pour assister le chant d'une marche au pourtour de la Mer.

Comme l'entreprise du tour d'autel et la gravitation du chœur au circuit de la strophe.

Et c'est un chant de mer comme il n'en fut jamais chanté, et c'est la Mer en nous qui le chantera:

La Mer, en nous portée, jusqu'à la satiété du souffle et la péroraison du souffle,

La Mer, en nous, portant son bruit soyeux du large et toute sa grande fraîcheur d'aubaine par le monde.

Poésie pour apaiser la fièvre d'une veille au périple de mer. Poésie pour mieux vivre notre veille au délice de mer.

Et c'est un songe en mer comme il n'en fut jamais songé, et c'est la Mer en nous qui le songera:

La Mer, en nous tissée, jusqu'à ses ronceraies d'abîme, la Mer, en nous, tissant ses grandes heures de lumière et ses grandes pistes de ténèbres—

Toute licence, toute naissance et toute résipiscence, la Mer! la Mer! à son afflux de mer,

Dans l'affluence de ses bulles et la sagesse infuse de son lait, ah! dans l'ébullition sacrée de ses voyelles—les saintes filles! les saintes filles!—

La Mer elle-même tout écume, comme Sibylle en fleurs sur sa chaise de fer . . .

3

Poetry to accompany the march of a recitation in honour of the Sea.

Poetry to assist the song of a march round the circuit of the Sea.

Like the ritual round the altar and the gravitation of the chorus in the circuit of the strophe.

And it is a chant of the sea as has never been chanted, and it is the Sea in us that will chant it:

The Sea, borne in us, to the satiety of breath and the peroration of breath,

The Sea, in us bearing the silken sound of open seas and all the great freshness of good fortune throughout the world.

Poetry to appease the fever of a watch along the edge of the sea. Poetry to fire our watch in the delight of the sea.

And it is a dream at sea such as was never dreamt, and it is the Sea in us that will dream it:

The Sea, woven in us, to the last weaving of its tangled night, the Sea, in us, weaving its great hours of light and its great trails of darkness—

All freedom, all renascence and all resipiscence, the Sea! the Sea! in its sea-flowing,

In the overflowing of its bubbles and the infused wisdom of its milk, ah! in the sacred ebullience of its vowels —sacred beings! sacred beings!—

The Sea itself all foam, like a Sibyl in flower on her iron chair. . . .

4

Aɪɴsɪ *louée, serez-vous ceinte, ô Mer, d'une louange sans offense.*

Ainsi conviée serez-vous l'hôte dont il convient de taire le mérite.

Et de la Mer elle-même il ne sera question, mais de son règne au cœur de l'homme:

Comme il est bien, dans la requête au Prince, d'interposer l'ivoire ou bien le jade

Entre la face suzeraine et la louange courtisane.

Moi, m'inclinant en votre honneur d'une inclinaison sans bassesse,

J'épuiserai la révérence et le balancement du corps;

Et la fumée encore du plaisir enfumera la tête du fervent,

Et le délice encore du mieux dire engendrera la grâce du sourire . . .

Et de salutation telle serez-vous saluée, ô Mer, qu'on s'en souvienne pour longtemps comme d'une récréation du cœur.

5

*. . . *Oʀ ɪʟ *y avait un si long temps que j'avais goût de ce poème, mêlant à mes propos du jour toute cette alliance, au loin, d'un grand éclat de mer—comme en bordure de forêt, entre les feuilles de laque noire, le gisement soudain d'azur et de ciel gemme: écaille vive, entre les mailles, d'un grand poisson pris par les ouïes!*

Et qui donc m'eût surpris dans mon propos secret? gardé par le sourire et par la courtoisie; parlant, parlant langue d'aubain parmi les hommes de mon sang—à l'angle

4

Thus praised, O Sea, will you be wreathed with blameless praise.

Thus bidden, will you be guest of whose merit it is proper to say nothing.

And of the Sea itself it will not be question, but of its reign in the heart of man:

As it is well, in the plea to the Prince, to interpose ivory or jade

Between the suzerain face and the courtesan praise.

And I, bowing in your honour in a bow not too low,

Shall exhaust the reverence and balancing of the body;

And the smoke of pleasure once more will encircle the head of the fervent,

And the delight of the well-chosen word once more beget the grace of a smile. . . .

And with such a greeting will you be greeted, O Sea, that it will be long remembered like a recreation of the heart.

5

. . . Now, it had been such a long time that I had nursed a taste for this poem, mingling in my daily talk all that alliance, afar, of a great flash of sea—as on the edge of the forest, between the leaves of black lacquer, the swift layer of blue and of rocksalt: vivid scale, among the meshes, of a great fish taken by the gills!

And who then could have surprised me in my secret purpose? guarded by smile and courtesy; speaking, speaking the tongue of an alien among men of my blood—in

peut-être d'un Jardin Public, ou bien aux grilles effilées
d'or de quelque Chancellerie; la face peut-être de profil et
le regard au loin, entre mes phrases, à tel oiseau chantant
son lai sur la Capitainerie du Port.

Car il y avait un si long temps que j'avais goût de ce
poème, et ce fut tel sourire en moi de lui garder ma
prévenance: tout envahi, tout investi, tout menacé du
grand poème, comme d'un lait de madrépores; à son
afflux, docile, comme à la quête de minuit, dans un
soulèvement très lent des grandes eaux du songe, quand
les pulsations du large tirent avec douceur sur les aus-
sières et sur les câbles.

Et comment il nous vint à l'esprit d'engager ce poème,
c'est ce qu'il faudrait dire. Mais n'est-ce pas assez d'y trou-
ver son plaisir? Et bien fût-il, ô dieux! que j'en prisse
soin, avant qu'il ne nous fût repris . . . Va voir, enfant,
au tournant de la rue, comme les Filles de Halley, les
belles visiteuses célestes en habit de Vestales, engagées
dans la nuit à l'hameçon de verre, sont promptes à se
reprendre au tournant de l'ellipse.

Morganatique au loin l'Épouse, et l'alliance, clandes-
tine! . . . Chant d'épousailles, ô Mer, sera pour vous le
chant: «Mon dernier chant! mon dernier chant! et qui
sera d'homme de mer . . . » Et si ce n'est ce chant, je
vous le demande, qu'est-ce qui témoignera en faveur de la
Mer—la Mer sans stèles ni portiques, sans Alyscamps ni
Propylées; la Mer sans dignitaires de pierre à ses terrasses
circulaires, ni rang de bêtes bâtées d'ailes à l'aplomb des
chaussées?

Moi j'ai pris charge de l'écrit, j'honorerai l'écrit. Comme
à la fondation d'une grande œuvre votive, celui qui s'est

the corner perhaps of a Public Garden, or else by the grilles, pointed with gold, of some Chancellery; the face perhaps in profile and the gaze far off, between my phrases, on some bird singing its lay over the roof of the Harbour-master.

For it had been such a long time that I had nursed a taste for this poem, and with such a smile did I keep my devotion to it: all invaded, all invested, all menaced by the great poem, as by the milk of madrepores: at its flood, docile, as at the midnight quest, in a very slow heaving of the great waters of dream, when the pulsations of the open sea pull gently on the hawsers and on the cables.

And how it came to us to induce this poem is what we will have to tell. But is it not enough to take pleasure in it? And how good it was, O gods, that I took care of it before it was taken away from us. . . . Go and see, child, at the turn of the street, how the Daughters of Halley, the beautiful celestial visitors in Vestal robes, caught in the night by the hook of glass, are prompt to escape at the turn of the ellipse.

Morganatic is the far-off Bride, and the alliance, clan-destine! . . . The nuptial chant, O Sea, will be for you the chant: "My last song! my last song! which will be song of a man of the sea. . . ." And if it is not this song, I ask you, what will testify in favour of the Sea—the Sea without stelae or porticos, without Aliscamps or Propy-laeas; the Sea without stone dignitaries on its circular terraces, or ranks of beasts saddled with wings along the highways?

I have taken charge of the writing, I will honour the writing. As at the foundation of a great votive work, the

offert à rédiger le texte et la notice; et fut prié par
l'Assemblée des Donateurs, y ayant seul vocation. Et nul
n'a su comment il s'est mis à l'ouvrage: dans un quartier,
vous dira-t-on, d'équarrisseurs ou de fondeurs—par temps
d'émeute populaire—entre les cloches du couvre-feu et les
tambours d'une aube militaire . . .

    Et au matin déjà la Mer cérémonielle et neuve lui sourit
au-dessus des corniches. Et voici qu'en sa page se mire
l'Étrangère . . . Car il y avait un si long temps qu'il avait
goût de ce poème; y ayant telle vocation . . . Et ce fut telle
douceur un soir de lui marquer sa prévenance; et d'y
céder, telle impatience. Et le sourire aussi fut tel, de lui
prêter alliance . . . «Mon dernier chant! mon dernier
chant! . . . et qui sera d'homme de mer . . .»

6

E<small>T</small> c'<small>EST</small> *la Mer qui vint à nous sur les degrés de pierre*
du drame:
    Avec ses Princes, ses Régents, ses Messagers vêtus
d'emphase et de métal, ses grands Acteurs aux yeux crevés
et ses Prophètes à la chaîne, ses Magiciennes trépignant
sur leurs socques de bois, la bouche pleine de caillots
noirs, et ses tributs de Vierges cheminant dans les labours
de l'hymne,
    Avec ses Pâtres, ses Pirates et ses Nourrices d'enfants-
rois, ses vieux Nomades en exil et ses Princesses d'élégie,
ses grandes Veuves silencieuses sous des cendres illustres,
ses grands Usurpateurs de trônes et Fondateurs de colo-
nies lointaines, ses Prébendiers, et ses Marchands, ses
grands Concussionnaires des provinces d'étain, et ses
grands Sages voyageurs à dos de buffles de rizières,

man who has offered to prepare the text and the announcement; and was asked to by the Assembly of Donors, he alone having a vocation for it. And no one knew how he set to work: in one quarter, you will be told, of horse slaughterers or of smelters—at a time of popular uprising—between the bells of the curfew and the drums of a military dawn. . . .

And already in the morning the Sea ceremonial and new smiles at him above the cornices. And She, such an Alien, mirrors herself in his page. . . . For it was such a long time that he had nursed a taste for this poem; having for it such a vocation. . . . And it was such a sweetness, one evening, to give his devotion to it; and to yield to it, such impatience. And with such a smile also, did he join allegiance with it. . . . "My last song! my last song! which will be song of a man of the sea. . . ."

6

Aɴᴅ it is the Sea that came to us on the stone steps of the drama:

With her Princes, her Regents, her Messengers clothed in pomp and metal, her great Actors their eyes gouged out and her Prophets chained together, her women Magicians stamping on wooden clogs, their mouths full of black clots, and her tributes of Virgins plodding in the furrows of the hymn,

With her Shepherds, her Pirates, her Wet-nurses of infant kings, her old Nomads in exile and her Princesses of elegy, her tall silent Widows under illustrious ashes, her great Usurpers of thrones and Founders of distant colonies, her Prebendaries and her Merchants, her great Concussionaries of provinces rich in tin, and her great travelling Sages mounted on rice-field buffaloes,

*Avec tout son cheptel de monstres et d'humains, ah!
tout son croît de fables immortelles, nouant à ses ruées
d'esclaves et d'ilotes ses grands Bâtards divins et ses
grandes filles d'Étalons—une foule en hâte se levant aux
travées de l'Histoire et se portant en masse vers l'arène,
dans le premier frisson du soir au parfum de fucus,*

*Récitation en marche vers l'Auteur et vers la bouche
peinte de son masque.*

*Ainsi la Mer vint-elle à nous dans son grand âge et
dans ses grands plissements hercyniens—toute la mer à
son affront de mer, d'un seul tenant et d'une seule tranche!*

*Et comme un peuple jusqu'à nous dont la langue est
nouvelle, et comme une langue jusqu'à nous dont la
phrase est nouvelle, menant à ses tables d'airain ses com-
mandements suprêmes,*

*Par grands soulèvements d'humeur et grandes intume-
scences du langage, par grands reliefs d'images et versants
d'ombres lumineuses, courant à ses splendeurs massives
d'un très beau style périodique, et telle, en ses grands
feux d'écailles et d'éclairs, qu'au sein des meutes héro-
ïques,*

*La Mer mouvante et qui chemine au glissement de ses
grands muscles errants, la Mer gluante au glissement de
plèvre, et toute à son afflux de mer, s'en vint à nous sur
ses anneaux de python noir,*

*Très grande chose en marche vers le soir et vers la
transgression divine . . .*

*Et ce fut au couchant, dans les premiers frissons du soir
encombré de viscères, quand sur les temples frettés d'or*

With all her lease of monsters and men, and all her breed of immortal fables, joining with her masses of slaves and helots her tall bastards of the Gods and her large daughters of Stallions—a crowd in haste rising on the tiers of History and all moving in a body towards the arena, with the first chill of the evening and the smell of seaweed,

Recitation marching towards the Author and towards the painted mouth of his mask.

✧

So the Sea came to us in its great age and its great Hercynian folds—the whole sea, as a sea facing us, a single part and a single flank!

And to us came the Sea like a people towards us whose language is new, and like a language towards us whose phrasing is new, carrying to its bronze tables its supreme commands,

With great upheavals of humour and great swellings of language, with great reliefs of images and luminous slopes of shadow, running to its massive splendours of a very fine periodic style, and such, in its great fires of scales, and lightning flashes, as in the midst of heroic packs,

The Sea, moving, that makes its way on the gliding of its great errant muscles, the slimy Sea with the gliding motion of a pleura, and all running to the high flood of a sea, came towards us on its coils of a black python,

Very great thing moving towards the night and towards divine transgression. . . .

✧

And it was at sunset, in the first chills of the evening encumbered with viscera, when on the gold-fretted tem-

et dans les Colisées de vieille fonte ébréchés de lumière, l'esprit sacré s'éveille aux nids d'effraies, parmi l'animation soudaine de l'ample flore pariétale.

Et comme nous courions à la promesse de nos songes, sur un très haut versant de terre rouge chargé d'offrandes et d'aumaille, et comme nous foulions la terre rouge du sacrifice, parée de pampres et d'épices, tel un front de bélier sous les crépines d'or et sous les ganses, nous avons vu monter au loin cette autre face de nos songes: la chose sainte à son étiage, la Mer, étrange, là, et qui veillait sa veille d'Étrangère—inconciliable, et singulière, et à jamais inappariée—la Mer errante prise au piège de son aberration.

Élevant l'anse de nos bras à l'appui de notre «Aâh . . .», nous avons eu ce cri de l'homme à la limite de l'humain; nous avons eu, sur notre front, cette charge royale de l'offrande: toute la Mer fumante de nos vœux comme une cuve de fiel noir, comme un grand bac d'entrailles et d'abats aux cours pavées du Sacrificateur!

Nous avons eu, nous avons eu . . . Ah! dites-le encore, était-ce bien ainsi? . . . Nous avons eu—et ce fut telle splendeur de fiels et de vins noirs!—la Mer plus haut que notre face, à hauteur de notre âme; et dans sa crudité sans nom à hauteur de notre âme, toute sa dépouille à vif sur le tambour du ciel, comme aux grands murs d'argile désertés,

Sur quatre pieux de bois, tendue! une peau de buffle mise en croix.

❖

. . . Et de plus haut, et de plus haut déjà, n'avions-nous vu la Mer plus haute à notre escient,

Face lavée d'oubli dans l'effacement des signes, pierre affranchie pour nous de son relief et de son grain?—et de plus haut encore et de plus loin, la Mer plus haute et

ples and in the Coliseums of old casting breached with
light, the sacred spirit wakens in screech-owls' nests,
amid the sudden animation of the ample parietal flora.

And as we ran to the promise of our dreams, on a very
high slope of red earth loaded with offerings and horned
beasts, and as we were trampling the red earth of sacri-
fice, adorned with vine leaves and spices, like the brow
of a ram under the gold fringes and braids, we saw rising
in the distance that other face of our dreams: the sacred
thing at its level, the Sea, strange, there, watching its
watch of a Stranger—irreconcilable, and singular, and
for ever unmatched—the erring Sea taken in the trap of
its aberration.

Raising the arch of our arms in support of our "Aâh . . ."
we gave this cry of man at the limit of the human; we
had, on our head, this royal load of the offering: all the
Sea smoking with our vows like a vat of black bile, like
a great tub of entrails and offal in the paved courtyards
of the Sacrificer!

We had, we had . . . Ah! say it again, is it really so?
. . . We had—and it was such splendour of gall and black
wine!—the Sea higher than our face, at the height of our
soul; and in its nameless crudity at the height of our soul,
its whole hide, raw, on the drum of the sky, as, against
great deserted clay walls,

On a cross of four wooden stakes, a buffalo skin hangs,
stretched out!

. . . And from higher, and higher seen, had we not
held the Sea higher in our knowing,

Face washed with forgetfulness in the effacing of signs,
stone freed for us of its relief and of its grain?—and from
higher still and farther off, the Sea higher and more distant

plus lointaine . . . inallusive et pure de tout chiffre, la
tendre page lumineuse contre la nuit sans tain des
choses? . . .

  Ah! quel grand arbre de lumière prenait ici la source
de son lait! . . . Nous n'avons pas été nourris de ce
lait-là! Nous n'avons pas été nommés pour ce rang-là!
Et filles de mortelles furent nos compagnes éphémères,
menacées dans leur chair . . . Rêve, ô rêve tout haut
ton rêve d'homme et d'immortel! . . . «Ah! qu'un Scribe
s'approche et je lui dicterai . . .»

  Nul Asiarque chargé d'un ordre de fêtes et de jeux
eût-il jamais rêvé pareille rêverie d'espace et de loisir?
Et qu'il y eût en nous un tel désir de vivre à cet accès,
n'est-ce point là, ô dieux! ce qui nous qualifiait? . . . Ne
vous refermez point, paupière, que vous n'ayez saisi
l'instant d'une telle équité! «Ah! qu'un homme s'ap-
proche et je lui dicterai . . .»

  Le Ciel qui vire au bleu de mouette nous restitue déjà
notre présence, et sur les golfes assaillis vont nos millions
de lampes d'offrande, s'égarant—comme quand le cinabre
est jeté dans la flamme pour exalter la vision.

  Car tu nous reviendras, présence! au premier vent du
soir,

  Dans ta substance et dans ta chair et dans ton poids de
mer, ô glaise! dans ta couleur de pierre d'étable et de
dolmen, ô mer!—parmi les hommes engendrés et leurs
contrées de chênes rouvres, toi Mer de force et de labour,
Mer au parfum d'entrailles femelles et de phosphore,
dans les grands fouets claquants du rapt! Mer saisissable
au feu des plus beaux actes de l'esprit! . . . (Quand les
Barbares sont à la Cour pour un très bref séjour, l'union
avec les filles de serfs rehausse-t-elle d'un si haut ton le
tumulte du sang? . . .)

. . . inallusive and innocent of all figures, the tender luminous page without foil against the night of things? . . .

Oh! what great tree of light found here the source of its milk? We have not been fed on such a milk! We have not been named to such a rank! Daughters of mortal women were our ephemeral companions, threatened in their flesh. . . . Dream, O dream aloud your dream of a man and an immortal! "Ah! let a Scribe approach and I will dictate to him. . . ."

Would any Asiarch, responsible for a season of festivals and games, have ever dreamed such a dream of space and leisure? And that there was in us such a desire to live at that height, is not that, O gods! which qualified us? . . . Do not close, eyelid, until you have seized that pure instant of equity! "Ah! let some man approach and I will dictate to him. . . ."

The sky, turning to a seagull blue, is restoring to us our presence, and over the assailed gulfs our millions of votive lamps are straying,—as when cinnabar is thrown into the fire to exalt man's vision.

For you will return to us, presence! with the first wind of the evening,

In your substance and in your flesh and in your weight of sea, O clay! in your colour of stable stone and of dolmen, O Sea!—among begotten men and their countries of robur oaks, you, Sea of force and of furrows, Sea with the scent of female entrails and of phosphorus, in the great cracking whips of rape! Sea seized in the fire of your finest acts, O mind! . . . (When the Barbarians are at Court for a very brief stay, does union with the daughters of serfs exalt to such a height the tumult of the blood? . . .)

«*Guide-moi, plaisir, sur les chemins de toute mer; au frémissement de toute brise où s'alerte l'instant, comme l'oiseau vêtu de son vêtement d'ailes . . . Je vais, je vais un chemin d'ailes, où la tristesse elle-même n'est plus qu'aile . . . Le beau pays natal est à reconquérir, le beau pays du Roi qu'il n'a revu depuis l'enfance, et sa défense est dans mon chant. Commande, ô fifre, l'action, et cette grâce encore d'un amour qui ne nous mette en mains que les glaives de joie! . . .*»

Et vous, qu'êtes-vous donc, ô Sages! pour nous réprimander, ô Sages? Si la fortune de mer nourrit encore, en sa saison, un grand poème hors de raison, m'en refuserez-vous l'accès? Terre de ma seigneurie, et que j'y entre, moi! n'ayant nulle honte à mon plaisir . . . «*Ah! qu'un Scribe s'approche et je lui dicterai . . .*» *Et qui donc, né de l'homme, se tiendrait sans offense aux côtés de ma joie?*

—*Ceux-là qui, de naissance, tiennent leur connaissance au-dessus du savoir.*

"Guide me, pleasure, on the ways of every sea; in the flurrying of every breeze where the instant is alerted, like a bird clothed in the clothing of wings . . . I go, I go a way of wings, where sadness itself is no more than wing. The fair land of birth has to be reconquered, the fair land of the King that he has not seen since childhood, and its defence is in my song. Command, O fifer, the action, and again this grace of a love which places in our hands only the swords of joy! . . ."

And who are you then, O Sages, to reprove us, O Sages? If the fortune of the sea nourishes again, in its season, a great poem beyond reason, will you refuse me access to it? Land of my seigniory, there may I enter, having no shame at my pleasure. . . . "Ah! let a Scribe approach, and I will dictate to him. . . ." And who, then, born of man, would stand without offence, beside my joy?

—Those who, by birth, hold their knowing above knowledge.

STROPHE

STROPHE

I

1

Des Villes hautes s'éclairaient sur tout leur front de mer, et par de grands ouvrages de pierre se baignaient dans les sels d'or du large.

Les Officiers de port siégeaient comme gens de frontière: conventions de péage, d'aiguade; travaux d'abornement et règlements de transhumance.

On attendait les Plénipotentiaires de haute mer. Ha! que l'alliance enfin nous fût offerte! . . . Et la foule se portait aux avancées d'escarpes en eau vive,

Au bas des rampes coutumières, et jusqu'aux pointes rocheuses, à ras mer, qui sont le glaive et l'éperon des grands concepts de pierre de l'épure.

Quel astre fourbe au bec de corne avait encore brouillé le chiffre, et renversé les signes sur la table des eaux?

Aux bassins éclusés des Prêtres du Commerce, comme aux bacs avariés de l'alchimiste et du foulon,

Un ciel pâle diluait l'oubli des seigles de la terre . . . Les oiseaux blancs souillaient l'arête des grands murs.

TALL CITIES FLAMED IN THE SUN

ALL ALONG THEIR SEA FRONT . . .

1

TALL Cities flamed in the sun all along their sea front, their large stone buildings bathed in the golden salts of the open sea.

Port officers conferred like frontier guards: agreements on tollgates and watering places; settlements of limits and regulations for rights of way.

We were waiting for Plenipotentiaries of the high sea. Ha! that the alliance be offered to us, at last! . . . And the crowd flocked towards the heads of the seawalls in the white water,

To the edge of the most often used ramps, and as far as the rocky points, level with the sea, which are the sword and the spur in the great stone concepts of the design.

What deceitful star with horned beak had again blurred the numbers, and reversed the signs on the table of the waters?

In the lock basins of the Priests of Commerce, as in the fouled vats of the alchemist and the fuller,

A pale sky diluted the oblivion of earth and its fields of rye. . . . White birds soiled the ridge of the high walls.

2

Architecture *frontalière. Travaux mixtes des ports*
. . . Nous vous prions, Mer mitoyenne, et vous, Terre
d'Abel! Les prestations sont agréées, les servitudes échan-
gées. Corvéable la terre au jugement de la pierre!

La mer louable ouvrait ses blocs de jaspe vert. Et l'eau
meuble lavait les bases silencieuses.

«Trouve ton or, Poète, pour l'anneau d'alliance; et tes
alliages pour les cloches, aux avenues de pilotage.

C'est brise de mer à toutes portes et mer au bout de
toutes rues, c'est brise et mer dans nos maximes et la
naissance de nos lois.

Règle donnée du plus haut luxe: un corps de femme—
nombre d'or!—et pour la Ville sans ivoires, ton nom de
femme, Patricienne!»

Car nous tenons tout à louage, et c'est assez d'emmail-
ler l'heure aux mailles jaunes de nos darses . . .

La mer aux spasmes de méduse menait, menait ses
répons d'or, par grandes phrases lumineuses et grandes
affres de feu vert.

Et l'écusson béant encore aux dédicaces d'avant-port,
les hommes de mémoire votaient pour quelque bête ailée;

Mais l'anneau mâle, au mufle des musoirs, sous le
trophée de plume blanche, rêvait, rêvait, parmi l'écume,

De plus lointains relais où fument d'autres encolures . . .

2

FRONTIER architecture. Harbour works on land and sea . . . We beseech you, mediating Sea, and you, Earth of Abel! The prestations are accepted, the easements exchanged. The earth subject to forced labour in the judgement of the stone!

And, praised, the sea opened its blocks of green jasper. And, moving, the water washed the silent bases.

"Find your gold, Poet, for the ring of alliance; and your alloys for the bells, in the pilot lanes.

The sea-breeze is at every door and the sea at the end of every street, breeze and sea in our maxims and in the birth of our laws.

Rule laid down for the highest luxury: a woman's body—golden number!—and, for the City without ivories, your woman's name, Patrician!"

For we hold everything on hire, and it is enough to enmesh the hour in the yellow meshes of our sheltered waters. . . .

The sea in medusa spasms led and led again its golden responses, in great luminous phrases and great pangs of green fire.

And the escutcheon still vacant for the dedications of the outer harbour, the men of memory voted for some winged beast;

But the male ring, in the muzzle of the pierheads, under the white feather trophy, dreamed, dreamed, amid the foam,

Of more distant relays where foam flies from other manes. . . .

3

Aᴵᴸᴸᴇᴜᴿˢ *l'histoire fut moins claire. Des Villes basses prospéraient dans l'ignorance de la mer, assises entre leurs cinq collines et leurs biches de fer;*

Ou s'élevant, au pas du pâtre, parmi l'herbe, avec les mules de litière et les attelages du publicain, elles s'en allaient peupler là-haut tout un versant de terres grasses, décimables.

Mais d'autres, lasses, s'adossaient à l'étendue des eaux par leurs grands murs d'asiles et de pénitenciers, couleur d'anis et de fenouil, couleur du séneçon des pauvres.

Et d'autres qui saignaient comme des filles-mères, les pieds tachés d'écailles et le front de lichen, descendaient aux vasières d'un pas de vidangeuses.

Port d'échouage sur béquilles. Tombereaux aux marges des lagunes, sur les entablements de maërl et de craie noire.

Nous connaissons ces fins de sentes, de ruelles; ces chaussées de halage et ces fosses d'usage, où l'escalier rompu déverse son alphabet de pierre. Nous t'avons vue, rampe de fer, et cette ligne de tartre rose à l'étiage de basse mer,

Là où les filles de voirie, sous les yeux de l'enfance, se dépouillent un soir de leur linge mensuel.

Ici l'alcôve populaire et sa litière de caillots noirs. La mer incorruptible y lave ses souillures. Et c'est un lapement de chienne aux caries de la pierre. Il vient aux lignes de suture un revêtement doux de petites algues violettes, comme du poil de loutre . . .

Plus haut la place sans margelle, pavée d'or sombre et de nuit verte comme une paonne de Colchide—la grande rose de pierre noire des lendemains d'émeute, et la fontaine au bec de cuivre où l'homme saigne comme un coq.

3

ELSEWHERE the story was less clear. Low-lying Cities prospered in ignorance of the sea, seated among their five hills and their iron deer;

Or going up, at a shepherd's pace, through the grass, with the litter mules and the publican's teams, went to people there, on the heights, a whole slope of fertile, tithable land.

But others, weary, leaned back against the stretch of water with their great walls of asylums and penitentiaries, the colour of anise and of fennel, colour of the groundsel of the poor.

And others, bleeding like girl mothers, their feet spotted with scales and their brows with lichen, descended to the mud flats like women bearing refuse.

Harbour for beaching on props. Dumpcarts on the borders of lagoons, on entablatures of marl and of black chalk.

We know these ends of paths, of alleys; these hauling-slips and these waste pits where the broken stairway spills its alphabet of stone. We have seen you, iron railing, and that line of rose tartar at the low-water mark of the sea,

There where the scavenger girls, before the eyes of children, remove, one evening, their monthly cloth.

Here the people's alcove with its litter of black clots. The incorruptible sea washes away its stains. And it is a bitch's lapping on the caries of the stone. There comes to the lines of suture a soft layer of small violet algae, like an otter's fur.

Higher up the square without curb, paved with dark gold and green night like a peahen of Colchis—the great black stone rose of the days following a riot, and the fountain with the copper beak where man bleeds like a cock.

4

Tu t'en *venais, rire des eaux, jusqu'à ces aîtres du terrien.*

Au loin l'averse traversée d'iris et de faucilles lumineuses s'ouvrait la charité des plaines; les porcs sauvages fouillaient la terre aux masques d'or; les vieillards attaquaient au bâton les vergers; et par-dessus les vallons bleus peuplés d'abois, la corne brève du messier rejoignait dans le soir la conque vaste du mareyeur ... Des hommes avaient un bruant jaune dans une cage d'osier vert.

Ah! qu'un plus large mouvement des choses à leur rive, de toutes choses à leur rive et comme en d'autres mains, nous aliénât enfin l'antique Magicienne: la Terre et ses glands fauves, la lourde tresse circéenne, et les rousseurs du soir en marche dans les prunelles domestiques!

Une heure avide s'empourprait dans les lavandes maritimes. Des astres s'éveillèrent dans la couleur des menthes du désert. Et le Soleil du pâtre, à son déclin, sous les huées d'abeilles, beau comme un forcené dans les débris de temples, descendit aux chantiers vers les bassins de carénage.

Là s'avinaient, parmi les hommes de labour et les forgerons de mer, les étrangers vainqueurs d'énigmes de la route. Là s'échauffait, avant la nuit, l'odeur de vulve des eaux basses. Les feux d'asile rougeoyaient dans leurs paniers de fer. L'aveugle décelait le crabe des tombeaux. Et la lune au quartier des pythonisses noires

Se grisait d'aigres flûtes et de clameurs d'étain: «*Tourment des hommes, feu du soir! Cent dieux muets sur leurs tablettes de pierre! Mais la mer à jamais derrière*

4

You made your way, laughter of the sea, as far as these haunts of the landsman.

Far off, the shower, pierced with the rainbow's irises and with luminous sickles, laid open to itself the charity of the plains; wild boars rooted in the earth of the gold masks; old men attacked the orchards with sticks; and over the blue valleys peopled with barking, the brief horn of the cropwatcher joined in the evening with the immense conch of the fishseller. . . . Some men had a yellow bunting in a green wicker cage.

Ah! may a broader movement of things to their shore, of all things to their shore as into other hands, alienate from us at last the ancient Sorceress: the Earth, her tawny acorns, the heavy Circean braids, and the red evening moving in the pupils of tamed eyes!

An avid hour turned purple in the sea lavender. Stars awakened in the colour of desert mint. And the shepherd's Sun, in its setting, under the hissing of bees, beautiful as a madman in temple ruins, went down to the yards towards the careening-beaches.

There, among ploughmen and sea blacksmiths, strangers victorious over enigmas on the highways, drank their fill of wine. There, before the night, the vulva smell of low waters began to rise. The shelter lights grew red in their iron baskets. The blind men sensed the crab of the tombs. And the Moon in the quarter of the black pythonesses

Grew intoxicated on sour flutes and tin clamour: "Torment of men, fire of the evening! A hundred mute gods on their stone tablets! But the sea for ever behind your

vos tables de famille, et tout ce parfum d'algue de la femme, moins fade que le pain des prêtres ... Ton cœur d'homme, ô passant, campera ce soir avec les gens du port, comme un chaudron de flammes rouges sur la proue étrangère.»

Avis au Maître d'astres et de navigation.

family tables, and all this seaweed perfume of woman, less insipid than the bread of priests. . . . Your heart of a man, O passer-by, will camp tonight with the harbour men, like a cauldron of red flames on the foreign prow."

Warning to the Master of stars and navigation.

DU MAÎTRE D'ASTRES

ET DE NAVIGATION . . .

Du maître *d'astres et de navigation:*

«Ils m'ont appelé l'Obscur, et mon propos était de mer.
L'Année dont moi je parle est la plus grande Année;
la Mer où j'interroge est la plus grande Mer.

Révérence à ta rive, démence, ô Mer majeure du dé-
sir . . .

La condition terrestre est misérable, mais mon avoir
immense sur les mers, et mon profit incalculable aux
tables d'outre-mer.

Un soir ensemencé d'espèces lumineuses
Nous tient au bord des grandes Eaux comme au bord
de son antre la Mangeuse de mauves,
Celle que les vieux Pilotes en robe de peau blanche
Et leurs grands hommes de fortune porteurs d'armures
et d'écrits, aux approches du roc noir illustré de rotondes,
ont coutume de saluer d'une ovation pieuse.

Vous suivrai-je, Comptables! et vous Maîtres du
nombre!
Divinités furtives et fourbes, plus que n'est, avant
l'aube, la piraterie de mer?
Les agioteurs de mer s'engagent avec bonheur
Dans les spéculations lointaines: les postes s'ouvrent,
innombrables, au feu des lignes verticales . . .

II

F<small>ROM</small> the Master of stars and navigation:

"They called me the Dark One, and my words were
of the sea.
  The Year I speak of is the greatest Year; the Sea where
I question is the greatest Sea.
  Reverence to your shore, madness, O major Sea of
desire . . .
  The earthly condition is miserable, but my ownership
on the seas is immense, and my profit incalculable on the
tables beyond the seas.

  An evening sown with luminous species
  Holds us on the edge of great Waters as on the edge
of her cave the Eater of mallows,
  She whom the old Pilots in robes of white skin
  And their great men of destiny, bearers of armour and
of writings, at the approach to the black rock honoured
with white domes, are accustomed to salute with a pious
ovation.

  Shall I follow you, Accountants! and you Masters of
the number!
  Divinities more furtive and villainous than piracy at
sea before the dawn?
  Sea gamblers engage with success
  In distant speculations: innumerable headings, open to
the lighting of vertical lines . . .

Plus que l'Année appelée héliaque en ses mille et milliers

De millénaires ouverte, la Mer totale m'environne. L'abîme infâme m'est délice, et l'immersion, divine.

Et l'étoile apatride chemine dans les hauteurs du Siècle vert,

Et ma prérogative sur les mers est de rêver pour vous ce rêve du réel . . . Ils m'ont appelé l'Obscur et j'habitais l'éclat.»

✧

«Secret du monde, va devant! Et l'heure vienne où la barre

Nous soit enfin prise des mains! . . . J'ai vu glisser dans l'huile sainte les grandes oboles ruisselantes de l'horlogerie céleste,

De grandes paumes avenantes m'ouvrent les voies du songe insatiable,

Et je n'ai pas pris peur de ma vision, mais m'assurant avec aisance dans le saisissement, je tiens mon œil ouvert à la faveur immense, et dans l'adulation.

Seuil de la connaissance! avant-seuil de l'éclat! . . . Fumées d'un vin qui m'a vu naître et ne fut point ici foulé.

La mer elle-même comme une ovation soudaine! Conciliatrice, ô Mer, et seule intercession! . . . Un cri d'oiseau sur les récifs, la brise en course à son office,

Et l'ombre passe d'une voile aux lisières du songe . . .

Je dis qu'un astre rompt sa chaîne aux étables du Ciel. Et l'étoile apatride chemine dans les hauteurs du Siècle vert . . . Ils m'ont appelé l'Obscur et mon propos était de mer.»

✧

More than the Year called heliacal in its thousands and millions

Of millenniums, open, the total Sea encompasses me. The infamous abyss is delight to me, and immersion, divine.

And the wandering star of no allegiance travels in the heights of the green Century,

And my prerogative on the seas is to dream for you this dream of the real. . . . They called me the Dark One and I dwelt in radiance."

"Secret of the world, go forward! And may the hour come when the helm

At last is taken from our hands! . . . I saw slipping through the holy oil the large lustrous obols of the celestial clockwork,

Great welcoming hands open for me the ways of the insatiable dream,

And I had no fear of my vision, but taking my ease in the seizure, I keep my eyes open to the immense favour, and in adulation.

Threshold of knowledge! doorsteps of glory! . . . Fumes of a wine that saw me born and was not pressed here.

The sea itself like a sudden ovation! Conciliator, O Sea, and sole intercessor! . . . A bird's cry on the reefs, the wind in course to its function,

And the shadow of a sail passes at the borders of the dream . . .

I say that a star breaks its chain in the stables of Heaven. And the star of no allegiance travels in the heights of the green Century. . . . They called me the Dark One and my words were of the sea."

«*Révérence à ton dire, Pilote. Ceci n'est point pour l'œil de chair,*

Ni pour l'œil blanc cilié de rouge que l'on peint au plat-bord des vaisseaux. Ma chance est dans l'adulation du soir et dans l'ivresse bleu d'argus où court l'haleine prophétique, comme la flamme de feu vert parmi la flore récifale.

Dieux! nul besoin d'arômes ni d'essences sur les réchauds de fer, à bout de promontoires,

Pour voir passer avant le jour, et sous ses voiles déliés, au pas de sa féminité, la grande aube délienne en marche sur les eaux . . .

—Toutes choses dites dans le soir et dans l'adulation du soir.

Et toi qui sais, Songe incréé, et moi, créé, qui ne sais pas, que faisons-nous d'autre, sur ces bords, que disposer ensemble nos pièges pour la nuit?

Et Celles qui baignent dans la nuit, au bout des îles à rotondes,

Leurs grandes urnes ceintes d'un bras nu, que font-elles d'autre, ô pieuses, que nous-mêmes? . . . Ils m'ont appelé l'Obscur et j'habitais l'éclat.»

"Reverence to your speech, Pilot. This is not for the eye of the flesh,

Nor for the white eye lashed with red that is painted on the gunwale of vessels. My chance is in the adulation of evening and in the argus-blue hour of intoxication where flows the prophetic breath, like the flame of green fire among the flora of the reef.

O gods! no need of aromas or essences in the iron braziers, on the points of promontories,

To see pass, before the day, and under its loosened veils, at the pace of her femininity, the great Delian dawn in progress over the waters. . . .

—All things spoken at evening and in the adulation of evening,

And you who know, increate Dream, and I, created, who know not, what do we do, on these shores, but spread together our nets for the night?

And the Women who bathe in night, at the ends of islands honoured with white domes,

Their tall urns encircled with a bare arm, what do they do, O pious ones, more than we do? . . . They called me the Dark One and I dwelt in radiance."

III

LES *Tragédiennes sont venues, descendant des carrières. Elles ont levé les bras en l'honneur de la Mer:*
«*Ah! nous avions mieux auguré du pas de l'homme sur la pierre!*

Incorruptible Mer, et qui nous juge! . . . Ah! nous avions trop présumé de l'homme sous le masque! Et nous qui mimons l'homme parmi l'épice populaire, ne pouvions-nous garder mémoire de ce plus haut langage sur les grèves?

Nos textes sont foulés aux portes de la Ville—porte du vin, porte du grain—. Les filles traînent au ruisseau nos larges perruques de crin noir, nos lourdes plumes avariées, et les chevaux s'empêtrent du sabot dans les grands masques de théâtre.

Ô Spectres, mesurez vos fronts de singes et d'iguanes à l'ove immense de nos casques, comme au terrier des conques la bête parasite . . . De vieilles lionnes au désert accablent les margelles de pierre de la scène. Et la sandale d'or des grands Tragiques luit dans les fosses d'urine de l'arène

Avec l'étoile patricienne et les clefs vertes du Couchant.»

❖

«MAIS *nous levons encore nos bras en l'honneur de la Mer. À l'aisselle safranée toute l'épice et le sel de la terre!—haut relief de la chair, modelée comme une aine,*

III

THE Tragediennes came, descending from the quarries. They raised their arms high in honour of the Sea: "Ah! we had augured better of man's stature on the stone!

Incorruptible Sea judging us; . . . Ah! we had presumed too much of man under the mask! And we who mime man in the spice of the crowd, could we not hold memory of that highest language on the shores?

Our texts are trampled at the gates of the City—the wine gate, the grain gate—. Town girls drag in the gutter our wide wigs of black horsehair, our heavy damaged feathers, and the horses' hoofs are caught in the great theatre masks.

O Spectres, measure your brows of monkeys and iguanas in the immense oval of our helmets, like the parasite creature in the chamber of the conch. . . . Old lionesses in the desert lie heavily on the stone borders of the stage. And the golden sandal of the great Tragedians shines in the urine pits of the arena

With the patrician star and the green keys of the setting sun."

"BUT again we raise our arms high in honour of the Sea. In the saffroned armpit all the spices and salts of the earth!—high relief of the flesh, modelled like a

*et cette offrande encore de l'argile humaine où perce la
face inachevée du dieu.*

*À l'hémicycle de la Ville, dont la mer est la scène, l'arc
tendu de la foule nous tient encore sur sa corde. Et toi
qui danses danse de foule, haute parole de nos pères, ô
Mer tribale sur ta lande, nous seras-tu mer sans réponse
et songe plus lointain qu'un songe de Sarmate?*

*La roue du drame tourne sur la meule des Eaux, bro-
yant la violette noire et l'ellébore dans les sillons en-
sanglantés du soir. Toute vague vers nous lève son
masque d'acolyte. Et nous, levant nos bras illustres, et
nous tournant encore vers la Mer, à notre aisselle nour-
rissant les mufles ensanglantés du soir,*

*Parmi la foule, vers la Mer, nous nous mouvons en
foule, de ce mouvement très large qu'empruntent à toute
houle nos larges hanches de rurales—ah! plus terriennes
que la plèbe et que le blé des Rois!*

*Et nos chevilles aussi sont peintes de safran, nos
paumes peintes de murex en l'honneur de la Mer!»*

✧

L ᴇꜱ *Tragédiennes sont venues, descendant les ruelles.
Se sont mêlées aux gens du port dans leurs habits de
scène. Se sont frayé leur route jusqu'au rebord de mer.
Et dans la foule s'agençaient leurs vastes hanches de
rurales. «Voici nos bras, voici nos mains! nos paumes
peintes comme des bouches, et nos blessures feintes pour
le drame!»*

*Elles mêlaient aux événements du jour leurs vastes
pupilles dilatées et leurs paupières fabuleuses en forme
de navettes. À la fourche des doigts l'orbite vide du très
grand masque entroué d'ombres comme la grille du*

groin, and again this offering of human clay where the
expected face of the god is taking shape.

At the hemicycle of the City, where the sea is the
stage, the bent bow of the crowd still holds us on its
string. And you who dance the crowd's dance, lofty word
of our fathers, O tribal Sea on your heath, will you be
for us a sea without response and a dream more distant
than a Sarmatian's dream?

The wheel of drama turns on the millstone of the
Waters, crushing the black violet and the hellebore in
the bloodsoaked furrows of evening. Each wave raises
towards us its acolyte's mask. And we, raising our il-
lustrious arms, and turning again towards the Sea, at
our armpit feeding the bloodstained muzzles of evening,

In the midst of the crowd, towards the Sea, we move
as a crowd, with that very broad movement which our
wide hips of country women borrow from every ocean
swell—ah! more earthy than the plebs and the wheat
of Kings!

And our ankles also are painted with saffron, our
palms painted with murex in honour of the Sea!"

❖

THE Tragediennes have come, descending the small
streets. They have mingled with the people of the port,
in their stage dress. Have made their way to the edge of
the sea. And their broad hips of country women settle
into the crowd. "Behold our arms, behold our hands!
our palms painted like mouths, and our wounds feigned
for the drama!"

They joined with the events of the day their wide
dilated pupils and their fabulous eyelids in the forms of
shuttles. At the fork of fingers the empty sockets of the
great mask gaping with dark holes like the stencil of the

cryptographe. «*Ah! nous avions trop présumé du masque
et de l'écrit!*»

*Elles descendirent, et leurs voix mâles, les escaliers
sonores du port. Menant jusqu'au rebord de mer leurs
reflets de grands murs et leurs blancs de céruse. Et de
fouler la pierre étoilée d'astres des rampes et des môles,
voici qu'elles retrouvaient ce pas de vieilles lionnes en-
sellées au sortir des tanières . . .*

«*Ah! nous avions mieux auguré de l'homme sur la
pierre. Et nous marchons enfin vers toi, Mer légendaire
de nos pères! Voici nos corps, voici nos bouches; nos
larges fronts au double lobe de génisses, et nos genoux
modelés en forme de médailles, d'un très large module.
Agréeras-tu, Mer exemplaire, nos flancs marqués de
vergetures par les maturations du drame? Voici nos
gorges de Gorgones, nos cœurs de louves sous la bure,
et nos tétines noires pour la foule, nourrices d'un peuple
d'enfants-rois. Nous faudra-t-il, haussant la bure thé-
âtrale, au bouclier sacré du ventre produire le masque
chevelu du sexe,*

*Comme au poing du héros, par sa touffe de crin noir
contre l'épée hagarde, la tête tranchée de l'Étrangère ou
de la Magicienne?*»

❖

«O*ui, ce fut un long temps d'attente et de sécheresse,
où la mort nous guettait à toutes chutes de l'écrit. Et
l'ennui fut si grand, parmi nos toiles peintes, l'écœure-
ment en nous si grand, derrière nos masques, de toute
l'œuvre célébrée! . . .*

*Nos cirques de pierre ont vu décroître le pas de
l'homme sur la scène. Et certes nos tables de bois d'or
furent parées de tous les fruits du siècle, et nos crédences
d'avant-scène de tous les vins du mécénat. Mais la lèvre*

cryptographer. "Ah! we had expected too much of the mask and the written word!"

They descended, with their male voices, the echoing stairs of the harbour. Bringing to the edge of the sea their reflection of great walls and their whiteness of ceruse. And from treading the star-studded stone of the stairways and breakwaters, they recovered the gait of old sway-backed lionesses leaving their dens. . . .

"Ah! we had augured better of man's stature on the stone. And at last we are walking towards you, legendary Sea of our fathers! Behold our bodies, behold our mouths; our broad foreheads with the double lobe of heifers, and our knees modelled in the form of medals, from a very wide module. Will you accept, exemplary Sea, our flanks scored with stretchmarks by the ripenings of the drama? Behold our breasts of Gorgons, our hearts of she-wolves under the frieze cloaks, and our black teats for the crowd, nursing a people of child kings. Or do we, raising the theatrical frieze, need to produce on the sacred shield of the belly the hairy mask of sex,

As in the fist of the hero, by its tuft of black hair against the haggard sword, the severed head of a woman —Stranger or Magician?"

✧

"Yes, it was a long time of waiting and dryness, when death watched for us at every fall of the writing. And boredom was so great in us, among our painted scenes, nausea in us so great, behind our masks, at all the celebrated works! . . .

Our stone circles have seen the step of man diminish on the stage. And certainly our tables of golden wood were adorned with all the fruits of the century, and our front-stage consoles with all the wines of Maecenas. But

*divine errait sur d'autres coupes, et la Mer à long traits
se retirait des songes du Poète.*

*La Mer au sel violet nous disputera-t-elle les filles hautaines de la gloire? . . . Où notre texte, où notre règle?
. . . Et pour parer encore aux charges de la scène, en
quels cours de Despotes nous faudra-t-il chercher caution, de nos grands Commensaux?*

*Toujours il y eut, derrière la foule riveraine, ce pur
grief d'un autre songe—ce plus grand songe d'un autre
art, ce plus grand songe d'une autre œuvre, et cette
montée toujours du plus grand masque à l'horizon des
hommes, ô Mer vivante du plus grand texte! . . . Tu
nous parlais d'un autre vin des hommes, et sur nos textes
avilis il y eut soudain cette bouderie des lèvres qu'engendre toute satiété,*

*Et nous savons maintenant ce qui nous arrêtait de
vivre, au milieu de nos strophes.»*

✧

«Nous *t'appelons, reflux! nous guetterons, houle
étrangère, ta course errante par le monde. Et s'il nous
faut, plus libres, nous faire plus neuves pour l'accueil,
nous dépouillons en vue de mer tout équipement et toute
mémoire.*

*Ô Mer nourrice du plus grand art, nous Vous offrons
nos corps lavés dans les vins forts du drame et de la
foule. Nous déposons en vue de mer, comme aux abords
des temples, nos harnachements de scène et nos accoutrements d'arène. Et comme les filles de foulons aux grandes
fêtes trisannuelles—ou celles qui brassent du bâton la
couleur mère dans les bacs, et celles rouges jusqu'à l'aine
qui pressent nues les grappes dans la cuve—exposent sur*

the divine lips strayed to other cups, and the Sea in long draughts withdrew from the dreams of the Poet.

Will the Sea of violet salt steal from us the haughty daughters of glory? . . . Where is our text, where is our rule? . . . And to provide against the charges of the theatre, in which courts of Despots shall we have to seek for great patrons and hosts?

Always there was, behind the crowd on the shore, this pure grievance of another dream—this greater dream of another art, this great dream of another work, and this rising, always, of the greatest mask at the horizon of men, O living Sea of the greatest text! . . . You spoke to us of another wine of men, and over our debased texts there was suddenly that reluctance of the lips which all satiety creates,

And we know now what took the life from us, in the middle of our strophe."

✧

"Ebb-tide, we call on you! strange sea swell, we shall watch your errant course round the world. And if, freer, we must make ourselves fresher for the welcome, we strip off, in sight of the sea, all equipment and all memory.

O Sea nourisher of the greatest art, we offer You our bodies washed in the strong wines of drama and of the crowd. We lay down, in sight of the sea, as on the approaches to the temples, our trappings of the stage and our accoutrements for the arena. And like the daughters of fullers in the great triennial festivities—or the women who stir with the stick the mother colour in tanks, and those, naked and red to the groin, who press grapes in the vats—expose on the public way their utensils of a

la voie publique leurs ustensiles d'un bois pauvre, nous portons à l'honneur les instruments usés de notre office.

　　Nos masques et nos thyrses nous déposons, nos tiares et sceptres déposons, et nos grandes flûtes de bois noir comme des férules de magiciennes—nos armes aussi et nos carquois, nos cottes d'écailles, nos tuniques, et nos toisons des très grands rôles; nos beaux cimiers de plume rose et nos coiffures des camps barbares à double corne de métal, nos boucliers massifs aux gorges de déesses, nous déposons, nous déposons! . . . Pour vous, Mer étrangère, nos très grands peignes d'apparat, comme des outils de tisserandes, et nos miroirs d'argent battu comme les crotales de l'Initiée; nos grands joyaux d'épaule en forme de lucanes, nos grandes agrafes ajourées et nos fibules nuptiales.

　　Nos voiles aussi nous déposons, nos bures peintes du sang des meurtres, nos soieries teintes du vin des Cours; et nos bâtons aussi de mendiantes, et nos bâtons à crosse de suppliantes—avec la lampe et le rouet des veuves, et la clepsydre de nos gardes, et la lanterne de corne du guetteur; le crâne d'oryx gréé en luth, et nos grands aigles ouvragés d'or et autres trophées du trône et de l'alcôve— avec la coupe et l'urne votive, l'aiguière et le bassin de cuivre pour l'ablution de l'hôte et le rafraîchissement de l'Étranger, les buires et fioles du poison, les coffrets peints de l'Enchanteresse et les présents de l'Ambassade, les étuis d'or pour le message et les brevets du Prince travesti—avec la rame du naufrage, la voile noire du présage et les flambeaux du sacrifice; avec aussi l'insigne royal, et les flabelles du triomphe, et les trompettes de cuir rouge de nos Annonciatrices . . . tout l'appareil caduc du drame et de la fable, nous déposons! nous déposons! . . .

poor wood, we raise to honour the worn instruments of our office.

Our masks and our thyrsi we lay down, our tiaras and sceptres also, and our long flutes of black wood like the rods of magicians—our arms also and our quivers, our coats of mail, our tunics, and our fleeces of the very great roles; our fine helmets with pink plumes and our headdresses of Barbarian camps twin-horned in metal, our massive bucklers breasted like goddesses, we lay them down, we lay down! . . . For you, foreign Sea, our very great ceremonial combs, like weavers' tools, and our mirrors of beaten silver like the small cymbals of the woman Initiate; our great shoulder jewels in the shape of stag-beetles, our great openwork clasps and our nuptial fibulae.

Our veils also we lay down, our frieze cloaks painted with the blood of murders, our silks tinted with wine of the Courts; and our staves also of beggarwomen, and our crooks of suppliants—with the lamp and the spinning wheel of the widows, and the clepsydra of our guards, and the horn lantern of the watch; the oryx's skull rigged as a lute, and our great eagles worked in gold and other trophies of the throne and alcove—with the cup and votive urn, the ewer and copper basin for the guest's ablutions, and the Stranger's refreshment, the flagons and phials of the poison, the painted caskets of the Enchantress and the gifts of the Emissary, the golden cases for the message and the papers of the Prince in disguise—with the oar from the shipwreck, the black sail of the portent and the torches of sacrifice; with also the royal insignia, and the tall fans of triumph, and the red leather trumpets of our women Messengers . . . the whole decaying apparatus of drama and fable, we lay down! we lay down! . . .

Mais nous gardons, ô Mer promise! avec nos socques de bois dur, nos anneaux d'or en liasse à nos poignets d'amantes, pour la scansion d'œuvres futures, de très grandes œuvres à venir, dans leur pulsation nouvelle et leur incitation d'ailleurs.»

✧

«DÉNUEMENT! *dénuement! . . . Nous implorons qu'en vue de mer il nous soit fait promesse d'œuvres nouvelles: d'œuvres vivaces et très belles, qui ne soient qu'œuvre vive et ne soient qu'œuvre belle—de grandes œuvres séditieuses, de grandes œuvres licencieuses, ouvertes à toutes prédations de l'homme, et qui recréent pour nous le goût de vivre l'homme, à son écart, au plus grand pas de l'homme sur la pierre.*

Très grandes œuvres et telles, sur l'arène, qu'on n'en sache plus l'espèce ni la race . . . Ah! qu'un grand style encore nous surprenne, en nos années d'usure, qui nous vienne de mer et de plus loin nous vienne, ah! qu'un plus large mètre nous enchaîne à ce plus grand récit des choses par le monde, derrière toutes choses de ce monde, et qu'un plus large souffle en nous se lève, qui nous soit comme la mer elle-même et son grand souffle d'étrangère!

De plus grand mètre à nos frontières, il n'en est point qu'on sache. Enseigne-nous, Puissance! le vers majeur du plus grand ordre, dis-nous le ton du plus grand art, Mer exemplaire du plus grand texte! le mode majeur enseigne-nous, et la mesure enfin nous soit donnée qui, sur les granits rouges du drame, nous ouvre l'heure dont on s'éprenne! . . . Au mouvement des eaux princières, qui renouera pour nous la grande phrase prise au peuple?

But we keep, O promised Sea! with our clogs of hard wood, our golden rings in bunches on our wrists of lovers, for the scansion of future works, very great works to come, in their new pulsation and their incitement from elsewhere."

✧

"DESTITUTION! Destitution! . . . We beg that in sight of the sea promise shall be made to us of new works: of strong and very beautiful works, which are all strength and will and which are all beauty—great seditious works, great licentious works, open to every audacity of man, and which will recreate for us the desire to live the part of man, in his own measure, at the greatest stride of man on the stone.

Very great works and such, in the arena, that men will no longer know their species or their race . . . Ah! may a lofty style again surprise us, in our wasting years, which will come to us from the sea and farther than the sea, ah! may a larger metre chain us to that greater narration of things throughout the world, behind all things of this world, and may a larger breath rise up in us which will be to us like the sea itself and its great breath of a stranger!

Of a greater metre at our frontiers, there is nothing known. Teach us, Power! the major verse of the greatest order, give us the tone of the greatest art, exemplary Sea of the greatest text! teach us the major mode, and may the rhythm at last be given us which, on the red granite of drama, will open to us the hour of which we are enamoured! . . . To the movement of the princely waters who will again tie for us the great phrase taken from the people?

*Nos hanches qu'enseigne toute houle, à ce mouvement
lointain de foule déjà s'émeuvent et s'apparentent. Qu'on
nous appelle encore sur la pierre, à notre pas de Tragé-
diennes! Qu'on nous oriente encore vers la mer, sur le
grand arc de pierre nue dont la corde est la scène, et
qu'on nous mette entre les mains, pour la grandeur de
l'homme sur la scène, de ces grands textes que nous
disons: ensemencés d'éclairs et semoncés d'orages, comme
brûlés d'orties de mer et de méduses irritantes, où cour-
ent avec les feux du large les grands aveux du songe et
les usurpations de l'âme. Là siffle la pieuvre du plaisir;
là brille l'étincelle même du malheur, comme le sel
violet de mer aux flammes vertes des feux d'épaves . . .
Donnez-nous de vous lire, promesses! sur de plus libres
seuils, et les grandes phrases du Tragique, dans l'or sacré
du soir, nous surprendront encore au-dessus de la foule,*

*Comme au-delà du Mur de pierre, sur la haute page
tendue du ciel et de la mer, ces longs convois de nefs
sous voiles qui doublent soudain la pointe des Caps,
pendant l'évolution du drame sur la scène . . .»*

✧

*«*A*H! NOTRE cri fut cri d'Amantes! Mais nous-
mêmes, Servantes, qui donc nous visitera dans nos
chambres de pierre, entre la lampe mercenaire et le
trépied de fer de l'épileuse? Où notre texte? où notre
règle? Et le Maître, quel est-il, qui nous relèvera de notre
déchéance? Où donc Celui—ah qu'il nous tarde!—qui
de nous sache se saisir, et murmurantes encore nous
élève, aux carrefours du drame, comme un puissant
branchage aux bouches des sanctuaires?*

*Ah! qu'il vienne, Celui—nous viendra-t-il de mer ou
bien des Iles?—qui nous tiendra sous sa férule! De nous,*

Our hips, that every sea swell teaches, are already roused and related to the distant movement of the crowd. Let us again be summoned on the stone, at our pace of Tragediennes! Let us again be oriented towards the sea, on the great arc of bare stone whose chord is the stage, and let there be placed in our hands, for the greatness of man on the stage, some of those great texts of which we spoke: sown with lightning flashes and hailed with storms, as burned with sea nettles and irritant medusae, where speed with the fires of the open sea great confessions of dreams and bold ventures of the soul. There hisses the hydra head of pleasure; there shines the very spark of woe, like the violet salt of the sea in the green flames of burning wrecks. . . . Grant that we may read you, promises! on freer thresholds, and the great phrases of Tragedy, in the sacred gold of evening, will surprise us again above the heads of the crowd,

As beyond the Wall of stone, on the high spreading page of sky and sea, those long convoys of ships under sail which suddenly round the point of the Capes, during the unfolding of the drama on the stage. . . ."

✧

"Ah! our cry was that of Lovers! But ourselves, Servingwomen, who then will visit us in our stone chambers, between the menial lamp and the iron tripod of the depilator? Where is our text? where our rule? And who is the Master who will raise us from our fall? Where is the One—how we long to see him—who will know how to seize us, and raise us still murmuring, at the crossroads of drama, like strong boughs at the mouths of sanctuaries?

Ah! may He come—will it be from the sea or from the Islands?—who will keep us under his rod! May he seize

vivantes, qu'il se saisisse, ou de lui nous nous saisirons! . . .
Homme nouveau dans son maintien, indifférent à son
pouvoir et peu soucieux de sa naissance: les yeux encore
brûlés des mouches écarlates de sa nuit . . . Qu'il as-
semble en ses rênes ce très grand cours épars des choses
errantes dans le siècle!

À cette crispation secrète d'une aigle dans nos flancs,
nous connaîtrons l'approche despotique—comme à ce
froncement d'un souffle sur les eaux, bouderie secrète
du génie flairant au loin la piste de ses dieux . . . Textu-
elle, la Mer

S'ouvre nouvelle sur ses grands livres de pierre. Et
nous n'avions trop présumé des chances de l'écrit! . . .
Écoute, homme des dieux, le pas du Siècle en marche
vers l'arène.—Nous, hautes filles safranées dans les con-
seils ensanglantés du soir, teintes des feux du soir jusqu'en
la fibre de nos ongles, nous lèverons plus haut nos bras
illustres vers la Mer! . . .

Nous requérons faveur nouvelle pour la rénovation du
drame et la grandeur de l'homme sur la pierre.»

us, living women, or we will seize him! . . . A man new
in his bearing, indifferent to his power, and unconcerned
with his birth: his eyes still burning from the scarlet
flies of his night. . . . May he gather under his reins
this very large scattered course of wandering things in
our age!

By that secret spasm of an eagle in our flanks, we
shall know the despotic approach—as at the ruffling of
a breeze over the waters, secret sulkiness of the genius
scenting far off the trail of his gods. . . . A new text,
the Sea

Lies open on its great stone books. And we had not
overrated the chances of the written word! . . . Listen,
man of the gods, to the step of the Century marching
towards the arena.—We, tall saffroned girls in the blood-
stained councils of evening, dyed with the fires of eve-
ning even to the grain of our nails, we will raise higher
our illustrious arms towards the Sea! . . .

We solicit new favour for the renovation of the drama
and the greatness of man on the stone."

LES PATRICIENNES AUSSI
SONT AUX TERRASSES . . .

Lᴇs *Patriciennes aussi sont aux terrasses, les bras chargés de roseaux noirs:*

« *. . . Nos livres lus, nos songes clos, n'était-ce que cela? Où donc la chance, où donc l'issue? Où vint la chose à nous manquer, et le seuil quel est-il, que nous n'avons foulé?*

Noblesse, vous mentiez; naissance, trahissiez! Ô rire, gerfaut d'or sur nos jardins brûlés! . . . Le vent soulève aux Parcs de chasse la plume morte d'un grand nom.

La rose un soir fut sans arôme, la roue lisible aux cassures fraîches de la pierre, et la tristesse ouvrit sa bouche dans la bouche des marbres. (Dernier chantant à nos treillages d'or, le Noir qui saigne nos lionceaux et donnera ce soir l'envol à nos couvées d'Asie.)

Mais la Mer était là, que nul ne nous nommait. Et tant de houles s'alitaient aux paliers de nos cèdres! Se peut-il, se peut-il—avec tout l'âge de la mer dans nos regards de femmes, avec tout l'astre de la mer dans nos soieries du soir

Et tout l'aveu de mer au plus intime de nos corps—se peut-il, ô prudence! qu'on nous ait cru tenir un si long temps derrière les ifs et les flambeaux de cour et les boiseries sculptées de cèdre ou de thuya, parmi ces feuilles que l'on brûle? . . .

Un soir d'étrange rumeur à nos confins de fête, quand

IV

THE Patrician Women also are on the terraces, their arms laden with black reeds:

"Our books read, our dreams closed, was that all there was? Where then is the fortune, where the issue? Where did it come to fail us, and which is the threshold that we did not cross?

Nobility, you lied; birth, you betrayed! O laughter, golden gyrfalcon over our scorched gardens! . . . The wind raises in the Deer Parks the dead feather of a great name.

The rose one evening was without perfume, the wheel legible in the fresh cracks of the curbstone, and sadness opened its mouth in the mouth of the marbles. (The last to sing before our golden trellises, the Black who bleeds our lion cubs and will, this evening, give flight to our coveys of Asia.)

But the Sea was there, that no one named to us. And such great swells came to rest on the shelves of our cedars! . . . Could it be, could it be—with all the age of the sea in our women's eyes, with all the sunlit sea mirrored in our skills of the evening,

And the whole confession of the sea in the most secret intimacy of our beings—could it be, O prudence! that they thought to keep us so long behind the yews and the torches of the court and those sculptured panellings of cedar or thuja, among the burning leaves? . . .

One evening of strange rumours on the confines of our

l'honneur désertait les fronts les plus illustres, nous sommes sorties seules de ce côté du soir et des terrasses où l'on entend croître la mer à nos confins de pierre.

Marchant vers ce très grand quartier d'oubli, comme au bas de nos parcs vers l'abreuvoir de pierre et les abords pavés des mares où l'on soudoie le Maître d'écuries, nous avons recherché les portes et l'issue.

Et nous voici soudain de ce côté du soir et de la terre où l'on entend croître la mer à nos confins de mer . . .»

«Avec nos pierres étincelantes et nos joyaux de nuit, seules et mi-nues dans nos vêtements de fête, nous nous sommes avancées jusqu'aux corniches blanches sur la mer. Là terrestres, tirant

La vigne extrême de nos songes jusqu'à ce point sensible de rupture, nous nous sommes accoudées au marbre sombre de la mer, comme à ces tables de lave noire serties de cuivre où s'orientent les signes.

Au seuil d'un si grand Ordre où l'Aveugle officie, nous nous sommes voilé la face du songe de nos pères. Et comme d'un pays futur on peut aussi se souvenir,

Il nous est souvenu du lieu natal où nous n'avons naissance, il nous est souvenu du lieu royal où nous n'avons séance,

Et c'est depuis ce temps que nous entrons aux fêtes, le front comme couronné de pommes de pin noires.»

✧

«Tressaille, ô Mère des présages, jusqu'en nos linges d'épousailles! Mer implacable sous le voile, ô mer mimée

feasts, when honour had deserted the most honoured brows, we went out alone on that side of the evening and the terraces where one hears the sea rise on our stone confines.

Walking towards this very large area of oblivion, as below our parks towards the stone watering-trough and the paved border of the ponds where one bribes the Stable-master, we looked for the gates and the way out.

And there we were suddenly on that side of the evening and the earth where one hears the sea rise on our confines of sea. . . ."

"With our dazzling stones and our night jewels, alone and half naked in our festival garments, we advanced to the white cornices above the sea. There, creatures of the earth, stretching

The extreme vine of our dreams to that sensitive point of rupture, we leaned our elbows on the dark marble of the sea, as on those tables of black lava set in copper where signs are oriented.

On the threshold of so great an Order where the Blind One officiates, we veiled our faces with the dream of our fathers. And as one also remembers a country of the future,

We remembered the natal place where we were not born, we remembered the royal place where we have no seat,

And it is since that time that we entered the festivals, our brows as though crowned with black pine-cones."

"Be one with us, O Mother of portents, even in our nuptial linens! Implacable Sea under the veil, O sea

des femmes en travail, sur leurs hauts lits d'amantes ou
d'épouses! . . . L'inimitié qui règle nos rapports

Ne nous retiendra point d'aimer. Que le bétail en-
fante des monstres à la vue de ton masque! nous sommes
d'autre caste, et de celles qui conversent avec la pierre
levée du drame: nous pouvons contempler l'horreur et
la violence sans imprégner nos filles de laideur.

Inquiètes, nous t'aimons d'être ce Camp des Rois où
courent, coiffées d'or, les chiennes blanches du malheur.
Avides, nous t'envions ce champ de pavots noirs où
s'affourche l'éclair. Et nous nous émouvons vers toi d'une
passion sans honte, et de tes œuvres, en songe, concevons.

Voici que tu n'es plus pour nous figuration murale ni
broderie de temple, mais dans la foule de ta feuille,
comme dans la foule de ton peuple, très grande rose
d'alliance et très grand arbre hiérarchique—comme un
grand arbre d'expiation à la croisée des routes d'invasion,

Où l'enfant mort se berce avec les gourdes d'or et les
tronçons de glaives ou de sceptres, parmi les effigies
d'argile noire, les chevelures tressées de paille et les
grandes fourches de corail rouge, mêlant l'offrande tribu-
taire à la dépouille opime.

D'autres ont vu ta face de midi, où luit soudain la
majesté terrible de l'Ancêtre. Et le guerrier qui va mourir
se couvre en songe de tes armes, la bouche pleine de
raisin noir. Et ton éclat de mer est dans le soie du glaive
et dans la cécité du jour,

Et ta saveur de mer est dans le pain du sacre, et dans
le corps des femmes que l'on sacre. «Tu m'ouvriras tes
tables dynastiques», dit le héros en quête de légitimité.
Et l'affligé qui monte en mer: «J'y prends mes lettres de
nationalité.»

teacher of women in labour, on their lofty beds of lovers or wives! . . . The enmity rooted between us

Will not keep us from loving. Let the cattle give birth to monsters at the sight of your mask! we are of another caste, and of those who converse with the standing stones of drama: we can contemplate horror and violence without impregnating our daughters with ugliness.

Apprehensive, we love you for being this Camp of Kings where, capped with gold, run the white bitches of misfortune. Avid, we envy you this field of black poppies where forked lightning anchors. And we are moved towards you with a passion without shame, and by your act, in our dreams, we conceive.

Now you are no longer for us a mural figure or a temple embroidery, but in the crowd of your leaf, as in the crowd of your people, a very great rose of alliance and a very great hierarchical tree—like a great tree of expiation at the meeting of invasion roads,

Where the dead child hangs swaying among golden gourds and stumps of swords, of sceptres, among effigies of black clay, and braids of hair plaited with straw, and great forks of red coral mingling the tribute offering with the regal spoils.

Others have seen your noonday face, where the terrible majesty of the Ancestor suddenly shines. And the warrior who is about to die covers himself in dreams with your armour, his mouth full of black grapes. And your sea radiance is in the sword's silk and the blindness of daylight,

And your sea savour is in the bread of consecration, and in the bodies of women who are consecrated. 'You will open to me your dynastic tables,' says the hero in quest of legitimacy. And the afflicted one who embarks on the sea: 'There will I take my titles of nationality.'

Louable aussi ta face d'Étrangère, au premier lait du jour—matin glacé de nacres vertes—quand sur les routes en corniche que suit la migration des Rois, quelque tournant d'histoire nous livre, entre deux Caps, à cette confrontation muette des eaux libres.

(Rupture! rupture enfin de l'œil terrestre, et le mot dit, entre deux Caps, sur la rétribution des perles, et sur nos embarquements tragiques en robes lamées d'argent . . . Des vaisseaux haussent, à mi-ciel, toute une élite de grands marbres, l'aile haute, et leurs suivantes de bronze noir; ah! tout un chargement de vaisselle d'or, au poinçon de nos pères, et tant d'espèces monnayables, au signe du thon ou de l'aurige!)»

«Ainsi terrestres, riveraines, ainsi complices, nous cédons . . . Et s'il nous faut mener plus loin l'offense d'être nées, que par la foule, jusqu'au port, s'ouvre pour nous l'accès des routes insoumises.

Nous fréquenterons ce soir le sel antique du drame, la mer qui change de dialecte à toutes portes des Empires, et cette mer aussi qui veille à d'autres portes, celle-là même en nous qui veille et dans l'émerveillement nous tient!

Honneur et Mer! schisme des Grands! déchirement radieux par le travers du Siècle . . . est-ce là ta griffe encore à notre flanc? Nous t'avons lu, chiffre des dieux! Nous te suivrons, piste royale! ô triple rang d'écume en fleur et cette fumée d'un sacre sur les eaux,

Comme au terre-plein des Rois, sur les chaussées péninsulaires peintes, à grands traits blancs, des signes de magie, le triple rang d'aloès en fleur et l'explosion des hampes séculaires dans les solennités de l'avant-soir! . . .»

Laudable also is your face of a Stranger, in the first
milk of day—icy morning of green mother of pearl—
when on the coastal roads where flow the migrations of
Kings, some turn of history delivers us, between two
Capes, to that mute confrontation of free waters.

(Rupture! rupture at last of the terrestrial eye! and
the word spoken, between two Capes, on the retribution
of pearls, and on our tragic embarkations in robes of
woven silver . . . vessels raise, to mid-sky, a whole *élite*
of great marbles, high-winged, and their followers of
black bronze; ah, such a burden of gold plate, with the
hallmark of our fathers, and their harvest of specie, bear-
ing the sign of the tunny or of the Waggoner!)"

"Thus from the land and from the shores, thus ac-
complices and won over, we yield. . . . And if we must
carry farther the offence of being born, let us find,
through the crowd, an opening towards the port and the
paths of unruled sea.

This evening we shall consort with the ancient salt of
drama, the sea which changes dialect at all the gates of
Empires, and that sea also which keeps vigil at other
gates, the very one in us which keeps vigil and holds us
in wonder!

Honour and Sea! schism of the Great, radiant rift
athwart the Century—is that your claw again at our
flanks? We have read you, cipher of the gods! We will
follow you, royal course! O triple row of foam in flower
and that smoke of a consecration over the waters,

As on the terrace of the Kings, on the peninsular
causeways painted in great white lines with the magic
signs, the triple row of aloes in bloom and the explo-
sion, high on their stems, of their centenary blossoms
in the solemn opening out of the night! . . ."

V

Langage *que fut la Poétesse:*

«*Amertume, ô faveur! Où brûle encore l'aromate? . . .
Enfouie la graine du pavot, nous nous tournons enfin
vers toi, Mer insomnieuse du vivant. Et tu nous es
chose insomnieuse et grave comme l'inceste sous le voile.
Et nous disons, nous l'avons vue, la Mer aux femmes
plus belle que l'adversité. Et nous ne savons plus que toi
de grande et de louable,*
    *Ô Mer qui t'enfles dans nos songes comme un dénigre-
ment sans fin et comme une vilenie sacrée, ô toi qui
pèses à nos grands murs d'enfance et nos terrasses comme
une tumeur obscène et comme un mal divin!*

    *L'ulcère est à nos flancs comme un sceau de franchise,
l'amour aux lèvres de la plaie comme le sang des dieux.
Amour! amour du dieu pareil à l'invective, les grandes
serres promenées dans notre chair de femme, et les
essaims fugaces de l'esprit sur la continuité des eaux . . .
Tu rongeras, douceur,*
    *Jusqu'à cette pruderie de l'âme qui naît aux inflexions
du col et sur l'arc inversé de la bouche—ce mal qui prend
au cœur des femmes comme un feu d'aloès, ou comme la
satiété du riche entre ses marbres, ses murrhins.*

    *Une heure en nous se lève que nous n'avions prévue.
C'est trop d'attendre sur nos lits le renversement des*

V

L<small>ANGUAGE</small> which was the Poetess:

"Bitterness, O favour! Where now burns the aromatic herb? . . . The poppy seed buried, we turn at last towards you, sleepless Sea of the living. And you to us are something sleepless and grave, as is incest under the veil. And we say, we have seen it, the Sea for women more beautiful than adversity. And now we know only you that are great and worthy of praise,

O Sea which swells in our dreams as in endless disparagement and in sacred malignancy, O you who weigh on our great childhood walls and our terraces like an obscene tumour and like a divine malady!

The ulcer is on our side like a seal of franchise, love on the lips of the wound like the blood of the gods. Love! love of the god equal to invective, the great talons raking our woman's flesh, and the fleeing swarms of the spirit on the continuity of the waters. . . . You will gnaw, sweetness,

Even into that prudery of the soul which is born in the curves of the neck and the inverted arc of the mouth —that malady which grows in the heart of women like a fire of aloes, or like the satiety of the rich man among his marbles and his murrhine vases.

An hour rises in us that we have not foreseen. It is too much to wait on our beds for the upsetting of the do-

torches domestiques. Notre naissance est de ce soir, et de ce soir notre croyance. Un goût de cèdre et d'oliban nous tient encore à notre rang dans la faveur des Villes, mais la saveur de mer est sur nos lèvres,

Et d'une senteur de mer dans notre linge, et dans nos lits, au plus intime de la nuit, datent pour nous le blâme et le soupçon portés sur toutes treilles de la terre.

Bonne course à vos pas, divinités du seuil et de l'alcôve! Habilleuses et Coiffeuses, invisibles Gardiennes, ô vous qui preniez rang derrière nous dans les cérémonies publiques, haussant aux feux de mer vos grands miroirs emplis du spectre de la Ville,

Où étiez-vous, ce soir, quand nous avons rompu nos liens avec l'étable du bonheur?

Mais vous qui êtes là, hôtes divins du toit et des terrasses, Seigneurs! Seigneurs! maîtres du fouet! ô maîtres à danser le pas des hommes chez les Grands, et maîtres en tout du saisissement—ô vous qui tenez haut le cri des femmes dans la nuit,

Faites qu'un soir il nous souvienne de tout cela de fier et de réel qui se consumait là, et qui nous fut de mer, et qui nous fut d'ailleurs,

Parmi toutes choses illicites et celles qui passent l'entendement . . .»

mestic torches. Our birth is of this evening, and of this evening our faith. A taste of cedar and olibanum still exalts our rank in the favour of the Cities, but the savour of the sea is on our lips,

And from a smell of the sea in our linen, and in our beds, in the deepest intimacy of night, date for us the blame and suspicion cast on all the vine arbours of the earth.

Good fortune to your steps, divinities of the threshold and the alcove! Dressers and Hairdressers, invisible Guardians, O you who took rank behind us in the public ceremonies, raising to the fires of the sea your large mirrors filled with the spectre of the City,

Where were you, this evening, when we severed our ties with the stable of happiness?

But you who are there, divine hosts of the roof and the terraces, Lords! Lords! masters of the whip! O Masters to teach the dance of men before the Great, and masters for ever to teach the step of the possessed—O you who hold high the cry of women in the night,

See to it that one evening we remember all those proud and real things which were consumed there, and which came to us from the sea, and which came to us from elsewhere,

Among all illicit things and those which pass understanding. . . ."

ET CETTE FILLE CHEZ
LES PRÊTRES . . .

Et cette *fille chez les Prêtres:*

«*Prophéties! prophéties! Lèvres errantes sur la mer, et tout cela qu'enchaîne, sous l'écume, la phrase naissante qu'elles n'achèvent . . .*

Les filles liées au bas des Caps y prennent le message. Qu'on les bâillonne parmi nous: elles diront mieux le dieu qu'elles relayent . . . Filles liées au bout des Caps comme au timon des chars . . .

Et l'impatience est sur les eaux, du mot qui tarde dans nos bouches. Et la Mer lave sur la pierre nos yeux brûlants de sel. Et sur la pierre asexuée croissent les yeux de l'Étrangère . . .»

✧

«*. . . Ah! tout n'est-il que cette éclosion de bulles heureuses qui chantent l'heure avide et chantent l'heure aveugle? Et cette mer encore est-elle mer, qui creuse en nous ses grands bas-fonds de sable, et qui nous parle d'autres sables?*

Plus de complices sur les eaux, plus de complices sous les eaux, que n'en fréquente en songe le Poète! . . . Solitude, ô foison! qui donc pour nous affranchira nos invisibles Sœurs captives sous l'écume?—mêlées de ruches et d'ombelles, roueries d'ailes rétives et cent bris d'ailes rabrouées,

And this girl prophet among the Priests:

"Prophecies! prophecies! Lips wandering over the sea, and all the things, under the foam, enchained by the newborn phrase which has no end . . .

The girls bound at the foot of the Capes take the message there. Let them be gagged in our midst: they will speak more clearly for the god they relay. . . . Girls bound at the end of Capes as to the poles of chariots . . .

And impatience is over the waters for the word which tarries in our mouths. And the Sea washes on the stone our eyes burning with salt. And on the asexual stone open the eyes of an Alien Woman . . ."

✧

". . . Ah! is there nothing but this blossoming of happy bubbles which sing the eager hour and sing the blind hour? And is this sea still a sea, which moves in us its great shoals of sand, and speaks to us of other sands?

More accomplices on the waters, more accomplices under the waters than the Poet meets in his dreams! . . . Solitude, O abundance! who now will release for us our invisible Sisters captive under the foam?—*mêlée* of hives and umbels, wheeling of resting wings and a hundred breakings of wrenched wings,

Ah! tant de filles dans les fers, ah! tant de filles sous le mors et tant de filles au pressoir—de grandes filles séditieuses, de grandes filles acrimonieuses, ivres d'un vin de roseaux verts! . . .»

«S'en souviendront vos fils, s'en souviendront leurs filles et leurs fils, et qu'une engeance nouvelle sur les sables doublait au loin nos pas de Vierges infaillibles.

Prophéties! prophéties! l'aigle encapuchonné du Siècle s'aiguise à l'émeri des Caps. De noires besaces s'alourdissent au bas du ciel sauvage. Et la pluie sur les îles illuminées d'or pâle verse soudain l'avoine blanche du message.

Mais vous, qu'alliez-vous craindre du message? craindre d'un souffle sur les eaux, et de ce doigt de soufre pâle, et de cette pure semaille de menus oiseaux noirs qu'on nous jette au visage, comme ingrédients du songe et sel noir du présage? (procellaires est le nom, pélagique l'espèce, et le vol erratique comme celui des noctuelles.)»

«. . . Il est, il est des choses à dire en faveur de notre âge. Il est, dans la cassure des choses, un singulier mordant, comme au tesson du glaive ce goût d'argile sèche et de poterie de fer, qui tentera toujours la lèvre du mieux-né.

«J'ai faim, j'ai faim pour vous de choses étrangères»: cri de l'oiseau de mer à sa plus haute pariade! Et les choses n'ont plus sens sur la terre foraine . . . Pour nous le Continent de mer, non point la terre nuptiale et son

Ah! so many girls in irons, ah! so many girls under
the curb, and in the winepress—tall seditious girls, tall
acrimonious girls, drunk on a wine of green reeds! . . ."

❖

". . . All this your sons will remember, their daugh-
ters and their sons will remember, and that a new race far
off on the sand doubled our steps of infallible Virgins.

Prophecies! prophecies! the hooded eagle of the Cen-
tury is whetted on the emery of the Capes. Dark beggars'
sacks hang heavy low in the wild sky. And the rain, on
the islands lighted with pale gold, suddenly pours the
white oats of the message.

But what would you fear from the message? fear from
a breath on the waters, and from this finger of pale
sulphur, and from this pure sowing of small dark birds
which are scattered in our faces, like ingredients of a
dream and the black salt of a portent? (Procellarian is
the name, pelagic the species, and the flight erratic like
that of nocturnal moths.)"

❖

". . . There are, there are things to say in favour of
our age. There is, in the fracture of things, a singular
pungency, as on the broken end of the blade that taste
of dry clay and ironware which will always tempt the
lips of the highest born.

'I hunger, I hunger with you a hunger for unfamiliar
things': cry of the sea bird at its highest pairing! And
things lose their meaning on the land open to the sea.
. . . For us the Continent of the sea, not the nuptial land

parfum de fenugrec; pour nous le libre lieu de mer, non ce versant de l'homme usuel aveuglé d'astres domestiques.

Et louées Celles avec nous qui, sur les grèves souillées d'algues comme des bauges désertées, et dans la puanteur sacrée qui monte des eaux vastes—quand l'ipomée des sables vire au rouge d'hyacinthe—et la mer revêtant sa couleur d'holocauste—auront su s'étarquer à de plus hautes vergues! . . .»

«. . . De vives toiles déferlées s'éclairent, au fond du ciel qui change de voilure. Et la rumeur en nous s'apaise sous le peigne de fer. La mer en nous s'élève, comme aux chambres désertes des grandes conques de pierre . . .

Ô Mer par qui les yeux des femmes sont plus gris, douceur et souffle plus que mer, douceur et songe plus que souffle, et faveur à nos tempes de si loin menée, il est dans la continuité des choses à venir

Comme une salive sainte et comme une sève de toujours. Et la douceur est dans le chant, non dans l'élocution; est dans l'épuisement du souffle, non dans la diction. Et la félicité de l'être répond à la félicité des eaux . . .»

«. . . La pluie, sur l'Océan sévère, sème ses soucis d'eau: autant de fois se clôt la paupière du dieu. La pluie sur l'Océan s'éclaire: autant de ciel s'accroît dans l'auge des rizières. De grandes filles liées vives baissent la tête, sous le fardeau de nuée grise orangée d'or.

with its perfume of fenugreek; for us the free space of the sea, not this earthly side of man, blinded by domestic stars.

And praise to those Women with us who, on the beaches soiled with seaweed, like abandoned lairs, and in the sacred stench rising from the vast waters—when the sand ipomoea turns to hyacinth red—and the sea again dons its colour of holocaust—will have known how to stretch themselves on higher yards! . . ."

". . . Vivid canvas unfurled lights up in the depth of the sky which changes sails. And the murmuring in us is appeased under the iron comb. The sea rises in us, as in the deserted chambers of the great stone conch shells. . . .

O Sea by which the eyes of women are greyer, sweetness and breath more than sea, sweetness and dream more than breath, and favour to our brows brought from so far away, there is in the continuity of things to come

Something like a holy saliva and like an eternal sap. And the sweetness is in the song, not in the elocution; is in the exhausting of the breath, not in the diction. And the felicity of the being responds to the felicity of the waters. . . ."

". . . The rain, over the severe Ocean, sows its marsh marigolds: as often as the god's eyelid closes. The rain over the Ocean lights up: as much sky spreads in the trough of the rice swamps. Tall girls, bound alive, bend their heads, under the burden of grey cloud oranged with gold.

*Et parfois la mer calme, couleur de plus grand âge,
est comme celle, mêlée d'aube, qui se regarde dans l'œil
des nouveau-nés; est comme celle, parée d'ors, qui s'inter-
roge dans le vin.*

*Ou bien vêtue de pollen gris, et comme empoussiérée
des poudres de Septembre, elle est mer chaste et qui va
nue, parmi les cendres de l'esprit. Et qui donc à l'oreille
nous parle encore du lieu vrai? . . .»*

✧

*«. . . Nous écoutons, tout bas hélées, la chose en nous
très proche et très lointaine—comme ce sifflement très
pur de l'Étésienne à la plus haute corne du gréement. Et
la douceur est dans l'attente, non dans le souffle ni le
chant. Et ce sont là choses peu narrables, et de nous
seules mi-perçues . . . Plutôt nous taire, la bouche ra-
fraîchie de petites coquilles.*

*Ô Voyageurs sur les eaux noires en quête de sanctu-
aires, allez et grandissez, plutôt que de bâtir. La terre
aux pierres déliées s'en vient d'elle-même se défaire au
penchant de ces eaux. Et nous, Servantes déliées, nous
en allons, et les pieds vains, parmi les sables très mobiles.*

*Des affleurements soyeux d'argile blanche, doucereuse,
des empâtements noueux de marne blanche, doucereuse,
devancent vers la terre nos pas de femmes ensommeillées.
Et de la paume du pied nu sur ces macérations noc-
turnes—comme d'une main d'aveugle parmi la nuit des
signes enneigés—nous suivons là ce pur langage modelé:
relief d'empreintes méningées, proéminences saintes aux
lobes de l'enfance embryonnaire . . .»*

✧

And at times the calm sea, colour of greater age, is like that sea, mingled with dawn, which mirrors itself in the eyes of the newborn; is like that sea, adorned with gold, which queries itself in the wine.

Or else, clothed in grey pollen, and as though dusted with the powders of September, she is the chaste sea, going naked among the ashes of the spirit. And who then, to our ear, is still speaking of the true place? . . ."

❖

". . . We listen, hailed in a low voice, to the thing in us very near and very distant—like that very pure whistling of the Etesian wind at the highest peak of the rigging. And the sweetness is in the waiting, not in the breath or the song. And these are things not very tellable, and by us alone half-perceived. . . . Better that we be silent, our mouths refreshed with small shells.

O Voyagers over black waters in quest of sanctuaries, go forth and grow in stature, rather than build. The earth with loosened stones comes to its undoing at the brink of those waters. And we, Servants, set free, go away, our feet vain, over very mobile sands.

Silken outcroppings of white sweetish clay, gnarled thicknesses of white sweetish marl, precede towards the land our steps of drowsy women. And with the palm of the bare foot on these nocturnal macerations—as with the blind man's hand in the night of snow-clad signs— we follow there this pure moulded language: relief of meningeal prints, sacred protuberances with the lobes of the embryo's infancy. . . ."

❖

«. . . *Et les pluies sont passées, de nul interrogées. Leurs longs trains de présages s'en sont allés, derrière les dunes, dénouer leurs attelages. Les hommes pleins de nuit désertent les sillons. De lourdes bêtes conjuguées s'orientent seules vers la mer.*

Et qu'on nous tance, ô mer, si nous n'avons aussi tourné la tête! . . . La pluie salée nous vient de haute mer. Et c'est une clarté d'eau verte sur la terre comme on en vit quatre fois l'an.

Enfants, qui vous coiffez des plus larges feuilles aquatiques, vous nous prendrez aussi la main dans cette minuit d'eau verte: les Prophétesses déliées s'en vont, avec les Pluies, repiquer les rizières . . .»

(Et, là! que voulions-nous dire, que nous n'avons su dire?)

". . . And the rains have passed, by no one questioned. Their long trains of portents have gone away, behind the dunes, to undo their harnessings. Men full of night desert the furrows. Heavy beasts yoked turn alone towards the sea.

And may we be rebuked, O sea, if we also have not turned our heads! . . . The salt rain comes to us from the high sea. And there is a light of green water over the land such as was seen four times in a year.

Children, who wear on your heads the largest leaves of water plants, you will also take us by the hand in this midnight of green water: the Girl Prophets, released, are going away with the Rains to thin out the rice fields. . . ."

(And now! what did we wish to say, that we were not able to say?)

VII

Un soir *promu de main divine à la douceur d'une
aube entre les Iles, ce sont nos filles, par trois fois, hélant
les filles d'autres rives:*

   «*Nos feux ce soir! nos feux ce soir sur toutes rives! . . .
Et notre alliance!—dernier soir! ! ! . . .*»

✦

   «*Nos mères aux seins de Parques, sur leurs chaises
de cèdre, redoutent les sabots du drame dans leurs jar-
dins de plantes à quenouilles—ayant aimé de trop
d'amour, jusqu'en ses fins de guêpes jaunes,*
   L'Été qui perd mémoire dans les roseraies blanches.
   *Nous, plus étroites des hanches et du front plus aiguës,
nageuses tôt liées au garrot de la vague, offrons aux
houles à venir une épaule plus prompte.*

   *L'aspic ni le stylet des veuves ne dorment dans nos
corbeilles légères . . . Pour nous ce sifflement du Siècle
en marche et son ruissellement splendide*
   Et son grand cri de mer encore inentendu!
   *L'orage aux yeux de gentiane n'avilit point nos songes.
Et le déferlement du drame lui-même, sur nos pas, ne
nous sera que bouillonnement d'écume et langue de
rustre à nos chevilles nues.*

VII

ONE evening raised by divine hand to the sweetness of dawn between the Islands, our daughters thrice hail daughters of other shores:

"Our fires tonight! our fires tonight on all shores! . . . And our alliance!—the last evening! ! ! . . ."

"Our mothers with breasts of the Fates, on their cedar chairs, fear the hoofs of the drama in their gardens of spindle-shaped flowers—having loved with too much love, even to its ending in yellow wasps

Summer which loses its memory in the white rose gardens.

We, slimmer in the hips and with sharper brows, swimmers soon tied to the withers of the wave, offer to the sea swells to come a more ready shoulder.

Neither the asp nor the stiletto of widows rests in our light baskets. . . . For us this whistling of the Century in progress and its streaming splendour

And its great cry of the sea as yet unheard!

The storm with the gentian eyes does not debase our dreams. And the unfurling of the drama itself, on our steps, will be for us only the seething of foam and the tongue of a beast at our bare ankles.

*Curieuses, nous guettons le premier claquement du
fouet! L'Épée qui danse sur les eaux, comme la fille
admonestée du Prince sur les parvis du peuple,*

*Ne tient pour nous qu'une étincelante et vive dia-
lectique,*

*Comme au foyer vivant des grandes émeraudes de
famille . . .*

✧

*Qui danse la bibase aux sept jours alcyoniens, l'écœure-
ment un soir lui vient au temps faible de la danse, et le
dégoût soudain s'en saisirait,*

N'était l'entrée du chœur massif

*Comme la mer elle-même martelant la glèbe de sa
houle—houle d'idoles chancelantes au pas des masques
encornés.*

*Demain, nous chausserons les brodequins du drame,
et ferons face, sans joyaux, aux grandes euphorbes de la
route; mais ce soir, les pieds nus dans les sandales encore
de l'enfance,*

Nous descendons au dernier val d'enfance, vers la mer,

*Par les sentiers de ronces où frayent, frémissants, les
vieux flocons d'écume jaunissante, avec la plume et le
duvet des vieilles couvaisons.*

*Amitié! amitié à toutes celles que nous fûmes: avec
l'écume et l'aile et le déchirement de l'aile sur les eaux,
avec le pétillement du sel, et ce grand rire d'immortelles
sur la mêlée des eaux,*

Et nous-mêmes, nageuses parmi l'immense robe

*De plume blanche! . . . et tout l'immense lacis vert, et
toute l'immense vannerie d'or, qui vanne, sous les eaux,
un âge d'ambre et d'or . . .*

✧

Curious, we watch for the first crack of the whip! The Sword which dances on the waters, as danced on the people's square, the Prince's daughter by the Prince admonished,

Holds nothing for us but a dazzling ardent dialectic,
As in the flaming heart of great family emeralds. . . .

To him who dances the bibase in the seven halcyon days comes sickness, one evening, in the weak moment of the dance, and sudden disgust would overcome him,

Were it not for the entry of the massive chorus
Like the sea itself hammering the mound of its swell—
a surge of idols tottering at the pace of horned masks.

Tomorrow, we shall don the high soles of the drama, and shall face, without jewels, the large euphorbias of the road; but this evening, our bare feet still in the sandals of childhood,

We go down to the last vale of childhood, towards the sea,

By bramble paths where old flakes of yellowing foam tremble, mingling with the feathers and down of old broodings.

Friendship! friendship to all those girls who once we were: with foam and wing and tearing of the wing over the waters, with the sparkling of salt, and that great laughter of immortal women on the brawling of the waters,

And ourselves, swimming within the immense robe
Of white feathers! . . . and all the immense green netting, and all the immense gold weaving, which weaves, under the waters, an age of amber and gold . . .

Un soir couleur de scille et de scabieuse, lorsque la tourterelle verte des falaises élève à nos frontières sa plainte heureuse de flûte d'eau—la cinéraire maritime n'étant plus feuille que l'on craigne et l'oiseau de haute mer nous dérobant son cri—

Un soir plus tiède au front que nos ceintures dénouées, lorsque l'aboi lointain des Parques s'endort au ventre des collines—Clélie la grive des jardins n'étant plus fable que l'on craigne et la mer étant là qui nous fut de naissance—

Nous avons dit l'heure plus belle que celle où furent, de nos mères, conçues les filles les plus belles. La chair ce soir est sans défaut. Et l'ablution du ciel nous lave, comme d'un fard . . . Amour, c'est toi! nulle mégarde!

Qui n'a aimé de jour, il aimera ce soir. Et qui naît à ce soir, nous l'en tenons complice pour jamais. Les femmes appellent dans le soir. Les portes s'ouvrent sur la mer. Et les grandes salles solitaires s'enfièvrent aux torches du couchant.

Ouvrez, ouvrez au vent de mer nos jarres d'herbes odorantes! Les plantes laineuses se plaisent sur les caps et dans les éboulis de petites coquilles. Les singes bleus descendent les roches rouges, gavés de figues épineuses. Et l'homme qui taillait un bol d'offrande dans le quartz cède à la mer en flammes son offrande.

Là-haut, où l'on appelle, sont les voix claires de femmes sur les seuils—dernier soir!—et nos vêtements de gaze sur les lits, que visite la brise. Là-haut vont les servantes s'aérant, et nos lingères s'affairant à nos lingeries de femmes pour la nuit.

Et la fraîcheur du linge est sur les tables, l'argenterie du dernier soir tirée des coffres de voyage . . . Nos chambres ouvertes sur la mer, le soir y plonge un bras

One evening colour of squill and of field scabious, when the green turtle-dove of the cliffs raises at our frontiers its happy plaint of a water flute—the sea cineraria being no longer the leaf one fears and the bird of the high seas robbing us of its cry—

One evening warmer to our brows than our untied girdles, when the distant barking of the Fates goes to rest in the belly of the hills—Clelia the garden thrush being no longer the tale one fears and the sea being there which was with us from birth—

We have pronounced the hour more beautiful than when, in our mothers, were conceived the most beautiful daughters. Flesh this evening is without defect. And the ablution of heaven washes us, as though washing painted eyelids. . . . Love, it is you! no fallacy!

Who did not love by day, will love this evening. And who is born to this evening, we shall hold him as accomplice for ever. Women call out in the evening. Doors open on the sea. And large solitary chambers glow, enfevered, from the torches of the setting sun.

Open, open to the seawind our jars of fragrant herbs! Fleecy plants thrive on the headlands and in the drifts of small shells. Blue monkeys, stuffed with prickly figs, come down the red rocks. And the man who cuts an offering bowl out of rock crystal yields up his offering to the flaming sea.

High above, where someone calls, are the clear voices of women at our thresholds—the last evening!—and our gauze garments, on the beds, which the breeze visits. High above, the servant-maids go airing themselves, and our linen-women busying themselves with our lingerie for the night.

And the freshness of linen is on the tables, the silver of the last evening withdrawn from the travel chests. . . . In our rooms open to the sea, evening plunges an idol's

d'idole. Et dans les temples sans offices où le soleil des morts range ses fagots d'or, les mules poussiéreuses s'arrêtent aux arches des préaux.

. . . Et c'est l'heure, ô vivantes! où la brise de mer cède sa chance au dernier souffle de la terre. L'arbre annelé comme un esclave ouvre sa fronde bruissante. Nos hôtes s'égarent sur les pentes en quête de pistes vers la mer, les femmes en quête de lavandes, et nous-mêmes lavées dans l'ablution du soir . . . Nulle menace au front du soir, que ce grand ciel de mer aux blancheurs de harfang. Lune de menthe à l'Orient. Étoile rouge au bas du ciel, comme l'étalon qui a goûté le sel. Et l'homme de mer est dans nos songes. Meilleur des hommes, viens et prends! . . .»

arm. And in the temples without rites where the sun of the dead piles its golden faggots, dusty mules stop at the arches of the courtyards.

. . . And this is the hour, O living women! when the sea-breeze yields its chance to the last breath of the land. The tree ringed like a slave opens its rustling frond. Our guests wander over the slopes looking for trails to the sea, women looking for lavender, and ourselves, washed in the evening's ablution. . . . No threat on the brow of evening, except this great sea-sky with the whiteness of the snowy owl. Moon of mint in the East. Red star in the lower heaven, like the stallion which has tasted salt. And the man of the sea is in our dreams. Best of men, come and take! . . ."

VIII

Étranger, *dont la voile a si longtemps longé nos côtes, (et l'on entend parfois de nuit le cri de tes poulies),*
    Nous diras-tu quel est ton mal, et qui te porte, un soir de plus grande tiédeur, à prendre pied parmi nous sur la terre coutumière?

✧

    «Aux baies de marbre noir striées de blanches couvaisons
    La voile fut de sel, et la griffe légère. Et tant de ciel nous fut-il songe?
    Écaille, douce écaille prise au masque divin
    Et le sourire au loin sur l'eau des grandes lèpres interdites . . .

    Plus libre que la plume à l'éviction de l'aile,
    Plus libre que l'amour à l'évasion du soir,
    Tu vois ton ombre, sur l'eau mûre, quitte enfin de son âge,
    Et laisses l'ancre dire le droit parmi l'églogue sousmarine.

    Une plume blanche sur l'eau noire, une plume blanche vers la gloire
    Nous fit soudain ce très grand mal, d'être si blanche et telle, avant le soir . . .
    Plumes errantes sur l'eau noire, dépouilles du plus fort,
    Vous diront-elles, ô Soir, qui s'est accompli là?

VIII

Sᴛʀᴀɴɢᴇʀ, whose sail has for so long moved along our coasts, (and at times, in the night, we hear the creaking of your pulleys),

Will you tell us what torment is yours which prompts you, one evening of great warmth, to set foot among us on the custom-ridden land?

"In bays of black marble streaked with white wings in the breeding season,

The sail was of salt, and light was the mark of the talon on the water. Then was so much sky a dream for us?

Scale, soft scale taken from the divine mask

And the smile far at sea, of the great sacred ills . . .

Freer than the feather which is cast from the wing,

Freer than love leaving with the departing evening,

You see your shadow, on the mature water, free at last of its age,

And you let the anchor make the law in the under-sea eclogue.

A white feather on the black water, a white feather towards glory

Has done us suddenly this great hurt, of being so white and so strange, before evening. . . .

Feathers drifting on the black water, spoils of the strongest,

Will they tell you, O Evening, who was fulfilled there?

*Le vent portait des hautes terres, avec ce goût d'arec
et d'âtres morts qui très longtemps voyage,*

*Les Dames illustres, sur les caps, ouvraient aux feux
du soir une narine percée d'or.*

Et douce encore se fit la mer au pas de la grandeur.

La main de pierre du destin nous sera-t-elle encore offerte? . . .

C'est la christe-marine qui sur vos grèves mûrissait

Ce goût de chair encore entre toutes chairs heureuses,

*Et la terre écriée sur ses rives poreuses, parmi la ronce
avide et les roses vives*

De l'écume, nous fut chose légère et chose plus dispendieuse

*Que lingerie de femme dans les songes, que lingerie de
l'âme dans les songes.»*

The breeze blew from the highlands, with that taste of areca nut and dead hearths which for a long time travels,

The illustrious Ladies, on the capes, opened to the fires of the evening a nostril pierced with gold.

And gentle again was the sea in the steps of greatness.

Will the stone hand of destiny be offered us again? . . .

It is the criste-marine, on your beaches, which was ripening again

This taste of flesh, of all flesh the happiest,

And the earth crying out on its porous banks amidst the avid brambles and live roses

Of the foam, was for us a light thing, a more costly thing

Than women's linen in dreams, than the soul's linen in dreams."

IX

ÉTROITS SONT LES

VAISSEAUX . . .

AMANTS, *ô tard venus parmi les marbres et les bronzes,*
dans l'allongement des premiers feux du soir,
 Amants qui vous taisiez au sein des foules étrangères,
 Vous témoignerez aussi ce soir en l'honneur de la Mer:

1

. . . Étroits *sont les vaisseaux, étroite notre couche.*
Immense l'étendue des eaux, plus vaste notre empire
Aux chambres closes du désir.

 Entre l'Été, qui vient de mer. À la mer seule nous
dirons
 Quels étrangers nous fûmes aux fêtes de la Ville, et
quel astre montant des fêtes sous-marines
 S'en vint un soir, sur notre couche, flairer la couche du
divin.

 En vain la terre proche nous trace sa frontière. Une
même vague par le monde, une même vague depuis Troie
 Roule sa hanche jusqu'à nous. Au très grand large
loin de nous fut imprimé jadis ce souffle . . .
 Et la rumeur un soir fut grande dans les chambres:
la mort elle-même, à son de conques, ne s'y ferait point
entendre!

NARROW ARE THE
VESSELS . . .

Lovers, O latecomers among the marbles and the bronzes, in the lengthening fires of evening,
  Lovers who kept silent in the midst of alien crowds,
  You too will testify tonight in honour of the Sea:

1

. . . Narrow are the vessels, narrow our couch.
  Immense the expanse of waters, wider our empire
  In the closed chambers of desire.

  Summer enters, coming from the sea. To the sea only shall we say
  What strangers we were at the festivities of the City, and what star rising from undersea festivities,
  Hung one evening, over our couch, on the scent of the gods.

  In vain the surrounding land traces for us its narrow confines. One same wave throughout the world, one same wave since Troy
  Rolls its haunch towards us. On a far-off open sea this gust was long ago impressed. . . .
  And the clamour one evening was loud in the chambers: death itself, blowing its conchs, could not have been heard!

Aimez, ô couples, les vaisseaux; et la mer haute dans les chambres!

La terre un soir pleure ses dieux, et l'homme chasse aux bêtes rousses; les villes s'usent, les femmes songent . . . Qu'il y ait toujours à notre porte

Cette aube immense appelée mer— élite d'ailes et levée d'armes; amour et mer de même lit, amour et mer au même lit—

et ce dialogue encore dans les chambres:

2

1—

«. . . Amour, *amour, qui tiens si haut le cri de ma naissance, qu'il est de mer en marche vers l'Amante! Vigne foulée sur toutes grèves, bienfait d'écume en toute chair, et chant de bulles sur les sables . . . Hommage, hommage à la Vivacité divine!*

Toi, l'homme avide, me dévêts; maître plus calme qu'à son bord le maître du navire. Et tant de toile se défait, il n'est plus femme qu'agréée. S'ouvre l'Été, qui vit de mer. Et mon cœur t'ouvre femme plus fraîche que l'eau verte: semence et sève de douceur, l'acide avec le lait mêlé, le sel avec le sang très vif, et l'or et l'iode, et la saveur aussi du cuivre et son principe d'amertume— toute la mer en moi portée comme dans l'urne maternelle . . .

Et sur la grève de mon corps l'homme né de mer s'est allongé. Qu'il rafraîchisse son visage à même la source sous les sables; et se réjouisse sur mon aire, comme le

The vessels shall you love, O lovers, and the sea high in the chambers!

The land one evening mourns its gods, and man hunts rust-red badgers; cities wear down, women dream. . . . May it always be at our door

That immense dawn called sea—*élite* of wings and levying of weapons; love and sea of the same bed, love and sea in the same bed—

and this dialogue again in the chambers:

2

1—

". . . Love, love, that holds so high the cry of my birth, how great a sea moving towards the Woman who loves! Vine trampled on all shores, blessing of foam in all flesh, and song of bubbles on the sands . . . Homage, homage to the divine Ardour!

You, avid man, unclothe me: master more calm here than on his deck the master of the ship. And so much clothing falls away, there is nothing of the woman that you have not greeted. Summer opens, which is fed by the sea. And my heart opens to you a woman fresher than green water: seed and sap of sweetness, acid mingled with milk, salt with vivid blood, and gold and iodine, and the flavour too of copper with its essence of bitterness—all the sea borne in me as in the maternal urn. . . .

And on the shore of my body man born of the sea lies stretched out. May he refresh his face even at the spring beneath the sands; and rejoice on my soil, like the

dieu tatoué de fougère mâle . . . Mon amour, as-tu soif?
Je suis femme à tes lèvres plus neuve que la soif. Et
mon visage entre tes mains comme aux mains fraîches
du naufrage, ah! qu'il te soit dans la nuit chaude fraî-
cheur d'amande et saveur d'aube, et connaissance pre-
mière du fruit sur la rive étrangère.

J'ai rêvé, l'autre soir, d'îles plus vertes que le songe . . .
Et les navigateurs descendent au rivage en quête d'une
eau bleue; ils voient—c'est le reflux—le lit refait des
sables ruisselants: la mer arborescente y laisse, s'enlisant,
ces pures empreintes capillaires, comme de grandes
palmes suppliciées, de grandes filles extasiées qu'elle
couche en larmes dans leurs pagnes et dans leurs tresses
dénouées.

Et ce sont là figurations du songe. Mais toi l'homme
au front droit, couché dans la réalité du songe, tu bois à
même la bouche ronde, et sais son revêtement punique:
chair de grenade et cœur d'oponce, figue d'Afrique et
fruit d'Asie . . . Fruits de la femme, ô mon amour, sont
plus que fruits de mer: de moi non peinte ni parée, reçois
les arrhes de l'Été de mer . . .»

✧

2—

«. . . Au cœur de l'homme, solitude. Étrange l'homme,
sans rivage, près de la femme, riveraine. Et mer moi-
même à ton orient, comme à ton sable d'or mêlé, que
j'aille encore et tarde, sur ta rive, dans le déroulement
très lent de tes anneaux d'argile—femme qui se fait et
se défait avec la vague qui l'engendre . . .

Et toi plus chaste d'être plus nue, de tes seules mains
vêtue, tu n'est point Vierge des grands fonds, Victoire

god tattooed with male fern. . . . My love, are you
thirsty? I am woman at your lips keener than thirst. And
my face in your hands as in hands fresh from shipwreck,
ah! may there be for you in the warm night freshness of
almond and flavour of dawn, and first awareness of fruit
on the foreign shore!

I dreamt, the other evening, of islands greener than
any dream. . . . And sailors landed on the shore in search
of blue water; they saw—it was ebb-tide—the new-made
bed of streaming sands: an arborescent sea had left there,
as it sank, its pure capillary prints, like those of great
tortured palms, or of tall enraptured girls laid down in
tears among their loincloths and unbraided tresses.

And these are figures of a dream. But you, man of up-
right brow, inhabiting the reality of the dream, you drink
right from the round mouth, and know its punic lining:
flesh of pomegranate and heart of prickly pear, fig of
Africa and fruit of Asia. . . . Fruits of woman, O my
love, are more than fruits of the sea: from me not painted
nor adorned, receive an earnest of the Sea Summer. . . ."

✧

2—

". . . In the heart of man, solitude. Strange the man,
shoreless, near the woman, herself a shore. And myself
a sea at your orient, as if mingled with your golden
sand, may I go once more and linger on your shore, in
the slow unrolling of your coils of clay—woman who
forms and unforms with the wave that engenders her. . . .

And you, more chaste for being more naked, clothed
by your hands alone, you are no Virgin raised from the
depths, Victory of bronze or white stone recovered, with

*de bronze ou de pierre blanche que l'on ramène, avec
l'amphore, dans les grandes mailles chargées d'algues des
tâcherons de mer; mais chair de femme à mon visage,
chaleur de femme sous mon flair, et femme qu'éclaire
son arôme comme la flamme de feu rose entre les doigts
mi-joints.*

*Et comme le sel est dans le blé, la mer en toi dans son
principe, la chose en toi qui fut de mer, t'a fait ce goût
de femme heureuse et qu'on approche . . . Et ton visage
est renversé, ta bouche est fruit à consommer, à fond de
barque, dans la nuit. Libre mon souffle sur ta gorge, et
la montée, de toutes parts, des nappes du désir, comme
aux marées de lune proche, lorsque la terre femelle
s'ouvre à la mer salace et souple, ornée de bulles, jusqu'en
ses mares, ses maremmes, et la mer haute dans l'herbage
fait son bruit de noria, la nuit est pleine d'éclosions . . .*

*Ô mon amour au goût de mer, que d'autres paissent
loin de mer l'églogue au fond des vallons clos—menthes,
mélisse et mélilot, tiédeurs d'alysse et d'origan—et l'un y
parle d'abeillage et l'autre y traite d'agnelage, et la brebis
feutrée baise la terre au bas des murs de pollen noir. Dans
le temps où les pêches se nouent, et les liens sont triés
pour la vigne, moi j'ai tranché le nœud de chanvre qui
tient la coque sur son ber, à son berceau de bois. Et mon
amour est sur les mers! et ma brûlure est sur les mers! . . .*

*Étroits sont les vaisseaux, étroite l'alliance; et plus
étroite ta mesure, ô corps fidèle de l'Amante . . . Et qu'est
ce corps lui-même, qu'image et forme du navire? nacelle
et nave, et nef votive, jusqu'en son ouverture médiane;
instruit en forme de carène, et sur ses courbes façonné,
ployant le double arceau d'ivoire au vœu des courbes nées*

the amphora, in the great meshes laden with seaweed by
the workers; but woman's flesh before my face, woman's
warmth in my nostrils, and woman's whole radiance,
her aroma, like the rose flame of fire between half-
joined fingers.

And as salt is in the wheat, the sea in you in its es-
sence, the thing in you which was of the sea, has given
you that taste of a happy woman to whom I come. . . .
And your face is upturned, your mouth is fruit to be
consumed, in the hull of the bark, in the night. Free my
breath on your throat, and from everywhere the rising of
seas of desire, as in the full tides of the closest moon,
when the female land opens to the salacious, supple sea,
adorned with bubbles even in its ponds, its maremmas,
and the sea high in the grass makes the sound of a noria,
the night bursts with sea-hatchings. . . .

O my love who tastes of the sea, may others graze
their eclogues far from the sea, in the depth of the sealed
valleys—mint, melissa, and melilot, warmth of alyssum
and marjoram—and there one talks of beekeeping, an-
other deals with lambing, and the felt-padded ewe kisses
the earth at the foot of the walls dusted with black pol-
len. When the peaches are set, and the ties for the vine
are sorted, then have I cut the knot of hemp which holds
the hull on the ways, in its cradle of wood. And my love
is on the seas! and my burning is on the seas! . . .

Narrow are the vessels, narrow the alliance; and nar-
rower still your measure, O faithful body of the be-
loved. . . . And what is this body itself, save image and
form of the ship? nacelle and hull, and votive vessel,
even to its median opening; formed in the shape of a
hull, and fashioned on its curves, bending the double

de mer . . . Les assembleurs de coques, en tout temps, ont
eu cette façon de lier la quille au jeu des couples et
varangues.

Vaisseau, mon beau vaisseau, qui cède sur ses couples et
porte la charge d'une nuit d'homme, tu m'es vaisseau
qui porte roses. Tu romps sur l'eau chaîne d'offrandes.
Et nous voici, contre la mort, sur les chemins d'acanthes
noires de la mer écarlate . . . Immense l'aube appelée
mer, immense l'étendue des eaux, et sur la terre faite
songe à nos confins violets, toute la houle au loin qui
lève et se couronne d'hyacinthes comme un peuple
d'amants!

Il n'est d'usurpation plus haute qu'au vaisseau de
l'amour.»

3

1—

«. . . M*ES dents sont pures sous ta langue. Tu pèses*
sur mon cœur et gouvernes mes membres. Maître du lit,
ô mon amour, comme le Maître du navire. Douce la
barre à la pression du Maître, douce la vague en sa puis-
sance. Et c'est une autre, en moi, qui geint avec le
gréement . . . Une même vague par le monde, une
même vague jusqu'à nous, au très lointain du monde
et de son âge . . . Et tant de houle, et de partout, qui
monte et fraye jusqu'en nous . . .

Ah! ne me soyez pas un maître dur par le silence et
par l'absence: pilote très habile, trop soucieux amant!
Ayez, ayez de moi plus que don de vous-même. Aimant,
n'aimerez-vous aussi d'être l'aimé? . . . J'ai crainte, et

arch of ivory to the will of sea-born curves. . . . The builders of hulls, in all ages, have had this way of binding the keel to the set of frames and planking. . . .

Vessel, my fine vessel, that yields on its timbers, and bears the burden of a man's night, you are to me a vessel bearing roses. You break the chain of offerings on the water. And here we are, against death, on the black acanthus paths of the scarlet sea. . . . Immense is the dawn called sea, immense the expanse of the waters, and on the earth turned to dream, on our purple confines, all the distant swell that rises and crowns itself with hyacinths like a people of lovers!

There is no higher usurpation than in the vessel of love."

3

1—

". . . My teeth are pure under your tongue. You weigh on my heart and govern my limbs. Master of the bed, O my love, like the Master of the ship. Gentle the helm at the touch of the Master, gentle the wave in his power. And it is another woman, within, who moans with the rigging. . . . One same wave throughout the world, one same wave reaching to us, in the very great distance of the world and of its age. . . . And such a surge, from all sides, that rises and finds its way up into us. . . .

Ah! do not be for me a master hard in his silence and in his absence: most skillful pilot, too thoughtful lover! Take, take from me more than your own giving. Loving, will you not also wish to be beloved? . . . I am afraid,

l'inquiétude habite sous mon sein. Parfois, le cœur de l'homme au loin s'égare, et sous l'arc de son œil il y a, comme aux grandes arches solitaires, ce très grand pan de Mer debout aux portes du Désert . . .

Ô toi hanté, comme la mer, de choses lointaines et majeures, j'ai vu tes sourcils joints tendre plus loin que femme. La nuit où tu navigues n'aura-t-elle point son île, son rivage? Qui donc en toi toujours s'aliène et se renie? —Mais non, tu as souri, c'est toi, tu viens à mon visage, avec toute cette grande clarté d'ombrage comme d'un grand destin en marche sur les eaux (ô mer soudain frappée d'éclat entre ses grandes emblavures de limon jaune et vert!). Et moi, couchée sur mon flanc droit, j'entends battre ton sang nomade contre ma gorge de femme nue.

Tu es là, mon amour, et je n'ai lieu qu'en toi. J'élèverai vers toi la source de mon être, et t'ouvrirai ma nuit de femme, plus claire que ta nuit d'homme; et la grandeur en moi d'aimer t'enseignera peut-être la grâce d'être aimé. Licence alors aux jeux du corps! Offrande, offrande, et faveur d'être! La nuit t'ouvre une femme: son corps, ses havres, son rivage; et sa nuit antérieure où gît toute mémoire. L'amour en fasse son repaire!

. . . Étroite ma tête entre tes mains, étroit mon front cerclé de fer. Et mon visage à consommer comme fruit d'outremer: la mangue ovale et jaune, rose feu, que les coureurs d'Asie sur les dalles d'empire déposent un soir, avant minuit, au pied du Trône taciturne . . . Ta langue est dans ma bouche comme sauvagerie de mer, le goût

and anxiety dwells under my breast. Sometimes, the
heart of man wanders far away, and beneath the arch
of his eye there is, as within the high solitary arches, this
great stretch of the Sea upright at the gates of the
Desert. . . .

O you, haunted like the sea, by distant major things, I
have seen your joined eyebrows seeking beyond woman.
Does the night through which you steer hold no island,
no shore? Who then in you always becomes estranged
and denies himself?—But no, you have smiled, it is you,
you come to my face, with all that great clarity of shadow
like a great destiny on the march over the waters (O sea
suddenly struck with light between its great spaces of
yellow and green clay, like broad seeded fields!) And I,
lying on my right side, hear your nomad blood beating
against my bare woman's breast.

You are here, my love, and I have no place save in you.
The source of my being I will raise towards you, and to
you will I open my woman's night, clearer than your
man's night; and in me the grandeur of loving will per-
haps teach you the grace of being loved. Licence then for
the body's play! Offering, offering, and favour of being!
For you night opens a woman: her body, her havens, her
shore; and her primeval night where all memory lies.
May love make of her its lair!

. . . Narrow is my head between your hands, narrow
my brow encircled with iron. And my face to be con-
sumed like fruit from beyond the seas: mango oval and
yellow, flaming rose, which Asian runners over the stone
of imperial highways carry to lay, one evening, before
midnight, at the foot of a taciturn Throne. . . . Your
tongue is in my mouth like wildness of the sea, the

de cuivre est dans ma bouche. Et notre nourriture dans
la nuit n'est point nourriture de ténèbres, ni notre breu-
vage, dans la nuit, n'est boisson de citerne.

Tu resserreras l'étreinte de tes mains à mes poignets
d'amante, et mes poignets seront, entre tes mains, comme
poignets d'athlète sous leur bande de cuir. Tu porteras
mes bras noués au-delà de mon front; et nous joindrons
aussi nos fronts, comme pour l'accomplissement ensemble
de grandes choses sur l'arène, de grandes choses en vue
de mer, et je serai moi-même ta foule sur l'arène, parmi
la faune de tes dieux.

Ou bien libres mes bras! . . . et mes mains ont licence
parmi l'attelage de tes muscles: sur tout ce haut relief
du dos, sur tout ce nœud mouvant des reins, quadrige en
marche de ta force comme la musculature même des
eaux. Je te louerai des mains, puissance! et toi noblesse
du flanc d'homme, paroi d'honneur et de fierté qui garde
encore, dévêtue, comme l'empreinte de l'armure.

Le faucon du désir tire sur ses liens de cuir. L'amour
aux sourcils joints se courbe sur sa proie. Et moi, j'ai vu
changer ta face, prédateur! comme il arrive aux ravis-
seurs d'offrandes dans les temples, quand fond sur eux
l'irritation divine . . . Toi dieu notre hôte, de passage,
Congre salace du désir, remonte en nous le cours des
eaux. L'obole de cuivre est sur ma langue, la mer s'allume
dans les temples, et l'amour gronde dans les conques
comme le Monarque aux chambres du Conseil.

Amour, amour, face étrangère! Qui t'ouvre en nous
ses voies de mer? Qui prend la barre, et de quelles mains?
. . . Courez aux masques, dieux précaires! couvrez l'exode
des grands mythes! L'Été, croisé d'automne, rompt dans

taste of copper is in my mouth. And our food in the night is no food of darkness, nor our drink, in the night, water from a cistern.

You will tighten the grip of your hands on my lover's wrists, and my wrists will be, in your hands, like as the wrists of an athlete in their leather bands. You will bear my joined hands back behind my head; and we will also join our foreheads, as for the accomplishment of great things in the arena, of great things in the sight of the sea, and I myself will be your crowd in the arena, among the fauna of your gods.

Or free are my arms! . . . and my hands hold licence among the harness of your muscles: over all the high relief of the back, over all the moving knot of the loins, a racing quadriga of your strength like the very musculature of the waters. I will praise you with my hands, O power! and you, nobility of a man's flank, wall of honour and pride which, stripped, still bears the mark of armour.

The falcon of desire strains on its leather leash. Love with joined eyebrows bends above its prey. And I have seen the change in your face, predator! as happens to the ravishers of offerings in the temples, when the god's anger descends on them. . . . You, god, our passing guest, salacious Conger of desire, ascend in us again the course of the waters. The copper obol is on my tongue, the sea flames in the temples, and love thunders in the conchs like the Monarch in the Council-chambers.

Love, love, alien face! Who opens to you the seaways deep in us? Who takes the helm, and from what hands? . . . Hasten to the masks, O precarious gods! cover the exodus of the great myths! Summer, crossed with au-

les sables surchauffés ses œufs de bronze marbrés d'or
où croissent les monstres, les héros. Et la mer au lointain
sent fortement le cuivre et l'odeur du corps mâle . . .
Alliance de mer est notre amour qui monte aux Portes
de Sel Rouge!»

✧

2—

«. . . Amant, je n'élèverai point de toiture pour
l'Amante. L'Été chasse à l'épieu sur les labours de mer.
Le désir siffle sur son aire. Et moi, comme l'épervier
des grèves qui règne sur sa proie, j'ai couvert de mon
ombre tout l'éclat de ton corps. Décret du ciel et qui
nous lie! Et l'heure n'est plus, ô corps offert, d'élever
dans mes mains l'offrande de tes seins. Un lieu de foudre
et d'or nous comble de sa gloire! Salaire de braises, non
de roses . . . Et nulle province maritime fut-elle, sous les
roses, plus savamment pillée?

Ton corps, ô chair royale, mûrit les signes de l'Été de
mer: taché de lunes, de lunules, ponctué de fauve et de
vin pourpre et passé comme sable au crible des laveurs
d'or—émaillé d'or et pris aux rets des grandes sennes
lumineuses qui traînent en eau claire. Chair royale et
signée de signature divine! . . . De la nuque à l'aisselle,
à la saignée des jambes, et de la cuisse interne à l'ocre
des chevilles, je chercherai, front bas, le chiffre occulte
de ta naissance, parmi les sigles assemblés de ton ordre
natal—comme ces numérations stellaires qui montent,
chaque soir, des tables sous-marines pour s'en aller, avec
lenteur, s'inscrire en Ouest dans les panégyries du Ciel.

tumn, bursts in the overheated sands its eggs of bronze marbled with gold where monsters and heroes grow. And the sea in the distance smells strongly of copper and the odour of the male body. . . . Sea-alliance is our love, rising to the Gates of Red Salt!"

✧

2—

". . . Lover, I will raise no roof for the Beloved. Summer hunts with the boarspear across the ploughed plains of the sea. Desire whistles above the aerie. And I, like the hawk of the shores reigning over its prey, have covered with my shadow all the radiance of your body. Celestial decree, that binds us! And the time is past, O proffered body, for raising in my hands the offering of your breasts. A place of lightning and of gold overwhelms us with its glory! Wages of embers, not of roses . . . And was ever a maritime province, beneath its roses, so expertly pillaged?

Your body, O royal flesh, matures the signs of the Sea's summer: flecked with moons and moondust, dotted with honey and dark wine colours, and filtered like sand through the sieves of gold washers—enamelled with gold and caught in the nets of great luminous seines that drag in clear water. Royal flesh, and sealed with a divine seal! . . . From the nape of the neck to the armpit, to the hollow of the knees, and from the inner thigh to the ochre of the ankles, I will seek, brow lowered, the occult cipher of your birth, among the assembled symbols of your natal order—like those stellar numerations which rise, each evening, from the undersea tables and drift slowly westward to join in the panegyrics of the Sky.

L'Été, brûleur d'écorces, de résines, mêle à l'ambre de femme le parfum des pins noirs. Hâle de femme et rousseur d'ambre sont de Juillet le flair et la morsure. Ainsi les dieux, gagnés d'un mal qui n'est point nôtre, tournent à l'or de laque dans leur gaine de filles. Et toi, vêtue d'un tel lichen, tu cesses d'être nue: la hanche parée d'or et les cuisses polies comme cuisses d'hoplite . . . Loué sois-tu, grand corps voilé de son éclat, poinçonné comme l'or à fleur de coin des Rois! (Et qui donc n'a rêvé de mettre à nu ces grands lingots d'or pâle, vêtus de daim très souple, qui vers les Cours voyagent, dans les soutes, sous leurs bandelettes de gros chanvre et leurs grands liens croisés de sparterie?)

Ah! comme Celle qui a bu le sang d'une personne royale! jaune du jaune de prêtresse et rose du rose des grandes jarres! Tu nais marquée de l'Étalon divin. Et nulle chair hâvie au feu de pampres des terrasses a-t-elle plus haut porté le témoignage? Nuque brûlée d'amour, chevelure où fut l'ardente saison, et l'aisselle enfiévrée comme salaison de roses dans les jattes d'argile . . . Tu es comme le pain d'offrande sur l'autel, et portes l'incision rituelle rehaussée du trait rouge . . . Tu es l'idole de cuivre vierge, en forme de poisson, que l'on enduit au miel de roche ou de falaise . . . Tu es la mer elle-même dans son lustre, lorsque midi, ruptile et fort, renverse l'huile de ses lampes.

Tu es aussi l'âme nubile et l'impatience du feu rose dans l'évasement des sables; tu es l'arôme, et la chaleur, et la faveur même du sable, son haleine, aux fêtes d'ombre de la flamme. Tu sens les dunes immortelles et

Summer, burner of barks and of resins, mixes with the amber of woman the perfume of black pines. Tan of woman and glowing of amber are the scent and bite of July. Thus the gods, prey to an ailment which is not ours, turn to the gold of lacquer as though sheathed in women's skin. And you, robed in such a lichen, are naked no longer: flank adorned with gold, and thighs polished like the thighs of a hoplite. . . . Praise to you, tall body veiled by its own radiance, stamped like gold fresh from the mint of the Kings! (And who has not dreamt of laying bare those great ingots of pale gold, wrapped in the softest doeskin, which voyage towards the Courts, in the ships' stores, under their bands of heavy hemp and their network of wide rush straps?)

Ah! like Her who has drunk the blood of a royal person! yellow of the yellow of a priestess, and rose of the rose of great jars! You were born marked by the divine Standard. And what other flesh scorched at the fire of vine branches on the terraces has ever borne higher witness? Burned with love, the nape of the neck, ardent the hair where the fiery season dwelt, and the armpit seized with fever like ashes of roses in clay bowls. . . . You are like the bread offered on the altar, and bear the ritual incision heightened with the red mark. . . . You are the idol of virgin copper, in the form of a fish, that is smeared with honey from the rocks and the cliffs. . . . You are the sea itself in its lustre, when noon, explosive and violent, spills the oil of its lamps.

You are also the nubile soul and the impatience of rosy fire in the widening basins of the sand; you are the aroma, and the warmth, and the very favour of sand, its breath, in the shadow feasts of the flame. You smell of immortal dunes and all unassigned shores between

*toutes rives indivises où tremble le songe, pavot pâle.
Tu es l'exclamation du sel et la divination du sel, lorsque
la mer au loin s'est retirée sur ses tables poreuses. Tu
es l'écaille, et le feu vert, et la couleuvre de feu vert, au
bas des schistes feuilletés d'or, là où les myrtes et l'yeuse
naine et le cirier des grèves descendent au feu de mer
chercher leurs taches de rousseur . . .*

*Ô femme et fièvre fait femme! lèvres qui t'ont flairée
ne fleurent point la mort. Vivante—et qui plus vive?—
tu sens l'eau verte et le récif, tu sens la vierge et le varech,
et tes flancs sont lavés au bienfait de nos jours. Tu sens
la pierre pailletée d'astres et sens le cuivre qui s'échauffe
dans la lubricité des eaux. Tu es la pierre laurée d'algues
au revers de la houle, et sais l'envers des plus grands
thalles incrustés de calcaire. Tu es la face baignée
d'ombre et la bonté du grès. Tu bouges avec l'avoine
sauvage et le millet des sables et le gramen des grèves
inondées; et ton haleine est dans l'exhalaison des pailles
vers la mer, et tu te meus avec la migration des sables
vers la mer . . .*

*Ivre, très ivre, cœur royal! d'héberger tant de houle, et
la chair plus sensible qu'aux tuniques de l'œil . . . Tu
suis la mer inéluctable et forte dans son œuvre. Et tu
ressens l'étreinte incoercible, et t'ouvres—libre, non libre
—à la dilatation des eaux; et la mer rétractile exerce en
toi ses bagues, ses pupilles, et le jour rétrécit, et la nuit
élargit, cet œil immense qui t'occupe . . . Hommage!
hommage à la complicité des eaux. Il n'est point là
d'offense pour ton âme! Comme l'esprit violent du dieu*

land and sea, where the dream, pale poppy, trembles. You are the exclamation of salt, and the divination of salt, when the sea has withdrawn afar over its porous tables. You are the scale, and the green fire, and the snake of green fire, at the base of schists foliated with gold, there where the myrtle and the dwarf oak and the bayberry of the beaches descend to the sea's fire seeking their freckles of red lichen. . . .

O woman, and fever made woman! lips which have known your ascent, bear no fragrance of death. Living—and who more alive?—you smell of green water and the reef, you smell of virgins and seaweed, and your sides are laved in the favour of our days. You smell of the stone spangled with stars and of copper heated in the lubricity of the waters. You are the stone laurelled with algae in the wake of the swell, and you know the under-side of the tallest sea-fronds encrusted with limestone. You are the face bathed with shadow and the excellence of sandstone. You sway with the wild oats and the sand millet and the marsh grass of the flooded beaches; and your breath is in the exhalation of straw towards the sea, and you move with the migration of sand towards the sea . . .

Drunk, very drunk, regal heart! from harbouring such a swell, and the flesh more sensitive than the tissues of the eyes . . . You follow the sea, ineluctable and strong, in its work. And you feel the incoercible pulse, and are open—bound, unbound—to the dilation of the waters; and the retractable sea keeps pulsing in you its rings, its pupils, and the day contracts, and the night enlarges, the immense eye that possesses you. . . . Homage! homage to the complicity of the waters. There, no offence to your soul! Like the violent spirit of the god who takes pos-

qui se saisit de l'homme à naître dans la femme, et foule la
femme dans son linge et ses membranes divisées, ah!
comme la mer elle-même mangeuse d'algues et d'embry-
ons, et qui rejette à l'assemblée des Juges et des Mères
ses grandes poches placentaires et ses grandes algues
laminaires, ses très grands tabliers de cuir pour Accou-
cheuses et Sacrificateurs, plaise au plaisir sacré de joindre
sa victime, et que l'Amante renversée dans ses enveloppes
florales livre à la nuit de mer sa chair froissée de grande
labiée! Il n'est point là d'offense pour son âme . . .

Submersion! soumission! Que le plaisir sacré t'inonde,
sa demeure! Et la jubilation très forte est dans la chair, et
de la chair dans l'âme est l'aiguillon. J'ai vu briller entre
tes dents le pavot rouge de la déesse. L'amour en mer
brûle ses vaisseaux. Et toi, tu te complais dans la vivacité
divine, comme l'on voit les dieux agiles sous l'eau claire,
où vont les ombres dénouant leurs ceintures légères . . .
Hommage, hommage à la diversité divine! Une même
vague par le monde, une même vague notre course . . .
Étroite la mesure, étroite la césure, qui rompt en son
milieu le corps de femme comme le mètre antique . . .
Tu grandiras, licence! La mer lubrique nous exhorte,
et l'odeur de ses vasques erre dans notre lit . . . *Rouge*
d'oursin les chambres du plaisir.»

4

1—

«. . . Plaintes *de femme sur l'arène, râles de femme*
dans la nuit ne sont que roucoulements d'orage en fuite
sur les eaux. Ramiers d'orage et de falaises, et cœur qui
brise sur les sables, qu'il est de mer encore dans le bon-

session of the unborn man in the woman and tramples
the woman in her linens and divided membranes, ah!
like the sea itself, devourer of kelp and embryos, and
who casts before the assembly of Judges and Mothers
her great placentary pouches and her great folds of kelp,
her very large leather aprons for midwives and Sacri-
ficers, may it please the sacred pleasure to rejoin its vic-
tim, and may the Woman lying in her floral sheaths
deliver to the sea's night the bruised flesh of a great
labiate! No offence there to her soul . . .

Immersion! submission! May the sacred pleasure flow
in you, its dwelling! And the jubilation is high in the
flesh, and spur to the soul is the joy of the flesh. I have
seen glistening between your teeth the red poppy of the
goddesses. Love at sea burns its vessels. And you take
delight in the divine ardour, as do the agile gods seen
through the clear water, where the shadows move, re-
leasing their light girdles. . . . Homage, homage to the
divine diversity! One same wave throughout the world,
one same wave our course . . . Narrow the measure,
narrow the caesura, which breaks the woman's body at
the middle like an ancient metre. . . . You will grow,
licence! The lubricious sea exhorts us and the odour
of its basins lingers in our bed. . . . Red as the red sea-
urchins are the chambers of pleasure."

4.

1—

". . . Cries of passion on the shore, sighs of passion
in the night are but cooings of a storm in flight over
the waters. Doves of storm and cliffs, and a heart that
breaks on the sand, how much sea there still is in the

heur en larmes de l'Amante! . . . *Toi l'Oppresseur et qui nous foules, comme couvées de cailles et coulées d'ailes migratrices, nous diras-tu qui nous assemble?*

Mer à ma voix mêlée et mer en moi toujours mêlée, amour, amour, qui parle haut sur les brisants et les coraux, laisserez-vous mesure et grâce au corps de femme trop aimante? . . . *Plainte de femme et pressurée, plainte de femme et non blessée* . . . *étends, ô Maître, mon supplice; étire, ô Maître, mon délice! Quelle tendre bête harponnée fut, plus aimante, châtiée?*

Femme suis-je, et mortelle, en toute chair où n'est l'Amant. Pour nous le dur attelage en marche sur les eaux. Qu'il nous piétine du sabot, et nous meurtrisse du rostre, et du timon bosselé de bronze qu'il nous heurte! . . . *Et l'Amante tient l'Amant comme un peuple de rustres, et l'Amant tient l'Amante comme une mêlée d'astres. Et mon corps s'ouvre sans décence à l'Étalon du sacre, comme la mer elle-même aux saillies de la foudre.*

Ô Mer levée contre la mort! Qu'il est d'amour en marche par le monde à la rencontre de ta horde! Une seule vague sur son cric! . . . *Et toi le Maître, et qui commandes, tu sais l'usage de nos armes. Et l'amour seul tient en arrêt, tient sur sa tige menaçante, la haute vague courbe et lisse à gorge peinte de naja.*

Nulle flûte d'Asie, enflant l'ampoule de sa courge, n'apaiserait le monstre dilaté. Mais langue à langue, et souffle à souffle, haletante! la face ruisselante et l'œil

tearful joy of the Woman who loves! . . . You, the Oppressor, who trample us, like coveys of quail and floods of migratory wings, will you tell us who calls us together?

Sea mingled in my voice and sea blended always in me, love, love that speaks loudly on the breakers and the coral reefs, will you allow measure and grace to the body of a woman who loves too much? Cry of woman, vintage in the press—cry of woman, joyous and unharmed . . . extend, O Master, my torment; draw out, O Master, my delight! What tender prey harpooned was ever to her joy so chastized?

Woman am I and mortal, in all flesh deserted by Love. For us the cruel team racing over the waters. May it trample us under its hoofs, and batter us with its ram, and with the bronze-studded pole may it strike us down! . . . And the Woman holds her Lover like a tribe of brutes, and the Lover holds the Woman like a *mêlée* of stars. And my body opens without decency to the Stallion of the rite, like the sea itself to the assaults of the lightning.

O Sea raised against death! How much love is marching through the world to an encounter with your horde! One single wave on its lever! . . . And you the Master, who command, you know the use of our weapons. And love alone holds in suspense, holds on its threatening stem, the tall wave curving and sleek on its painted cobra's throat.

No flute of Asia, swelling the bulb of its gourd, would appease the dilated monster. But tongue to tongue, and breath to breath, panting, her face streaming and her

rongé d'acide, celle qui soutient seule l'ardente contro-
verse, l'Amante hérissée, et qui recule et s'arque et qui fait
front, émet son sifflement d'amante et de prêtresse . . .

Frapperas-tu, hampe divine?—Faveur du monstre,
mon sursis! et plus stridente, l'impatience! . . . La mort
à tête biseautée, l'amour à tête carénée, darde sa langue
très fréquente. L'Incessante est son nom; l'innocence son
heure. Entends vivre la mort et son cri de cigale . . .

Tu frapperas, promesse!—Plus prompte, ô Maître, ta
réponse, et ton intimation plus forte! Parle plus haut,
despote! et plus assidûment m'assaille: l'irritation est à
son comble! Quête plus loin, Congre royal: ainsi l'éclair
en mer cherche la gaine du navire . . .

Tu as frappé, foudre divine!—Qui pousse en moi ce
très grand cri de femme non sevrée? . . . Ô splendeur!
ô tristesse! et très haut peigne d'Immortelle coiffant
l'écume radieuse! et tout ce comble, et qui s'écroule,
herse d'or! . . . J'ai cru hanter la fable même et l'interdit.

Toi, dieu mon hôte, qui fus là, garde vivante en moi
l'hélice de ton viol. Et nous ravisse aussi ce très long
cri de l'âme non criée! . . . La Mort éblouissante et
vaine s'en va, du pas des mimes, honorer d'autres lits.
Et la Mer étrangère, ensemencée d'écume, engendre au
loin sur d'autres rives ses chevaux de parade . . .

Ces larmes, mon amour, n'étaient point larmes de
mortelle.»

✧

eyes devoured with acid, she who alone sustains the
ardent controversy, the Lover, erect in wrath, who re-
coils, who bends taut, and stands fast, utters her hissing
of lover and priestess . . .

Will you strike, divine staff?—Favour of the monster,
my reprieve! and more strident, the impatience! . . .
Death with bevelled head, love with faired head darts
its very frequent tongue. Incessant is its name; innocence
is its hour. Hear death living—its cry of a cicada. . . .

You will strike, promise!—More prompt, O Master,
your answer, and stronger your summons! Speak louder,
despot! and assail me more assiduously: irritation is at
its height. Search farther, royal Conger: so does light-
ning on the sea seek the ship for a sheath. . . .

You have struck, divine lightning!—Who in me gives
this very great cry of a woman unweaned? . . . O splen-
dour! O sadness! and the very tall comb of immortality
crowning the radiant foam! and all this glory which
flares out, golden harrow! . . . Did I haunt there the
forbidden, and the heart of fable?

You, god, who were there, my guest, keep alive in me
the helix of your rape. And may we also be ravished by
this very long cry of the soul—not cried aloud! . . .
Death, dazzling and vain, goes, with the step of mimes,
to honour other beds. And the alien Sea, seeded with
foam, engenders far off on other shores its parade
chargers. . . .

These tears, my Love, were not tears of a mortal
woman."

❖

2—

«. . . *Vaisseau qui s'ouvre sur sa quille, illuminé de braise et d'or, corbeille ardente du naufrage! ô splendeur, ô tristesse! Hanter l'Être, et si prompt! La mer n'est pas plus âpre à consumer son dieu . . .*

Grâce pour Celle qui fut là, et si brièvement fut là— ah! comme Celle qui a bu le sang dans les coupes royales et qui ne connaît plus sa caste ni son rang, mais dont le songe encore se souvient: «*J'ai fréquenté la mort éblouissante et vaine, j'ai conversé de pair avec la foudre sans visage; et moi qui sais de mer plus que n'en savent les vivants, je sais aussi le mal ancien dans sa clairière de feu jaune. Qui rêve l'épée nue couchée dans les eaux claires, n'a point banni du conte les flambeaux et les larmes . . .*»

Larmes d'amante, ô malaimée, n'ont point leur source dans l'amant. Inimitié au dieu jaloux qui te vendange dans mes bras! Étrangère la main qui presse la grappe entre nos faces. Toi l'indivise, trahissais . . . Transgression, transgression, ô tristesse! Hanter l'Être est d'un mime. Quelqu'un alors a-t-il parlé? Il ne saurait se faire entendre. L'inhabitable est notre site, et l'effraction sans suite. Mais la fierté de vivre est dans l'accès, non dans l'usage ni l'avoir.

. . . Tu renaîtras, désir! et nous diras ton autre nom. Ô passion, voie royale, où se relève le Roi ivre escorté de l'Aveugle! Désir, désir, qui nous devance et nous assiste, est-ce là ton seul nom et n'en est-il point d'autre? . . . Ô toi qui fais crier au loin le sable sur d'invisibles

2—

". . . Vessel which opens on its keel, illumined with embers and with gold, flaming brazier of the shipwreck! O splendour, O sadness! To haunt the Being, and so prompt! The sea is not more eager to consume its god. . . .

Favour for Her who was there, and so briefly was there—ah! like One who drank blood from the royal cups and who no longer knows her caste nor her rank, but whose dream still remembers: 'I frequented death, dazzling and vain, I conversed as an equal with the faceless lightning: and I, who know of the sea more than the living know, know also the ancient evil in its glade of yellow fire. He who dreams of the naked sword resting in clear waters, has not banished from the tale the torches and the tears. . . .'

Tears of the loved one, O ill-loved one, do not have their source in the lover. Enmity to the jealous god who harvests your vine in my arms! Alien the hand which presses the grape between our faces. You, the undivided one, betrayed . . . Transgression, transgression, O sadness! To haunt the Being is but act of a mime. Has someone then spoken? He could not be heard. The uninhabitable is our site, and intrusion yields no profit. But the pride of living is in the reaching, not in the using or having.

. . . You will rise again, Desire! And you will tell us your other name. O passion, royal highway, where the drunken King, escorted by the Blind, rises from the dust again! Desire, desire, who go before us and assist us, is that your only name and is there no other? . . . O you who cause the sand to cry far off on invisible

seuils, et fais visible sur les eaux l'approche du message,
ô toi le Précurseur et toi l'Annonciateur, ta quête est la
plus vaste et tes voies sont multiples. Tu reprends souffle
devant moi. Et me tendant toujours ton arme, me ten-
dras-tu toujours la femme sur son arc?

Trombes en marche du désir, et l'éclair de partout essai-
mant ses présages! La succion du dieu fort est sur la
face tuméfiée des eaux. La mer au masque de baudroie
n'épouse plus le fond chagrin des choses. Désir, ô Maître,
vis ton œuvre! . . . Et la mer anfractueuse du songe, à
grands éclats de verre noir, comme de lave vitrifiée, cède
au ciseau ses cubes, ses trièdres!

Descends, Sculpteur, et le cœur grand—car l'œuvre
est grande—parmi tes filles, tes manœuvres, et tout ton
peuple de carriers. Revois, ô Songe, ton ouvrage: non
point le bouclier d'orfèvre, ni le miroir d'argent ciselé
où court l'ignominie des roses (le léopard parmi la vigne,
la vierge en croupe du taureau, ou le dauphin coiffé des
pampres de l'écume),

Mais d'une seule masse et d'un seul jais, luisant et noir,
comme chargement de mailles de fer aux fosses combles
des vaisseaux, tout ce puissant plexus de forces et d'alli-
ances: la mer, ses boucles, ses sphincters, et son million
de bouches closes sur l'anneau du désir—ou bien la mer
hors de ses sangles, et dans sa grande robe de jument
noire entaillée de blessures: ouvertures fraîches et lu-
briques!

. . . Amie, j'ai mieux à dire, et les dieux sont passés:
d'une seule face et d'un seul trait, au revers de sa houle,

thresholds, and make visible on the waters the approach of the message, O you, the Precursor and you the Annunciator, yours is the widest search, and your ways are numberless. You recover your breath before me. And always offering your weapon, will you always offer me the woman as arrow for the bow?

Tornadoes in the wake of desire, and lightning from all sides scattering its portents! The suction of the strong god is on the tumefied surface of the waters. The sea with its lophius-mask no longer weds the gloomy depth of things. Desire, O Master, live your work! . . . And the craggy sea of the dream, with great shafts of black glass, like vitrified lava, yields to the chisel its cubes, its trihedrals!

Go down, sculptor, great of heart—for the work is great—among your daughters, your labourers, and all your host of quarriers. O Dream, look again on your work: not the shield of the goldsmith, nor the mirror of chased silver overrun with the ignominy of roses (the leopard in the vineyard, the virgin on the bull's back, and the dolphin crowned with vine branches of foam),

But of a single mass and of a single block of jet, shiny and black, like a load of iron links in the packed holds of ships, all this powerful plexus of forces and of alliances: the sea, its ring-bolts, its sphincters, and its millions of mouths closed on the ring of desire—or else the sea out of its bonds, in its great robe of a black mare slashed with wounds: fresh and lubricious openings!

. . . My love, I have better to say, and the gods have passed: of one surface and of one stretch, on the back

*et sur ses longues tables lisses de graphite, dans l'apaise-
ment lointain des plus beaux champs de pavots gris, j'ai
vu soudain la mer immeuble, couleur de sédiment: la
mer au loin comme un Soudan rêvant ses reines noires
au front ponctué de bleu . . .*

✧

*. . . Ô femme haute dans sa crue et comme prise dans
son cours! je me lèverai encore en armes dans la nuit
de ton corps, et ruissellerai encore de tes années de mer.*

*Étroitement encore l'âme, à l'incision du corps! Et toi
chantante et balbutiante sur ta rive épineuse, Sibylle
ouverte sur son roc comme la fille d'Érythrée—grande
hydre de force et de douceur qui regorge son dieu—tu
fréquenteras encore le vrai du songe: cette autre mer,
plus vaste et proche, que nul n'enseigne ni ne nomme.*

*Mène ta course, dieu d'emprunt. Nous sommes tes
relais! Une même vague par le monde, une même vague
depuis Troie . . . La houle monte et se fait femme. La
mer au ventre d'amoureuse masse inlassablement sa proie.
Et l'amour fait chanter, et la mer osciller, le lit de cèdre
sur ses ais, la coque courbe sur ses joints. Riche d'offrande
notre couche, et de la charge de nos œuvres . . .*

*Vierge clouée à mon étrave, ah! comme celle qu'on
immole, tu es la libation du vin au tranchant de la proue,
tu es l'offrande de haute mer aux morts qui bercent les
vivants: la chaîne lâche de roses rouges qui s'ouvre sur
les eaux après les rites de l'adieu—et les vaisseaux du
trafiquant en couperont la ligne odorante dans la nuit.*

of the swell, and on its long smooth tables of graphite, in the far appeasement of the most beautiful fields of grey poppies, I saw of a sudden the immovable sea, colour of sediment: the sea far off like a Sudan dreaming of its black queens with their foreheads punctuated with blue. . . .

✧

. . . O woman, high in her flood as if taken in her course! I will rise again in arms in the night of your body, and will be streaming again with your sea years.

Close bound again the soul, at the incision of the body! And you, singing and stammering on your thorny bank, Sibyl open on her rock like the Erythrean virgin—great hydra of force and tenderness who disgorges her god— you will again frequent the truth of the dream: that other sea, most vast and nearby, that no one teaches or names.

Run your course, transient god. We are your relays! One same wave throughout the world, one same wave since Troy . . . The swell rises and is made woman. The sea with the belly of a loving woman kneads untiringly its prey. And love causes the singing, and the sea the rocking, of the cedar bed on its boards, of the curved hull on its joints. Our bed rich with offerings and with the burden of our works . . .

Virgin nailed to my prow, ah! like her who is immolated, you are the libation of the wine at the cutwater of the bow, you are the offering of the high seas to the dead who rock the living: the loose chain of red roses which opens over the waters after the rites of farewell— and the vessels of the trader will cut through the fragrant line in the night.

Désir, ô Prince sous le masque, tu nous as dit ton autre nom! . . . Et toi l'Amante, pour ton dieu, tu siffles encore ton sifflement d'orfraie. Et toi l'Amante, sur ton souffle, tu t'arqueras encore pour l'enfantement du cri— jusqu'à cette émission très douce, prends-y garde, et cette voyelle infime, où s'engage le dieu . . . Soumission, soumission! . . . Soumise encore à la question!

Et qui donc, sur ton aile, t'a mise encore à vif, et renversée, comme l'aigle femelle sur son fagot d'épines, et de l'ongle appuyée au flanc du Questionneur? . . . Ô très puissante ronce de guerre adossée à sa roche, tu tiens plus haut que mer ton invective contre la mort. L'amour, la mer se fassent entendre! Naissance et mort aux mêmes frondes! . . . J'ai découplé l'éclair, et sa quête n'est point vaine. Tu frapperas, foudre divine! . . . Hanter l'Être n'est point leurre. Et l'amante n'est point mime. Arbre fourchu du viol que remonte l'éclair! . . .

—Ainsi Celle qui a nom frappe à midi le cœur éblouissant des eaux: Istar, splendide et nue, éperonnée d'éclairs et d'aigles verts, dans les grandes gazes vertes de son feu d'épaves . . . Ô splendeur, non tristesse! Amour qui tranche et qui ne rompt! et cœur enfin libre de mort! . . . Tu m'as donné ce très grand cri de femme qui dure sur les eaux.»

Desire, O Prince under the mask, you told us your other name! . . . And you the Loved One, again you whistle for your God your whistle of an osprey. And you, the Loved One, you will again arch yourself on your breath for the delivering of the cry—until that very soft utterance, guard it, and that lowest vowel that enlists the god. . . . Submission, submission! . . . Submissive again to the question!

And who then has roused you again to violence, rearing on your wings, like the female eagle on its faggot of thorns, talon pressed against the flank of the Questioner? . . . O most powerful embattled briar backed against the rock, you hold higher than the sea your invective against death. Let love and the sea be heard! Birth and death in the same slings! . . . I have unleashed the lightning, and its quest is not in vain. You will strike, divine lightning! . . . To haunt the Being is not a delusion. And the Woman who loves is no mime. Forked tree of the rape which the lightning ascends! . . .

—Thus She who has a name strikes at noon the dazzling heart of the waters: Ishtar, splendid and naked, spurred with lightning bolts and green eagles, in the great green gauzes of her driftwood fire. . . . O splendour, not sadness! Love which triumphs and does not retreat! and the heart at last free from death! . . . You have given me this very great cry of a woman which lasts over the waters."

5

1—

« . . . A TON *côté rangée, comme la rame à fond de
barque; à ton côté roulée, comme la voile avec la vergue,
au bas du mât liée . . . Un million de bulles plus
qu'heureuses, dans le sillage et sous la quille . . . Et la
mer elle-même, notre songe, comme une seule et vaste
ombelle . . . Et son million de capitules, de florules en
voie de dissémination.*

*Survivance, ô sagesse! Fraîcheur d'orage et qui s'éloi-
gne, paupières meurtries, du bleu d'orage . . . Ouvre
ta paume, bonheur d'être . . . Et qui donc était là, qui
n'est plus que bienfait? Un pas s'éloigne en moi qui n'est
point de mortelle. Des voyageurs au loin voyagent que
nous n'avons interpellés. Tendez la tente imprégnée d'or,
ô pur ombrage d'après-vivre . . .*

*Et la grande aile silencieuse qui si longtemps fut telle,
à notre poupe, oriente encore dans le songe, oriente en-
core sur les eaux, nos corps qui se sont tant aimés, nos
cœurs qui se sont tant émus . . . Au loin la course d'une
dernière vague, haussant plus haut l'offrande de son
mors . . . Je t'aime—tu es là—et tout l'immense bonheur
d'être qui là fut consommé.*

*Allez plus doucement, ô cours des choses à leur fin. La
mort navigue dans la mort et n'a souci du vif. La nuit
salée nous porte dans ses flancs. Et nous, nous desserrons
l'étreinte de nos bras pour écouter en nous régner la mer
sans rives ni récifs. Passion très forte et très docile. Mille
paupières favorables . . .*

5

1—

". . . LAID at your side, like the oar in the bottom of the boat; rolled at your side, like the sail with the yard, lashed at the foot of the mast . . . A million bubbles more than happy in the wake and beneath the keel . . . And the sea itself, our dream, like a single vast umbel . . . And its million of flower heads and florets in course of dissemination.

Survival, O wisdom! Coolness of receding storm, bruised eyelids, with the blue of the storm . . . Open your palm, happiness of being. . . . And who was there, of whom nothing remained but goodness? In me a step recedes which is not of a mortal. Far away voyage travellers whom we have not hailed. Pitch the tent impregnated with gold, O pure shadow of afterglow. . . .

And the great silent wing which was thus for so long a time, at our stern, still directs in the dream, still directs on the waters, our bodies which have so greatly loved each other, our hearts which have been so deeply moved. . . . Afar, the course of the one last wave, tossing higher the offering of its bridle bit . . . I love you— you are here—and all the immense joy of being which here was consummated.

Go more gently, O course of things to their end. Death sails in death and has no care for the living. The salty night bears us in its flanks. And we loosen the clasp of our arms to listen to the sea without shores or reefs reigning in us. Passion very strong and very docile. A thousand favourable eyelids . . .

*Et l'amante bat des cils dans tout ce lieu très calme.
La mer égale m'environne et m'ouvre la cime de ses
palmes. J'entends battre du sang la sève égale et nour-
ricière—ô songe encore que j'allaite! Et ma lèvre est
salée du sel de ta naissance, et ton corps est salé du sel
de ma naissance . . . Tu es là, mon amour, et je n'ai lieu
qu'en toi.*

*Sourire d'être dans ton souffle, comme sous l'abri de
toile du navire. La brise est dans le tendelet . . . Que je
te sois douceur liée et grâce tendre sur les eaux: silence
et veille dans ta veille et battement dans l'ombre de tes
cils. Pour toi mon front de femme et le parfum d'épouse
à la naissance du front; pour moi ce battement très fort
du sang dans la méduse du cœur d'homme.*

*Et mon sein gauche est dans ta main, le sceau
d'empire est dérobé! . . . Ferme ta paume, bonheur
d'être . . . La main qui règne sur ma hanche régit au
loin la face d'un empire, et la bonté d'aimer s'étend à
toutes ses provinces. La paix des eaux soit avec nous! et
l'ouverture au loin, entre neiges et sables, d'un grand
royaume littoral qui baigne aux vagues ses bêtes blanches.*

*Et moi que suis-je, à fond d'eaux claires, que l'aisance
grave d'une palme, et qui se berce, gorgonie? . . . J'écoute
vivre dans la nuit la grande chose qui n'a nom. Et l'épine
de la crainte est de ma chair absente. La pierre du seuil
est en travers du seuil, et la mer au-delà de la pierre du
seuil. Mort hérétique et vaine, graciée! Cause gagnée,
mer conciliée. Et la faveur au loin est partagée, l'amour
avide de son bien.*

And the Woman who loves fans her eyelashes in all this very great calm. The level sea surrounds me and opens for me the fronds of its palms. I hear beating in the blood the steady, nourishing sap—O dream again that I nurse! And my lip is salty with the salt of your birth, and your body is salty with the salt of my birth. . . . You are here, my love, and I have no place save in you.

Smile of being in your breath, as in the shelter of the ship's canvas. The breeze is in the awning. . . . May I be for you sweetness allied and tender grace on the waters: silence and vigil in your vigil and fluttering in the shadow of your lashes. For you my woman's brow and the perfume of the spouse at the line of the brow; for me this very strong beating of the blood in the medusa of man's heart.

And my left breast is in your hand, the seal of empire is seized! . . . Close your palm, joy of being. . . . The hand which reigns on my hip governs afar the face of an empire, and the goodness of loving extends to all its provinces. May the peace of the waters be with us! and the opening, afar, between snow and sand, of a great coastal kingdom which bathes its white beasts in the waves.

And what am I, in the depth of clear waters, but the grave ease of a palm, which rocks itself, a sea-fan? . . . I hear living in the night the great nameless thing. And the thorn of fear is absent from my flesh. The stone of the sill is along the sill, and the sea beyond the stone of the sill. Death, heretical and vain, reprieved! Cause gained, sea conciliated. And the favour is shared far off, love is avid of its possessions.

*Vous qui de mort m'avez sauvée, soyez loués, dieux
saufs, pour tout ce comble qui fut nôtre, et tout ce grand
labeur d'amour que vous avez en moi tracé, et tout ce
très grand cri de mer que vous avez en moi crié. La
mort qui change de tunique s'en va nourrir au loin son
peuple de croyants. La mer ensemencée d'écume assemble
au loin pour nous ses chevaux de parade. Et toi que
j'aime, tu es là. Mon cœur, mon corps libres de mort,
prends-en la garde et le souci . . .*

*Persiennes basses et feux éteints, la maison de boiserie
navigue comme une trirème, et sous l'auvent de bois
léger l'alignement des chevrons tient comme un rang de
rames égales pour l'envol. Filer! filer, au fil d'ivoire
de nos lattes . . . La brise est fraîche dans les stores, et
dit un nom plus frais qu'Anchise; et la maison respire
dans ses cloisons de paille . . . Ô goût de l'âme très
foraine, dis-nous la route que tu suis, et quelle trirème
heureuse tu lances toi-même vers l'aurore. Qui donc en
nous voyage qui n'a vaisseaux sur mer? Vivre n'aurait-il
sa fin? Que nul ne meure qu'il n'ait aimé!*

*Nous qui passons les mers sur notre lit sans rames ni
mâture, savons, et qu'il n'a fin, ce cours des choses
réversibles. Amour et mer et voies de mer . . . La lune
basse emplit les lampes, les salines. J'ai vu glisser dans
nos persiennes sa lame vive d'écaillère . . . Ou c'est
l'étoile Bélus qui niche dans les palmes, et rafraîchit la
nuit d'été de ses couvées de glaçons bleus. Pieds nus alors
sur les galeries de bois et sur les dalles d'avant-seuil . . .
J'ai vu s'ouvrir la nuit première et tout son bleu de
perle vraie.*

You who have saved me from death, be praised, scatheless gods, for all this fulfillment which was ours, and all this great labour of love which you have traced in me, and all this very great cry of the sea which you have cried in me. Death which changes its tunic goes far away to nourish its host of believers. The sea seeded with foam assembles far off for us its parade chargers. And you whom I love are here. My heart, my body free of death, take them in your watch and care. . . .

Blinds down and fires out, the house of timber sails like a trireme, and under the roof of light wood the rafters hold their alignment like a row of oars levelled for the flight. Fleeing, fleeing, with the flight of our ivory laths . . . The breeze is fresh in the blinds, and speaks a name fresher than Anchises; and the house breathes in its walls of straw. . . . O vagrant soul, returning quest, tell us the road you follow, and what happy trireme you too are launching towards the dawn. Who then in us voyages, who has no vessels on the sea? To life will there be no end? May no one die till he has loved!

We who cross the seas on our bed without oars or rigging, know that it has no end, this course of reversible things. Love and the sea and the sea-lanes . . . The low-hung moon fills the lamps, the salt-flats. I have seen, slipping through our shutters, her sharp blade of an oyster-knife. . . . Or is it the star Belus which nests in the palms, and cools the summer night with its coveys of blue icicles? Barefooted then on the wooden galleries and the slabs before the threshold . . . I have seen the first night open out and all its blue of true pearl.

*La terre et ses daims noirs descendent aux laisses de
basse mer. Et la mer à pieds nus s'éloigne sur les sables.
Les continents lisérés d'or voyagent dans leur nimbe. Les
îles agrandies cèdent au médaillier des grèves leurs grandes
monnaies planes de bois lisse, ou de cuir; et les siliques
entrouvertes, en forme de carènes, qui ont vidé leurs
loges, leurs écuelles, montrent leurs cloisons blanches et
sèches comme des bancs de rameurs. Les graines flot-
tantes s'ensevelissent au lieu de leur atterrissage. Il en
naîtra des arbres pour l'ébénisterie.*

*Ô demeure, ô branchies entre la mer des choses et
moi . . . Qu'est tout ce monde inconnaissable où nous
aimons, parmi ces houles immergées, comme sur les
cimes tard fleuries des forêts inondées? . . . Cette nuit,
l'étoile est double et s'enfle sur les eaux. De très grands
astres ruisselants sortent de mer comme des épées vives,
sans garde ni poignée; et la mer nous rejette la lame du
belluaire. Des compagnies sans armes se déploient dans
les jardins de pierre, comme au sortir des grandes fêtes
interraciales où se plaisaient les conquérants heureux,
marieurs de peuples sur les plages.*

*Il va pleuvoir avant le jour. La nuit déchire ses ban-
delettes. Et sur les sables picorés nul ne déchiffrera l'écrit.
La pierre du seuil se couvre d'arborescences pâles, de
présages. Les bêtes déifiées s'éveillent dans les urnes. Les
horoscopes sont tirés. Mer conciliée, cause gagnée. Et
les vapeurs de mer assiègent la bouche des citernes, et
dans les vieilles maçonneries liées au sable de mer
s'élargissent les taches de l'infection divine. De hautes
pierres blanches, adossées, sont léchées par les chèvres.*

The land and its black does descend to the low-tide marks of the sea. And the sea, with bare feet, withdraws over the sands. The continents edged with gold voyage in their haloes. The enlarged islands yield to the medal collection of the shores their great planed coins of polished wood, or of leather; and the half-opened pods, in the shape of hulls, which have emptied their cells, their basins, expose their partitions, white and dry, like rowers' benches. Floating seeds bury themselves where they come to rest. And from them grow trees for the cabinetmaker's art.

O dwelling, O branchiae between the sea of things and me . . . What is all this unknowable world where we love, among the submerged swells, as if on the late-flowering crests of flooded forests? . . . Tonight, the star is double and swells on the waters. Very large streaming planets rise from the sea like live swords without guard or hilt; and the sea flings back to us the blade of the gladiator. Companies without arms deploy in the stone gardens, as at the breaking up of great interracial celebrations where the happy conquerors, marriers of races on the beaches, took their pleasure.

It will rain before daylight. Night tears its bandlets. And on the rain-pecked sands no man will decipher the writing. The stone threshold is covered with pale arborescences, with omens. The deified beasts awaken in their urns. The horoscopes are drawn. Sea conciliated, cause gained. And the sea mists besiege the mouths of the cisterns, and on the ancient masonry bound with sea sand spread the stains of the divine infection. And tall white stones, their back to the wall, are licked by goats.

*Enfuie la peine, migratrice! Et j'aime; et tu es là. Il n'est
sécurité plus grande qu'au vaisseau de l'amour.*

*. . . Voici la brise d'avant pluie! Entends la chute, sur
le toit, des petites noix de palme. On les recueillera dans
nos larmiers, pour l'ornement du jour, et je te montrerai
comment, chaussées de corne ou bien d'ivoire, enchâssées
d'ongles et d'écailles, elles sont enturbannées à la mode
des Indes . . . La brise de mer est sur les cayes. Le vin
de palme est dans les palmes. Et ce bruit, c'est la pluie . . .
Non, cliquetis d'armes remuées au râtelier des palmes.
Quelle autre âme, soudain, bat de l'aile, et captive, dans
nos tentures de paille lattées de jonc—comme sont les
voiles, nous dit-on, des hautes jonques d'Asie?*

*. . . Il pleut sur les terrasses et les toitures cannelées:
tuiles alors couleur de corne et de muscade, couleur de
pierres sonores pour batteries légères et tympanons. La
jarre de terre est sous l'auvent, et sa hanche est heureuse.
L'ondée de mer est sur le carrelage et sur la pierre du
seuil; est dans les jattes de plein air et les terrines vernis-
sées aux revers de Nubiennes. S'y lavera l'Amante de sa
nuit d'amante; y lavera ses hanches et puis sa gorge et
son visage, y lavera ses cuisses jusqu'à l'aine et jusqu'au
pli de l'aine. L'étoile aussi s'y lavera dernière venue et
tard sevrée.*

*. . . Il a plu, c'est le jour. Lune couleur d'alun. Et le
ciel au levant prend couleur de sarcelle. À toute grâce,
bienvenue! L'aube d'Été est, sur la mer, le premier pas
d'amante nue hors de son linge foulé bas. De mer issu,
et par les femmes, ce corps de femme né de femme . . .*

Gone is the pain on its migrations. And I love; and
you are here. There is no security as great as in the
vessel of love.

. . . Now comes the breeze before the rain! Listen to
the fall, on the roof, of these little palm nuts. We will
gather them under our eaves, to be the ornament of the
day, and I will show you how, shod with horn or ivory,
set with claws and shells, they are turbaned in the style
of the Indies. . . . The sea-breeze is on the cays. The
palm wine is in the palms. And this sound is the rain
. . . No, rattle of arms stirring in the rack of the palms.
What other soul, suddenly, beats its wings captive in our
straw hangings battened with rush, as are the sails, we
are told, of the tall junks of Asia?

. . . It is raining on the terraces and the channelled
roofs: tiles take the colour of horn and of nutmeg, colour
of sonorous stones for light drums and dulcimers. The
earthen jar is under the eaves, and its haunch is happy.
The sea shower falls on the tiles and on the threshold
stone; falls in the outer basins and the varnished earthen
vessels with Nubian women's lips. There, the Loved
One will wash herself of her night of love; will wash
her hips, and then her breasts and her face, will wash her
thighs to the groin and to the fold of the groin. The star
also will be washed there, the last to come and late
weaned.

. . . It has rained, it is day. Moon colour of alum. And
the sky in the east takes on the colour of a teal. Wel-
come to all grace! The Summer dawn is, on the sea, the
first step of the Loved One naked, out of her linen
dropped in circle around her. Issue of the sea, and by
women, the woman's body born of woman . . . And

Et celle qui pour la nuit avait gardé ses perles nées de mer, s'apparentera encore au siècle du corail . . . Et peut-être n'a-t-il plu: si douce, ô pluie, fut ton approche . . . Et qui n'en douterait, n'était ce fin tracé de signes sur les sables, comme de fines meurtrissures au flanc des jeunes mères?

Matin lavé comme l'épouse. Et la couleur au monde restituée: entremetteuse et mérétrice! La mer est là, qui n'est plus songe. Et l'ovation lui soit donnée! comme à la mer elle-même de midi, celle qui lave ses lionceaux derrière les poivriers en fleurs . . . Je sais qu'un peuple de petites méduses, en forme d'ovaires, de matrices, emplit déjà la nuit des anses mises à jour. Et le raisin de mer est visité par de petits rongeurs nocturnes. De très grands arbres odorants se tournent en grâce vers la mer. Et toutes bêtes parasitées s'étrillent aux langues des lagunes. Et la mer roule jusqu'à nous ses poupées rondes de corail blanc. Les chercheurs d'ambre gris, sur leurs chevaux à l'amble, parcourent seuls les très longues plages renouvelées. Les ramasseurs de cailles se courbent vers les grottes et dans les creux du littoral.

Et l'on ramasse aussi, pour les abords des temples et pour les lieux d'asile, de ces petites algues sèches de literie appelées posidonies. Et les trieuses de lentilles, coiffées de longues visières de feuillage, s'attablent aux gradins de pierre et sur les avancées de pierre en forme de comptoirs. Aux pointes d'îles sont les sternes, qui frayent avec l'huîtrier-pie. Et l'aiguille aimantée du bonheur tient sur les sables immergés sa lourde flèche d'or massif.

she who for the night had kept her pearls born of the sea, will again ally herself with the century of coral. . . . And perhaps it has not rained: so sweet, O rain, was your approach. . . . And who would not doubt it, were it not for this delicate tracing of signs on the sands, like delicate bruises on the flanks of young mothers?

Morning washed like the spouse. And colour, as mediator and accomplice, restored to the world! The sea is there, that is no longer dream. And may it be given an ovation! as to the sea of noon itself, which bathes her lion cubs behind the pepper plants in flower. . . . I know that a multitude of small medusae, in the shape of ovaries, of matrices, already fills the night of coves brought to light. And the sea grape is visited by small nocturnal rodents. Very tall fragrant trees turn in grace towards the sea. And all beasts covered with parasites curry themselves against bars of the lagoons. And the sea rolls up to us its round dolls of white coral. The seekers of ambergris, on their ambling horses, alone scour the very long renewed beaches. The gatherers of quail bend towards the grottoes and in the hollows of the coast.

And here is gathered also, for the approaches of temples and for places of refuge, that little dry seaweed for bedding called posidony. And the women who sort lentils, capped with long visors of leaves, seat themselves at tables on the stone tiers and on the jutting rocks in the shape of counters. At the points of the islands are the terns which mix the oyster-catchers. And the magnetic arrow of happiness holds straight on the submerged sands its heavy shaft of massive gold. A blue fish, of a

*Un poisson bleu, du bleu d'orfèvre, qui vire au vert de
malachite aimé des grands Nomades, croise seul, en eau
libre, comme un vaisseau d'offrande . . .*

*Bienvenue! bienvenue! à tous nos hôtes—ô Consan-
guins! . . . Qu'à tous s'étende même palme! . . . Et
toi que j'aime, tu es là. La paix des eaux soit avec nous!
. . . et le sommeil aussi qui s'ouvre, pour l'amante, à la
censure du grand jour . . .*

*Il n'est sécurité plus grande qu'au sommeil de l'A-
mante.»*

✧

2—

*«. . . Solitude, ô cœur d'homme! Celle qui s'endort à
mon épaule gauche sait-elle du songe tout l'abîme? Soli-
tude et ténèbres au grand midi de l'homme . . . Mais
source aussi secrète pour l'amante—ainsi la source sous
la mer où bouge ce peu de sable et d'or . . .*

*Tu t'éloigneras, désir, que je connaisse aussi ce front de
femme mis à nu. Douce la femme au flair de l'homme,
et douce aux serres de l'esprit . . . Ô goût de l'âme très
foraine, nous diras-tu la rive que tu suis, et s'il te faut,
faveur, ce col flexible de femme jusqu'à nous?*

*Celle qui s'exhale dans mon souffle et siffle à mon
visage ce sifflement très pur et très puéril, m'ouvre le
sillage de sa grâce, et, de sa lèvre très docile à son front
de dêva, plus dévêtue que femme, livre sa face d'interdite
comme l'envers des lunes satellites.*

goldsmith's blue, which veers towards the green of mala-
chite loved by the great Nomads, cruises alone, in clear
water, like a votive vessel. . . .

Welcome! welcome! to all our guests—O Kinsmen!
. . . May the same palm be extended to all! And you
whom I love are here. The peace of the waters be with
us! . . . and sleep also, that for the Woman who loves,
lays itself open to the censure of broad daylight. . . .

There is no security so great as in the sleep of the
Woman who loves. . . ."

✧

2—

". . . Solitude, O heart of a man! Does She who falls
asleep on my left shoulder know all the depth of the
dream's abyss? Solitude and shadows at the high noon
of man. . . . But also secret spring for the Loved One:
like the spring under the sea where stirs that mist of
sand and gold. . . .

You shall withdraw, desire, so I may know also the
woman's brow bared to me. Sweet the woman to the
man's nostrils, and sweet in the talons of the mind . . .
O vagrant soul, returning guest, shall you tell us the
shore that you follow, and if you need, favour, this flexi-
ble neck of a woman to make your way to us?

She who breathes in my breath and sighs at my face
this very pure and childlike sigh, opens before me the
wake of her grace, and from her so docile lip to her
brow of a deva, more naked than woman, offers her un-
known face like the other side of satellite moons.

*Ô de toutes faces douces à voir, la plus douce épiée
. . . Au pur ovale de douceur où tant de grâce tient
visage, quelle autre grâce, plus lointaine, nous dit de
femme plus que femme? Et de Qui d'autre graciés,
recevons-nous de femme cette faveur d'aimer?*

*Saveur de vierge dans l'amante, faveur d'amante dans
la femme, et toi, parfum d'épouse à la naissance du
front, ô femme prise à son arôme et femme prise à son
essence, lèvres qui t'ont flairée ne fleurent point la mort
. . . Incorruptible, ô grâce, plus que n'est la rose captive
dans la lampe.*

*Et par toi, l'or s'allume dans le fruit, et la chair immor-
telle nous dit son cœur de safran rose; et par toi, l'eau
nocturne garde présence et saveur d'âme, comme aux
enveloppes blanches, sans souillure, des grandes palmes
pharaonnes, au lieu très-pur et très-soyeux de leur ar-
rachement.*

*. . . Ô toi qui vas, dans le sommeil, ta part mortelle
répudiant,*

*Tu m'es promesse en Orient et qui sur mer sera tenue,
tu m'es l'étrangeté dans la voile et le vélin du songe, et
tu oscilles avec la vergue sur le grand arc du ciel couleur
de rouget rose. Ou mieux, tu es la voile même, son office,
et de la voile, l'idée pure—spéculation très chaste de
l'esprit sur la surface vélique et le plan de voilure . . .*

*Tu m'es l'approche matinale et m'es la nouveauté du
jour, tu m'es fraîcheur de mer et fraîcheur d'aube sous*

O of all faces sweet to see, the sweetest watched over . . . In the pure oval of sweetness where so much grace keeps countenance, what other grace, more distant, tells us of woman more than Woman? And by Whose mercy do we receive of woman this favour of loving?

Savour of virgin in the lover, favour of lover in the woman, and you, perfume of spouse at the line of the brow, O woman taken in her aroma, woman taken in her essence, lips that have known your scent bear no fragrance of death . . . More incorruptible, O grace, than is the rose captive in the lamp.

And due to you, gold lights up in the fruit, and the immortal flesh tells us its heart of rosy saffron; and due to you, the nocturnal water keeps presence and savour of soul, as in the white inner tissues, without stain, of the great pharaoh palms, at the very pure, very silk place of their detachment.

. . . O you who, in sleep, go repudiating your mortal part,

You are to me promise in the Orient that will be redeemed at sea, and you are to me the strangeness in the sail and the vellum of the dream, and you swing with the yard on the great arc of the sky colour of rosy red mullet. Or better, you are the sail itself, its office, and, of the sail, the pure idea—very chaste speculation of the spirit on the area of sail and the sail design. . . .

You are to me the approach of morning and to me the newness of day, you are to me freshness of the sea

*le lait du Verseau, quand la première nuée rose se mire
au miroir d'eau des sables, et l'Étoile verte du matin,
Princesse apanagée du jour, descend, et les pieds nus,
les gradins verts du ciel pour aumôner l'enfance au front
bouclé des eaux . . .*

*Tu m'es la transparence d'aigue du réveil et la pré-
monition du songe, tu es l'invisible même de la source
au lieu de son émission, comme l'invisible même de la
flamme, son essence, au lieu très pur et sans offense où
le cœur frêle de la flamme est une bague de douceur . . .*

*Tu es mangeuse de pétales et chair d'amaryllis des
grèves, tu as goûté le sel aux paumes de l'Amant et l'as
nourri du riz de tes rizières. Tu es l'innocence du fruit
sur la terre étrangère; l'épi cueilli chez le Barbare; le
grain semé sur la côte déserte pour le voyage du re-
tour . . .*

*Ô femme prise dans son cours, et qui s'écoule entre
mes bras comme la nuit des sources, qui donc en moi
descend le fleuve de ta faiblesse? M'es-tu le fleuve, m'es-
tu la mer? ou bien le fleuve dans la mer? M'es-tu la mer
elle-même voyageuse, où nul, le même, se mêlant, ne
s'est jamais deux fois mêlé? . . .*

*Heureuse la courbe qui s'inscrit au pur délice de
l'amante.*

✧

*. . . Celle qui s'épanche à mon épaule gauche et remplit
l'anse de mon bras, gerbe odorante et lâche, non liée (et*

and freshness of dawn beneath the milk of Aquarius,
when the first rosy mist is reflected in the water mirror
of the sands, and the green star of morning, titulary
Princess of day, descends with bare feet the green ter-
races of the sky to give alms to childhood at the curled
brow of waters. . . .

You are to me the transparent waters of awakening
and premonition of the dream, you are the invisible it-
self in the spring, at the place of its emission, like the
invisible itself in the flame, its essence, at the place very
pure and safe, where the frail heart of the flame is a
ring of sweetness. . . .

You are an eater of petals and are flesh of the beach
amaryllis, you have tasted salt in the palms of the Lover
and have fed him the rice of your rice fields. You are
the innocence of fruit in a strange land; the grain gath-
ered on Barbarian soil; the seed sown on the deserted
coast for the voyage of return. . . .

O woman taken in her course, and who follow be-
tween my arms like the night through the springs, who
then in me descends the flood of your weakness? Are
you to me the river, are you to me the sea? or indeed
the river in the sea? Are you to me the voyaging sea
itself, which no one entering twice has ever twice found
the same? . . .

Happy the curve inscribed in the pure delight of the
woman who loves.

. . . She who flows over my left shoulder and fills the
haven of my arm, sheaf fragrant and free, not bound

très soyeuse fut l'histoire, à mon toucher, de ces tempes heureuses),

Celle qui repose sur sa hanche droite, la face close contre moi (et de grands vases ainsi voyagent, sur leur affût d'un bois très tendre et sur leur selle de feutre blanc),

Celle qui s'anime dans le songe contre la montée des ombres (et j'ai tendu le tendelet contre l'embrun de mer et la rosée nocturne, la voile est éventée vers le plus clair des eaux),

Celle-là, plus douce que douceur au cœur de l'homme sans alliance, m'est charge, ô femme, plus légère que chargement d'épices, d'aromates—semence très précieuse et fret incorruptible au vaisseau de mes bras . . .

Allez plus doucement, ô pas des heures sur mon toit, comme pieds nus de femme sur le pont. Le ciel en mer donne son lait, et c'est douceur encore d'une aube sous le lait du Verseau.

Je veille seul et j'ai souci: porteur de femme et du miel de la femme, comme vaisseau porteur de blé d'Afrique ou du vin de Bétique. Et c'est vigile encore en Est, l'heure poreuse à notre attente.

Le taret de la mort est dans le bois du lit, est dans la quille du navire. Mais l'amour frappe plus fort aux boiseries du songe. Et moi j'entends se déchirer la nuit à l'avant d'une proue.

(and very silken to my touch was the story of those happy temples),

She who rests on her right hip, her closed face against me (and so tall vases voyage in their cradles of very tender wood and on their saddles of white felt),

She who stirs in the dream against the rising of shadows (and I have raised the awning against the sea spray and the night dew, and the sail is set towards the clearest waters),

She, sweeter than sweetness in the heart of the man without alliance, to me is a load, O woman, lighter than a load of spices, of aromatics—very precious seed and incorruptible freight in the vessel of my arms. . . .

Go more softly, O step on my roof, like a woman's bare feet on the deck. The sky at sea gives its milk, and it is again the sweetness of a dawn under the milk of Aquarius.

I watch alone and I am troubled: carrier of woman and of woman's honey, like a vessel carrier of African wheat or wine from Baetica. And it is still vigil in the East, the hour porous to our thought.

The teredo of death is in the wood of the bed, is in the keel of the boat. But love knocks more loudly on the panelling of dreams. And I hear the night torn on the cutwater of a prow.

Comme la mer de juin respire dans les chambres—et l'amante bat des cils sous le fléau du songe—voici la mer elle-même en fleurs sous la première ondée du jour.

Je sais, j'ai vu: mêlée d'herbages et d'huiles saintes, entre ses grandes mauves noires dilatées et ses affleurements d'abîme étincelant, berçant, pressant la masse heureuse de ses frondes,

Et d'une seule houle très prospère, comme d'un seul pas de Vendangeuse, tôt foulée, toute la mer en vain foulée, et qui s'abaisse et qui s'élève, lactation très lente, au sein même de l'Être, sa constance . . .

La brise en Est est sur l'eau neuve, plissement de chair de nouveau-né. La lune basse sur les dunes poursuit au loin les loutres blanches de l'enfance. Et la nuit tient ses mains de femme dans nos mains . . .

Celle qui sommeille encore dans le jour, la nuit de mer est sur sa face, miroir d'une aube sans visage. Et moi je veille sur sa rive, rongé d'un astre de douceur . . . J'aurai pour celle qui n'entend

les mots qui d'homme ne sont mots.

. . . Ô Voyageuse jusqu'à moi hors de ta nuit de femme, et qui t'éveilles en mains profanes, comme fille d'immortelle prise aux aisselles hors de l'écume mère, qui m'es-tu d'autre dans le jour et tout ce noircissement de l'être, son écorce?

As the June sea breathes in the chambers—and She who loves moves her lashes under the flail of dream—behold the sea itself in flower under the first shower of the day.

I know, I saw: mixed with grasses and holy oils, between its great black dilated mallows and its sparkling patches raised from the abyss, swaying, pressing the happy mass of its fronds,

And of a single luxuriant swell, as of a single stamping tread of women treaders of wine, soon trampled, all the sea trampled in vain, and which falls and rises, very slow lactation, at the very breast of Being, its constancy. . . .

The wind in the East is on the new water, wrinkling of newborn flesh. The low-hung moon over the dunes pursues afar the white otters of childhood. The night keeps its woman's hands in our hands. . . .

She who still sleeps in daylight, the sea's night is on her face, mirror of a faceless dawn. And I watch on her shore, gnawed by a star of sweetness. . . . I shall have for her who does not hear

words that of man are not words.

. . . O Voyager coming to me from your woman's night, and who awakens in profane hands, like the daughter of an immortal raised by the shoulders out of the mother foam, who else are you for me in day, and all this darkening of the Being, under its bark?

*Tu naissais, j'épiais . . . Toi dormeuse allongée sous
l'amas de tes bras et sous le bouclier des seins, tu souriais,
gardée de mal, entre mes mains fiée, comme fille de
haute naissance à qui l'on fait passer les mers—et voici,
tu t'éveilles, le front marqué du pli sacré; et quel présage
encore jusqu'à toi s'ouvre sa route de colchiques?*

*Repose, ô cœur troublé. Il n'est menace ni péril. Sur
ta faiblesse j'ai fondé, et sur ta grâce, composé. La
souveraineté d'aimer s'exerce enfin contre le doute et
l'argutie. Et n'es-tu pas de celles à qui la voix de mer
s'est fait entendre?* «*Que nulle ne mire sa crainte au
miroir de mes eaux!*»

*Dehors, le ciel s'aère à ses branchies de sel. La nuit
d'été croise ses voiles et rentre ses barques gréées d'ailes.
La lune s'apaise dans le vin de mauves. Et la servante
renversée sur ses nattes de jonc héberge à fond de golfe
les grandes figurations célestes en voie d'immersion.*

*L'aurore est sur le pas des forges; au loin la ville et tout
son peuple aux yeux cernés comme les morts. Les vais-
seaux virent sur leur ancre. Les gardes ont relâché les
chaînes d'avant-port. Et les lanternes de corne s'éteignent
dans les bouges.*

*Le bon accueil te soit donné, ô première houle visiteuse,
qui fais remuer les coques dans les darses, et les mâtures
à fond de port comme flèches au carquois. Les morts de
mort violente descendent les estuaires avec les jacinthes
d'eau. L'enfance et ses chiens jaunes déserte les fa-
milles. Et la mer de Jason nourrit au loin ses plantes
carnassières . . .*

You were being born, I was watching. . . . You sleeping one lying under the burden of your arms and under the shield of your breasts, you smiled, guarded from evil, entrusted to my hands, like a daughter of high birth who is sent across the sea—and now you awaken, forehead marked with a sacred frown; and what further presage opens up to you its route of mauve wild saffron?

Rest, O troubled heart. There is no threat nor peril. On your weakness have I founded, and on your grace, composed. The sovereignty of loving exerts itself at last against doubt and quibbling. And are you not of those to whom the sea voice has made itself heard? 'May no woman find her fear reflected in the mirror of my waters!'

Outside, the sky breathes through its salt-crystalled gills. The summer night takes in its sails and calls home its boats rigged with wings. The moon finds appeasement in the wine of mallows. And the servant lying back on her rush mat welcomes at the end of the gulf the great celestial figurations on the way to immersion.

Dawn is on the step of the forges; distant the town and all its people with dark-circled eyes like the dead. The vessels swing at anchor. The guards have released the chains of the outer harbour. And the horn lanterns go out in the taverns.

You will be well received, O first visiting swell that loves the hulls in the basins, and the masts, deep in the port, like arrows in a quiver. Those who have died a violent death go down the estuaries with the water hyacinths. Childhood and its yellow dogs desert the families. And far in the distance the sea of Jason feeds its carnivorous plants. . . .

*Amour, ô grâce recouvrée sous la censure du grand
jour . . . Ne me dessaisis pas, clarté! de cette faveur, en
tout, d'aimer, comme du souffle dans la voile . . . Étroits
sont les vaisseaux, étroite notre couche. Et d'avoir si
longtemps, dans la nuit, ployé l'arceau de la tendresse,
garderons-nous contre le jour cette inflexion du corps et
de l'épaule qui tarde à se défaire,*

*comme il advient à ceux qui longtemps furent au creux
des coques très fidèles? . . .»*

6

1—

«. . . Un peu avant l'aurore et les glaives du jour,
quand la rosée de mer enduit les marbres et les bronzes,
et l'aboiement lointain des camps fait s'émietter les
roses à la ville, je t'ai vu, tu veillais, et j'ai feint le
sommeil.

*Qui donc en toi toujours s'aliène, avec le jour? Et ta
demeure, où donc est-elle? . . . T'en iras-tu demain sans
moi sur la mer étrangère? Qui donc ton hôte, loin de
moi? Ou quel Pilote silencieux monte seul à ton bord,
de ce côté de mer où l'on n'aborde?*

*Toi que j'ai vu grandir au-delà de ma hanche, comme
guetteur penché sur le bord des falaises, tu ne sais point,
tu n'as point vu, ta face d'aigle pérégrin. L'oiseau taillé
dans ton visage percera-t-il le masque de l'amant?*

*Qui donc es-tu, Maître nouveau? Vers quoi tendu, où
je n'ai part? et sur quel bord de l'âme te dressant, comme*

Love, O grace regained under the censure of full day-light . . . Do not rob me, light! of that favour of love in all things, as of the wind in the sail. . . . Narrow are the vessels, narrow our couch. And from having so long, in the night, bent the arch of tenderness, shall we keep against the day that curve of body and of shoulder that is slow to come undone,

as happens to those who for a long time within the faithful curve of a narrow hull have lain? . . ."

6

1—

". . . A LITTLE before daybreak and the swords of day, when the sea-dew covers the marbles and the bronzes, and the distant barking from the camps shakes the petals from roses in the city, I saw you, you were lying awake, and I feigned sleep.

Who then in you always becomes estranged, with the daylight? And your abode, where is it? . . . Will you go tomorrow on the alien sea without me? Who then is your host, far from me? Or what silent Pilot mounts alone to your deck, from that seaward side whence no one boards?

You whom I have seen reaching far beyond my haunch, like a watcher bent on the brim of the cliffs, you do not know, you have not seen, your face of a peregrine eagle. Will the bird carved in your face pierce the mask of the lover?

Who then are you, new Master? Towards what reaching, where I have no part? and on what border of the

prince barbare sur son amas de sellerie; ou comme cet
autre, chez les femmes, flairant l'acidité des armes?

Comment aimer, d'amour de femme aimer, celui pour
qui nul ne peut rien? Et d'amour que sait-il, qui ne sait
qu'épier, au miracle du front, ce seul bonheur de femme
qu'il suscite? . . .

Voici. Le vent se lève. Et l'étrille de l'athlète court déjà
sur l'eau vive. La mer en armes toujours commande! . . .
N'est-il si grand amour qui ne médite l'action?—amour,
amour qui si grand n'est, qu'au temps de sa désertion . . .

Les aigles cette nuit n'étaient point aux armées. Tres-
saillement d'armes sous les sables et sous la pierre du
seuil . . . Et toujours, à ta porte, la même vague hennis-
sante, du même geste offrant, par ses deux branches haut
tenues, le même spectre du haut mors!

De mer aussi, le savais-tu? nous vient parfois ce grand
effroi de vivre. Et l'inquiétude alors est dans le sein de
femme comme la vipère cornue des sables . . . Courlis
du cœur, craintes d'amante, il n'est péril plus grand
qu'au sommeil de l'Amante.

Celui qui, dans la nuit, franchit la dune de mon corps
pour s'en aller, la tête nue, interroger sur les terrasses
Mars rougeoyant et fort ainsi qu'un feu de marche sur
la mer, je dis qu'il n'a de femme l'usage ni le soin . . .

✧

soul raising yourself like some barbarian prince on his mass of saddlery; or like that other, among the women, scenting the acidity of weapons?

How can one love, love with a woman's love, him for whom no one can do anything? And of love what does he know, who can only watch, in the miracle of the forehead, this sole happiness of woman he is creating? . . .

Here is the truth. The wind rises. And the strigil of the athlete already curries the coursing waters. The Sea in arms always commands! . . . Is there no love so great that it does not yearn for action?—love, love, which is so great only at the time of its desertion . . .

The eagles this night were not with the armies. A quivering of arms beneath the sand and the stone of the doorsill . . . And always, at your door, the same neighing wave, with the same gesture offering, by its two shafts held high, the same spectre of the arrogant bit.

From the sea too, did you know? there comes to us at times this great terror of being alive. And anguish then is in the woman's breast like the horned viper of the sands. Curlews of the heart, fears of the Woman who loves, there is no peril greater than in the sleep of the Woman who loves.

He who, in the night, crosses the dune of my body and goes off, bareheaded, towards the terraces to question Mars ruddy and strong as a ship's running lights on the sea, I say he has of woman neither the usage nor the care. . . .

❖

. . . Solitude, ô cœur d'homme! la haute mer en toi portée nourrira-t-elle plus que songe? La nuit d'albâtre ouvrait ses urnes à la tristesse, et dans les chambres closes de ton cœur j'ai vu courir les lampes sans gardiennes.

Où es-tu? dit le songe. Et toi, tu n'as réponse: accoudé à ton mal comme un fils de Navarque, démuni de vaisseaux, qui a bâti en vue de mer sur la côte déserte—et son lit donne, toutes baies ouvertes, sur l'étendue des eaux.

Où es-tu? dit le songe. Et toi, tu vis au loin, tu vois cette ligne, au loin, qui bouge et crie démence: la mer au loin, d'âme inégale, comme une armée sans maître encombrée de devins . . . Et moi, que sais-je encore des routes jusqu'à toi?

Ne me sois pas un Maître dur par le silence et par l'absence. Ô face aimante, loin du seuil . . . Où combats-tu si loin que je n'y sois? pour quelle cause qui n'est mienne? Et tes armes quelles sont-elles, dont je n'ai point lavé la face?

J'ai crainte, et tu n'es là. L'épouse est seule et menacée, l'amante bafouée. Où sont tes émissaires, tes gardiens? L'épouse désertée sera-t-elle aussi trahie? . . . Qui tient le siège par la mer? L'intrigue est sur le front de mer. Tu as noué l'intelligence. Et qui donc introduit l'Étrangère dans la place?—La Mer est là, qui ne se nomme. Et fait le tour de la maison. L'investissement touche à sa fin. La foule est dans les chambres. L'épouse n'est plus gardée de la promiscuité . . . Et ce n'est point, sur notre seuil, pas de nourrice ni d'aïeule, mais l'on a fait

. . . Solitude, O heart of a man! will the high sea borne in you feed more than dream? The alabaster night opened its urns to sadness, and through closed chambers of your heart I have seen lamps moving without their guardians.

Where are you? says the dream. And you have no answer: bent over your pain like a navarch's son, deprived of vessels, who has built in view of the sea on the deserted coast—and his bed looks out, all bays opened, on the expanse of the waters.

Where are you? says the dream. And you live far off, you see far off that line which moves and cries madness: the sea, far off, an uneven soul, like an army without a master encumbered with soothsayers. . . . And what do I still know of the routes that lead to you?

Do not be to me a Master harsh in his silence and in his absence. O loving face, far from the threshold . . . Where do you fight so far away that I am not there? For what cause that is not mine? And what are your arms whose face I have not washed?

I am afraid, and you are not here. The wife is alone and threatened, the Woman who loves is scorned. Where are your emissaries, your guards? Will the deserted wife also be betrayed? . . . Who holds the siege by the sea? The intrigue is on the seafront. You have secret speech with the enemy. And who, then, introduces the Stranger in the square?—The Sea is there, which gives no name. And makes the round of the house. The investment nears its end. The crowd is in the chambers. The wife is no longer guarded from promiscuity. . . . And these are not, on our doorsill, the steps of aged nurse or grand-

*entrer la Magicienne—celle que l'on fait monter par les
cuisines et le quartier des écaillères. Qu'elle s'ouvre les
veines dans la chambre et ne s'approche de ton lit! Mer
adultère et magicienne, qui t'ouvre là ses jupes vertes,
et m'offre à boire ses boissons vertes. Et nous baignons,
tous deux complices, dans ses yeux verts de Thessalienne
—menace et honte pour l'Amante . . .*

*Dieux secourables, dieux terrestres! ne prendrez-vous
contre la Mer le parti de l'Amante? . . . Et toi, cœur
d'homme non cruel, veuille le Ciel aussi t'absoudre de ta
force!*

✧

*. . . Toi que j'ai vu dormir dans ma tiédeur de femme,
comme un nomade roulé dans son étroite laine, qu'il te
souvienne, ô mon amant, de toutes chambres ouvertes
sur la mer où nous avons aimé.*

*Nos lits défaits, nos cœurs à nu, songe à tout ce batte-
ment d'orage et de mer haute qui fut notre sang même,
en quête de l'aveu; à tous ces astres consumés que nous
portions en mer avant le jour, marchant pieds nus entre
les myrtes comme des meurtriers sacrés aux mains en-
sanglantées d'aèdes; à tant de lunes exténuées que nous
jetions, du haut des caps, au vol des mouettes stercoraires.*

*Aimer aussi est action! J'en atteste la mort, qui
d'amour seul s'offense. Et nos fronts sont parés du sel
rouge des vivants! Ami, ne t'en va point de ce côté des
villes où les vieillards un jour vous tressent la paille des
couronnes. Gloire ni puissance ne se fondent qu'à hau-*

mother, but the Sorceress has been brought in. She who is let in through the kitchens and the quarters of the women oyster-shellers. May she open her veins in the chamber and not approach your bed! Sea adulteress and sorceress, who opens her green skirts here for you, and offers me her green potions to drink. And like two accomplices we bathe in the green eyes of the Thessalian woman—threat and shame for the Woman who loves.

Beneficent gods, terrestrial gods! Will you not take the side of the Woman who loves against the sea? . . . And you, heart of a man who is not cruel, may Heaven also absolve you of your force!

. . . You whom I have seen asleep in my woman's warmth, like a nomad rolled tightly in his woollen rug, may you remember, O my lover, all those chambers open on the sea where we have loved.

Our beds undone, our hearts laid bare, think of all that beating of storms and of high seas which was our very blood, in search of the avowal; of all those burnt-out stars that we carried out to the sea before daylight, walking barefooted among the myrtles like ritual murderers with the bloody hands of sacred bards; of so many wasted moons that we threw from the top of the capes into flights of predatory gulls.

Loving also is action! I call death to witness, to whom alone love is an offence. And our foreheads are adorned with the red salt of the living! My love, do not go away towards the cities, where old men one day weave the straw of crowns. Neither glory nor power is well founded

teur du cœur d'homme. Et l'amour au désert consume
plus de pourpre que n'en revêt la chute des Empires.

Ne t'éloigne pas non plus de moi sur la mer incertaine.
Il n'est de mer, ni d'heure, ni d'action, où ne puisse vivre
femme, ta servante. Et la femme est dans l'homme, et
dans l'homme est la mer, et l'amour loin de mort sur
toute mer navigue. Mais nous, que savons-nous des forces
qui nous joignent? . . . Entends battre mon aile dans
ton aile, captive—appel à l'orfraie mâle de sa compagne
non sevrée!

J'ai crainte, et j'ai eu froid. Sois avec moi contre la
nuit du froid—comme au tertre des Rois, face à la mer,
et pour le rite du solstice, l'astre rouge par le prêtre at-
taché à son montant de pierre noire, perforée . . . Tiens-
moi plus fort contre le doute et le reflux de mort. Re-
garde-moi, Puissant! en cet endroit princier du front,
entre les yeux, où du pinceau très vif se fixe le rouge
vermillon du sacre.

Adjoint le dieu! Et foi jurée! . . . Ne t'éloigne point.
Sois là! Que nul en toi ne songe ni s'aliène! Et celle
qui veillait, sur son flanc droit, sa veille de mortelle, se
lèvera encore auprès de l'homme pour ce grand rire
d'immortels qui nous liait tous deux à la dissipation des
eaux . . . Et ma prière alors aux dieux muets: qu'un
même lé de mer, au même lé de songe, nous joigne un
jour, de même mort!

Il n'est d'action plus grande, ni hautaine, qu'au vais-
seau de l'amour.»

❖

save at the height of man's heart. And love in the desert consumes more purple than was used to clothe the fall of Empires.

Neither go far from me on the uncertain sea. There is no sea, nor hour, nor action, where woman cannot live, your servant. And the woman is in the man, and in the man is the sea, and love sails far from death on all the seas. But what do we know of the forces that unite us? . . . Hear my wing beat, captive, in your wing—appeal to the male osprey from his unweaned companion!

I am afraid, and I was cold. Be with me against the night of the cold—as on the mound of the Kings, facing the sea, and for the rite of the solstice, the red star fastened by the priest to its post of black perforated stone. . . . Hold me tighter against doubt and the ebb-tide of death. Look at me, Powerful One! at this princely part of the brow, between the eyes, where with a very vivid brush is affixed the vermilion red of the sacred sign.

Captured the god! And fealty sworn! . . . Do not withdraw. Be there! May no one in you dream or become a stranger! And she who, lying on her right side, kept vigil of a mortal, will again raise herself at man's side for that great laughter of the immortals which binds us both to the dissipation of the waters. . . . And my prayer then to the mute gods: may one same width of sea, to one same width of dream, unite us, one day, in the same death!

There is no action greater, nor prouder, than in the vessel of love."

❖

2—

«. . . *Armes rompues à fond d'aurore—ô splendeur! ô
tristesse!—et mer au loin inéligible . . . Un homme a
vu des vases d'or aux mains des pauvres. Et moi j'errais
au même songe, longeant l'étroite rive humaine.*

*Ni traître, ni parjure. N'aie crainte. Vaisseau qui porte
femme n'est point vaisseau qu'homme déserte. Et ma
prière aux dieux de mer: gardez, ô dieux! croisée de
femme, l'épée très chaste du cœur d'homme.*

*Amie, notre race est forte. Et la mer entre nous ne
trace point frontière . . . Nous irons sur la mer aux très
fortes senteurs, l'obole de cuivre entre les dents. L'amour
est sur la mer, où sont les vignes les plus vertes; et les
dieux courent au raisin vert, les taureaux aux yeux verts
chargés des plus belles filles de la terre.*

*J'y laverai mon linge de nomade, et ce cœur d'homme
trop peuplé. Et là les heures nous soient telles qu'on les
veuille prier: comme filles de grande maison quand elles
s'embarquent sans servantes—libres manières et très haut
ton, honneur et grâce et flèvre d'âme!*

*Amants, nous ne sommes point gens de labour ni valets
de moisson. Pour nous la haute et libre vague que nul
n'attelle ni n'oblige. Et pour nous, sur l'eau neuve, toute
la nouveauté de vivre, et toute la grande fraîcheur d'être
. . . Ô dieux, qui dans la nuit voyez nos faces à découvert,
vous n'avez vu des faces peintes ni des masques!*

❖

2—

"... Weapons broken in the heart of dawn—O splendour! O sadness!—and the sea afar ineligible ... A man has seen vases of gold in the hands of the poor. And I wandered in the same dream, following the narrow human shore.

Neither traitor, nor perjurer. Have no fear. Vessel bearing woman is not vessel which man abandons. And my prayer to the gods of the sea: keep, O gods, the very chaste sword of a man's heart always crossed with woman.

My love, our race is strong. And the sea between us traces no frontier. . . . We will go forth on the strong-smelling sea, the obol of copper between our teeth. Love is on the sea, where the vineyards are greenest; and the gods run to the green grapes, and bulls with green eyes bearing on their backs the most beautiful girls of the earth.

There I shall wash my nomad's linen, and this too populous heart of man. And there may the hours be such that we would beg them to voyage with us: like daughters of great houses when they embark without servants—ease of manners and very high tone, honour and grace and fever of the soul!

Lovers, we are not men of the plough nor harvest hands. For us the high free wave that no one harnesses or compels. And for us, on the new water, all the novelty of living, and all the great freshness of being ... O gods, who in the night see our faces uncovered, you have not seen painted faces or masks!

❖

Quand nous aurons levé nos lattes de bois mince, un siècle entier du drame aura tendu ses draps nouveaux. Quelqu'un enfin s'est fait entendre! Quel hennissement d'étalon blanc a fait courir, avec la brise, ce très grand frémissement d'amante sur la robe des eaux?

Nous descendrons aux baies mi-closes où l'on baigne au matin les jeunes bêtes échauffées, encore toutes gluantes du premier flux de sève vaginale. Et nagerons encore de pair, avant de lever l'ancre, sur ces hauts-fonds d'eau claire, carrelés d'azur et d'or, où vont nos ombres s'unissant au même lé de songe.

Le vent se lève. Hâte-toi. La voile bat au long du mât. L'honneur est dans les toiles; et l'impatience sur les eaux comme fièvre du sang. La brise mène au bleu du large ses couleuvres d'eau verte. Et le pilote lit sa route entre les grandes taches de nuit mauve, couleur de cerne et d'ecchymose.

. . . Amies, j'ai tant rêvé de mer sur tous nos lits d'amants! et si longtemps l'Intruse a sur nos seuils traîné sa robe d'étrangère, comme bas de jupe sous les portes . . . Ah! qu'une seule vague par le monde, qu'une même vague, ô toutes, vous rassemble, compagnes et filles de tout rang, vivantes et mortes de tout sang!

✧

. . . Et la mer, de partout, nous vient à hauteur d'homme, pressant, haussant l'essaim serré des jeunes vagues, comme mille têtes d'épousées . . . Roses, dit la

When we will have raised our laths of thin wood, an entire century of the drama will have spread its new hangings. Someone at last has made himself heard! What whinnying of a white stallion has caused this tremor of a loving woman to course, with the breeze, over the robe of the waters?

We shall go down to the half-closed bays where in the morning they wash the young animals in heat, still all sticky from the first flow of vaginal sap. And we shall swim again abreast, before raising anchor, on those shoals of clear water, chequered with azure and gold, where our shadows come together in the same breadth of dream.

The wind is rising. Hasten. The sail flaps along the mast. Honour is in the canvas; and impatience on the waters like fever in the blood. The breeze leads to the blue of the open sea its snakes of green water. And the pilot reads his course between the great patches of mauve night, colour of eye shadows and bruises.

. . . Loved ones, I have dreamed so much of the sea on all our lovers' beds! and for so long a time the Intruder has, on our sills, trailed her robe of a Stranger, like the hem of a skirt under the doors. . . . Ah! may one single wave throughout the world, the same wave, gather you all, companions and girls of all ranks, living and dead of every blood!

. . . And the sea comes to us from all sides, at the height of a man, pushing, raising the serried swarm of young waves, like a thousand brides' heads. . . . Roses,

*légende, roses qui preniez feu aux mains du Ravisseur,
m'envierez-vous Celle qui passe avec moi la porte de
chaux vive, sur l'escalier du port?*

    *Du meilleur de nos grains, du meilleur de nos fruits
fut cette chair, ô femme, façonnée. Les sels noirs de la
terre poudrent encore ses cils liés. Alcoolats de lavande,
eaux de cédrat au zeste nous diront mieux sur mer son
âme de sel vert. Et l'amour sur le pont chausse sandales
de cuir rouge . . . «Ayah, chèvre du bord, vous donnera
son lait . . . Le singe a emporté vos perles dans la
mâture . . .»*

    *—Mortelle? Ah! plus aimée d'être en péril! . . . Tu
ne sais pas, tu ne sais pas, ô Parque, pour le cœur
d'homme très secret, ce prix d'une première ride de
femme au plus insigne du front calme. «Gardez», disait
l'homme du conte, «gardez, ô Nymphe non mortelle,
votre offre d'immortalité. Votre île n'est pas mienne où
l'arbre ne s'effeuille; ni votre couche ne m'émeut, où
l'homme n'affronte son destin.»*

    *Plutôt la couche des humains, honorée de la mort! . . .
J'épuiserai la route du mortel—fortune de mer et mal-
encontres—et garderai de male épine Celle qui s'abrite
sous ma voile. Mains périssables, mains sacrées! vous
renouez pour moi la dignité de vaincre. Aimant, je
vais où va la mort aventureuse et vaine. Ô libre rire des
Amants, et l'arrogance du haut vivre, comme sur la mer
insaisissable et brève, ce grand frémissement d'honneur
où court la voile sous ses ris! . . .*

❖

says the legend, roses that caught fire in the hands of the Ravisher, will you envy me Her who passes with me through the door of quicklime, on the stairs of the port?

Of the best of our grain, of the best of our fruit, this flesh, O woman, was made. The black salts of the earth still powder her sealed lashes. Spirits of lavender, waters of citron rind will reveal more, on the sea, of her soul of green salt. And love on the deck dons sandals of red leather . . . 'Ayah, the ship's goat, will give you her milk. . . . The monkey has carried your pearls into the rigging. . . .'

—Mortal? Ah! more greatly loved for being in peril! . . . You do not know, you do not know, O Fates, for the most secret heart of a man, the great price of that first line on the noblest part of a woman's calm brow. 'Keep,' said the man in the tale, 'keep, O non-mortal Nymph, your offer of immortality. Your island is not mine where the tree sheds no leaves; neither does your couch move me, where man does not face his destiny.'

Rather the couch of humans, honoured by death! . . . I will exhaust the road of mortal man—perils of the sea and misfortunes—and will guard from the evil thorn Her who takes shelter under my sail. Perishable hands, sacred hands! you renew for me the dignity of conquering. Loving, I go where death goes, adventurous and vain. O free laughter of the Lovers, and the arrogance of ardent living, as on the sea, unseizable and brief, that great tremor of honour where skims the sail under its reefs! . . .

. . . *Beau temps en mer, deux rides pures au front très pur; et grand bienfait d'amante sur les eaux. Celle dont le cœur nourrit l'innocence du jour, et porte à l'indigence son bol de douceur; celle qui porte son amour comme l'oubli des lampes en plein jour; celle qui a dit en moi le vrai, et qui me rachètera des mains du Barbaresque, celle-là, plus forte que douceur, m'a dit de femme plus que femme. Et la mer entre nous tient haute caste de vivants.*

Étroits sont les vaisseaux, étroite notre couche. Et par toi, cœur aimant, toute l'étroitesse d'aimer, et par toi, cœur inquiet, tout l'au-delà d'aimer. Entends siffler plus haut que mer la horde d'ailes migratrices. Et toi force nouvelle, passion plus haute que d'aimer, quelle autre mer nous ouvres-tu où les vaisseaux n'ont point d'usage? (Ainsi j'ai vu un jour, entre les îles, l'ardente migration d'abeilles, et qui croisait la route du navire, attacher un instant à la haute mâture l'essaim farouche d'une âme très nombreuse, en quête de son lieu . . .)

Amants terribles et secrets, ô silencieux Amants, ô vous que nul sommeil ne souille, la Mer vous ait en sa puissance! . . . Le monde court à ses renouvellements d'assises—déchirement de sages à la proue, semence d'éclairs sur toutes crêtes, et tout l'échevèlement joyeux du drame non faillible. Pour nous la mer invétérée du songe, dit réel, et ses grandes voies d'empire portant au loin l'alliance, et ses grandes lois d'irrévérence portant au loin révélation; pour nous, ô face très prodigue, l'immense ruche du futur, plus riche d'alvéoles que les falaises trouées d'idoles du Désert. Et notre attente n'est plus vaine, et l'offrande est de femme! . . .

. . . Fine weather at sea, two pure lines on the very pure brow; and great blessing of the loving Woman over the waters. She whose heart feeds the innocence of the day, and brings to the indigent her bowl of sweetness; she who carries her love like lamps forgotten in full daylight; she who has spoken the truth in me, and who will ransom me from men of Barbary, that one, stronger than sweetness, has said to me more of woman than of woman is known. And the sea holds in us high caste of living beings.

Narrow are the vessels, narrow our couch. And through you, loving heart, all the closeness of loving, and through you, unquiet heart, all that which is beyond loving. Listen to the whistling, louder than the sea, of the horde of migrating wings. And you, new force, passion higher than loving, what other sea do you open before us, where vessels are of no use? (Thus I saw one day, between the islands, the fervent migration of bees, crossing the course of the ship, fasten for one instant in the high rigging the fierce swarm of a very numerous soul in search of its habitation. . . .)

Terrible and secret Lovers, O silent Lovers, O you whom no sleep defiles, may the Sea have you in its power! . . . The world runs on to its renewing of foundations—sages torn under the prow, seed of lightning on every crest, and all the joyous disorder of the non-fallible drama. For us the inveterate sea of the dream, called real, and its great imperial highways bearing afar the alliance, and its great laws of irreverence bearing afar revelation; for us, O very prodigal face, the immense hive of the future, richer in cells than the Desert's cliffs studded with idols. And our waiting is no longer vain, and the offering is woman! . . .

*Amants! Amants! où sont nos pairs? Nous avançons,
face à la nuit, avec un astre sur l'épaule comme l'épervier
des Rois! Derrière nous tout ce sillage qui s'accroît et
qui s'allaite encore à notre poupe, mémoire en fuite et
voie sacrée. Et nous tournant encore vers la terre rétro-
grade et vers son peuple de balustres, nous lui crions,
ô terre, notre peu de foi dans sa coutume et dans son
aise; et qu'il n'est point pour nous sur mer poudre ni
cendre aux mains de l'usager.*

*De nul office n'avons-nous charge, n'étant de nul
accrédités—ni princes ni légats d'Empire, à bout de
péninsules, pour assister en mer l'Astre royal à son
coucher; mais seuls et libres, sans caution ni gages, et
n'ayant part au témoignage ... Une trirème d'or navigue,
chaque soir, vers cette fosse de splendeur où l'on verse à
l'oubli tout le bris de l'histoire et la vaisselle peinte des
âges morts. Les dieux vont nus à leur ouvrage. La mer
aux torches innombrables lève pour nous splendeur nou-
velle, comme de l'écaille de poisson noir.*

*Amants! Amants! Qui sait nos routes? ... À la Ville
ils diront: «Qu'on les cherche! Ils s'égarent! Et leur
absence nous est tort.» Mais nous: «Où donc l'abus? Les
dieux s'aveuglent sur l'eau noire. Heureux les égarés sur
mer! Et de la Mer aussi qu'on dise: heureuse l'égarée!
... Une même vague par le monde, une même vague
parmi nous, haussant, roulant l'hydre amoureuse de sa
force ... Et du talon divin, cette pulsation très forte, et
qui tout gagne ... Amour et mer de même lit, amour et
mer au même lit ...*

*Hommage, hommage à la véracité divine! Et longue
mémoire sur la mer au peuple en armes des Amants!»*

Lovers! Lovers! where are our peers? We go forward, facing the night, with a star on our shoulder like the gyrfalcon of the Kings! Behind us all this wake which grows and still draws milk at our poop, memory in flight and sacred way. And turning again towards the receding land and towards its multitude of balusters, we cry to it, O land, our lack of faith in its custom and in its ease; and of the sea we say that it leaves no powder or ashes in the hands of the user.

With no office are we charged, being accredited by no one—neither princes nor legates of Empire, at the point of peninsulas, to attend the Royal Star in its setting at sea; but alone and free, without bail or bond, and having no part in the testimony . . . A golden trireme rows, each evening, towards that chasm of splendour where all the wreckage of history and the painted pottery of dead ages are thrown to oblivion. The gods go naked to their works. The sea of unnumbered torches raises for us a new splendour, like the scales of a black fish.

Lovers! Lovers! Who knows our course? . . . In the City they will say: 'Let search be made for them! They go astray! And their absence wrongs us.' But we: 'Where then is the abuse? The gods go blinded on the black water. Happy those who stray at sea! And of the Sea also may it be said: happy she who has strayed! . . . One same wave throughout the world, one same wave among us, raising, rolling the hydra enamoured of its force . . . And from the divine heel, that very strong pulsation, which rules everywhere . . . Love and sea of the same bed, love and sea in the same bed. . . .

Homage, homage to the divine veracity! And long memory on the sea for a nation of Lovers in arms!' "

7

L'HIVER *venu, la mer en chasse, la nuit remonte les estuaires, et les voiliers d'offrande se bercent aux voûtes des sanctuaires. Les cavaliers en Est sont apparus sur leurs chevaux couleur de poil de loup. Les tombereaux chargés d'herbes amères s'élèvent dans les terres. Et les vaisseaux à sec sont visités de petites loutres de rivage. Les étrangers venus de mer seront soumis au cens.*

Amie, j'ai vu vos yeux barrés de mer, comme sont les yeux de l'Égyptienne. Et les barques de plaisance sont tirées sous les porches, par les allées bordées de conques, de buccins; et les terrasses disjointes sont envahies d'un peuplement tardif de petits lis des sables. L'orage noue ses robes noires et le ciel chasse sur ses ancres. Les hautes demeures sur les caps sont étayées de madriers. On rentre les cages d'oiseaux nains.

L'hiver venu, la mer au loin, la terre nous montre ses rotules. On fait brûler la poix et le goudron dans les bassines de fonte. Il est temps, ô Cités, d'armorier d'une nef les portes de Cybèle. Et c'est aussi le temps venu de célébrer le fer sur l'enclume bigorne. La mer est dans le ciel des hommes et dans la migration des toits. Les cordiers marchent à reculons dans les fossés du port, et les pilotes sans vaisseaux s'accoudent aux tables des tavernes, les géographes s'enquièrent des routes littorales. Le Magistrat des étrangers vous dira-t-il le gîte des Amants?

Ô songe encore, dis le vrai. Les livraisons de bois d'épave passent les portes de la ville. Les Maîtres de maison se fournissent en sel. Les filles de grande maison changent de linge devant l'âtre, et la flamme jaune bat de l'aile comme un rapace de mer dans une cage de fer.

7

COMES winter, the sea hunting, night ascends the estuaries, the votive ships sway in the arches of the sanctuaries. Horsemen in the East have appeared, their horses colour of wolf's hair. Carts loaded with bitter kelp mount slowly to the fields. And the grounded vessels are visited by small sea otters. The strangers come from the sea will be subjected to census.

My love, I have seen the sea barring your eyes like the eyes of the Egyptian woman. And the pleasure barks are pulled under the porches, by the alleys bordered with conchs, with whelks; and the damaged terraces are invaded by a late-blooming mass of small sand lilies. The storm gathers its black robes and the sky drags its anchors. The high dwellings on the headlands are stayed up with beams. The cages of dwarf birds are brought indoors.

Comes winter, the sea straying, earth shows its knee bones. Pitch and tar are burned in the iron basins. It is time, O Cities, to adorn the gates of Cybele with the figure of the ship. And the time has also come to honour the iron on the two-horned anvil. The sea is in the sky of men and in the migration of roofs. Ropemakers walk backward in the harbour moats, and pilots without ships rest on their elbows in the taverns, geographers inquire about the coastal routes. Will the Magistrates in charge of foreigners tell you the hiding place of the Lovers?

Once again, O dream, speak the truth. Deliveries of driftwood pass the gates of the city. The Masters of the houses lay in supplies of salt. The daughters of great houses change their linen before the hearth, and the yellow flame beats its wings like a sea bird of prey in an iron cage. In the chambers they burn, on shovels, the

On brûle en chambre, sur des pelles, les feuilles d'écorce cannelée. Et le trafic de mer déverse son numéraire aux cours des banques de famille, les bêtes d'attelage flairent le bronze des fontaines—tintement d'alliages dans les chambres, abaques et bouliers derrière les portes grillagées—et voici d'une devise en forme encore de nacelle, ou de chaussure de femme . . . Au témoignage des monnaies s'éclairent l'histoire et la chronique.

L'hiver venu, les mouches mortes, on tire des coffres de théâtre les grandes étoffes vertes à motifs rouge vif. Les habilleuses des morts se louent dans les théâtres avec les figurants. Et la mer aux senteurs de latrines habite encore l'angle des vieux murs. La foule marche, mêlée d'os, dans la rumeur encore des conques de Septembre . . . Amie, quelle autre mer en nous s'immerge et clôt sa rose d'ellébore? Les taches jaunes de l'été s'effaceront-elles au front des femmes? Voici venir le fond des choses: tambours d'aveugles aux ruelles et poudre aux murs longés du pauvre. La foule est vaine, et l'heure vaine, où vont les hommes sans vaisseaux.

Ô songe encore, dis le vrai. L'hiver venu, les astres forts, la Ville brille de tous ses feux. La nuit est la passion des hommes. On parle fort au fond des cours. L'aspic des lampes est dans les chambres, la torche avide dans son anneau de fer. Et les femmes sont peintes pour la nuit au rouge pâle de corail. Ivres leurs yeux barrés de mer. Et celles qui s'ouvrent, dans les chambres, entre leurs genoux d'or, élèvent à la nuit une plainte très douce, mémoire et mer du long été.—Aux portes closes des Amants clouez l'image du Navire!

✧

hollow shreds of a dried bark. And the sea traffic pours its specie in the courtyards of family banks, the yoked beasts sniff the bronze of fountains—jingling of alloys in the chambers, abaci and counting boards behind the latticed doors—and here is a foreign currency in the shape again of a small boat, or of a woman's shoe. . . . By the testimony of coins history and chronicles are clarified.

Comes winter, the flies dead, great green fabrics with bright red designs are lifted from theatre trunks. Women who dress the dead are among the *figurants* engaged in theatres. And the sea smelling of latrines, still inhabits the angle of old walls, The crowd marches, mixed with bone, in the clamour again of the conchs of September. . . . My love, what other sea in us is immersed and closes its hellebore rose? Will the yellow stains of summer be erased from the women's brows? Here the depth of things rises to the light: drums of the blind in the alleys and powder on the walls skirted by the poor man. The crowd is vain, and the hour vain, where go the men without vessels.

O dream again, speak the truth. Comes winter, the stars are strong, the City shines with all its fires. Night is the passion of men. Voices are raised in the depths of the courtyards. The asp of the lamps is in the chambers, the torch avid in its ring of iron. And the women are painted for the night with the pale red of coral. Bemused their eyes, barred by the sea. And those of them who open themselves, in the chambers, between their golden knees, raise to the night a very soft plaint, memory and sea of the long summer—On the closed doors of the Lovers nail the image of the Ship!

… *Une même vague par le monde, une même vague par la Ville … Amants, la mer nous suit! La mort n'est point! Les dieux nous hèlent à l'escale … Et nous tirons de sous nos lits nos plus grands masques de famille.*

. . . One same wave throughout the world, one same wave throughout the City . . . Lovers, the sea follows us! Death is not. The gods hail us in the port. And from under our beds we pull our largest family masks.

CHOEUR

CHORUS

1

«M<small>ER</small> *de Baal, Mer de Mammon—Mer de tout âge
et de tout nom,*
  Ô Mer sans âge ni raison, ô Mer sans hâte ni saison,

  Mer de Baal et de Dagon—face première de nos songes,
  *Ô Mer promesse de toujours et Celle qui passe toute
promesse,*

  Mer antérieure à notre chant—Mer ignorance du futur,
  *Ô Mer mémoire du plus long jour et comme douée
d'insanité,*

  *Très haut regard porté sur l'étendue des choses et sur
le cours de l'Être, sa mesure! . . .*

  *Nous t'invoquons, Sagesse! et t'impliquons dans nos
serments,*
  *Ô grande dans l'écart et dans la dissemblance, ô
grande de grande caste et haute de haut rang,*
  *À toi-même ta race, ta contrée et ta loi; à toi-même
ton peuple, ton élite et ta masse,*
  *Mer sans régence ni tutelle, Mer sans arbitre ni conseil,
et sans querelle d'investiture:*
  *Investie de naissance, imbue de ta prérogative; établie
dans tes titres et tes droits régaliens,*

1

"SEA of Baal, Sea of Mammon—Sea of every age and every name,

O Sea without age or reason, O Sea without haste or season,

Sea of Baal and of Dagon—first face of our dreams,
O Sea promise of for ever and the One who exceeds every promise,

Sea anterior to our song—Sea ignorance of the future,
O Sea memory of the longest day, as though endowed with madness,

Lofty vision directed over the expanse of things and over the course of Being, its measure! . . .

✧

We invoke you, Wisdom, and involve you in our oaths,

O great in separation and difference, O great of great caste and high of high rank,

To yourself your race, your country, and your law; to yourself your people, your *élite*, and your masses,

Sea without regency or guardianship, Sea without arbiter or council, and without quarrel of investiture:

Invested from birth, imbued with your prerogative; established in your titles and your regalian rights,

Et dans tes robes impériales t'assurant, pour discourir
au loin de la grandeur et dispenser au loin

Tes grandes façons d'être, comme faveurs d'empire et
grâces domaniales.

✧

Dormions-nous, et toi-même, Présence, quand fut
rêvée pour nous pareille déraison?

Nous t'approchons, Table des Grands, le cœur étreint
d'une étroitesse humaine.

Faut-il crier? faut-il créer?—Qui donc nous crée en
cet instant? Et contre la mort elle-même n'est-il que de
créer?

Nous t'élisons, Site des Grands, ô singulier Parage!
Cirque d'honneur et de croissance et champ d'acclama-
tion!

Et qu'est-ce encore, nous te prions, que cette alliance
sans retour et cette audience sans recours?

Plutôt brûler à ton pourtour de mer cent Rois lépreux
couronnés d'or,

Massif d'honneur et d'indigence et fierté d'hommes
sans appel.

✧

Libre cours à ta gloire, Puissance! ô Préalable et Suze-
raine! . . . Immense est le district, plénière la juridiction;

Et c'est assez pour nous, dans ton ressort, de mendier
l'usage et la franchise,

Ô Mer sans gardes ni clôtures, ô Mer sans vignes ni
cultures, où s'étend l'ombre cramoisie des Grands!

Assis à tes confins de pierre comme des chiens à tête
de singes, dieux métissés d'argile et de tristesse,

Sur toutes pentes ravinées, sur toutes pentes calcinées
couleur de fèces torréfiées,

And seated at ease in your imperial robes, to hold discourse, far and wide, on the ways of greatness, and to dispense, far and wide,

Your great rules of being, as favours of empire and domanial graces.

✧

Were we sleeping, and yourself, Presence, when was dreamed for us such unreason?

We approach you, Table of the Great, our hearts wrung with human narrowness.

Must we cry out? must we create?—Who creates us in that instant? And against death itself is there nothing else but creating?

We select you, Site of the Great, O singular vicinity! Circus of honour and growth, field of acclamation!

And what now, we beg you, is this alliance without return and this audience without recourse?

Better to burn, on the shores round you, a hundred leprous Kings with gold crowns,

Mass of honour and indigence and pride of men without appeal.

✧

Free rein to your glory, Power! O Pre-established and Suzerain! . . . Immense is the district, plenary the jurisdiction;

And it is enough for us, within your province, to beg for usage and franchise,

O Sea without guards or enclosures, O Sea without vines or crops, over which falls the crimson shadow of the Great!

Seated on your stone confines like dogs with monkey heads, gods crossed with clay and sadness,

On all the gullied slopes, on all the sun-scorched slopes the colour of faeces burnt white,

Nous te rêvions, Session dernière! et nous avions pour toi ce rêve d'une plus haute instance:

L'assemblée, à longs plis, des plus hautes cimes de la terre, comme une amphictyonie sacrée des plus grands Sages institués—toute la terre, en silence, et dans ses robes collégiales, qui prend séance et siège à l'hémicycle de pierre blanche . . .»

2

Avec *ceux-là qui, s'en allant, laissent aux sables leurs sandales, avec ceux-là qui, se taisant, s'ouvrent les voies du songe sans retour,*

Nous nous portons un jour vers toi dans nos habits de fête, Mer innocence du Solstice, Mer insouciance de l'accueil, et nous ne savons plus bientôt où s'arrêtent nos pas . . .

Ou bien est-ce toi, fumée du seuil, qui de toi-même montes en nous comme l'esprit sacré du vin dans les vaisseaux de bois violet, au temps des astres rougeoyants?

Nous t'assiégeons, Splendeur! Et te parasiterons, ruche des dieux, ô mille et mille chambres de l'écume où se consume le délit.—Sois avec nous, rire de Cumes et dernier cri de l'Éphésien! . . .

Ainsi le Conquérant, sous sa plume de guerre, aux dernières portes du Sanctuaire: «J'habiterai les chambres interdites et je m'y promènerai . . .» Bitume des morts, vous n'êtes point l'engrais de ces lieux-là!

Et toi, tu nous assisteras contre la nuit des hommes, lave splendide à notre seuil, ô Mer ouverte au triple drame: Mer de la transe et du délit; Mer de la fête et de l'éclat; et Mer aussi de l'action!

❖

We dreamt of you, ultimate Session! and for you we had this dream of a higher instance:

The assembly, in long folds, of the highest summits of the earth, like a sacred amphictyony of the greatest Sages established—the whole earth, in silence, and in its ceremonial robes, which takes its seats and holds session in the hemicycle of white stone. . . ."

2

Wɪᴛʜ those who, departing, leave their sandals on the sand, with those who, silent, open their way to a dream from which there is no return,

We proceed one day towards you, in our festival clothes, Sea innocence of the Solstice, Sea unconcern of the welcome, and soon we no longer know where our steps will cease. . . .

Or is it you, smoke of the threshold, who of yourself rise in us as the sacred spirit of the wine in the vessels of violet wood, at the season of the reddening stars?

We besiege you, Splendour! and we shall be your parasites, hive of the gods, O thousand, thousand chambers of the foam where our crime is accomplished.—Be with us, laughter of Cumes and last cry of the Ephesian! . . .

Thus the Conqueror, under his war plume, at the last gates of the Sanctuary: "I will live in the forbidden rooms and will stroll in them. . . ." Bitumen of the dead, you are not the nourishment for such places!

And you will be with us against the night of men, glorious lava on our threshold, O Sea opened to the triple drama: Sea of the trance and the transgression; Sea of the feast and the radiance; and Sea also of action!

❖

Mer de la transe et du délit—voici:

*Nous franchissons enfin le vert royal du Seuil; et faisant plus que te rêver, nous te foulons, fable divine!
. . . Aux clairières sous-marines se répand l'astre sans visage; l'âme plus que l'esprit s'y meut avec célérité. Et tu nous es grâce d'ailleurs. En toi, mouvante, nous mouvant, nous épuisons l'offense et le délit, ô Mer de l'ineffable accueil et Mer totale du délice!*

Nous n'avons point mordu au citron vert d'Afrique, ni nous n'avons hanté l'ambre fossile et clair enchâssé d'ailes d'éphémères; mais là vivons, et dévêtus, où la chair même n'est plus chair et le feu même n'est plus flamme—à même la sève rayonnante et la semence très précieuse: dans tout ce limbe d'aube verte, comme une seule et vaste feuille infusée d'aube et lumineuse . . .

Unité retrouvée, présence recouvrée! Ô Mer instance lumineuse et chair de grande lunaison. C'est la clarté pour nous faite substance, et le plus clair de l'Être mis à jour, comme au glissement du glaive hors de sa gaine de soie rouge: l'Être surpris dans son essence, et le dieu même consommé dans ses espèces les plus saintes, au fond des palmeraies sacrées . . . Visitation du Prince aux relais de sa gloire! Que l'Hôte enfin s'attable avec ses commensaux! . . .

Et l'alliance est consommée, la collusion parfaite. Et nous voici parmi le peuple de ta gloire comme l'écharde au cœur de la vision. Faut-il crier? faut-il louer? Qui donc nous perd en cet instant—ou qui nous gagne? . . . Aveugles, nous louons. Et te prions, Mort visitée des

Sea of the trance and the transgression—behold:

We cross at last the royal green of the threshold; and doing more than dream of you, we walk in you, divine fable! . . . In the clearings under the sea radiates the faceless star; the soul more than the mind moves swiftly there. And you are grace to us from far away. In you moving, we move, rejoicing in the offence and the transgression, O Sea of the ineffable welcome and total Sea of delight!

We have not bitten into the green lemon of Africa, and we have not frequented the clear fossil amber and its captive wings of may-flies; but there we live, and unclothed, where the flesh itself is no longer flesh and the fire itself is no longer flame—in the radiant sap and the very precious seed: in all this green of green dawn, like a single vast leaf infused with dawn and luminous. . . .

Unity regained! presence recovered! O Sea, shining instance and flesh of great lunations. It is light made substance for us, and the clearest part of Being brought to light, as in the sliding of the sword out of its sheath of red silk: Being, surprised in its essence, and the god himself, consumed in his holiest species, in the depths of the sacred palm groves. Visitation of the Prince to the stations of his glory! May the Host at last be seated with the guests! . . .

And the alliance is consummated, the collusion perfect. And behold us amidst the people of your glory as the splinter is in the heart of the vision. Should we cry out? should we sing praises? Who then loses us in this instant—or who wins us? . . . Blind, we sing praises. And pray to you, Death visited by the immortal Graces.

Grâces immortelles. Veuillent nos phrases, dans le chant, par le mouvement des lèvres graciées, signifier plus, ô dieux! qu'il n'est permis au songe de mimer.

Il est, il est, en lieu d'écumes et d'eaux vertes, comme aux clairières en feu de la Mathématique, des vérités plus ombrageuses à notre approche que l'encolure des bêtes fabuleuses. Et soudain là nous perdons pied. Est-ce toi, mémoire, et Mer encore à ton image? Tu vas encore et tu te nommes, et mer encore nous te nommons, qui n'avons plus de nom . . . Et nous pourrions encore te rêver, mais pour si peu de temps encore, te nommer . . .

Mer de la fête et de l'éclat—voici:

Dieu l'Indivis gouverne ses provinces. Et la Mer entre en liesse aux champs de braise de l'amour . . . Mangeuse de mauves, de merveilles, ô Mer mangeuse de pavots d'or dans les prairies illuminées d'un éternel Orient! Lessiveuse d'ors aux sables diligents, et Sibylle diluée dans les argiles blanches de la baie! . . . C'est toi, tu vas et tu t'honores, ô laveuse de tombeaux à toutes pointes de la terre, ô leveuse de flambeaux à toutes portes de l'arène!

Les vieux mâcheurs de cendres et d'écorces se lèvent, les dents noires, pour te saluer avant le jour. Et nous qui sommes là, nous avons vu, entre les palmes, l'aube enrichie des œuvres de ta nuit. Et toi-même, au matin, toute laquée de noir, comme la vierge prohibée en qui s'accroît le dieu. Mais à midi, courroucée d'ors! comme la monture caparaçonnée du dieu, que nul ne monte ni n'attelle—la lourde bête cadencée sous ses housses royales,

May our phrases, in the song, graced by the movement of the lips, signify more, O gods, than is permitted the dream to feign.

There are, there are, in a place of foam and green water, as in the clearings aflame of Mathematics, truths more restive at our approach than the necks of fabled beasts. And suddenly there we lose footing. Is it you, memory, and Sea still in your image? You go again and give your name, and sea still we name you, who have a name no longer. . . . And we might still dream you, but for so short a time still, name you. . . .

Sea of the feast and the radiance—behold:

God the Undivided governs his provinces. And the Sea rejoicing enters the ember fields of love. . . . Eater of mallows, of marvels, O Sea eater of golden poppies in prairies glorious with an eternal Orient! Washer of gold in the diligent sands, and Sibyl diluted in the white clays of the gulf! . . . It is you, as you move ahead and bring honour to yourself, O washer of tombs at all points of the earth, O bearer of torches at all gates of the arena!

The old chewers of ashes and barks rise up, their teeth blackened, to greet you before the day. And we who are there, have seen, between the palms, the dawn enriched by the work of your night. And you, yourself, in the morning, lacquered with black, like the forbidden virgin in whom grows the god. But at noon, a raging flame of gold, like the caparisoned mount of the god, whom no one mounts or harnesses—the heavy, cadenced

enchâssée de pierreries et surhaussée d'argent, qui berce
aux feux du jour son haut-relief d'images saisissantes et
ses grandes plaques agencées d'orfèvrerie sacrèe;

Ou bien bâtée de tours de guet, et sous ses grandes
amulettes de guerre agrafées de vieux cuivre, la rude
bête arquée entre ses boucliers d'honneur, qui porte à
ses crocs d'attelage, comme un amas d'entrailles et
d'algues, la riche charge de mailles, de maillons et
d'émerillons de bronze de sa cotte d'armure, et ses beaux
fers de guerre, suifés d'usure, aux emmanchures à souf-
flets de ses grands tabliers de cuir;

Ou mieux encore, et parmi nous, la douce bête nue
dans sa couleur d'asphalte, et peinte à grands motifs
d'argile fraîche et d'ocre franche, porteuse seulement du
sceptre au joyau rouge et du bétyle noir; et votive, et
massive, et pesante au bourbier de la foule, qui danse,
seule, et pèse, pour son dieu, parmi la foule immo-
lestée . . .

✧

Et Mer aussi de l'action—voici:

Nous y cherchons nos lances, nos milices, et cette
lancination du cœur qui force en nous l'exploit . . . Mer
inlassable de l'afflux, Mer infaillible du reflux! ô Mer
violence du Barbare et Mer tumulte du grand Ordre,
Mer incessante sous l'armure, ô plus active et forte qu'au
sursaut de l'amour, ô libre et fière en tes saillies! que
notre cri réponde à ton exultation, Mer agressive de nos
Marches, et tu seras pour nous Mer athlétique de l'Arène!

beast under its royal housing, set with jewels and heightened with silver, which rocks in the fires of day its high relief of striking images and its large plaques clasped with sacred jewels;

Or saddled with watchtowers, and under its large amulets of war hooked with old copper, the rugged beast arched between its shields of honour, which carried, hanging to its harness hooks, like a mass of entrails and seaweed, the rich load of mail, links and bronze swivels of its coat of armour, and its beautiful war irons, tallowed by wear, under the expanding flaps of its large leather aprons;

Or better still, and among us, the gentle beast naked in its colour of asphalt, and painted with great motifs of fresh clay and frank ochre, bearer only of the sceptre with the red jewel and the black baetyl; and votive and massive and heavy in the mire of the crowd, which dances, alone, and weighs, for its god, in the unmolested crowd . . .

And also Sea of action—behold:

There we look for our lances, our militia, and that quickening of the heart which forces us to the exploit. . . . Tireless Sea of the ebb, infallible Sea of the flow! O Sea violence of the Barbarian and Sea tumult of a great Order, incessant Sea under armour, O more active and strong than at the rapture of love, O free and proud in your mating! may our cry answer your exultation, aggressive Sea of our Marches, and you will be for us athletic Sea of the Arena!

Car ton plaisir est dans la masse et dans la propension divine, mais ton délice est à la pointe du récif, dans la fréquence de l'éclair et la fréquentation du glaive. Et l'on t'a vue, Mer de violence, et de mer ivre, parmi tes grandes roses de bitume et tes coulées de naphtes lumineuses, rouler aux bouches de ta nuit, comme des meules saintes marquées de l'hexagramme impur, les lourdes pierres lavées d'or de tes tortues géantes.

Et toi-même mouvante dans tes agencements d'écaille et tes vastes mortaises, Mer incessante sous l'armure et Mer puissance très agile—ô massive, ô totale—luisante et courbe sur ta masse, et comme tuméfiée d'orgueil, et toute martelée du haut ressac de ta faune de guerre, toi Mer de lourde fondation et Mer, levée du plus grand Ordre—ô triomphe, ô cumul—du même flux portée! t'enfler et te hausser au comble de ton or comme l'ancile tutélaire sur sa dalle de bronze . . .

Les citadelles démantelées au son des flûtes de guerre ne comblent pas un lieu plus vaste pour la résurrection des morts! Aux clartés d'iode et de sel noir du songe médiateur, l'anneau terrible du Songeur enclôt l'instant d'un immortel effroi: l'immense cour pavée de fer des sites interdits, et la face, soudain, du monde révélé dont nous ne lirons plus l'avers . . . Et du Poète lui-même dans cette quête redoutable, et du Poète lui-même qu'advient-il, dans cette rixe lumineuse?—Pris les armes à la main, vous dira-t-on ce soir.

For your pleasure is in the mass and in divine propensity, but your delight is at the extreme point of the reef, in the frequency of the lightning and frequenting of the sword. And you have been seen, Sea of violence, Sea drunk with sea, in the midst of your large roses of bitumen and your luminous flowings of naphtha, rolling to the mouths of your night, like holy millstones marked with the impure hexagram, the heavy stones, washed with gold, of your giant turtles,

And yourself moving in your ordering of scales and your vast mortises, Sea incessant under armour and Sea very agile—O massive, O total—shining and curved on your mass, and as though tumefied with pride, and all hammered with the high surf of your war-fauna, you Sea of heavy foundation, and Sea, upheaval of the highest Order—O triumph, O plenitude—on one flood borne! swelling and raising to the height of your gold, like the guardian shield, Ancila, on its bronze slab. . . .

The citadels dismantled at the sound of war flutes do not fill so vast a place for the resurrection of the dead! In the lights of iodine and black salt of the mediatory dream, the terrible ring of the Dreamer encloses the instant of an immortal terror: the huge courtyard paved with iron at forbidden sites, and the face, suddenly, of the revealed world of which we shall no more read the hidden side. . . . And the Poet himself, in this redoubtable quest, and the Poet himself, what becomes of him, in such a storm of light?—Taken, his arms in his hands, will they tell you this evening.

3

. . . Innombrable *l'image, et le mètre, prodigue. Mais l'heure vient aussi de ramener le Chœur au circuit de la strophe.*

Gratitude du Chœur au pas de l'Ode souveraine. Et la récitation reprise en l'honneur de la Mer.

Le Récitant fait face encore à l'étendue des Eaux. Il voit, immensément, la Mer aux mille fronces

Comme la tunique infiniment plissée du dieu aux mains des filles de sanctuaires,

Ou, sur les pentes d'herbe pauvre, aux mains des filles de pêcheurs, l'ample filet de mer de la communauté.

Et maille à maille se répète l'immense trame prosodique—la Mer elle-même, sur sa page, comme un récitatif sacré:

❖

«. . . *Mer de Baal, Mer de Mammon, Mer de tout âge et de tout nom; ô Mer d'ailleurs et de toujours, ô Mer promesse du plus long jour, et Celle qui passe toute promesse, étant promesse d'Étrangère; Mer innombrable du récit, ô Mer prolixité sans nom!*

En toi mouvante, nous mouvant, nous te disons Mer innommable: muable et meuble dans ses mues, immuable et même dans sa masse; diversité dans le principe et parité de l'Être, véracité dans le mensonge et trahison dans le message; toute présence et tout absence, toute patience et tout refus—absence, présence; ordre et démence—licence! . . .

Ô Mer fulguration durable, face frappée du singulier éclat! Miroir offert à l'Outre-songe et Mer ouverte à l'Outre-mer, comme la Cymbale impaire au loin appa-

3

... P_{ROLIFIC} the image, and the metre, prodigal. But the hour comes also to lead back the Chorus into the circuit of the strophe.

Gratitude of the Chorus, in the rhythm of the lofty Ode. And the recitation resumed in honour of the Sea,

The Reciter again faces the expanse of the Waters. He sees, in its immensity, the Sea of a thousand creases,

Like the infinitely pleated tunic of the god in the hands of women of the sanctuary,

Or, on the slopes of poor grass, in the hands of daughters of fishermen, the ample sea net of the community.

And mesh to mesh is repeated the immense web of poetry—the Sea itself, on its page, like a sacred recitative:

✧

". . . Sea of Baal, Sea of Mammon, Sea of every age and every name; O Sea of otherwhere and of all time, O Sea promise of the longest day, and She who passes all promise, being the promise of a Stranger; endless Sea of the recitation, O Sea nameless prolixity!

In you, moving, we move, and we pronounce you the unnamable Sea: mutable and movable in her moultings, immutable and immovable in her mass; diversity in the principle and parity of Being, truth in the lie and betrayal in the message; all presence and all absence, all patience and all refusal—absence, presence; order and madness—licence! . . .

O Sea, lasting figuration, face struck by the singular radiance! Mirror offered to the Outer-dream, and Sea opened to the Outer-sea, like the unpaired Cymbal in the

riée! Blessure ouverte au flanc terrestre pour l'intrusion sacrée, déchirement de notre nuit et resplendissement de l'autre—pierre du seuil lavée d'amour et lieu terrible de la désécration!

(Imminence, ô péril! et l'embrasement au loin porté comme aux déserts de l'insoumission; et la passion au loin portée comme aux épouses inappelées d'un autre lit . . . Contrée des Grands, heure des Grands—la pénultième, et puis l'ultime, et celle même que voici, infiniment durable sous l'éclair!)

Ô multiple et contraire! ô Mer plénière de l'alliance et de la mésentente! toi la mesure et toi la démesure, toi la violence et toi la mansuétude; la pureté dans l'impureté et dans l'obscénité—anarchique et légale, illicite et complice, démence! . . . et quelle et quelle, et quelle encore, imprévisible?

L'incorporelle et très-réelle, imprescriptible; l'irrécusable et l'indéniable et l'inappropriable; inhabitable, fréquentable; immémoriale et mémorable—et quelle et quelle, et quelle encore, inqualifiable? L'insaisissable et l'incessible, l'irréprochable irréprouvable, et celle encore que voici: Mer innocence du Solstice, ô Mer comme le vin des Rois! . . .

Ah! Celle toujours qui nous fut là et qui toujours nous sera là, honorée de la rive et de sa révérence: conciliatrice et médiatrice, institutrice de nos lois—Mer du mécène et du mendiant, de l'émissaire et du marchand. Et Celle encore que l'on sait: assistée de nos greffes, assise entre nos prêtres et nos juges qui donnent leurs règles en distiques—et Celle encore qu'interrogent les fondateurs de ligues maritimes, les grands fédérateurs de peuples

distance paired! Wound opened in the terrestrial side
for the sacred intrusion, rending of our night and re-
splendence of the other—threshold stone washed with
love and terrible place of desecration!

(Imminence, O peril! conflagration borne afar as into
the deserts of insubmission; and passion borne afar as
towards the unsought spouses of another bed . . . Coun-
try of the Great, hour of the Great—the next to last,
and then the last, and this one here, infinitely durable
under the flash!)

O multiple and contrary! O plenary Sea of alliance and
of discord! You measure and you beyond measure, you
violence and you mansuetude; purity in impurity and in
obscenity—anarchic and legal, illicit and allied, madness!
and what, O what, O what else, unforeseeable?

The incorporeal and very real, imprescriptible; the
irrecusable and undeniable and unappropriable; unin-
habitable, frequentable; immemorial and memorable—
and what, O what, O what else, unqualifiable? The un-
seizable and inalienable, the irreproachable irreprovable
and also this one here: Sea innocence of the Solstice, O
Sea like the wine of Kings! . . .

Ah! She who for us was always there and for us will
always be there, honoured by the shore and on the shore
revered: conciliatrix and mediatrix, instructress of our
laws—Sea of the Maecenas and the beggar, of the emis-
sary and the merchant. And She also whom we know
well: assisted by our court offices, seated between our
priests and our judges who give their rules in distichs—
and She also, who is questioned by the founders of mari-
time leagues, the great federators of pacific peoples and

*pacifiques et conducteurs de jeunes hommes vers leurs
épouses d'autres rives,*

Celle-là même que voient en songe les garnisaires aux
frontières, et les sculpteurs d'insignes sur les bornes
d'empire; les entrepositaires de marchandises aux portes
du désert et pourvoyeurs de numéraire en monnaie de
coquilles; le régicide en fuite dans les sables et l'extradé
qu'on reconduit sur les routes de neige; et les gardiens
d'esclaves dans les mines adossés à leurs dogues, les
chevriers roulés dans leurs haillons de cuir et le bouvier
porteur de sel parmi ses bêtes orientées; ceux qui s'en
vont à la glandée parmi les chênes prophétiques, ceux-là
qui vivent en forêt pour les travaux de boissellerie, et les
chercheurs de bois coudé pour construction d'étraves; les
grands aveugles à nos portes au temps venu des feuilles
mortes, et les potiers qui peignent, dans les cours, les
vagues en boucles noires sur l'argile des coupes, les as-
sembleurs de voiles pour les temples et les tailleurs de
toiles maritimes sous le rempart des villes; et vous aussi,
derrière vos portes de bronze, commentateurs nocturnes
des plus vieux textes de ce monde, et l'annaliste, sous sa
lampe, prêtant l'oreille à la rumeur lointaine des peuples
et de leurs langues immortelles, comme l'Aboyeur des
morts au bord des fosses funéraires; les voyageurs en
pays haut nantis de lettres officielles, ceux qui cheminent
en litière parmi la houle des moissons ou les forêts pavées
de pierre du Roi dément; et les porteurs de perle rouge
dans la nuit, errant avec l'Octobre sur les grandes voies
retentissantes de l'histoire des armes; les capitaines à la
chaîne parmi la foule du triomphe, les magistrats élus
aux soirs d'émeute sur les bornes et les tribuns haussés
sur les grandes places méridiennes; l'amante au torse de
l'amant comme à l'autel des naufragés, et le héros
qu'enchaîne au loin le lit de Magicienne, et l'étranger

conductors of young men towards their brides of other shores,

The very Sea which is seen in their dreams by the men in garrison on the frontiers, and the sculptors of signs on the Empire boundary stones; the bonders of merchandise at the gates of the desert and purveyors of currency in shell money; the regicide in flight on the sands and the extradited man who is led back along the snow roads; and the keepers of slaves in mines resting against their watchdogs, the goatherds rolled in their leather rags and the cowherd carrier of salt among his circling beasts; the ones who go to harvest acorns under the prophetic oaks, those who live in the forests for cooperage work, and the seekers after kneed wood for the building of ships' stems; tall blind men at our gates in the season of dry leaves, and the potters, in the courtyards, who paint the waves in black curls on the clay of cups, the assemblers of veils for temples and the cutters of sea-canvas under the ramparts of cities; and you also, behind your bronze doors, nocturnal commentators of the oldest texts in the world, and the annalist, under his lamp, giving ear to the distant rumour of peoples and their immortal tongues, like the Barker of the dead on the edge of funeral ditches: travellers to a high country provided with official letters, those who travel in a litter among the rolling waves of the harvests or the stone-paved forests of the mad King; and the bearers of a red pearl in the night, who wander with October on the great high roads resounding with history of arms; captains in chains amidst the crowd of the Triumph, magistrates elected on street corners in the evenings of riots and mob-leaders raised over the great squares at high noon; the heroine embracing the lover's torso as the altar of the shipwrecked, and the hero chained far away by the bed of the Sorceress, and the

parmi nos roses qu'endort un bruit de mer dans le jardin
d'abeilles de l'hôtesse—et c'est midi—brise légère—le
philosophe sommeille dans son vaisseau d'argile, le juge
sur son entablement de pierre à figure de proue, et les
pontifes sur leur siège en forme de nacelle . . .»

✧

Indicible, ô promesse! Vers toi la fièvre et le tourment!

Les peuples tirent sur leur chaîne à ton seul nom de
mer, les bêtes tirent sur leur corde à ton seul goût
d'herbages et de plantes amères, et l'homme appréhendé
de mort s'enquiert encore sur son lit de la montée du
flot, le cavalier perdu dans les guérets se tourne encore
sur sa selle en quête de ton gîte, et dans le ciel aussi
s'assemblent vers ton erre les nuées filles de ton lit.

Allez et descellez la pierre close des fontaines, là où
les sources vers la mer méditent la route de leur choix.
Qu'on tranche aussi le lien, l'assise et le pivot! Trop de
rocs à l'arrêt, trop de grands arbres à l'entrave, ivres de
gravitation, s'immobilisent encore à ton orient de mer,
comme des bêtes que l'on trait.

Ou que la flamme elle-même, dévalant, dans une ex-
plosion croissante de fruits de bois, d'écailles, et d'escarres,
mène à son fouet de flamme la harde folle des vivants!
jusqu'à ton lieu d'asile, ô Mer, et tes autels d'airain sans
marches ni balustres! serrant du même trait le Maître
et la servante, le Riche et l'indigent, le Prince et tous
ses hôtes avec les filles de l'intendant, et toute la faune
aussi, familière ou sacrée, la hure et le pelage, la corne et

stranger among our roses who is put to sleep by the sea sound in the bee garden of the hostess—and it is noon—a light wind—the philosopher dozing in his vessel of clay, the judge on his stone entablature formed like a prow, and the pontiffs on their boat-shaped seats. . . ."

Ineffable, O promise! Towards you fever and torment!

Nations pull on their chains at your very name, O sea, beasts pull on their rope at your very smell of sea pastures and bitter weeds, and the man apprehended by death inquires again, on his bed, about the rising of the tide, the horseman lost in the fields turns again, on his saddle, in quest of your whereabouts, and in the sky, also, the clouds, daughters of your bed, gather in your wake.

Go and unseal the closed stone of the fountains, at the place where the springs take counsel on the choice of their road towards the sea. Cut also the tie, the foundation, and the taproot! Too many rocks halted, too many tall trees tied, drunk on gravitation, are still immobilized in their orientation towards the sea, like cattle being milked.

Or let the flame itself, rushing down, in a growing explosion of wooden fruits, of scales and scabs, drive with its flame whip the mad herd of the living! to your place of asylum, O Sea, and your bronze altars without stairs or banisters! joining with the same lash the Master and the servant, the rich and the destitute, the Prince and all his guests with the daughters of the intendant, and all the fauna too, familiar or sacred, the boar's head and

*le sabot, et l'étalon sauvage avec la biche au rameau
d'or . . .*

*(Et du pénate ni du lare que nul ne songe à se charger;
ni de l'aïeul aveugle, fondateur de la caste. Derrière nous
n'est point l'épouse de sel, mais devant nous l'outrance
et la luxure. Et l'homme chassé, de pierre en pierre,
jusqu'au dernier éperon de schiste ou de basalte, se
penche sur la mer antique, et voit, dans un éclat de
siècles ardoisés, l'immense vulve convulsive aux mille
crêtes ruisselantes, comme l'entraille divine elle-même
un instant mise à nu.)*

*. . . Vers toi l'Épouse universelle au sein de la con-
grégation des eaux, vers toi l'Épouse licencieuse dans
l'abondance de ses sources et le haut flux de sa maturité,
toute la terre elle-même ruisselante descend les gorges
de l'amour: toute la terre antique, ta réponse, infiniment
donnée—et de si loin si longuement, et de si loin, si
lente modulée—et nous-mêmes avec elle, à grand ren-
fort de peuple et piétinement de foule, dans nos habits
de fête et nos tissus légers, comme la récitation finale
hors de la strophe et de l'épode, et de ce même pas de
danse, ô foule! qui vers la mer puissante et large, et de
mer ivre, mène la terre docile et grave, et de terre ivre . . .*

*Affluence, ô faveur! . . . Et le navigateur sous voiles
qui peine à l'entrée des détroits, s'approchant tour à
tour de l'une et l'autre côte, voit sur les rives alternées
les hommes et femmes de deux races, avec leurs bêtes
tachetées, comme des rassemblements d'otages à la limite
de la terre—ou bien les pâtres, à grands pas, qui marchent
encore sur les pentes, à la façon d'acteurs antiques agitant
leurs bâtons.*

the pelt, horn and hoof, and the wild stallion and the doe with the golden bough. . . .

(And let no one think of shouldering the Penates and Lares, nor the blind ancient, founder of the caste. Behind us there is no wife turned to salt, but in front of us excess and lust. And man hunted, from stone to stone, to the last spur of schist and basalt, leans over the ancient sea, and sees, in a flash of slate-coloured eternity, the immense convulsive vulva with a thousand streaming crests, like the divine entrails themselves laid bare for one lightning moment.)

✧

. . . Towards you the universal Wife in the midst of the congregation of waters, towards you the licentious Wife in the abundance of her springs and the high flood of her maturity, all the earth itself streaming descends the gorges of love: all the ancient land, your answer, infinitely offered—and from so far so lengthily, and from so far, so slowly, modulated—and we ourselves with her, in a great flow of people and a great trampling of the crowd, in our festival dress and our light tissues, like the final recitation after the strophes and the epode, and with this same dance step, O crowd! which towards the strong wide sea, a drunken sea, leads the docile grave land, a drunken land. . . .

Affluence, O favour! And the navigator under sail who toils at the entrance of the straits, approaching in turn each of the coasts, sees on the alternate shores men and women of two races, with their spotted animals, like gatherings of hostages at the limits of the earth—or shepherds, with long strides, still walking over slopes, in the fashion of ancient actors waving their staffs.

Et sur la mer prochaine vont les grandes serres de la-
bour du resserrement des eaux. Et au-delà s'ouvre la Mer
étrangère, au sortir des détroits, qui n'est plus mer de
tâcheron, mais seuil majeur du plus grand Orbe et seuil
insigne du plus grand Âge, où le pilote est congédié—
Mer ouverture du monde d'interdit, sur l'autre face de
nos songes, ah! comme l'outrepas du songe, et le songe
même qu'on n'osa! . . .

4

—Et c'est à Celle-là que nous disons notre âge
d'hommes, et c'est à celle-là que va notre louange:

«. . . Elle est comme la pierre du sacre hors de ses
housses; elle est de la couleur du glaive qui repose sur
son massif de soierie blanche.

Dans sa pureté lustrale règnent les lignes de force de
sa grâce; elle prend reflet du ciel mobile, et qui s'oriente
à son image.

Elle est mer fédérale et mer d'alliance, au confluent de
toutes mers et de toutes naissances.

. . . Elle est mer de mer ivre et mer du plus grand rire;
et vient aux lèvres du plus ivre, sur ses grands livres
ouverts comme la pierre des temples:

Mer innombrable dans ses nombres et ses multiples de
nombres; Mer inlassable dans ses nomes et ses dénombre-
ments d'empires!

Elle croît sans chiffres ni figures et vient aux lèvres du
plus ivre, comme cette numération parlée dont il est fait
mention dans les cérémonies secrètes.

And over the near-by sea go the great ploughing claws, at the narrowing of the waters. And beyond, opens the foreign Sea, at the exit from the straits, which is no longer a sea of labour, but the major threshold of the greatest Orb and the signal threshold of the greatest Age, where the pilot is discharged—Sea opening of the forbidden world, on the other face of our dreams, ah! like the step beyond the dream, and the very dream none ever dared! . . .

4

—A<small>ND</small> it is to Her we tell our age of men, and it is to Her our praises go:

". . . She is like the anointing stone out of its coverings; she is of the colour of the sword resting on its mound of white silk.

In her lustral purity reign the lines of force of her grace; she takes the reflection of the mobile sky, which is oriented in her image.

She is federal sea and sea of alliance, at the confluence of all seas and of all births.

. . . She is sea of drunken sea and sea of the greatest laughter; and comes to the lips of the most drunken, on her great open books like the stone of temples:

Sea innumerable in her numbers and her multiples of numbers; tireless Sea in her nomes and enumeration of empires!

She grows without figures or numbers and comes to the lips of the most drunken, like that spoken numbering which is mentioned in secret ceremonies.

… *Mer magnanime de l'écart, et Mer du plus grand laps, où chôment les royaumes vides et les provinces sans cadastre,*

Elle est l'errante sans retour, et mer d'aveugle migration, menant sur ses grandes voies désertes et sur ses pistes saisonnières, parmi ses grandes figurations d'herbages peints,

Menant la foule de son peuple et de ses hordes tributaires, vers la fusion lointaine d'une seule et même race.

«… M'es-tu présence?»—cri du plus ivre—«ou survivance du présage?» … C'est toi, Présence, et qui nous songes.

Nous te citons: «Sois là!» Mais toi, tu nous as fait cet autre signe qu'on n'élude; nous as crié ces choses sans mesure.

Et notre cœur est avec toi parmi l'écume prophétique et la numération lointaine, et l'esprit s'interdit le lieu de tes saillies.

… Nous te disions l'Épouse mi-terrestre: comme la femme, périodique, et comme la gloire, saisonnière;

Mais toi tu vas, et nous ignores, roulant ton épaisseur d'idiome sur la tristesse de nos gloires et la célébrité des sites engloutis.

Faut-il crier? faut-il prier? … Tu vas, tu vas, l'Immense et Vaine, et fais la roue toi-même au seuil d'une autre Immensité …»

✧

Et maintenant nous t'avons dit ton fait, et maintenant nous t'épierons, et nous nous prévaudrons de toi dans nos affaires humaines:

. . . Magnanimous Sea of divergence, and Sea of the greatest lapse, where empty kingdoms and unsurveyed provinces are idle,

She is the wandering one without return, and sea of blind migration, leading on her great deserted ways and on her seasonal trails, among her great figurations of painted grass,

Leading the crowd of her people and her tributary hordes, towards the distant fusion of a single and same race.

'. . . Are you presence for me?'—cry of the most drunken—'or survival of the portent?' . . . It is you, Presence, who dream us.

We summon you: 'Be there!' But you made us that other sign which cannot be evaded, and cried to us those things without measure.

And our heart is with you amidst the prophetic foam and the distant numbering, and our spirit denies itself access to the place of your mating.

. . . We called you the half-earthly Bride: like woman, periodic, and like glory, seasonal;

But you go on and ignore us, rolling your thickness of idiom over the sadness of our glories and the fame of submerged sites.

Must we cry out? must we pray? . . . On you go, and on, Immense and Vain, and spread yourself, as a peacock, on the threshold of another Immensity. . . ."

And now we have said who you are, and now we shall be on the watch for you, and shall avail ourselves of your presence in our human affairs:

«*Écoute, et tu nous entendras; écoute, et nous assisteras.*

Ô toi qui pèches infiniment contre la mort et le déclin des choses,

Ô toi qui chantes infiniment l'arrogance des portes, criant toi-même à d'autres portes,

Et toi qui rôdes chez les Grands comme un grondement de l'âme sans tanière,

Toi, dans les profondeurs d'abîme du malheur si prompte à rassembler les grands fers de l'amour,

Toi, dans l'essai de tes grands masques d'allégresse si prompte à te couvrir d'ulcérations profondes,

Sois avec nous dans la faiblesse et dans la force et dans l'étrangeté de vivre, plus haute que la joie,

Sois avec nous Celle du dernier soir, qui nous fait honte de nos œuvres, et de nos hontes aussi nous fera grâce,

Et veuille, à l'heure du délaissement et sous nos voiles défaillantes,

Nous assister encore de ton grand calme, et de ta force, et de ton souffle, ô Mer natale du très grand Ordre!

Et le surcroît nous vienne en songe à ton seul nom de Mer! . . .»

Nous t'invoquons enfin toi-même, hors de la strophe du Poète. Qu'il n'y ait plus pour nous, entre la foule et toi, l'éclat insoutenable du langage:

«. . . *Ah, nous avions des mots pour toi et nous n'avions assez de mots,*

Et voici que l'amour nous confond à l'objet même de ces mots,

"Listen, and you will hear us; listen, and you will assist us.

O you who sin infinitely against death and the decline of things,

O you who sing infinitely the arrogance of gates, yourself shouting at other gates,

And you who prowl in the land of the Great like the growling of the soul without a lair,

You, in the depths of the abyss of woe so prompt to reassemble the great irons of love,

You, in the trial of your great masks of joy so prompt to cover yourself with deep ulcerations,

Be with us in weakness and in strength and in the strangeness of living, higher than joy,

Be with us the One of the last evening, who makes us ashamed of our works, and will also release us from our shame,

And be willing, when we are forsaken, under our faltering sails,

To help us again with your great confidence, and with your strength, and with your breath, O natal Sea of the very great Order!

And may increase come to us in our dream at your single name of Sea! . . ."

At last we invoke you yourself, outside the strophe of the Poet. May we no longer have, between the crowd and you, the unbearable radiance of language:

". . . Ah! we had words for you and we did not have enough words,

And behold, love makes us one with the very object of these words,

Et mots pour nous ils ne sont plus, n'étant plus signes ni parures,

Mais la chose même qu'ils figurent et la chose même qu'ils paraient;

Ou mieux, te récitant toi-même, le récit, voici que nous te devenons toi-même, le récit,

Et toi-même sommes-nous, qui nous étais l'Inconciliable: le texte même et sa substance et son mouvement de mer,

Et la grande robe prosodique dont nous nous revêtons . . .»

En toi, mouvante, nous mouvant, en toi, vivante, nous taisant, nous te vivons enfin, mer d'alliance,

Ô Mer instance lumineuse et mer substance très glorieuse, nous t'acclamons enfin dans ton éclat de mer et ton essence propre:

Sur toutes baies frappées de rames étincelantes, sur toutes rives fouettées des chaînes du Barbare,

Ah! sur toutes rades déchirées de l'aigle de midi, et sur toutes places de pierres rondes ouvertes devant toi comme devant la Citadelle en armes,

Nous t'acclamons, Récit!—Et la foule est debout avec le Récitant, la Mer à toutes portes, rutilante, et couronnée de l'or du soir.

Et voici d'un grand vent descendu dans le soir à la rencontre du soir de mer, la foule en marche hors de l'arène, et tout l'envol des feuilles jaunes de la terre,

Et toute la Ville en marche vers la mer, avec les bêtes, à la main, parées d'orfèvrerie de cuivre, les figurants aux cornes engainées d'or, et toutes femmes s'enfiévrant, aussi l'étoile s'allumant aux premiers feux de ville dans les

And words for us they are no longer, being no longer signs or adornments,

But the thing itself which they signify and the thing itself they adorned;

Or better, reciting yourself, who are the recital, behold we become you, the recital,

And we are now you, who were to us the Irreconcilable: the very text and its substance and its sea movement,

And the very great robe of poetry with which we clothe ourselves. . . ."

In you, who move, we move also, in you, living, we keep silence, and we live you at last, sea of alliance,

O Sea luminous instance and sea very glorious substance, we acclaim you at last in your radiance of sea and in your own essence:

On all bays struck with flashing oars, on all shores whipped by chains of the Barbarian,

Ah! on all roadsteads torn by the noon eagle, and on all harbour courts paved with round stones, which open before you as before the Citadel in arms,

We acclaim you, O Recital!—And the crowd is standing with the Reciter, the Sea at every gate glowing red, and crowned with evening gold.

And here is a great wind descending into the evening to meet the sea evening, and here the crowd marching out of the arena, and all the flying of yellow leaves of the earth,

And the entire City moving towards the sea, with led animals in hand adorned with copper jewellery, performers bearing horns sheathed with gold, and all women stirred to fever, and the star also taking fire from the first city lights in the streets—all things mov-

rues—toutes choses en marche vers la mer et le soir de haute mer et les fumées d'alliance sur les eaux,

Dans la promiscuité divine et la dépravation de l'homme chez les dieux . . .

5

—Sur la Ville déserte, au-dessus de l'arène, une feuille errante dans l'or du soir, en quête encore du front d'homme . . . Dieu l'étranger est à la ville, et le Poète qui rentre seul avec les Filles moroses de la gloire:

«. . . Mer de Baal, Mer de Mammon; Mer de tout âge et de tout nom!

Mer utérine de nos songes et Mer hantée du songe vrai,

Blessure ouverte à notre flanc, et chœur antique à notre porte,

Ô toi l'offense et toi l'éclat! toute démence et toute aisance,

Et toi l'amour et toi la haine, l'Inexorable et l'Exorable,

Ô toi qui sais et ne sais pas, ô toi qui dis et ne dis pas,

Toi de toutes choses instruite et dans toutes choses te taisant,

Et dans toutes choses encore t'élevant contre le goût des larmes,

Nourrice et mère, non marâtre, amante et mère du puîné,

Ô Consanguine et très lointaine, ô toi l'inceste et toi l'aînesse,

Et toi l'immense compassion de toutes choses périssables,

ing towards the sea and the evening of high sea and the smoke of alliance over the waters,

In the divine promiscuity, and the depravation of man among the gods. . . .

5

—Over the deserted City, above the arena, a leaf floating in the gold of evening, still in quest of a man's brow . . . God the stranger is in the city, and the Poet, coming home alone, with the melancholy Daughters of glory:

". . . Sea of Baal, Sea of Mammon, Sea of every age and every name!

Uterine Sea of our dreams and Sea haunted by the true dream,

Open wound in our side, and ancient chorus at our gate,

O you the offence and you the radiance! all madness and all peace,

And you love and you hate, the Inexorable and the Exorable,

O you who know and do not know, O you who speak and do not speak,

You of all things aware and in all things keeping silence,

And in all things again rising against the poignant taste of tears,

Nurse and mother, not harsh mother, lover and mother to the younger son,

O Consanguineous and very distant one, O you incest and you the ancestry,

And you immense compassion for all things perishable,

Mer à jamais irrépudiable, et Mer enfin inséparable!
Fléau d'honneur, pieuvre d'amour! ô Mer plénière
conciliée,

Est-ce toi, Nomade, qui nous passeras ce soir aux rives
du réel?»

Sea for ever irrepudiable, and Sea at last inseparable!
Scourge of honour, monster of love! O plenary Sea con-
ciliated,

Is it you, Nomad, who this evening will pass us over
to the banks of the real?"

DÉDICACE

DEDICATION

Midi, ses fauves, ses famines, et l'An de mer à son
plus haut sur la table des Eaux . . .
—Quelles filles noires et sanglantes vont sur les sables
violents longeant l'effacement des choses?
Midi, son peuple, ses lois fortes . . . L'oiseau plus vaste
sur son erre voit l'homme libre de son ombre, à la
limite de son bien.
Mais notre front n'est point sans or. Et victorieuses en-
core de la nuit sont nos montures écarlates.

Ainsi les Cavaliers en armes, à bout de Continents, font
au bord des falaises le tour des péninsules.
—Midi, ses forges, son grand ordre . . . Les promontoires
ailés s'ouvrent au loin leur voie d'écume bleuissante.
Les temples brillent de tout leur sel. Les dieux s'éveillent
dans le quartz.
Et l'homme de vigie, là-haut, parmi ses ocres, ses craies
fauves, sonne midi le rouge dans sa corne de fer.

Midi, sa foudre, ses présages; Midi, ses fauves au forum,
et son cri de pygargue sur les rades désertes! . . .
—Nous qui mourrons peut-être un jour disons l'homme
immortel au foyer de l'instant.
L'Usurpateur se lève sur sa chaise d'ivoire. L'amant se
lave de ses nuits.
Et l'homme au masque d'or se dévêt de son or en
l'honneur de la Mer.

Noon, its red lions, its famines, and the Sea Year at
its highest over the table of the Waters . . .
—What black and bloodstained girls go over the violent
sands, passing by the effacement of things?
Noon, its people, its strong laws . . . The bird, vast as
its circle, sees man free of his shadow, at the limit of
his weal.
But our brow is not without gold. And our scarlet steeds
are still victorious over the night.

Thus the Horsemen in arms, on the cliffs, at Continents'
end, make the round of peninsulas.
—Noon, its forges, its great order . . . The winged head-
lands in the distance open up their routes of blue-
white foam.
The temples shine with all their salt. The gods awaken
in the quartz.
And the man on watch, high above, amidst his ochre
clays and fawn-coloured chalks, sounds red noon on
his iron horn.

Noon, its lightning-bolt, its omens; Noon, its red lions
in the forum, and its cry of a sea eagle over the de-
serted roadsteads! . . .
—We who perhaps one day shall die, proclaim man as
immortal at the flaming heart of the instant.
The Usurper rises from his ivory chair. The lover
washes himself of his nights.
And the man with the golden mask divests himself of
his gold in honour of the Sea.

CHRONIQUE

✧

CHRONIQUE

TRANSLATED BY ROBERT FITZGERALD

CHRONIQUE

1

«GRAND âge, nous voici. Fraîcheur du soir sur les hauteurs, souffle du large sur tous les seuils, et nos fronts mis à nu pour de plus vastes cirques . . .

Un soir de rouge et longue fièvre, où s'abaissent les lances, nous avons vu le ciel en Ouest plus rouge et rose, du rose d'insectes des marais salants: soir de grand erg, et très grand orbe, où les premières élisions du jour nous furent telles que défaillances du langage.

Et c'est un déchirement d'entrailles, de viscères, sur toute l'aire illuminée du Siècle: linges lavés dans les eaux mères et le doigt d'homme promené, au plus violet et vert du ciel, dans ces ruptures ensanglantées du songe —trouées vives!

Une seule et lente nuée claire, d'une torsion plus vive par le travers du ciel austral, courbe son ventre blanc de squale aux ailerons de gaze. Et l'étalon rouge du soir hennit dans les calcaires. Et notre songe est en haut lieu. Ascension réglée sur l'ascension des astres, nés de mer . . . Et ce n'est point de même mer que nous rêvons ce soir.

Si haut que soit le site, une autre mer au loin s'élève, et qui nous suit, à hauteur du front d'homme: très haute masse et levée d'âge à l'horizon des terres, comme rempart de pierre au front d'Asie, et très haut seuil en flamme à l'horizon des hommes de toujours, vivants et morts de même foule.

CHRONIQUE

1

"GREAT age, behold us. Coolness of evening on the heights, breath of the open sea on every threshold, and our foreheads bared for wider spaces . . .

An evening of crimson and long fever where lances incline and lengthen, we have seen the sky to Westward redder and deeper rose, the rose of sea-larvae from the salt marshes: evening of vast Saharan space, and ever-widening sky, where the first lapses of the light seemed to us like failures of language.

And there is a rending of entrails, of viscera, over the whole lighted space of the Century: linens laved in pri-maeval waters and the finger of man probing, in the sky's deepest violet and green, those bleeding ruptures of dream—live wounds!

One lingering pale cloud across the austral sky, in liv-ing torsion yonder, bends a white shark-belly with gauzy fins. And the red stallion of evening neighs in the red clays. And our dream is on the heights. Ascension timed by the rising of stars, born of the sea . . . And it is not of that sea that we dream this evening.

High though the site may be, another sea rises far away and is level with us, at the height of man's fore-head: a very high mass and uprising of the ages at the horizon of earth, like a rampart of stone on the brow of Asia, and a very high threshold aflame at the horizon of men the everlasting, living and dead in one crowd.

Lève la tête, homme du soir. La grande rose des ans tourne à ton front serein. Le grand arbre du ciel, comme un nopal, se vêt en Ouest de cochenilles rouges. Et dans l'embrasement d'un soir aux senteurs d'algue sèche, nous éduquons, pour de plus hautes transhumances, de grandes îles à mi-ciel nourries d'arbouses et de genièvre.

Fièvre là-haut et lit de braise. Statut d'épouses pour la nuit à toutes cimes lavées d'or!

2

Grand âge, vous mentiez: route de braise et non de cendres . . . La face ardente et l'âme haute, à quelle outrance encore courons-nous là? Le temps que l'an mesure n'est point mesure de nos jours. Nous n'avons point commerce avec le moindre ni le pire. Pour nous la turbulence divine à son dernier remous . . .

Grand âge, nous voici sur nos routes sans bornes. Claquements du fouet sur tous les cols! Et très haut cri sur la hauteur! Et ce grand vent d'ailleurs à notre encontre, qui courbe l'homme sur la pierre comme l'araire sur la glèbe.

Nous vous suivrons, aile du soir . . . Dilatation de l'œil dans les basaltes et dans les marbres! La voix de l'homme est sur la terre, la main de l'homme est dans la pierre et tire un aigle de sa nuit. Mais Dieu se tait dans le quantième; et notre lit n'est point tiré dans l'étendue ni la durée.

Ô Mort parée du gantelet d'ivoire, tu croises en vain nos sentes bosselées d'os, car notre route tend plus loin.

Raise your head, man of evening. The great rose of the years turns round your serene brow. The great tree of the sky, like a nopal, robes itself in the West with cochineals. And in the fiery glow of an evening fragrant with dry seaweed, we lead towards higher pasturings great islands in mid-sky, robust with bushes of arbutus and juniper.

Fever on the heights and bed of glowing embers. Statute of brides for a night to all summits washed in gold!

2

GREAT age, you lied: a road of glowing embers, not of ash. . . . With face alight and spirit high, to what extreme are we still running? Time measured by the year is no measure of our days. We hold no traffic with the least nor with the worst. Divine turbulence be ours to its last eddy. . . .

Great age, behold us on our limitless ways. Cracking of whips on all the passes! And a loud cry on the height! And this great wind from elsewhere meeting us, a wind that bends man over the rock like the ploughman over the glebe.

We will follow you, wing of evening. . . . Dilation of the eye within rocks of basalt and marble! The voice of man is upon the earth, his hand is in the rock and draws an eagle from its night. But God does not dwell in the date or day; and our bed is not laid in place or time.

O Death adorned with ivory gauntlet, you cross in vain our paths cobbled with bones, for our way lies be-

Le valet d'armes accoutré d'os que nous logeons, et qui nous sert à gages, désertera ce soir au tournant de la route.

Et ceci reste à dire: nous vivons d'outre-mort, et de mort même vivrons-nous. Les chevaux sont passés qui couraient à l'ossuaire, la bouche encore fraîche des sauges de la terre. Et la grenade de Cybèle teint encore de son sang la bouche de nos femmes.

Notre royaume est d'avant-soir, ce grand éclat d'un Siècle vers sa cime; et nous n'y tenons point lits de justice ni camps d'honneur, mais tout un déploiement d'étoffes sur les pentes déroulant à longs plis ces grands amas de lumière jaune que les Mendiants du soir assemblent de si loin, comme soieries d'Empire et soies grèges de tribut.

Nous en avions assez du doigt de craie sous l'équation sans maître . . . Et vous, nos grands Aînés, dans vos robes rigides, qui descendez les rampes immortelles avec vos grands livres de pierre, nous avons vu remuer vos lèvres dans la clarté du soir: vous n'avez dit le mot qui lève ni nous suive.

Lucine errante sur les grèves pour l'enfantement des œuvres de la femme, il est d'autres naissances à quoi porter vos lampes! . . . Et Dieu l'aveugle luit dans le sel et dans la pierre noire, obsidienne ou granit. Et la roue tourne entre nos mains, comme au tambour de pierre de l'Aztèque.

yond. The squire-at-arms accoutred in bones, whom we house and who serves for a wage, will desert this evening at the bend in the road.

And this remains to be said: we live on what is beyond death, and on death itself shall we live. The horses running to the ossuary have passed by, with mouths yet freshened by the cool sage of the meadow. And the pomegranate of Cybele still stains with its blood the mouths of our women.

Our kingdom is of the hour before night, this great flame of a Century towards its crest; and here we hold no beds of justice or fields of honour, but everywhere an opening and display of fabrics on the slopes, rolling out in long folds those masses of yellow light that Mendicants of evening gather in from so far away, like silken stuffs of Empire and raw silks of tribute.

We had had enough of the finger of chalk beneath the untaught equation. . . . And you, our great Elders, in your rigid robes, descending the immortal ramps with your massive books of stone, we have seen your lips tremble in the clear light of evening: but you spoke not the word that would live and be with us.

Lucina wandering at night on all shores of the earth in search of women in labour, there are other births worthy of your lamps! . . . And God the blind glitters in the salt and the black rock, obsidian or granite. And the wheel turns between our hands, as on the stone drum of the Aztec.

3

GRAND *âge, nous venons de toutes rives de la terre.
Notre race est antique, notre face est sans nom. Et le
temps en sait long sur tous les hommes que nous fûmes.*

*Nous avons marché seuls sur les routes lointaines; et
les mers nous portaient qui nous furent étrangères. Nous
avons connu l'ombre et son spectre de jade. Nous avons
vu le feu dont s'effaraient nos bêtes. Et le ciel tint cour-
roux dans nos vases de fer.*

*Grand âge, nous voici. Nous n'avions soin de roses ni
d'acanthes. Mais la mousson d'Asie fouettait, jusqu'à nos
lits de cuir ou de rotin, son lait d'écume et de chaux
vive. De très grands fleuves, nés de l'Ouest, filaient à
quatre jours en mer leur chyle épais de limon vert.*

*Et sur la terre de latérite rouge où courent les cantha-
rides vertes, nous entendions un soir tinter les premières
gouttes de pluie tiède, parmi l'envol des rolliers bleus
d'Afrique et la descente des grands vols du Nord qui
font claquer l'ardoise d'un grand Lac.*

*Ailleurs des cavaliers sans maîtres échangèrent leurs
montures à nos tentes de feutre. Nous avons vu passer
l'abeille naine du désert. Et les insectes rouges ponctués
de noir s'accouplaient sur le sable des Îles. L'hydre
antique des nuits n'a point pour nous séché son sang
au feu des villes.*

*Et nous étions peut-être en mer, ce jour d'éclipse et de
première défaillance, quand la louve noire du ciel mordit
au cœur le vieil astre de nos pères. Et dans l'abîme gris*

3

Great age, we come from all the shores of the earth. Our race is ancient, our face is nameless. And time has long known more than it tells of all the men we were.

We have walked the distant roads alone; and seas have borne us that to us were strangers. We have known the shade and his jade spectre. We have seen the fire that cast fear among our beasts. And heaven's wrath forked in our jars of iron.

Great age, behold us. We cherished neither rose nor acanthus. But the monsoon of Asia drove into our beds of rawhide or rattan, lashing its milk of foam and quicklime. Giant rivers, born of the West, carried four days out to sea their heavy chyle of green silt.

And on the earth of red laterite where the green cantharides run, we heard one evening the first drops of warm rain ringing, amid the rising clouds of blue rollers of Africa and the descent of great flights from the North, beating on the slate of a great Lake.

In other lands, horsemen who knew no master have changed their mounts at our tents of felt. We have seen the dwarf bee of the desert passing by. And red insects, dotted black, coupling on the sand of the Islands. The ancient hydra of the nights has not dried its blood for us at the fire of cities.

And we were at sea perhaps, that day of eclipse and first defection, when the black she-wolf of the sky bit to the heart the ancient star of our fathers. And in the

*et vert aux senteurs de semence, couleur de l'œil des
nouveau-nés, nous nous sommes baignés nus—priant,
que tout ce bien nous vînt à mal, et tout ce mal à bien.*

✧

*Prédateurs, certes! nous le fûmes; et de nuls maîtres
que nous-mêmes tenant nos lettres de franchise—Tant
de sanctuaires éventés et de doctrines mises à nu, comme
femmes aux hanches découvertes! Enchères aux quais
de corail noir, enseignes brûlées sur toutes rades, et nos
cœurs au matin comme rades foraines . . .*

*Ô vous qui nous meniez à tout ce vif de l'âme, fortune
errante sur les eaux, nous direz-vous un soir sur terre
quelle main nous vêt de cette tunique ardente de la fable,
et de quels fonds d'abîme nous vint à bien, nous vint à
mal, toute cette montée d'aube rougissante, et cette part
en nous divine qui fut notre part de ténèbres?*

*Car maintes fois sommes-nous nés, dans l'étendue sans
fin du jour. Et qu'est ce mets, sur toutes tables offert,
qui nous fut très suspect en l'absence de l'Hôte? Nous
passons, et, de nul engendrés, connaît-on bien l'espèce où
nous nous avançons? Que savons-nous de l'homme, notre
spectre, sous sa cape de laine et son grand feutre
d'étranger?*

*Ainsi l'on voit au soir, dans les gros bourgs de corne
où les ruraux prennent leurs semences—toutes fontaines
désertées et toute place de boue sèche marquée du pié-
tinement fourchu—les étrangers sans nom ni face, en
longue coiffe rabattue, accoster sous l'auvent, contre le
montant de pierre de la porte, les grandes filles de la
terre fleurant l'ombre et la nuit comme vaisseaux de
vin dans l'ombre.*

grey-green abyss with its odour of semen, colour of new-born infants' eyes, we bathed naked—praying that for us all this good come to ill, and all this ill to good.

Plunderers, indeed! we were; and carrying letters of marque from no masters but ourselves.—So many sanctuaries laid open to the wind, so many doctrines laid bare, like women whose thighs were uncovered! Crying of auction along quays of black coral, ensigns burned over every harbour, and our hearts at morning like open roadsteads. . . .

O you who led us to all this quick of the soul, fortune wandering on the waters, will you tell us one evening on earth what hand arrays us in this burning tunic of fable, and from what abysmal depth, for our good, for our ill, came all that welling of reddening dawn, and that divine part in us that was our part of darkness?

For many times were we born, in the endless reach of day. And what is that repast, offered on every table, that we found so suspect in the absence of the Host? We pass, and, engendered of no one, do we really know towards what species we are advancing? What do we know of man, our spectre, under his woollen cape and his stranger's broad hat?

Thus one sees, at evening, in cattle-towns where countrymen buy their seed—all the fountains deserted and on every square dry mud tracked by cloven hooves—those strangers without names or faces, their tall headgear pulled down, stopping under the eaves to accost the big country-girls who lean against door-jambs, smelling of dusk and night like a jar of wine in the shade.

4

E<small>RRANTS</small>, *ô Terre, nous rêvions . . .*

Nous n'avons point tenure de fief ni terre de bien-
fonds. Nous n'avons point connu le legs, ni ne saurions
léguer. Qui sut jamais notre âge et sut notre nom
d'homme? Et qui disputerait un jour de nos lieux de
naissance? Éponyme, l'ancêtre, et sa gloire, sans trace.
Nos œuvres vivent loin de nous dans leurs vergers
d'éclairs. Et nous n'avons de rang parmi les hommes
de l'instant.

Errants, que savions-nous du lit d'aïeule, tout bla-
sonné qu'il fût dans son bois moucheté des Îles? . . . Il
n'était point de nom pour nous dans le vieux gong de
bronze de l'antique demeure. Il n'était point de nom
pour nous dans l'oratoire de nos mères (bois de jaca-
randa ou de cédrat), ni dans l'antenne d'or mobile au
front des gardiennes de couleur.

Nous n'étions pas dans le bois de luthier de l'épinette
ou de la harpe; ni dans le col de cygne des grands
meubles lustrés, couleur de vin d'épices. Non plus n'étions
dans les ciseleures du bronze, et dans l'onyx, et les can-
nelures de pilastres, ni dans les vitres peuplées d'arbres
des hautes armoires à livres, tout miel et or et cuir
rogue d'Émir,

Mais dans l'écale de tortue géante encore malodorante,
et dans le linge des servantes, et dans la cire des selleries
où s'égare la guêpe; ah! dans la pierre du vieux fusil de
noir, et dans l'odeur de copeaux frais des charpentiers
de mer, et dans la guibre du voilier sur chantier de fa-
mille; mieux, dans la pâte de corail blanc sciée pour les

4

W<small>ANDERING</small>, O Earth, we dreamed. . . .

No holdings have we in fee, no landed property. We have known no legacy, nor could we make any. Who has ever known our age, known our name as man? And who would ever dispute the place of our birth? Eponymous is our ancestor, and his glory without trace. Our works live far from us in their orchards of lightning. And we hold no rank among men of the moment.

Wandering, what did we know of our ancestral bed, all blazoned though it were in that speckled wood of the Islands? . . . There was no name for us in the ancient bronze gong of the old family house. There was no name for us in our mothers' oratory (jacaranda wood or cedar), nor in the golden antennae quivering in the head-dresses of our guardians, women of colour.

We were not in the lute-maker's wood, in the spinet or the harp; nor in the polished swans' necks of great pieces of furniture, colour of spiced wine. Nor were we in the chasings of bronzes, nor in the onyx; not in the flutings of pilasters, nor in the glass fronts, peopled with trees, of the tall bookcases, all honey and gold and red leather of an Emir,

But in the shell of the giant tortoise, malodorous still, and in the linens of the serving women, and in the wax of the harness-rooms where the wasp has strayed; ah! in the flint of the black man's old flintlock, and in the fresh chip odour of the ship's carpenter, and in the bow of the sailing craft on the family launching ways; better still, in the block of white coral sawn for the terraces,

terrasses, et dans la pierre noire et blanche des grands carrelages d'offices, et dans l'enclume du forgeron d'étable, et dans ce bout de chaîne luisante, sous l'orage, qu'élève, corne haute, la lourde bête noire portant bourse de cuir . . .

L'algue fétide de minuit nous fut compagne sous les combles.

5

Gʀᴀɴᴅ *âge, nous voici. Rendez-vous pris, et de long-temps, avec cette heure de grand sens.*

Le soir descend, et nous ramène, avec nos prises de haute mer. Nulle dalle familiale où retentisse le pas d'homme. Nulle demeure à la ville ni cour pavée de roses de pierre sous les voûtes sonores.

Il est temps de brûler nos vieilles coques chargées d'algues. La Croix du Sud est sur la Douane; la frégate-aigle a regagné les îles; l'aigle-harpie est dans la jungle, avec le singe et le serpent-devin. Et l'estuaire est immense sous la charge du ciel.

Grand âge, vois nos prises: vaines sont-elles, et nos mains libres. La course est faite et n'est point faite; la chose est dite et n'est point dite. Et nous rentrons chargés de nuit, sachant de naissance et de mort plus que n'enseigne le songe d'homme. Après l'orgueil, voici l'honneur, et cette clarté de l'âme florissante dans l'épée grande et bleue.

Hors des légendes du sommeil toute cette immensité de l'être et ce foisonnement de l'être, toute cette passion

and in the black and white of the great floor tiles in the
pantry, and in the anvil of the stable forge, and in that
length of chain glinting under a thunderstorm when
the heavy black beast, swinging his leather pouch, rears
with horns tossed high. . . .

The fetid seaweed of midnight was with us under the
gables.

5

GREAT age, behold us. Rendezvous accepted, and
long ago, with this hour of deep meaning.

The evening descends, and brings us back, with our
catch from the high seas. No family flagstone rings with
our stride. No great house in the city, nor courtyard
paved with rose-patterned stones, under the echoing
arches.

It is time to burn our old hulks laden with algae. The
Southern Cross is over the Custom-house; the frigate-
bird has regained the islands; the harpy-eagle is in the
jungle, with the monkey and the wizard-snake. And the
estuary is immense under the load of sky.

Great age, see our takings: vain they are, and our
hands free. The voyage is made and not made; the
thing is said and not said. And we come back laden with
night, knowing of birth and death more than man's
dream can teach. After pride, behold honour, and that
clarity of the soul that flourishes in the great blue sword.

Outside the legends of sleep all that immensity of be-
ing and profusion of being, all that passion of being

*d'être et tout ce pouvoir d'être, ah! tout ce très grand
souffle voyageur qu'à ses talons soulève, avec l'envol de
ses longs plis—très grand profil en marche au carré de
nos portes—le passage à grands pas de la Vierge nocturne!*

6

... C_OMME *celui, la main encore au col de sa mon-
ture, qui songe au loin et rêve haut: «Je porterai plus loin
l'honneur de ma maison» (et la plaine à ses pieds, dans
les fumées du soir, roule un guéret très vaste et très
bouclé, comme paille de fer, et mesurant le temps boisé
du long parcours, il voit—et cela est—tout un là-bas de
lointains bleus et d'aigrettes blanches, et la terre au repos
paissant ses buffles de légende et ses genévriers),*

*Comme celui, la main tenue sur ses papiers et titres
d'acquisition, qui prend mesure d'un grand bien (et
l'entrée en jouissance ne comble pas son gré),*

Nous étendons à tout l'avoir notre usage et nos lois.

✧

*Grand âge, vous régnez ... L'étage est le plus vaste,
et le site si haut que la mer est partout—mer d'outremer
et d'outresonge et nourrice d'eaux mères: celle-là même
que nous fûmes, et de naissance, en toutes conques
marines ...*

*L'étiage dit son chiffre à hauteur du cœur d'homme, et
ce chiffre n'est point chiffre. Et l'Océan des terres, à son
étale, pousse ses milliers d'arceaux de mangles et d'arcanes,
comme vigne en songe provignée sur l'étendue des eaux.*

and power of being, ah! all that great voyaging wind
that the wandering Goddess raises at her heels, in the
flight of her long folds, as she passes with long strides
in the night—a towering profile in the frame of our
doorways!

6

... Lᴉᴋᴇ one, his hand still resting on the neck of his
mount, who ponders afar and dreams high: 'I shall carry
still farther the honour of my house' (and the plain at
his feet, under the fumes of evening, rolls out a vast
ploughland, tight-curled like steel wool, and measuring
the timbered span of the long faring he sees—and it is
there—a prospect all of blue distance and white plumes,
and the earth at rest pasturing its legendary buffaloes
and its juniper-trees),

Like one, his hand firm on his papers and titles of
ownership, who takes the measure of a great estate (and
entering upon its enjoyment does not bring him peace),

We extend to all possession our usage and our laws.

✧

Great age, you reign. . . . The stage is the widest, and
the site so high that the sea is everywhere—sea beyond
seas and dreams and nurse of primaeval waters: that
very one which we were, and from birth, in all the
conch-shells of the sea. . . .

The tide tells its height at the height of man's heart,
and this measure is no measure. And the Ocean of lands,
at flood-tide, curves out in thousands its arches of man-
grove and mystery, like a vine in dream relayed over
the expanding waters.

Siffle plus bas, brise d'ailleurs, à la veillée des hommes
de grand âge. Notre grief n'est plus de mort. La terre
donne son sel. Le soir nous dit un mot de Guèbre.
L'esprit des eaux rase le sol comme mouette au désert.
Et l'ineffable est sur son aile à hauteur de nos tempes.
Il n'est plus mot pour nous que nous n'ayons créé . . .

Grand âge, vous régnez, et le silence vous est nombre.
Et le songe est immense où se lave le songe. Et l'Océan
des choses nous assiège. La mort est au hublot, mais
notre route n'est point là. Et nous voici plus haut que
songe sur les coraux du Siècle—notre chant.

Balancement de l'heure, entre toutes choses égales—
incréées ou créées . . . L'arbre illustre sa feuille dans la
clarté du soir: le grand arbre Saman qui berce encore
notre enfance; ou cet autre, en forêt, qui s'ouvrait à la
nuit, élevant à son dieu l'ample charge ouvragée de ses
roses géantes.

Grand âge, vous croissez! Rétine ouverte au plus
grand cirque; et l'âme avide de son risque . . . Voici la
chose vaste en Ouest, et sa fraîcheur d'abîme sur nos
faces.

Ceux qui furent aux choses n'en disent point l'usure
ni la cendre, mais ce haut vivre en marche sur la terre
des morts . . . Et la terre fait son bruit de mer au loin
sur les coraux, et la vie fait son bruit de ronce en flammes
sur les cimes. Et c'est pluie de toujours, au clair-obscur
des eaux, de cendre fine et de chaux douce sur les grands
fonds soyeux d'abîme sans sommeil.

Whistle more softly, breeze from afar, in the vigil of men of great age. Our grievance is no longer against death. Earth gives its salt. The evening speaks as a Gheber, worshipper of fire. The spirit of the waters goes skimming the soil like a gull in the desert. And the ineffable is on its wing at the height of our foreheads. There is no word now for us that we do not create. . . .

Great age, you reign, and the silence for you is number. And the dream is immense there where the dream bathes. And the Ocean of things lays siege to us. Death is at the porthole, but our course does not lie that way. And behold us higher than dream on the corals of the Century—our song.

Equipoise of the hour, between all things equal—increate or created . . . The tree glorifies its leaf in the clarity of evening: the great Saman tree that still cradles our childhood; or that other, in the forest, that spread itself open to the night, raising to its god the ample and finely wrought burden of its giant roses.

Great age, growing greater! Retina wide open on the circuit of greatest range; and the soul avid for the soul's risk . . . Behold the vastness in the West, and cool from the abyss its freshness on our faces.

Those who were in the midst of things do not speak of waste and ashes but of this high moment in living, moving over the earth of the dead. . . . And the earth makes its sound of sea far off on the corals, and life makes its sound of thorn-fires on the crests. And there is in the light and shade of deep waters an everlasting rain of fine ash and soft lime sifting down on the silken bed of the living deep-sea floor.

Jadis des hommes de haut site, la face peinte d'ocre rouge sur leurs mesas d'argile, nous ont dansé sans gestes danse immobile de l'aigle. Ici, ce soir, et face à l'Ouest, mimant la vergue ou le fléau, il n'est que d'étendre les bras en croix pour auner à son aune l'espace d'un tel an : danse immobile de l'âge sur l'envergure de son aile.

Ou bien assis, la main au sol, comme main de pâtre dans le thym, à tous ces fronts bossués de pierre blanche, nous affleurons nous-mêmes à tout ce blanc d'amande et de coprah de la pierre de crête : douceur de spath et de fluor, et beau lustre du gneiss entre les schistes laminés . . .

Immortelle l'armoise que froisse notre main.

7

E T RAMENANT *enfin les pans d'une plus vaste bure, nous assemblons, de haut, tout ce grand fait terrestre.*

Derrière nous, par là-bas, au versant de l'année, toute la terre, à plis droits, et de partout tirée, comme l'ample cape de berger jusqu'au menton nouée . . .

(Nous faudra-t-il—car l'Océan des choses nous assiège—nous en couvrir le front et le visage, comme l'on voit, au plus haut cap, l'homme de grand songe sous l'orage s'enfouir la tête dans un sac pour converser avec son dieu?)

. . . Et par-dessus l'épaule, jusqu'à nous, nous entendons ce ruissellement en cours de toute la chose hors des **eaux.**

Long ago men of the highland, on their clay mesas, with faces painted in red ochre, danced for us without gestures the motionless dance of the eagle. Here, this evening, with face to the West, miming the yard-arm or the cross-bar, one has only to stretch one's arms out to span at one's own span the space of a year such as that: motionless dance of age on the spread of its wing.

Or seated, one hand on the ground, like a herdsman's hand in thyme, amid all these jutting foreheads of white stone, we too emerge in all this almond-white and copra-white stone of the crest: smoothness of spar and fluor-spar, and fine lustre of gneiss through the laminated schist. . . .

Immortal the wild sage that our hand crushes.

7

And thus, high seated, gathering at last the pieces of a wider fabric, we assemble around us all this great terrestrial fact.

Behind us, down there on the slope of the year, the whole earth in straight folds and from all sides drawn in, like the ample cloak of a shepherd knotted up to the chin . . .

(Must we—for the Ocean of things lays siege to us—cover forehead and face? As on the highest headland, under the storm, the man of a great dream may be seen burying his head in a sack to converse with his god?)

. . . And over our shoulder, from this summit, we hear the incessant dripping of the whole world new risen out of the waters.

C'est la terre, de partout, tissant sa laine fauve comme byssus de mer; et le cheminement, à fond de plaines, de ces grandes ombres bleu de Mai qui mènent en silence la transhumance du ciel sur terre . . .

Irréprochable, ô terre, ta chronique, au regard du Censeur! Nous sommes pâtres du futur, et ce n'est pas assez pour nous de toute l'immense nuit dévonienne pour étayer notre louange . . . Sommes-nous, ah, sommes-nous bien?—ou fûmes-nous jamais—dans tout cela?

✧

. . . Et tout cela nous vint à bien, nous vint à mal: la terre mouvante dans son âge et son très haut langage— plissements en cours et charriages, déportements en Ouest et dévoiements sans fin, et sur ses nappes étagées comme barres d'estuaires et déferlements de mer, l'incessante avancée de sa lèvre d'argile . . .

Ô face insigne de la Terre, qu'un cri pour toi se fasse entendre, dernière venue dans nos louanges! L'amour durcit tes baies sauvages, ô terre plus crépelée que le chagrin des Maures! ô mémoire, au cœur d'homme, du royaume perdu!

Le Ciel en Ouest se vêt comme un Khalife, la terre lave ses vignes au rouge de bauxite, et l'homme se lave au vin de nuit: le tonnelier devant son chai, le forgeron devant sa forge, et le roulier penché sur l'auge de pierre des fontaines.

Honneur aux vasques où nous buvons! Les tanneries sont lieu d'offrande et les chiens s'ensanglantent aux déchets de boucherie; mais pour le songe de nos nuits,

It is the earth, on all sides, weaving its tawny wool
like hemp of byssus from the sea; and the procession,
on the far plains, of those great May-blue shadows that
lead the herds of heaven so silently over the earth. . . .

Irreproachable your chronicle, O earth, to the Censor's
eye! We are herdsmen of the future, and all the great
Devonian night does not suffice to sustain our praise. . . .
Are we, ah, are we?—or were we ever—in all that?

. . . And all that came to us for good, came to us for
ill: the earth moving in its age and its lofty idiom—
formation of folds and overfolds, displacements towards
the West and endless shifting of watercourses, and on
tiered layers like sandbars at tide-mouth, like unfurlings
of surf, the incessant advance of a lip of clay. . . .

O memorable face of the Earth, let a cry be heard for
you, last come in our praises! Love hardened your wild
berries, O earth more wrinkled than sorrow of the
Moors! O memory, in man's heart, of the lost kingdom!

The Sky to Westward robes itself like a Caliph, the
earth bathes its vines in the red of bauxite, and man
bathes in the wine of night: the cooper before his casks,
the smith before his forge, and the waggoner bent over
the stone trough of the fountains.

Honour to the basins where we drink! The tanneries
are places of offering and dogs are smeared with blood
from the butcher's waste; but for the dream of our

les démascleurs de chênes ont mis à jour un ton plus riche et grave, couleur tête de maure.

. . . Ô mémoire, prends souci de tes roses de sel. La grande rose du soir héberge l'étoile sur son sein comme une cétoine dorée. Hors des légendes du sommeil ce nantissement de l'homme chargé d'astres!

Grand âge, vous louez. Les femmes se lèvent dans la plaine et marchent à grands pas au cuivre rouge de l'existence.

La horde des Siècles a passé là!

8

. . . GRAND âge, nous voici—et nos pas d'hommes vers l'issue. C'est assez d'engranger, il est temps d'éventer et d'honorer notre aire.

Demain, les grands orages maraudeurs, et l'éclair au travail . . . Le caducée du ciel descend marquer la terre de son chiffre. L'alliance est fondée.

Ah! qu'une élite aussi se lève, de très grands arbres sur la terre, comme tribu de grandes âmes et qui nous tiennent en leur conseil . . . Et la sévérité du soir descende, avec l'aveu de sa douceur, sur les chemins de pierre brûlante éclairés de lavande . . .

Frémissement alors, à la plus haute tige engluée d'ambre, de la plus haute feuille mi-déliée sur son onglet d'ivoire.

Et nos actes s'éloignent dans leurs vergers d'éclairs . . .

nights, the cutters of bark from the cork-tree have bared a richer tone and darker, colour of a Moor's head.

. . . O memory, take thought for your roses of salt. The great rose of evening lodges a star on its breast like a golden beetle. Beyond the legends of sleep, this pledge to man under his burden of stars!

Great age, you form this praise. The women rise on the plain and march with long steps towards the red copper of existence.

This way has passed the horde of Centuries!

8

. . . G<small>REAT</small> age, behold us—and our mortal strides towards the issue. Enough of garnering, it is time to air the harvest and honour the threshing floor.

Tomorrow, the great raiding thunderstorms, and the lightning at work . . . The caduceus of the sky descends to mark the earth with its sign. The alliance is sealed.

Ah! may an *élite* also rise, of very tall trees on the earth, like a tribe of great souls that shall hold us of their council. . . . And let the severity of evening descend, with avowal of its tenderness, on the roads of burning stone, roads lit with lavender. . . .

A quivering then, on the highest stem sticky with amber, of the highest leaf half-detached on its ivory claw.

And our actions dwindle far off in their orchards of lightning. . . .

À d'autres d'édifier, parmi les schistes et les laves. À d'autres de lever les marbres à la ville.

Pour nous chante déjà plus hautaine aventure. Route frayée de main nouvelle, et feux portés de cime en cime . . .

Et ce ne sont point là chansons de toile pour gynécée, ni chansons de veillée, dites chansons de Reine de Hongrie, pour égréner le maïs rouge au fil rouillé des vieilles rapières de famille,

Mais chant plus grave, et d'autre glaive, comme chant d'honneur et de grand âge, et chant du Maître, seul au soir, à se frayer sa route devant l'âtre

—fierté de l'âme devant l'âme et fierté d'âme grandissante dans l'épée grande et bleue.

Et nos pensées déjà se lèvent dans la nuit comme les hommes de grande tente, avant le jour, qui marchent au ciel rouge portant leur selle sur l'épaule gauche.

Voici les lieux que nous laissons. Les fruits du sol sont sous nos murs, les eaux du ciel dans nos citernes, et les grandes meules de porphyre reposent sur le sable.

L'offrande, ô nuit, où la porter? et la louange, la fier? . . . Nous élevons à bout de bras, sur le plat de nos mains, comme couvée d'ailes naissantes, ce cœur enténébré de l'homme où fut l'avide, et fut l'ardent, et tant d'amour irrévélé . . .

It is for others to build, amid the schist and the lava.
For others to raise the marbles in the city.

For us, already, a song of higher adventure. The road
traced by a new hand, and fires carried from crest to
crest . . .

And these are no weaving songs for the women's quar-
ters, nor fireside songs like 'Queen of Hungary songs'
for the shucking of red corn on the rusted blades of old
family rapiers,

But a graver song, of another steel, like a song of hon-
our and great age and a song of the Master, alone in the
evening, forging his way, before the hearthfire

—pride of the soul before the soul and pride of soul
growing to greatness in the great blue sword.

Already our thoughts rise in the night like nomad
chieftains of the big tents who walk before daybreak
towards a red sky, carrying their saddles on their left
shoulders.

Behold the places we leave. The fruits of the soil are
beneath our walls, the waters of the sky in our cisterns,
and the great millstones of porphyry rest on the sand.

The offering, O night, where to bring it? and the
praise, to whom entrust it? . . . We raise, with arms out-
stretched, on the flat of our hands, like a hatching of
nascent wings, this darkened heart of a man where hun-
ger was, and ardour, and so much love unrevealed. . . .

Écoute, ô nuit, dans les préaux déserts et sous les arches solitaires, parmi les ruines saintes et l'émiettement des vieilles termitières, le grand pas souverain de l'âme sans tanière,

Comme aux dalles de bronze où rôderait un fauve.

Grand âge, nous voici. Prenez mesure du cœur d'homme.»

Septembre 1959

Listen, O night, in the deserted courtyards and under the solitary arches, amid the holy ruins and the crumbling of old termite hills, hear the great sovereign footfalls of the soul without a lair,

Like a wild beast prowling a pavement of bronze.

Great age, behold us. Take the measure of man's heart."

September 1959

OISEAUX

✧

BIRDS

TRANSLATED BY ROBERT FITZGERALD

. . . Quantum non milvus oberret.
(. . . *plus que ne couvre le vol d'un milan.*/
. . . More than a kite can soar over.)

Aulus Persius Flaccus, *Sat.* IV, 5, 26

1

L' oiseau, *de tous nos consanguins le plus ardent à vivre, mène aux confins du jour un singulier destin. Migrateur, et hanté d'inflation solaire, il voyage de nuit, les jours étant trop courts pour son activité. Par temps de lune grise couleur du gui des Gaules, il peuple de son spectre la prophétie des nuits. Et son cri dans la nuit est cri de l'aube elle-même: cri de guerre sainte à l'arme blanche.*

Au fléau de son aile l'immense libration d'une double saison; et sous la courbe du vol, la courbure même de la terre . . . L'alternance est sa loi, l'ambiguïté son règne. Dans l'espace et le temps qu'il couve d'un même vol, son hérésie est celle d'une seule estivation. C'est le scandale aussi du peintre et du poète, assembleurs de saisons aux plus hauts lieux d'intersection.

Ascétisme du vol! . . . L'oiseau, de tous nos commensaux le plus avide d'être, est celui-là qui, pour nourrir sa passion, porte secrète en lui la plus haute fièvre du sang. Sa grâce est dans la combustion. Rien là de symbolique: simple fait biologique. Et si légère pour nous est la matière oiseau, qu'elle semble, à contre-feu du jour, portée jusqu'à l'incandescence. Un homme en mer, flairant midi, lève la tête à cet esclandre: une mouette blanche ouverte sur le ciel, comme une main de femme contre la flamme d'une lampe, élève dans le jour la rose transparence d'une blancheur d'hostie . . .

Aile falquée du songe, vous nous retrouverez ce soir sur d'autres rives!

1

THE BIRD, most ardent for life of all our blood kin,
lives out a singular destiny on the frontier of day. As
a migrant whom the sun's inflation haunts, he journeys
by night because the days are too short for him. In times
of grey moon, grey as mistletoe of the Gauls, he peoples
with his ghost the prophecy of the nights. And his
cry in the night is a cry of dawn itself: a cry of holy war
and naked steel.

On the cross-beam of his wing is the vast balancing of
a double season, and under the curve of his flight the
very curvature of the earth. Alternation is his law, am-
biguity his reign. In the space and time that he broods
over in one flight, a single summering is heresy. It is
likewise the scandal of painter and poet, who bring
seasons together at that height where all intersect.

Austerity of flight! . . . Most avid for existence of all
who share our table, the bird is he who bears hidden in
himself, to nourish his passion, the highest fever of the
blood. His grace is in that burning. Nothing symbolic
about this: it is a simple biological fact. And so light in
our view is the stuff of birds, that against the fire of day
it seems to reach incandescence. A man at sea, feeling
noon in the air, lifts his head at this wonder: a white
gull opened on the sky, like a woman's hand before the
flame of a lamp, elevating in daylight the pink trans-
lucence of a host, a wafer's whiteness. . . .

Sickle-shaped wing of dream, you will find us again
this evening on other shores!

2

LES *vieux naturalistes français, dans leur langue très sûre et très révérencieuse, après avoir fait droit aux attributs de l'aile—«hampe,» «barbes,» «étendard» de la plume; «rémiges» et «rectrices» des grandes pennes motrices; et toutes «mailles» et «macules» de la livrée d'adulte—s'attachaient de plus près au corps même, dit «territoire» de l'oiseau, comme à une parcelle infime du territoire terrestre. Dans sa double allégeance, aérienne et terrestre, l'oiseau nous était ainsi présenté pour ce qu'il est: un satellite infime de notre orbite planétaire.*

On étudiait, dans son volume et dans sa masse, toute cette architecture légère faite pour l'essor et la durée du vol: cet allongement sternal en forme de navette, cette chambre forte d'un cœur accessible au seul flux artériel, et tout l'encagement de cette force secrète, gréée des muscles les plus fins. On admirait ce vase ailé en forme d'urne pour tout ce qui se consume là d'ardent et de subtil; et, pour hâter la combustion, tout ce système interstitiel d'une «pneumatique» de l'oiseau doublant l'arbre sanguin jusqu'aux vertèbres et phalanges.

L'oiseau, sur ses os creux et sur ses «sacs aériens,» porté, plus légèrement que chaume, à l'excellence du vol, défiait toutes notions acquises en aérodynamique. L'étudiant, ou l'enfant trop curieux, qui avait une fois disséqué un oiseau, gardait longtemps mémoire de sa conformation nautique: de son aisance en tout à mimer le navire, avec sa cage thoracique en forme de carène et l'assemblage des couples sur la quille, la masse osseuse du château de proue, l'étrave ou rostre du bréchet, la ceinture scapulaire où s'engage la rame de l'aile, et la ceinture pelvienne où s'instaure la poupe . . .

2

THE old French naturalists in their firm and deferential language, after doing justice to the components of the wing—"shaft," "barbs," "pennon" of the feather; "quill-feathers" and "braces" of the large motor plumage; and all "speckles" and "spots" of the adult bird-livery—gave closer attention to the body itself, called "territory" of the bird, as if it were a minute terrestrial parcel. In his double fealty to air and land the bird was thus presented to us for what he is: a tiny satellite of our orbiting planet.

They studied, in its volume and mass, all that light architecture made for the lift and duration of flight: the elongation of breastbone shaped like a boat, the strong-room of a heart accessible to arterial flow alone, and all the encaging of secret strength rigged with most delicate muscles. They admired that winged vessel in the form of an urn for all the ardour and subtlety consumed in it; admired the interstitial system of "pneumatics" for hastening combustion, doubling the branching bloodstream to the vertebrae and wingbones of the bird.

On his hollow bones and "air sacs" borne more lightly than straw to the excellence of flight, the bird challenged all acquired notions of aerodynamics. Any student or over-curious child who had once dissected a bird remembered for a long time its nautical structure: how gracefully in all things it took the form of a ship, with chest cage like a hull in shape and ribs joined along the keel, bony mass of the forecastle, stem or prow of the breastbone, oarlock of shoulder-bone where the oar of the wing is locked, and pelvic enclosure where the stern is set. . . .

3

... Toutes *choses connues du peintre dans l'instant même de son rapt mais dont il doit faire abstraction pour rapporter d'un trait, sur l'aplat de sa toile, la somme vraie d'une mince tache de couleur.*

Tache frappée comme d'un sceau, elle n'est pourtant chiffre ni sceau, n'étant signe ni symbole, mais la chose même dans son fait et sa fatalité—chose vive, en tout cas, et prise au vif de son tissu natal: greffon plutôt qu'extrait, synthèse plus qu'ellipse.

Ainsi, d'un «territoire» plus vaste que celui de l'oiseau, le peintre soustrait, par arrachement ou par lent détachement, jusqu'à pleine appropriation, ce pur fragment d'espace fait matière, fait tactile, et dont l'émaciation suprême devient la tache insulaire de l'oiseau sur la rétine humaine.

Des rives tragiques du réel jusqu'en ce lieu de paix et d'unité, silencieusement tiré, comme en un point médian ou «lieu géométrique,» l'oiseau soustrait à sa troisième dimension n'a pourtant garde d'oublier le volume qu'il fut d'abord dans la main de son ravisseur. Franchissant la distance intérieure du peintre, il le suit vers un monde nouveau sans rien rompre de ses liens avec son milieu originel, son ambiance antérieure et ses affinités profondes. Un même espace poétique continue d'assurer cette continuité.

Telle est, pour l'oiseau peint de Braque, la force secrète de son «écologie.»

3

THESE things are all known by the painter at the very moment of his rapture, but he must abstract from them all in order to report, in one stroke, on the flat of his canvas, the true sum in one slim patch of colour.

This patch stamped as by a seal is not however a mere figure or a seal, being neither sign nor symbol, but the thing itself as ineluctably given—a living thing, in any case, taken alive from its natal tissue: a graft rather than an extract, synthesis rather than shorthand.

So from a "territory" vaster than that of the bird, the painter takes to himself, by violence or by a slow detaching, until he has made it entirely his own, this pure fragment of space made substance, made tactile, this form whose supreme emaciation becomes the island-form of the bird on the human retina.

From the tragic shores of the real drawn silently to this place of peace and unity, as into a median point or "locus," the bird subtracted from his third dimension is nevertheless far from forgetting the volume he once had in the hand of his ravisher. Crossing into the interior distance of the painter, he follows him towards a new world without breaking any ties with the land of his origin, his earlier surroundings, and his deeper affinities. One very same poetic space assures this continuity.

Such, for the bird painted by Braque, is the secret strength of his "ecology."

Nous connaissons l'histoire de ce Conquérant Mongol,
ravisseur d'un oiseau sur son nid, et du nid sur son arbre,
qui ramenait avec l'oiseau, et son nid et son chant, tout
l'arbre natal lui-même, pris à son lieu, avec son peuple
de racines, sa motte de terre et sa marge de terroir, tout
son lambeau de «territoire» foncier évocateur de friche,
de province, de contrée et d'empire . . .

4

D<small>E</small> ceux *qui fréquentent l'altitude, prédateurs ou*
pêcheurs, l'oiseau de grande seigneurie, pour mieux
fondre sur sa proie, passe en un laps de temps de
l'extrême presbytie à l'extrême myopie: une musculature
très fine de l'œil y pourvoit, qui commande en deux
sens la courbure même du cristallin. Et l'aile haute alors,
comme d'une Victoire ailée qui se consume sur elle-
même, emmêlant à sa flamme la double image de la
voile et du glaive, l'oiseau, qui n'est plus qu'âme et
déchirement d'âme, descend, dans une vibration de faux,
se confondre à l'objet de sa prise.

La fulguration du peintre, ravisseur et ravi, n'est pas
moins verticale à son premier assaut, avant qu'il n'éta-
blisse, de plain-pied, et comme latéralement, ou mieux
circulairement, son insistante et longue sollicitation.
Vivre en intelligence avec son hôte devient alors sa
chance et sa rétribution. Conjuration du peintre et de
l'oiseau . . .

L'oiseau, hors de sa migration, précipité sur la pierre
du peintre, a commencé de vivre le cycle de ses muta-
tions. Il habite la métamorphose. Suite sérielle et dia-
lectique. C'est une succession d'épreuves et d'états, en
voie toujours de progression vers une confession plénière,

We know the story of that Mongolian conqueror, taker of a bird in its nest, and of the nest in its tree, who brought back with bird and nest and song the whole natal tree itself, torn from its place with its multitude of roots, its ball of earth and its border of soil, a remnant of home territory evoking a field, a province, a country, and an empire. . . .

4

Of those who haunt the higher air as hunters or fishers, the bird of wide dominion, diving on his prey, passes in a swift lapse of time from extreme far-sightedness to extreme myopia: a very fine muscular structure in the eye provides for this by controlling the convexity of the lens. At such a moment, with wings high like a winged Victory consuming herself in her own plunge, mingling in her flame the double image of sail and sword, the bird that is now nothing but soul and soul's laceration falls, vibrating like a scythe, to fuse with the object of its seizure.

The lightning "strike" of the painter, ravisher and ravished, is not less vertical at his first assault, before he can establish on one level, and laterally as it were, or in circular movement, his insistent and long importunity. Living on good terms with his guest then becomes his luck and his reward. A conspiracy between painter and bird . . .

Removed from his migratory life, cast down on the stone of the painter, the bird has begun to live the cycle of his mutations. He lives in metamorphosis, a serial and dialectical becoming. It is a succession of trials and states always proceeding towards full confession, and

d'où monte enfin, dans la clarté, la nudité d'une évidence et le mystère d'une identité: unité recouvrée sous la diversité.

5

Pour *l'oiseau schématique à son point de départ, quel privilège déjà, sur la page du ciel, d'être à soi-même l'arc et la flèche du vol! le thème et le propos! . . . À l'autre bout de cette évolution, sous son revêtement suprême, c'est un comble secret où s'intègre l'essentiel de tout un long report. Beauté alors de ce mot de «facies,» utilisé en géologie pour recouvrir historiquement, dans leur ensemble évolutif, tous les éléments constitutifs d'une même matière en formation.*

Dans cette concision d'une fin qui rejoint son principe, l'oiseau de Braque demeure pour lui chargé d'histoire. De tout ce qu'élude, sciemment ou non, l'œil électif du peintre, la connaissance intime lui demeure. Une longue soumission au fait l'aura gardé de l'arbitraire, sans le soustraire au nimbe du surnaturel.

L'homme a rejoint l'innocence de la bête, et l'oiseau peint dans l'œil du chasseur devient le chasseur même dans l'œil de la bête, comme il advient dans l'art des Eskimos. Bête et chasseur passent ensemble le gué d'une quatrième dimension. De la difficulté d'être à l'aisance d'aimer vont enfin, du même pas, deux êtres vrais, appariés.

Nous voilà loin de la décoration. C'est la connaissance poursuivie comme une recherche d'âme et la nature enfin rejointe par l'esprit, après qu'elle lui a tout cédé.

from it arises at last in the light the nakedness of an evident thing and the mystery of an identity: unity recovered under what seemed diverse.

5

For the schematic bird at his point of departure, what a privilege it is already, on the page of the sky, to be in himself at once the bow and the arrow of flight! at once theme and discourse! . . . At the other end of this evolution, in his ultimate guise, there is a secret plenitude that holds the essence of a long calculation. Now appears the beauty of that word "facies," used in geology to cover historically, in their total evolution, all the elements that make up one material in formation.

In this concision of an end which rejoins its beginning, Braque's bird remains for him laden with history. Of all that the elective eye of the painter avoids, whether knowingly or not, the intimate knowledge remains in him. A long submission to fact will have kept him from what is arbitrary, without depriving him of the supernatural and its glory.

Man has rejoined the innocence of the wild creature, and the bird painted in the hunter's eye becomes the hunter himself in the eye of the creature, as it does in Eskimo art. Wild thing and hunter together cross the ford of a fourth dimension. From the difficulty of being to the ease of loving they move in step at last, two real beings who form a pair.

We are a long way now from decoration. Here is knowledge pursued as a research of the soul, and nature finally joined by spirit after surrendering all to spirit.

Une émouvante et longue méditation a retrouvé là l'im-
mensité d'espace et d'heure où s'allonge l'oiseau nu, dans
sa forme elliptique comme celle des cellules rouges de
son sang.

6

L'HEURE *venue de la libération, plus qu'un envol*
d'oiseaux c'est un lancement silencieux des grandes
images peintes, comme de navires sur leur ber . . .

Braque qui connaît la gloire la plus enviable, celle de
voir son nom porté par un navire de haute mer—un beau
navire laqué de blanc, sous pavillon nordique, et qu'ani-
ment à la proue six grands oiseaux plongeurs des mers
arctiques—ne voudra point désavouer cette dernière
image nautique: ses oiseaux effilés comme des sophismes
d'Éléates sur l'indivisibilité de l'espace et du temps, s'ils
éternisent au point fixe le mouvement même du vol,
n'ont rien du papillon fixé par l'épingle viennoise de
l'entomologiste, mais bien plutôt sont-ils, entre les trente-
deux aires de la rose des vents, sur ce fond d'œil in-
corruptible qu'est la boussole marine, comme l'aiguille
magnétique en transe sur son pivot de métal bleu.

Les vieux pilotes de Chine et d'Arabie regardaient
ainsi s'orienter de lui-même, au niveau du bol d'eau,
l'oiseau peint et flottant sur son index de liège traversé
d'une aiguille aimantée.

A moving and long meditation has rediscovered here the immensity of space and time where the naked bird displays his length, elliptically shaped like the red cells of his blood.

6

Now that the hour of liberation has come, here is more than a rising flight of birds: it is a silent launching of great painted images, like ships on their launching ways. . . .

Braque has known the most enviable glory, that of seeing his name borne by a ship of the high seas—a fine ship lacquered white, under a Nordic flag, animated at the prow by a figurehead of six large diving birds of the Arctic seas. He will not wish to disavow this last nautical image. If his arrowy birds, like Eleatic sophisms on the indivisibility of space and time, perpetuate at a fixed point the very movement of flight, they have nothing in common with the butterfly fixed by the entomologist's Viennese pin. Consider them rather, amid the thirty-two points of the rose of the winds, on the incorruptible eye of the mariner's compass, as resembling the magnetic needle in trance on its pivot of blue steel.

Just so the old pilots of China and Arabia used to watch their painted bird, floating on a cork pointer pierced by a magnetized needle, as it held its bearings on the surface of water in a bowl.

7

... R<small>IEN</small> *là d'inerte ni de passif. Dans cette fixité du vol qui n'est que laconisme, l'activité demeure combustion. Tout à l'actif du vol, et virements de compte à cet actif?*

L'oiseau succinct de Braque n'est point simple motif. Il n'est point filigrane dans la feuille du jour, ni même empreinte de main fraîche dans l'argile des murs. Il n'habite point, fossile, le bloc d'ambre ni de houille. Il vit, il vogue, se consume—concentration sur l'être et constance dans l'être. Il s'adjoint, comme la plante, l'énergie lumineuse, et son avidité est telle qu'il ne perçoit, du spectre solaire, le violet ni le bleu. Son aventure est aventure de guerre, sa patience «vertu» au sens antique du mot. Il rompt, à force d'âme, le fil de sa gravitation. Son ombre au sol est congédiée. Et l'homme gagné de même abréviation se couvre en songe du plus clair de l'épée.

Ascétisme du vol! . . . L'être de plume et de conquête, l'oiseau, né sous le signe de la dissipation, a rassemblé ses lignes de force. Le vol lui tranche les pattes et l'excès de sa plume. Plus bref qu'un alérion, il tend à la nudité lisse de l'engin, et porté d'un seul jet jusqu'à la limite spectrale du vol, il semble près d'y laisser l'aile, comme l'insecte après le vol nuptial.

C'est une poésie d'action qui s'est engagée là.

7

... NOTHING inert or passive here. In this merely laconic fixity of flight, action is still a burning. Everything put to the account of flight, everything turned over to its credit!

Braque's succinct bird is not at all a simple motif. He is not a watermark on the page of day, nor even the fresh imprint of a hand on the clay of a wall. He is not a fossil dwelling in a lump of amber or coal. He lives, he takes the wind, he burns—all concentration on being and constancy in being. He drinks like a plant the energy of light, and so avid is he that in the solar spectrum he sees neither violet nor blue. His adventure is an adventure of war, his endurance is "virtue" in the ancient sense. By sheer force of soul he breaks his thread of gravitation. His shadow on the ground is dismissed. And a man prey to the same concision dreams of covering himself with the light of the sword.

Austerity of flight! . . . Creature of feather and of conquest, born under the sign of dispersion, the bird has assembled his lines of force. Flight strips him of his feet and the excess of his plumage. More abbreviated than the eaglet of heraldry, he tends towards the sleek nudity of a missile, and borne by one thrust to the spectral limit of flight, he seems near to shedding his wings there, like an insect after the nuptial flight.

It is a poetry of action that is entered with passion here.

8

Oiseaux, et qu'une longue affinité tient aux confins de l'homme . . . Les voici, pour l'action, armés comme filles de l'esprit. Les voici, pour la transe et l'avant-création, plus nocturnes qu'à l'homme la grande nuit du songe clair où s'exerce la logique du songe.

Dans la maturité d'un texte immense en voie toujours de formation, ils ont mûri comme des fruits, ou mieux comme des mots: à même la sève et la substance originelle. Et bien sont-ils comme des mots sous leur charge magique: noyaux de force et d'action, foyers d'éclairs et d'émissions, portant au loin l'initiative et la prémonition.

Sur la page blanche aux marges infinies, l'espace qu'ils mesurent n'est plus qu'incantation. Ils sont, comme dans le mètre, quantités syllabiques. Et procédant, comme les mots, de lointaine ascendance, ils perdent, comme les mots, leur sens à la limite de la félicité.

À l'aventure poétique ils eurent part jadis, avec l'augure et l'aruspice. Et les voici, vocables assujettis au même enchaînement, pour l'exercice au loin d'une divination nouvelle . . . Au soir d'antiques civilisations, c'est un oiseau de bois, les bras en croix saisis par l'officiant, qui tient le rôle du scribe dans l'écriture médiumnique, comme aux mains du sourcier ou du géomancien.

Oiseaux, nés d'une inflexion première pour la plus longue intonation . . . Ils sont, comme les mots, portés du rythme universel; ils s'inscrivent d'eux-mêmes, et comme d'affinité, dans la plus large strophe errante que l'on ait vue jamais se dérouler au monde.

8

Birds, birds held by long affinity close to man's frontiers . . . Behold them armed for action, like daughters of the spirit. Behold them here for the trance and prelude to creation, more nocturnal than the great night of clear dream where the logic of dream holds sway over men.

In the maturity of an immense text always in formation, they have ripened like fruits or even more like words: at one with an original sap and substance. They are indeed like words in being magically changed: nuclei of force and action, sources of lightning and radiation, bearing afar initiative and premonition.

On the white page with infinite margins, the space they measure is all incantation. They are like syllabic quantities in metre. And proceeding as words do from a distant ancestry, they lose their meaning, as words do, on the last verge of happiness.

In ancient days they took part in the adventure of poetry with the haruspex and the augur. And behold them now, vocables engaged in the same venture for the distant exercise of a new divination. . . . At the twilight hour of ancient civilizations, it is a wooden bird who plays the role of scribe in mediumistic writing, his pinions held by the officiating priest as a rod is held in the hands of a water-diviner or geomancer.

Birds, once born from a first inflection of life, and destined for the longest intonation . . . They are carried, like words, on the rhythm of the universe, and inscribe themselves, by natural affinity, in the widest wandering strophe that has ever been seen unfolding in the world.

*Heureux, ah! qu'ils tendent jusqu'à nous, d'un bord
à l'autre de l'océan céleste, cet arc immense d'ailes peintes
qui nous assiste et qui nous cerne, ah! qu'ils en portent
tout l'honneur à force d'âme, parmi nous! . . .*

*L'homme porte le poids de sa gravitation comme une
meule au cou, l'oiseau comme une plume peinte au front.
Mais au bout de son fil invisible, l'oiseau de Braque
n'échappe pas plus à la fatalité terrestre qu'une particule
rocheuse dans la géologie de Cézanne.*

9

D'une *parcelle à l'autre du temps partiel, l'oiseau,
créateur de son vol, monte aux rampes invisibles et
gagne sa hauteur . . .*

*De notre profondeur nocturne, comme d'un écubier
sa chaîne, il tire à lui, gagnant le large, ce trait sans fin
de l'homme qui ne cesse d'aggraver son poids. Il tient,
de haut, le fil de notre veille. Et pousse un soir ce cri
d'ailleurs, qui fait lever en songe la tête du dormeur.*

*Nous l'avons vu, sur le vélin d'une aube; ou comme
il passait, noir—c'est-à-dire blanc—sur le miroir d'une
nuit d'automne, avec les oies sauvages des vieux poètes
Song, et nous laissait muets dans le bronze des gongs.*

*À des lieux sans relais il tend de tout son être. Il est
notre émissaire et notre initiateur. «Maître du Songe,
dis-nous le songe! . . .»*

Happy birds, ah, may they extend towards us, from one shore to the other of heaven's ocean, that huge arc of painted wings that will assist and encircle us! May they bear the full honour of it among us by strength of soul! . . .

Man carries the weight of gravity like a millstone around his neck, the bird like a feather painted on his brow. But at the end of his invisible thread, Braque's bird does not escape the doom of earth any more than does a particle of rock in Cézanne's geology.

9

FROM one part of ever partial time to another, creating his own flight, the bird mounts an invisible ramp and gains his altitude. . . .

Out of our nocturnal depth, like a cable from a hawse-hole, he pulls after him as he reaches the open sky this endless filament of man which never ceases adding to his weight. From on high he holds the thread of our vigil. And one evening he utters that cry from another world that makes the sleeper lift his head in dream.

We have seen him against the vellum of a dawn; or seen him passing, black—which is to say white—across the mirror of an autumn night, with the wild geese of the old Sung poets, and he left us mute amid the bronze of gongs.

Towards regions beyond any resting place he strains with all his being. He is our emissary, our initiator. "Master of Dream, tell us the dream! . . ."

Mais lui, vêtu de peu de gris ou bien s'en dévêtant,
pour nous mieux dire un jour l'inattachement de la
couleur—dans tout ce lait de lune grise ou verte et de
semence heureuse, dans toute cette clarté de nacre rose ou
verte qui est aussi celle du songe, étant celle des pôles et
des perles sous la mer—il naviguait avant le songe, et
sa réponse est: «Passer outre! . . .»

De tous les animaux qui n'ont cessé d'habiter l'homme
comme une arche vivante, l'oiseau, à très longs cris, par
son incitation au vol, fut seul à doter l'homme d'une
audace nouvelle.

10

Gratitude *du vol! . . . Ceux-ci en firent leur délice.*

Sur toutes mesures du temps loisible, et de l'espace,
délectable, ils étendent leur loisir et leur délectation:
oiseaux du plus long jour et du plus long grief . . .

Plus qu'ils ne volent, ils viennent à part entière au
délice de l'être: oiseaux du plus long jour et du plus
long propos, avec leurs fronts de nouveau-nés ou de
dauphins des fables . . .

Ils passent, c'est durer, ou croisent, c'est régner: oiseaux
du plus long jour et du plus long désir . . . L'espace
nourricier leur ouvre son épaisseur charnelle, et leur
maturité s'éveille au lit même du vent.

Gratitude du vol! . . . Et l'étirement du long désir
est tel, et de telle puissance, qu'il leur imprime parfois
ce gauchissement de l'aile qu'on voit, au fond des nuits
australes, dans l'armature défaillante de la Croix du
Sud . . .

But clothed in scant grey or divested even of that, so as to tell us one day of the inconstancy of colour—in all that milk of grey or green moon and of happy seed, in all that radiance of rose or green mother of pearl that is also the light of dreams, being that of the poles and of the pearls under sea—he navigated before the dream, and his reply is: "Go on beyond! . . ."

Of all the forms of life that still dwell in man as in a living ark, the bird alone, with his long cries calling to flight, endowed man with a new audacity.

10

Gratitude of flight! . . . These made of it their joy.

Over all reaches of leisurely time and delectable space, they luxuriate in their leisure and delectation: birds of the longest day and the longest grievance. . . .

They more than fly, they come wholly to the delight of being: birds of the longest day and the longest resolve, with brows like new-born infants or the dolphins in old fables. . . .

They fly past, and so endure, or soar, and so reign: birds of the longest day and the longest desire. . . . Nourishing space opens to them its carnal depth, and their maturity awakens in the very bed of the wind.

Gratitude of flight! . . . And the stretch of long desire is such, and of such power, as to impart to them at times that warping of the wing that one may see, deep in austral nights, in the failing armature of the Southern Cross. . . .

Longue jouissance et long mutisme . . . Nul siffle-
ment, là-haut, de frondes ni de faux. Ils naviguaient
déjà tous feux éteints, quand descendit sur eux la surdité
des dieux . . .

Et qui donc sut jamais si, sous la triple paupière aux
teintes ardoisées, l'ivresse ou l'affre du plaisir leur tenait
l'œil mi-clos? Effusion faite permanence, et l'immersion,
totale . . .

À mi-hauteur entre ciel et mer, entre un amont et un
aval d'éternité, se frayant route d'éternité, ils sont nos
médiateurs, et tendent de tout l'être à l'étendue de
l'être . . .

Leur ligne de vol est latitude, à l'image du temps
comme nous l'accommodons. Ils nous passent toujours
par le travers du songe, comme locustes devant la face . . .
Ils suivent à longueur de temps leurs pistes sans om-
brage, et se couvrent de l'aile, dans midi, comme du
souci des rois et des prophètes.

11

Tels sont les oiseaux de Georges Braque, qu'ils soient
de steppe ou bien de mer, d'espèce côtière ou pélagienne.

Sur l'étendue d'un jour plus long que celui né de nos
ténèbres, avec cette tension dardée de tout le corps, ou
cet allongement sinueux des anses du col qui n'est pas
moins suspect, ils tiennent aux strates invisibles du ciel,
comme aux lignes visibles d'une portée musicale, la
longue modulation d'un vol plus souple que n'est l'heure.

Long luxuriance and long muteness . . . No whistling
of slings or scythes up there. They were already sailing
with all lights out, when the deafness of the gods
descended on them. . . .

And who ever knew whether drunkenness or the
spasm of pleasure kept their eyes half closed, under those
triple eyelids tinted slate-grey? An effusion become a
permanence, and the immersion a total one. . . .

At mid-height between sky and sea, between the
upper and lower waters of eternity, clearing the way of
eternity, they are mediators for us and strive with all
their being to the utmost of being. . . .

Their line of flight makes latitude, in the image of
time as we arrange it. They are always passing across our
dream, like locusts before our eyes. . . . Through end-
less time they follow their shadowless tracks, and at the
height of noon they hide in the shade of their wings,
as kings and prophets shield their grieving hearts.

11

Such are the birds of Georges Braque, whether sea
birds or birds of the steppe, coastal birds or birds of
mid-ocean.

Over the spread of a day longer than the one born
of our darkness, with their whole bodies taut as darts,
or with a sinuous lengthening of neck that is no less
suspect, they sustain on the invisible strata of the sky,
as on visible lines of a musical stave, the long modula-
tion of a flight more flexible than time is.

Au point où se résout l'accord, ne cherchez point le lieu ni l'âge de leur filiation: oiseaux de tous rivages et de toutes saisons, ils sont princes de l'ubiquité. Et d'abord engagés sur la table du jour comme mortaises et tenons entre les parts d'un même tout, ils virent à des noces plus hautaines que celles du Ying *et du* Yang.

Au point d'hypnose d'un œil immense habité par le peintre, comme l'œil même du cyclone en course—toutes choses rapportées à leurs causes lointaines et tous feux se croisant—c'est l'unité enfin renouée et le divers réconcilié. Après telle et si longue consommation du vol, c'est la grande ronde d'oiseaux peints sur la roue zodiacale, et le rassemblement d'une famille entière d'ailes dans le vent jaune, comme une seule et vaste hélice en quête de ses pales.

Et parce qu'ils cherchent l'affinité, en ce non-lieu très sûr et très vertigineux, comme en un point focal où l'œil d'un Braque cherche la fusion des éléments, il leur arrive de mimer là quelque nageoire sous-marine, quelque aileron de flamme vive ou quelque couple de feuilles au vent.

Ou bien les voici, dans tout ce haut suspens, comme graines ailées, samares géantes et semences d'érables: oiseaux semés au vent d'une aube, ils ensemencent à long terme nos sites et nos jours . . .

Ainsi les cavaliers d'Asie centrale, montés sur leurs bêtes précaires, sèment au vent du désert, pour le mieux repeupler, des effigies légères de chevaux brefs sur découpures de papier blanc . . .

At the point where the chord is resolved, never look for the place or epoch of their derivation: birds of all shores and all seasons, they are princes of ubiquity. At first engaged on the table of day like mortises and tenons between the parts of the same whole, they turn towards loftier nuptials than those of *Yin* and *Yang*.

At the hypnotic point of an immense eye inhabited by the painter, like the very eye of the cyclone on its course—all things referred to their distant causes and all fires crossing—there is unity at last renewed and diversity reconciled. After such and so long a consummation of flight, behold the great round of birds painted on the zodiacal wheel, and the gathering of an entire family of wings in the yellow wind, like one vast propeller hunting its blades.

And because they are seeking affinity, in that very sure and vertiginous nowhere, as in a focal point where the eye of a Braque looks for the fusion of elements, they may take on there the semblance of some undersea fin, some wing-tip of living flame, or a pair of leaves in the wind.

Or behold them here, in all this high suspense, like winged seeds, giant samaras and maple keys: birds sown on the wind of dawn, they seed for years to come our sites and our days. . . .

Thus the horsemen of central Asia, riding their ephemeral beasts, sow in the wind of the desert, so as to restock it, frail effigies of short-coupled horses cut out of white paper. . . .

Braque, vous ensemencez d'espèces saintes l'espace occidental. Et le district de l'homme s'en trouve comme fécondé . . . En monnaies et semences d'oiseaux peints, que soit payé pour nous le prix du Siècle!

12

. . . CE SONT *les oiseaux de Georges Braque: plus près du genre que de l'espèce, plus près de l'ordre que du genre; prompts à rallier d'un même trait la souche mère et l'avatar, jamais hybrides et pourtant millénaires. Ils porteraient, en bonne nomenclature, cette répétition du nom dont les naturalistes se plaisent à honorer le type élu comme archétype:* Bracchus Avis Avis . . .

Ce ne sont plus grues de Camargue ni goélands des côtes normandes ou de Cornouaille, hérons d'Afrique ou d'Île-de-France, milans de Corse ou de Vaucluse, ni palombes des cols pyrénéens; mais tous oiseaux de même faune et de même vocation, tenant caste nouvelle et d'antique lignage.

Tout synthétiques qu'ils soient, ils sont de création première et ne remontent point le cours d'une abstraction. Ils n'ont point fréquenté le mythe ni la légende; et, répugnant de tout leur être à cette carence qu'est le symbole, ils ne relèvent d'aucune Bible ni Rituel.

Ils n'ont pas joué aux dieux d'Égypte ou de Susiane. Ils n'étaient pas avec la colombe de Noé, ni le vautour de Prométhée; non plus qu'avec ces oiseaux Ababils dont il est fait mention au livre de Mahomet.

Braque, you are sowing the space of the West with holy species. And it is as though the district of men were fecundated by them. May the price of the Century be paid for us in currencies and seeds of painted birds!

12

THESE are the birds of Georges Braque: closer to the genus than to the species, closer to the order than to the genus: quick to rejoin in one stroke the mother stock and the avatar, never hybrid and yet millennial. In good nomenclature they would bear that repetition of the name with which naturalists are pleased to honour the type chosen as archetype: *Bracchus Avis Avis. . . .*

They are no longer cranes of the Camargue or gulls of the coasts of Normandy or Cornwall, herons of Africa or the Île de France, kites of Corsica or Vaucluse, or wood pigeons from the passes of the Pyrenees. They are all birds of one same race and one same vocation, belonging to a new caste and an ancient lineage.

Wholly composite as they are, they are an immediate creation and do not trace back the course of an abstraction. They have never frequented myth or legend; and, opposed with all their being to that failure, the symbol, they derive from no Bible or Ritual.

They have not played at being gods of Egypt or Susiana. They were not with Noah's dove or the vulture of Prometheus or those Ababil birds mentioned in the book of Mohammed.

Oiseaux sont-ils, de faune vraie. Leur vérité est l'inconnue de tout être créé. Leur loyauté, sous maints profils, fut d'incarner une constance de l'oiseau.

Ils n'en tirent point littérature. Ils n'ont fouillé nulles entrailles ni vengé nul blasphème. Et qu'avaient-ils à faire de «l'aigle jovien» dans la première Pythique de Pindare? Ils n'auront point croisé «les grues frileuses» de Maldoror, ni le grand oiseau blanc d'Edgar Poe dans le ciel défaillant d'Arthur Gordon Pym. L'albatros de Baudelaire ni l'oiseau supplicié de Coleridge ne furent leurs familiers. Mais du réel qu'ils sont, non de la fable d'aucun conte, ils emplissent l'espace poétique de l'homme, portés d'un trait réel jusqu'aux abords du surréel.

Oiseaux de Braque, et de nul autre . . . Inallusifs et purs de toute mémoire, ils suivent leur destin propre, plus ombrageux que nulle montée de cygnes noirs à l'horizon des mers australes. L'innocence est leur âge. Ils courent leur chance près de l'homme. Et s'élèvent au songe dans la même nuit que l'homme.

Sur l'orbe du plus grand Songe qui nous a tous vus naître, ils passent, nous laissant à nos histoires de villes . . . Leur vol est connaissance, l'espace est leur aliénation.

13

Oiseaux, *lances levées à toutes frontières de l'homme! . . .*

L'aile puissante et calme, et l'œil lavé de sécrétions très pures, ils vont et nous devancent aux franchises

Birds they are, of a true bird race. Their truth is the unknown of every created being. Their commitment was to incarnate in many forms one constant, the presence of birds.

They make no literature of this. They have probed no entrails, avenged no blasphemy. And what had they to do with "Jove's eagle" in the first Pythian of Pindar? They will not have met "the shivering cranes" of Maldoror, nor the great white bird of Edgar Poe, in the waning sky of Arthur Gordon Pym. Neither the albatross of Baudelaire nor the tortured bird of Coleridge were familiars of theirs. But out of that reality which they are, and not at all out of fable, they fill the poetic space of man, borne on a shaft of reality to the approaches of the surreal.

Braque's birds, no other's . . . Inallusive and pure, free of all memory, they follow their own destiny, more wary than any rising of black swans on the horizon of austral seas. Innocence is their epoch. They take their chance close to man, and rise to dream in the same night as man.

Passing over the globe of the greatest Dream, which has seen the birth of us all, they leave us to our tales of cities. . . . Their flight is knowledge, space is their alienation.

13

Birds, lances lifted at all the frontiers of man! . . .

Their wings powerful and still and their eyes washed with pure secretions, they go before us towards en-

d'outre-mer, comme aux Échelles et Comptoirs d'un
éternel Levant. Ils sont pèlerins de longue pérégrination,
Croisés d'un éternel An Mille. Et aussi bien furent-ils
«croisés» sur la croix de leurs ailes . . . Nulle mer portant
bateaux a-t-elle jamais connu pareil concert de voiles et
d'ailes sur l'étendue heureuse?

Avec toutes choses errantes par le monde et qui sont
choses au fil de l'heure, ils vont où vont tous les oiseaux
du monde, à leur destin d'êtres créés . . . Où va le
mouvement même des choses, sur sa houle, où va le
cours même du ciel, sur sa roue—à cette immensité
de vivre et de créer dont s'est émue la plus grande nuit
de mai, ils vont, et doublant plus de caps que n'en lèvent
nos songes, ils passent, nous laissant à l'Océan des choses
libres et non libres . . .

Ignorants de leur ombre, et ne sachant de mort que
ce qui s'en consume d'immortel au bruit lointain des
grandes eaux, ils passent, nous laissant, et nous ne
sommes plus les mêmes. Ils sont l'espace traversé d'une
seule pensée.

Laconisme de l'aile! ô mutisme des forts . . . Muets
sont-ils, et de haut vol, dans la grande nuit de l'homme.
Mais à l'aube, étrangers, ils descendent vers nous: vêtus
de ces couleurs de l'aube—entre bitume et givre—qui
sont les couleurs même du fond de l'homme . . . Et de
cette aube de fraîcheur, comme d'un ondoiement très
pur, ils gardent parmi nous quelque chose du songe
de la création.

Washington, mars 1962

franchised land across the seas, as towards the Ports and Counters of an eternal Levant. They are pilgrims of a long pilgrimage, Crusaders of an eternal Millennial Year. For "crusaders" they were under the cross of their wings. . . . Has any sea carrying ships ever known such a concert of sails and wings over the blessed expanse?

With all things that wander over the world and exist in the stream of time, they go where all the birds of the world go, to their fate of created beings. . . . Where the very movement of things goes, on its surge, where the very course of heaven goes, on its wheel—to that immensity of living and creating that stirred the deepest night of May, they go onward, doubling more capes than our dreams can raise, they pass and leave us to the Ocean of things free and not free. . . .

Ignorant of their shadow, knowing of death only that immortal part which is consumed in the distant clamour of great waters, they pass and leave us and we are no longer the same. They are space traversed by a single thought.

Laconism of the wing! O muteness of the strong . . . Mute they are, and high in flight, in the great night of man. But at dawn they come down to us, strangers descending: robed in those colours of dawn—between bitumen and hoarfrost—that are the very colours of the depths of man. . . . And from that dawn of freshness, as from a very pure aspersion, they have preserved for us something of the dream of creation.

Washington, March 1962

POÈME POUR

VALERY LARBAUD

✦

POEM FOR

VALERY LARBAUD

TRANSLATED BY RICHARD HOWARD

POÈME POUR
VALERY LARBAUD

Servante, *l'homme bâille. J'appelle!*
Voici des pence pour Hændel, voici nos livres pour le
Fleuve.
Et il y eut un jour qu'on appela Dimanche—ennui solaire
des Empires dans toutes glaces de nos chambres.
On dit que les coucous fréquentent aux jardins d'hôtels,
on dit que les oiseaux de mer, par-dessus les Comtés,
jusqu'aux jardins des villes . . .
Et l'étranger lit les gazettes sous un vieil arbre de Judée:
On lui remet deux lettres
Qu'il ne lit.

«. . . Roses, rosemaries, marigold leaves and daisies . . .»
Vous arrosez les roses avec du thé.
Car il y eut un jour qu'on appela Dimanche et, par-
dessus les villes à cantiques et les lawns,
De ces grands ciels à houppes comme on en vit à Santa-
Fé.
Allez et nous servez, qui sommes vieux comme l'insecte
sur ce monde, allez et nous laissez à nos façons de vivre
qui sont telles, sur toutes rives de ce monde . . .
Et l'étranger inscrit un nom, et ce n'est point le sien;
inscrit la ville qu'il habite, et il n'est point de ville
qu'il habite.
«. . . Roses, rosemaries, marigold leaves and daisies . . .»

Un peu avant le gong du soir et la saison d'un souffle
dans les tentes,
Mon cœur est plein d'une science,

POEM FOR
VALERY LARBAUD

M<small>AIDSERVANT</small>, the man yawns. I call!

Herewith pence for Handel, here our books for the River.

And there was a day called Sunday—solar tedium of Empires in all our bedroom mirrors.

It is said the cuckoos come often to the hotel gardens, it is said the seabirds pass over the Counties for the city gardens . . .

And the foreigner is reading the newspapers under an old Judas-tree:

They hand him two letters

Which he does not read.

"*. . . Roses, rosemaries, marigold leaves and daisies . . .*"
You sprinkle the roses with tea.

For there was a day called Sunday and, passing over the cities with their hymns and lawns,

Those great cottony skies like the ones seen in Santa Fe.

Come and serve us, who are old as insects upon this earth, come and leave us to our ways of living which are even so, upon every shore of this earth . . .

And the foreigner writes down a name, and it is not his name; writes down the city he inhabits, and there is no city he inhabits.

"*. . . Roses, rosemaries, marigold leaves and daisies . . .*"

A little before the evening gong and the season of a breeze in the awnings,

My heart is full of a knowledge,

Mon cœur est plein d'extravagance, et danse, comme la
    fille de Lady J.... en souliers de soie d'or, et nue, entre
    ses glaces, au son des clefs de malles par le monde et
    des orchestres mis en serre sur toutes rives de l'Empire.
Bonheur à naître sous l'écaille et toutes roses de l'Empire!
    De quelles pures Zambézies nous souvient-il au soir? ...
Un peu avant le gong du soir et la saison d'un souffle
    dans les toiles, quand le soleil fait son miel du corps des
    femmes dans les chambres, et c'est bonheur à naître aux
    percées d'Isthmes, sur toutes routes de l'Empire, et les
    vaisseaux pleins de voyelles et d'incestes, aux fifres des
    cristaux d'Europe, vont sur la mer déserte . . .

Servante! l'homme bâille. J'appelle!
Ouvrez les portes sur le fleuve! toutes choses dites à la
    mer!
Et pour ce soir encore, c'est fort bien—mais demain,
    ô ma fille, nous verrons à changer
Ce grand parfum irrespirable de l'année.

                           Londres, 1911

My heart is full of extravagance, and dances, like Lady
   J....'s daughter in gold silk slippers, and naked, among
   the mirrors, to the sound of steamer-trunk keys the
   world over and of orchestras set under glass on every
   shore of the Empire . . .
Happiness to come beneath the tortoise-shell and all the
   roses of the Empire! What pure Zambesis do we recall
   in the evening?
A little before the evening gong and the season of a breeze
   in the canvas, when the sun makes its honey from the
   women's bodies in the bedrooms, and it is happiness to
   come at the opening of each Isthmus, upon every route
   of the Empire, and the vessels full of vowels and incest,
   to the fifes of crystal from Europe, go upon the empty
   sea . . .

Maidservant! the man yawns. I call!
Open the doors upon the river! all things spoken to the
   sea!
And for this one more evening, it is well—but tomorrow,
   my girl, we must see to changing
This great unbreathable perfume of the year.

London, 1911

POUR DANTE

DANTE

TRANSLATED BY ROBERT FITZGERALD

DISCOURS POUR L'INAUGURATION DU
CONGRÈS INTERNATIONAL RÉUNI À
FLORENCE À L'OCCASION DU 7^E
CENTENAIRE DE DANTE (20 AVRIL 1965)

ADDRESS FOR THE INAUGURATION OF
THE INTERNATIONAL CONGRESS IN FLORENCE
ON THE OCCASION OF
THE SEVENTH CENTENARY OF DANTE
APRIL 20, 1965

Se lever aujourd'hui en l'honneur du Dante, c'est s'exprimer anonymement au nom d'une immense famille: celle pour qui le nom, le mot Dante, puissant vocable, tient la plus haute résonance au fond de l'antre poétique.

Ceux-là se lèvent avec nous pour qui le fait Dante se confond de lui-même avec le grand fait poétique dans l'histoire de l'homme d'Occident.

Avec nous l'ovation jubilaire, et la louange, en toutes langues, sur toutes rives d'Occident! . . . Des feux s'allument sur les cimes, des voix s'élèvent dans les villes, et c'est pour l'homme de notre temps comme un saisissement nouveau.

Pour la septième fois l'appel séculaire du nom! Dante Alighieri! . . . Nous te saluons, Poète, homme de terre latine, celui à qui il fut donné d'éduquer une langue, et par la langue, créatrice, de forger l'âme d'un peuple.

À chaque échéance solennelle où retentit l'appel du nom, sa charge d'honneur est vérifiée. Et nous, poètes, hommes de parole, nous invoquons d'un grand poète la parole donnée, et nous lui demandons raison. Qu'il porte encore dans le siècle le scandale du poète, et par la grâce du langage, l'altercation suprême de l'homme au plus haut lieu de l'être, sa parole!

Il y a, dans l'histoire d'un grand nom, quelque chose qui s'accroît au delà de l'humain: «Nomen, numen . . . ,» imminence sacrée—frémissement d'âme dans le bronze et comme un son d'éternité . . . «Divine» fut un jour l'appellation donnée à cette Commedia que Dante lui-même, l'orgueilleux, n'eût point qualifiée telle. L'instant, devenu légendaire, où fut frappée cette parole de poète ne cesse d'étendre jusqu'à nous le temps de sa vibration.

WHEN we stand in honour of Dante today we pay him more than our personal homage; we act on behalf of that immense family for whom the very name, Dante, sounds with a resonance unsurpassed in the profound cavern of poetry.

Standing with us are all those for whom two facts are inseparable: the fact of Dante, and the great fact of poetry in the history of Western man.

Rising about us we hear the ovation of this jubilee, and the praise in all languages, on all shores of the West! Fires are lit on the crests, voices are lifted in the cities, and man in our time is overtaken as by a new joy.

For the seventh centenary, again the appeal of the name! Dante Alighieri! We salute you, Poet, man of the Latin earth, to whom it was given to form a language and by the creative power of language to forge the spirit of a people.

At every solemn anniversary when the appeal of this name is heard again, its burden of honour is reconfirmed. And we poets, men of the living word, invoke a great poet's given word as we call on him to answer. Let him bring again upon our century the scandal of the poet, and kindle by the grace of language that supreme debate of man in the highest realm of being, the word itself.

In the history of a great name there is something that grows beyond the merely human: *"Nomen, numen . . ."* a sacred presence—a shiver of soul in the bronze tones, a sound as of eternity. . . . "Divine" was the name given one day to that *Commedia* which Dante himself, man of pride though he was, would never have so entitled. The moment when this poetry was set down—that moment now legendary—reaches us vibrating still.

*Nous mesurons, à pas de siècles, sa portée historique;
et plus encore le mystère de sa survivance poétique.*

   *Qu'une œuvre, en poésie, d'un aussi haut vouloir et
d'aussi haute conception, surchargée à périr d'intellec-
tualité, de dogmatisme rationnel et de pure scolastique,
qu'une œuvre doctorale et qui se veut avant tout œuvre
édifiante, répondant en termes allégoriques aux exigences
d'école les plus contraires à toutes nos conceptions de poé-
tique moderne, puisse sans accablement porter, comme
œuvre vive jusqu'à nous, un tel fardeau de convenances
et de charges contractuelles—c'est là le vrai prodige!
Privilège du génie à son plus libre accès d'omnipotence,
courant de haut, sous sa loi propre, le bon plaisir de sa
course plénière . . . Et cette loi toujours fut d'exception!
La foudre vierge du génie court aux pires mésalliances
sans déroger. C'est le destin des grandes forces créatrices
d'exercer leur pouvoir à travers toutes conventions
d'époque.*

   *Sur les quatre plans d'évolution définis par Dante dans
son* Convivio: *le littéral, l'allégorique, le moral et l'ana-
gogique, l'œuvre impérieuse de la* Commedia *poursuit
héroïquement son ascension méthodique, comme celle
du héros lui-même, pèlerin d'amour et d'absolu. Elle
s'élève, de cercle en cercle, jusqu'à cette abstraction finale
d'une effusion de gloire au sein de la divinité: effusion
encore toute d'intellect, car le cheminement spirituel du
poète est, par sa nature même, étranger aux voies du
mysticisme proprement dit.*

   *Mais parce que l'aventure spirituelle du héros fut
d'abord celle du poète, l'œuvre vécue du grand Toscan
demeure fidèle à la vie même; et traitant, vive, d'absolu
sans déserter l'empire du réel, gardant racine dans le
concret, et dans l'humain, et jusque dans le quotidien,
elle échappe, récit, aux pires méfaits de l'abstraction.
Relation d'un voyage aux mondes imaginaires, elle en*

We measure in centuries its historic import, and even more the mystery of its continued life.

That a work of poetry so supremely of the will and so lofty in conception, perilously overloaded with intellectuality, with rational dogmatism and pure scholasticism, a didactic work meant above all to edify, complying in allegorical terms with abstract demands completely alien to all our notions of a modern poetic—that this work should carry alive into our own time such a mass of conventions and commitments—there is the true miracle! It is the privilege of genius—of unfettered genius in its highest access of omnipotence, under its own law, at its royal will, setting a course of plenitude. . . . That law was always for the exceptional! The virgin lightning of genius can enter into the most unsuitable liaisons and never degrade itself. It is the destiny of great creative forces to exert their power through any and all conventions of an epoch.

On the four levels of development defined by Dante in his *Convivio*: the literal, the allegorical, the moral, and the anagogical, the imperious *Commedia* takes its methodical way upward, like the hero himself, pilgrim that he is of love and of the absolute. It rises from circle to circle until it reaches final abstraction, an effusion of glory in the bosom of the divine: an effusion that is still all intellect, for the spiritual journey of the poet is distinct, by its very nature, from the ways of mysticism properly so called.

But because the spiritual adventure of the hero was the poet's adventure first, the work lived by the great Tuscan remains faithful to life itself; treating of the absolute without deserting the empire of the real, keeping its roots in the actual, in the human, in the mere quotidian—being a *story*—it avoids the worst sins of abstraction. As the narrative of a journey to

demeure pour nous la narration émerveillée. Elle est charnelle, elle est visuelle, elle est forme et couleur; et tout édifiante qu'elle se veuille sous ses allégories, son abondante imagerie ne fait qu'illustrer, avec réalisme, les incidences multiples d'un itinéraire fort éloigné de toute ascèse . . . Art de délectation et non plus seulement d'enseignement: la vocation terrestre s'y affirme, autant et plus que la hantise céleste. Son, matière et lumière s'unissent là pour fêter une même énergie, qui se veut harmonie. Et dans cette liaison physique avec l'universel, quelle joie, soudain, d'artiste, entre deux diversions astronomiques, de nous parler . . . des bouches du Gange! —Oeuvre de poète et non plus d'humaniste. Le seuil métaphysique n'est là franchi que par la connaissance poétique, l'évasion philosophique procède moins d'une spéculation que d'un sentiment.

Et aussi bien, le poète chrétien, de formation thomiste, qui a si fort sévi dans son Enfer contre tous péchés de l'esprit, ne craint pas d'invoquer, à l'ouverture de son Paradis, l'assistance païenne de la divinité delphique, ravisseuse d'âme et d'esprit au-delà des provinces d'intellect: veuille Apollon, l'irrationnel, lui entrouvrir les voies sensibles, les voies secrètes de l'ineffable et de l'inconcevable, et Dante, poète, le suivrait peut-être sur la plus vaste mer de l'intuition divinatrice—au risque grave, pour l'apôtre, de n'être pas suivi de tous:

Ô vous dont la barque est petite, retournez à vos rivages . . .

On n'avait pas entendu cette voix depuis l'antiquité latine. Et voici que ce chant n'est plus réminiscence, mais création réelle, et comme un chant de ruche nouvelle essaimant en Ouest, avec son peuple de Sibylles . . .

imaginary worlds, it remains a narrative full of wonder
for us. It is carnal, it is visual, it is form and colour; and
however edifying it may wish to be beneath its alle-
gories, its abounding imagery only illustrates with
realism the multiple incidents of an itinerary that is
pursued far from any asceticism. . . . The art is one of
delectation, not of teaching alone: the terrestrial voca-
tion is affirmed by it as much as the heavenly obsession
—as much or more. Sound, matter, and light are united
in it to celebrate a single energy, willed into harmony.
And in this physical union with the universe, what a
joy, a sudden joy of the artist, to speak to us between two
astronomical digressions of—what but the mouths of
the Ganges! Here is a poet's work, not a humanist's. The
threshold of metaphysics is crossed here only by poetic
knowledge, the philosophical liberation comes less of
speculation than of feeling.

And so the Christian poet, trained in Thomism, who
has raged in his Inferno against all the sins of the spirit,
at the opening of the Paradiso is not afraid to invoke the
pagan assistance of the delphic divinity, ravisher of the
soul beyond the province of intellect: may Apollo, god
of the super-rational, open up for him the ways of feel-
ing, the secret ways of the ineffable and the inconceiv-
able, and the poet Dante will follow him perhaps on the
vast sea of divinatory intuition—at the risk, grave for an
apostle, of not being followed by everyone:

O you whose craft is small, return to shore. . . .

That voice had not been heard since Latin antiquity.
And yet see how far this song is from being mere remi-
niscence; it is a real creation, like the song of a new hive
swarming in the West, a whole people of Sibyls. . . .

Décisive entre toutes fut là l'urgence du langage: puis-
sance active, animatrice, initiatrice et créatrice . . . De
cette montée d'abîme où commande le désir, insistance
divine, l'œuvre tire, durable, sa vocation première et sa
fatalité. À la fois créature et créatrice d'une langue, elle
garde, rebelle, contre toute prise d'intellect, sa liaison
vivante avec le mouvement même de l'être, sa fortune.

La même liaison durable, en toutes choses, porte
l'esprit de Dante à cette recherche d'unité, qui devait
s'affirmer jusque dans la pensée politique de son De
Monarchia. *Prodigieux destin, pour un poète, créateur*
de sa langue, d'être en même temps l'unificateur d'une
langue nationale, longtemps avant l'unité politique
qu'elle annonce. Par lui, le langage restitué à une com-
munauté vivante devient l'histoire vécue de tout un
peuple en quête de sa vérité. Au cœur d'une grandeur
italienne éparse, qu'il rassemble et qu'il incarne, il de-
meure pour toujours ferment d'âme et d'esprit . . . Quel
poète jamais, par le seul fait d'une éminence poétique, a,
dans l'histoire d'un peuple fier, constitué un tel élément
de force collective?

En un temps où la poésie est encore règle d'observance
et servitude d'école, l'art de Dante fut une lecture
heureuse aux œuvres vives du langage. Dans un élargisse-
ment de l'accueil poétique, c'est l'être tout entier qui vient
au sacre du poème et fait son irruption au monde clos de
l'art. Une langue d'amour a pris naissance là, qui ne sera
plus jamais distincte, en poésie, de l'instance proprement
poétique. «Cet homme suis-je,» nous dit Dante, «soumis
au langage d'amour, et n'écris rien, sous cette dictée, qui
ne se fasse entendre au fond du cœur.» L'œuvre s'ordonne
dans cette grâce, et s'y recrée, sans perdre haleine. La
passion y commande, l'amour y prophétise . . . Et qu'est-

Beyond everything else, the urgency of language was decisive: an active power, forever animating, initiating and creating. . . . From that climb out of the abyss commanded by desire, by a divine insistence, the work derives its first and lasting vocation and its destiny. At once the creature and the creator of a language, rebellious against the grasp of intellect, it keeps its living attachment to the very movement of being, the fortune of being.

The same enduring attachment brings the spirit of Dante to that search for unity that was to be proposed even in the political thought of his *De Monarchia*. What a prodigious destiny for a poet, creator of his language, to be at the same time the unifier of a national tongue long before the political unity that it promises. Through him, speech restored to a living community becomes the life lived by an entire people in search of unity.—At the heart of a scattered Italian grandeur, which he gathers up and incarnates, he remains forever a ferment of soul and spirit. . . . What poet, by the sole fact of poetic eminence, has ever become such an element of collective force in the history of a proud people?

At a time when poetry was still all formal rules and schoolroom servitude, the art of Dante was a felicitous reading in the living heart of language. In the widening embrace of poetry it is the whole being of man that now comes to the poetic rite and breaks into the closed world of art. A language of love now comes to birth, a language that will never henceforth be distant from the true poetic solicitation. "I am that man," Dante tells us, "subject to love's language, and from that dictation I write nothing that does not make itself heard in the heart's core." The work is ordered by grace of love and re-creates itself in love without losing its impetus. Here passion commands and prophesies. . . . And what is

ce tout cela qui n'est point passion, et qui n'a goût d'éternité? . . .

Au déchirement de quelques effusions lyriques— félicité d'un chant de grâce ou virulence d'une imprécation—cède soudain toute l'armature du grand poème doctrinal . . . Poésie, science de l'être! Car toute poétique est une ontologie. Et sur ce double mouvement, d'un arrachement premier, puis d'un retour, à l'être, pour la réintégration de l'unité perdue, la philosophie grecque du Stagirite avait déjà tenté toute une métaphysique de mouvement.

D'où l'exigence, en art, d'une œuvre réelle et pleine, qui ne craigne pas la notion d'«œuvre,» et d'œuvre «œuvrée,» dans sa totalité, impliquant d'autant plus d'assistance du souffle, et de force organique, d'élévation de ton et de vision, au-delà de l'écrit, pour la conduite finale du thème à sa libre échéance.

Telle est l'obligation filiale du poète envers la langue —créatrice . . .

Et Dante, fanatique du langage, n'a-t-il pas placé dans son Enfer, non loin des blasphémateurs, un écrivain coupable d'impiété envers sa langue maternelle?

L'homme de passion que fut Dante, poète, rejoint, dans son civisme, l'amer censeur d'âme vindicative à qui l'ancêtre guerrier, recontré au Ciel de Mars, recommandait «l'âpre langage de remontrance» comme «une nourriture de vie.» Il ne fut pas des tièdes ni des pusillanimes, ce catholique qui ne craint pas d'envelopper d'un même mépris tous ceux, dit-il, «qui ont pu vivre sans infamie ni renommée, détestables aussi bien au regard de Dieu que de ses ennemis.»

«Ils en viendront au sang,» disait-il de son peuple de violents. Ils en vinrent à l'âme . . . Et ce fut pour Dante

anything if it is not passion, and does not taste of eternity?

Rent from time to time by lyric cries—the grace of a song or the virulence of an imprecation—the whole frame of the great doctrinal poem suddenly gives way. . . . Poetry—poetry, which is itself a knowledge of being! For every poetic is in truth an ontology. And it was on this periodic impulse of escape and return to being, for a reintegration of lost unity, that the Greek philosophy of the Stagirite had already attempted a whole metaphysics of movement.

Hence the necessity in art of a work real and complete, without fear of that notion of "work," and of work that is "worked out," involving in its totality just that much more assistance from inspiration, that much more organic force, elevation of tone and vision, beyond the written thing, for the final conduct of a theme to its free conclusion.

That is the filial obligation of the poet to his language as creator.

And Dante, the fanatic of language, did he not place in his Inferno, not far from the blasphemers, a writer guilty of impiety towards his maternal tongue?

The man of passion who was Dante the poet merges, in his civic spirit, with the acrid and vengeful censor to whom his warrior ancestor, met in the sphere of Mars, would recommend "sharp and chastizing words" as a "vital sustenance." He never belonged among the tepid or the pusillanimous, this Catholic who is not afraid to cover with the same opprobrium all those, he says, "who could live with neither infamy nor renown, as detestable in the sight of God as in that of His enemies."

"They will end in blood," he said of his violent ones. They ended in spirit. . . . For Dante, what it came to

l'ascension très pure de ce Troisième «Cantique» vers un lieu de lumière et de béatitude, «là où les hautes créatures,» nous dit-il, «voient les traces de la force éternelle.» Au terme de cette ascension, la notion passionnelle se confond, dans l'amour, avec celle de gloire et d'illumination—spasme suprême de l'esprit, qui ne cesse d'être esprit. «Et soudain,» nous dit-il encore, «il me sembla que le jour au jour s'ajoutait, comme si Celui qui peut avait doté le ciel d'un nouvel astre . . .»

Au bord des grands espaces libres où se propage le divin, le poète a conduit sa quête d'unité. Il a atteint ce point d'éclat et de rupture dont il n'est point gardé mémoire. Et dans cette course à l'essence lumineuse s'annonce déjà tout l'essentiel d'un classicisme littéraire . . . La vérité du drame est dans ce pur espace qui règne entre la stance heureuse et l'abîme qu'elle côtoie: cet inapaisement total, ou cette ambiguïté suprême, qui fait de Dante, monstre d'amour, le plus grand apostat du bonheur au profit de la joie:

> Au fond de cette éternité, je vis que l'amour unissait toutes choses, comme pour lier, en un seul Livre, tous les feuillets épars d'un même ouvrage universel . . .

Poète, homme d'absence et de présence, homme de refus et d'affluence, poète, né pour tous et de tous s'accroissant, sans s'aliéner jamais, il est fait d'unité et de pluralité. Par grands lambeaux d'humanité s'opère en lui ce déchirement d'un seul en proie à l'épopée de tous— levée de tous dans l'œuvre et de l'œuvre dans tous. Des marches de l'exil, il gère une solitude plus peuplée qu'aucune terre d'empire. Il établit ses châtiments comme des équations, mais il se garde d'avilir ses victimes de

was the pure ascent of the Third Canticle towards a place of light and beatitude, "there where high creatures," he tells us, "see the traces of eternal force." At the terminus of that ascent, the concept of passion merges, in love, with that of glory and illumination—a supreme spasm of the spirit, never ceasing to be spirit. "And suddenly," he tells us again, "it seemed to me that daylight was added to daylight, as if He who can do so had endowed the heavens with a new sun. . . ."

At the margin of the great free spaces where the divine unfolds, the poet has conducted his quest of unity. He has attained that blinding point of rupture of which there is no memory. And in that movement towards the luminous essence, all the essentials of a literary classicism may already be found. The truth of the drama is in that pure space that reigns between the felicitous stanza and the abyss it skirts: that total unappeasement, or that supreme ambiguity, that makes Dante, monster of love that he is, the greatest apostate of happiness in favour of joy:

In the depth of that eternity I saw how love united all things, as though binding in one Book all the scattered leaves of the same universal work. . . .

A Poet, a man of absence and presence, a man of ebb and flow—a poet, born for all and taking from all without ever alienating himself, he is made of the one and the many. Great tatters of humanity show at work in him this laceration of one man, prey to an epic of all men—the awakening of everyone in the poem and of the poem in everyone. From the border lands of exile he rules over a solitude more populous than any earth of empire. He sets up his punishments like equations, but he takes care not to debase his distinguished victims;

*marque; et ce n'est pas sans collusion secrète qu'il
ménage la fierté de ses grands réprouvés. Il n'a dédain
réel que pour les faibles et les lâches, qu'il laisse errer au
vestibule de son Enfer; ou les simples nonchalants, aux
premières rampes de son Purgatoire. L'homme pour
lui n'est homme que dans sa force d'âme et son intégrité.
Et de ce vaste commentaire à la chronique humaine qu'est
la grande somme épique de la* Commedia, *l'enseigne-
ment demeure tout de fierté virile et de rectitude morale:
un enseignement d'honneur pour tous. Pour contraignante
qu'elle soit, la destinée de l'homme ne saurait relever de
l'absurde, et c'est un mystérieux pouvoir que garde
l'être humain sur la montée des astres de sa nuit . . . Sous
ces paupières mi-closes de l'homme, que Dante appelle
«les lèvres de l'œil,» filtre assez de clarté pour orienter
en nous le sens tragique de la vie.*

*Homme lui-même de pleine vocation, ardent à vivre
l'homme dans la pensée et dans l'action, Dante semble,
pour son temps, légitimer d'instinct une volonté de
puissance hors des limites de l'orthodoxie chrétienne . . .
Poète, toujours, ce rebelle-né, qui revendique dans
l'homme plus que l'homme . . . Et que la poesie elle-même
est action, c'est ce que tend à confesser la solitude du
proscrit. L'ancien Prieur de la Commune de Florence
ouvre à Dante, poète, le champ clos de l'exil, qui le fait
grand poète en même temps qu' «italien.» Il affrontera
fièrement les pires condamnations publiques, jusqu'à cette
condamnation, par contumace, à être brûlé vif—singu-
lière dérision pour celui qui, poète, n'entendait honorer
que la flamme . . .*

*Dans les anciens rites du feu, l'offrande rituelle faite
à la flamme fut sacrifice à l'ordre universel autant qu'à
l'ordre individuel, l'acte sacrificiel ayant pour but de
recréer l'unité primordiale et de renouer au tout de*

and it is not without a secret collusion that he spares the pride of his great reprobates. He has no real disdain for any but the feeble and the cowardly whom he allows to wander on the approaches to his Inferno, or the apathetic sheep on the first slopes of his Purgatory. Man is man for him only by virtue of force of soul and integrity. And from that vast commentary on the human chronicle that is the epic sum of the *Commedia*, the lesson is all one of virile pride and moral rectitude: a lesson of honour for everyone. Constraining though it be, the destiny of men could not depend on the absurd, and the human being holds a mysterious power over the rising stars of his night. . . . Under the half-closed eyelids of man, which Dante calls "the lips of the eye," enough light filters through to orient in us the tragic sense of life.

A complete man by vocation, ardent to live as a man in thought and in action, Dante seems by instinct to make legitimate for his time a will to power beyond the limits of Christian orthodoxy. . . . A poet, always, is this born rebel who lays claim in man to more than man. . . . And that poetry itself is action—this is what the solitude of the proscribed exile tends to proclaim. The one-time Prior of the Commune of Florence opens for Dante the poet that combat in the lists of exile which makes him a great poet at the same time as it makes him "Italian." He will face proudly the worst public denunciations, even to that sentence, in contumacy, to be burned alive —a singular mockery for him who as a poet thought to honour flame alone. . . .

In the ancient rites of fire, the ritual offering made to the flames was as much a sacrifice to the universal order as to the personal order, the sacrificial act being intended to re-create primordial unity and to bind again

l'être l'homme mis en pièces par l'histoire . . . Ainsi d'un grand poète l'œuvre est d'offrande universelle, car il n'est point, sans le poète, d'aspiration plénière, ni de restitution, du souffle. Respirer avec le monde demeure sa fonction propre et médiatrice. Et telle est bien la primauté secrète du poète. Il est, au sens premier du mot, l' «ex-istant» par excellence, se situant au plus près du principe de l'être. Tout autonome qu'il se veuille, il ne peut faire, s'exprimant, qu'il ne témoigne d'unanimité. L'homme de Florence et de Ravenne, homme de Toscane et d'Italie, homme d'Europe et d'Occident, est aujourd'hui l'homme de tous!

Et Dante, face à son œuvre, et dans son œuvre même, devancier de sa gloire, ne s'est-il pas déjà de ses propres mains couronné du laurier?

Pour lui «la réponse des sommets,» dans l'embrasement du ciel latin!

Honneur à Dante Alighieri, maître d'œuvre et d'action! Honneur à l'homme de grande cause et de grande tractation; et pleine gratitude à l'homme, dans son temps, qui le plus loin porta l'action libératrice du langage—le poète, par qui s'éclaire et s'agrandit l'espace des vivants.

Les siècles s'ouvrent, inlassables, au labour de l'histoire, les chaînes tintent aux pas de l'homme, et ce n'est point de servitude ni de mort que traite le poète . . . Les grandes passions politiques s'en vont se perdre au cours du fleuve, de faux thèmes de grandeur s'effondrent sur les rives, mais sur la pierre nue des cimes sont les gloires poétiques frappées d'un absolu d'éclat. Dante: la cime est haute et claire et défie l'érosion! . . . Combien de potentats, combien d'hommes de pouvoir et de maîtres de l'heure, podestats, autocrates et despotes, hommes de tout masque et de tout rang, auront déserté les cendres

into the total being the man torn to pieces by history. . . .
So the work of a great poet is a universal offering—for
without the poet there is no plenary aspiration, no resti-
tution of the breath of life. Breathing the breath of the
world remains his proper and mediating function. And
such is indeed the secret primacy of the poet. In the first
sense of the word he is the "ex-istent" par excellence,
standing closest of all to the principle of being. Au-
tonomous as he may wish to be, in expressing himself
he cannot help bearing witness to the common soul.
The man of Florence and Ravenna, of Tuscany and
Italy, of Europe and the West, today belongs to all! . . .

And Dante, facing his work and in his very work,
anticipating his glory, did he not with his own hands
crown himself with laurel?

For him let there be "the response of the crests" in
the glowing Latin sky!

Honour to Dante Alighieri, master of arts and action!
Honour to the man of a great cause and of great trans-
action; and full gratitude to the man who in his time
carried farthest the liberating action of language—the
poet, by whom the space of the living is illuminated and
enlarged.

The centuries open up unwearied before the furrow-
ing of history, the chains ring at the steps of man, and
neither of servitude nor of death does the poet speak.
Great political passions are lost in the running river of
time, false themes of grandeur collapse along the shores,
but on the naked stone of the heights are the glories of
poetry, struck by an absolute of light. Dante: the crest
is high and bright and defies erosion! . . . How many
potentates, how many men of power and masters of a
day, tyrants, autocrats, and despots, men of every mask
and rank, will have dropped out of the cinders of his-

*de l'histoire, quand ce poète du plus grand exil con-
tinuera d'exercer sa puissance chez les hommes—
puissance non usurpée . . .*

*Poète, suzerain de naissance, et qui n'a point à se
forger une légitimité . . .*

*Sur le vaste cadran solaire où l'histoire tient sa lame
de fer, l'heure du Dante n'a point fini de faire son ombre
—angle majeur ouvert à l'étendue des siècles. Dans l'ère
plénière du langage s'intègre la durée d'une parole
d'homme. Et l'homme de langage s'avance encore parmi
nous. Il couvre du regard le temps des morts et des vivants.
À l'empire du passé il joint l'empire du futur, où court
son ombre prophétique . . . Car il y a, dans la vision du
poète, à son insu, quelque chose toujours de fatidique qui
court au loin rejoindre une autre infinitude: celle de
l'Être, son lieu vrai. Sept siècles jusqu'à nous, sept âges
jusqu'à nous, courant l'aventure poétique, ont entendu
gronder au loin les grandes eaux souterraines où s'ali-
mente l'espoir de l'homme. Et la rumeur encore se fait
entendre du grand tumulte en marche devant nous.*

*Nous t'invoquons, Poète, à l'ouverture d'un nouvel
âge. Il n'est rien de futur qui ne s'ouvre au poète. Créer,
toujours, fut promouvoir et commander au loin. Et le
poète proféré se hâte dans l'histoire . . . Éternelle invasion
de la parole poétique!*

*Pareils aux Conquérants nomades maîtres d'un infini
d'espace, les grands poètes transhumants, honorés de
leur ombre, échappent longuement aux clartés de l'os-
suaire. S'arrachant au passé, ils voient, incessamment,
s'accroître devant eux la course d'une piste qui d'eux-
mêmes procède. Leurs œuvres, migratrices, voyagent
avec nous, hautes tables de mémoire que déplace l'histoire.*

Et celui-là fut d'Occident, où le songe est action, et

tory, when this poet, the greatest of all exiles, will go on exerting his power among men—a power not usurped. . . .

Poet, sovereign by birth, having no need to forge a legitimacy . . .

Over the great sundial where history holds its iron blade, the hour of Dante throws its shadow still—at a wide angle, open to the breadth of centuries. In the plenary era of language a man's living word endures. And the man of language again comes forward among us. He covers with his look the time of the dead and the living. To the empire of the past he adds the empire of the future where his prophetic shadow runs ahead. . . . For in the vision of the true poet there is always, in spite of himself, something of a fatality that goes afar to join another infinitude, that of Being, his true home. Seven centuries before us, seven ages before ours, in the adventure of poetry, have heard far off the rush of those subterranean waters that refresh the hope of man. And again the sound is heard of the great tumult on the move ahead of us.

We invoke you, Poet, at the opening of a new age. No part of the future is closed to the poet. To create meant always to move ahead and to command from afar. And the poem once uttered hastens into history. . . . Eternal invasion by the poetic word!

Like the nomad conquerors who were masters of unbounded space, the great itinerant poets, whose shadow lengthens in honour, are not soon caught up in the ossuary glare. Detaching themselves from the past, they see growing before them incessantly a track that proceeds out of themselves. Their works are migratory, and take their way beside us, high tablets of memory that move along with history.

And this one was of the West, where dream is action,

*l'action, novatrice. Dante debout dans le vent de l'his-
toire a porté sans faiblesse sa charge d'humanité; et tôt
levé dans la grandeur, instigateur et médiateur, il fut
de ces grands devanciers pour qui vivre est créer, et
créer s'engager dans une éternité d'histoire.*

*Poète, face invisible de l'homme ... Le torrent poétique
où se lave l'histoire s'écoule, inentendu des foules rive-
raines. Mais sur la face sainte de la terre, quelques
soulèvements d'humeur nous laissent trace pour long-
temps de leur puissant relief: entre deux grands versants
de l'âge occidental, la haute intersection s'éclaire encore
jusqu'à nous.*

*Ô Dante, dans nos voies et propos comme un principe
d'autorité! Aigle tranchant de la parole, présence ar-
dente du poète! ... Nous l'avons vu passer sur l'écran
de nos nuits, la tête ceinte du laurier noir plus acéré
qu'une visière levée de* condottiere. *Il fut ce fervent d'un
absolutisme guerroyant seul à nos frontières—le Témé-
raire, et Taciturne, portant brûlure d'âme comme griffe
d'éclair sur un visage de stigmatisé. Il a flairé, à hau-
teur d'homme, l'abîme du réel et du surnaturel. Il a
connu, à hauteur d'homme, des temps qui ne sont pas le
temps de l'homme. Et ceux qui l'ont croisé un soir au
détour du chemin l'ont appelé le Transgresseur ...*

*Sois avec nous, grande être en marche, Poète! homme
des signes et des nombres, homme toujours du plus grand
ordre. Ton souffle nous assiste, et ta puissance en nous
portée à la hauteur du mythe. Aux soirs de grande mu-
tation, quand les figures usées du drame descendent
derrière nous les travées de l'histoire, que l'on entende
encore passer ta grande ombre nocturne. Et l'aile acerbe
du génie nous frôlera encore de sa plume de fer ...*

and action innovation. Dante erect in the wind of history bore without weakness his burden of humanity; and first to rise in grandeur, an instigator and a mediator, he was one of those great precursors for whom living is creating, and creating is entering an eternity of history.

Poet, invisible face of man . . . The poetic torrent in which history is bathed runs on unheard by the crowds along the stream. But on the holy face of the earth certain upheavals of spirit leave for a long time traces of their powerful crests: between two great slopes of the Western age the high watershed shines for us still.

O Dante; principle of authority in all our ways and words! Trenchant eagle of living speech, ardent presence of the poet! . . . On the screen of our nights we have seen him pass, his head encircled by black laurel more steely than a *condottiere*'s lifted visor—burning partisan of an absolutism, carrying war singlehanded to our frontiers—the fearless, the Taciturn, bearing in his soul a brand like the scar of lightning on the face of one stigmatized. At a man's height he smelt out the abyss of the real and the supernatural. At a man's height he knew certain times that are not the time of man. And those who crossed his path one evening where the road turned aside called him the Transgressor. . . .

Be with us, great being on the march, Poet! man of signs and numbers, man forever of the greatest possible order. Your breath sustains us, and your power in us, brought to the elevation of myth. In the evenings of vast change, when the used-up figures of the drama descend the stages of history behind us, let your great nocturnal shadow be heard passing. And the sharp wing of genius will graze us again with its plumage of iron. . . .

Sois avec nous, Passant! les temps sont forts, et l'heure est grande! Les premières houles d'équinoxe se lèvent déjà à l'horizon pour l'enfantement d'un nouveau millénaire . . . Un grand morceau d'histoire naissante se détache pour nous des langes du futur. Et c'est un soulèvement, de toutes parts, de forces au travail, comme une agrégation des eaux universelles. Quelle nouvelle Commedia, *en voie toujours de création, s'ouvre de tout son texte au déroulement en cours? Ce n'est pas trop, Poète, de ton rythme ternaire pour cette métrique nouvelle que déjà nous vivons . . .*

Sois avec nous, grande âme véhémente! La haine et la violence sur la terre n'ont point encore posé les armes. Guelfes et Gibelins étendent leur querelle au monde entier des hommes. Forces de matière et nouveaux schismes menacent cette communauté humaine pour qui tu rêvas d'unité . . . Tiens large en nous la vision de l'homme en marche à sa plus haute humanité, tiens haute en nous l'insurrection de l'âme, et l'exigence plénière du poète au cœur immolesté de l'homme . . .

Nous t'honorons, grandeur! nous t'honorons, puissance!

Honneur à Dante d'Italie! premier d'Europe et d'Occident à fonder l'homme en poésie, et la parole, en l'homme, du poète comme une caution d'humanité. Nous t'acclamons, Poète, dans ta prérogative et ta nécessité. Avec nous, longuement, l'acclamation lointaine qui monte de tous les rangs de l'hémicycle universel —tribut levé sur notre siècle par les poètes de toute race, de toute langue et de toute discipline, qu'alerte le seul nom de Dante! . . . Vers toi, poète de grand nom, on entendra encore monter, en l'An Deux Mille, cette rumeur des hommes de langage pour qui déjà tu dissipais les dernières affres et ténèbres héritées de l'An Mille. Et dans trois siècles à venir des hommes encore s'assembleront

Be with us, Passerby! The times are strong, and the hour is great! The first equinoctial swells already rise on the horizon for the birth of a new millennium. . . . A large fragment of nascent history is detached for us from the swaddling clothes of the future. And everywhere there is a rising of forces at work like a gathering of universal waters. What new *Commedia*, forever in course of creation, opens all its text to the evolution under way? There is none too much of your ternary rhythm, Poet, for the new metric that we are already living. . . .

Be with us, great vehement soul! Hate and violence on earth have not yet laid down their arms. Guelfs and Ghibellines are extending their quarrel to the whole world of men. Material forces and new schisms menace that human commonwealth for which you dreamed of unity. . . . Keep alive and large in us the vision of man on the march towards his highest humanity, keep high in us the insurrection of the soul and the full exigence of the poet at the unmaimed heart of man. . . .

Honour to you, grandeur! Honour to you, power!

Honour to Dante of Italy! First of Europe and the West to establish man in poetry, and to establish in man the living speech of the poet like a pledge of humanity. We acclaim you, Poet, in your prerogative and your necessity. Hear the long, the distant acclamation that rises from all the ranks of the universal amphitheatre— a tribute lifted above our century by the poets of every race, of every language and every discipline, alerted by the single name of Dante! . . . Towards you, poet of the great name, in the year Two Thousand, one will still hear that great murmur rising from the men of language for whom you had already dissipated the last throes and shades of the first millennium. And three centuries hence men will again assemble to celebrate

pour célébrer ton propre millénaire. Ils entendront, peuples futurs, ce que la voix d'un grand poète peut sauvegarder d'aînesse latine dans la mêlée des eaux nouvelles . . .

Heureuse Florence et la terre de Toscane, heureuse cette part du monde latin où, sous le signe des Gémeaux, pour son double destin d'homme de songe et d'action, d'homme d'amour et de violence, d'homme d'enfer et de ciel, naquit, un jour de Mai, Dante degli Alighieri, homme de poésie.

. . . Ô Maïa, ô Dioné, divinités antiques honorées du poète jusqu'en son ciel chrétien, vous attestiez déjà l'éternité du verbe.

Et nous, ici, que faisons-nous d'autre, réunis, que de commémorer dans l'homme la survivance du poète?

. . . Poésie, heure des grands, route d'exil et d'alliance, levain des peuples forts et lever d'astres chez les humbles; poésie, grandeur vraie, puissance secrète chez les hommes, et, de tous les pouvoirs, le seul peut-être qui ne corrompe point le cœur de l'homme face aux hommes . . .

En l'honneur de Dante, poète, puissance d'âme et d'esprit dans l'histoire d'un grand peuple et dans l'histoire humaine, que tous se lèvent avec nous!

your own millennium. Those of the future will understand what the voice of a great poet may preserve of the Latin heritage in the melee of the new streams. . . .

Happy Florence and land of Tuscany, happy that quarter of the Latin world where, under the sign of the Twins, for his double destiny as man of dream and action, man of love and violence, man of hell and heaven, Dante degli Alighieri, man of poetry, was born one day in May.

. . . O Maia, O Dione, ancient divinities, honoured by the poet even in his Christian heaven, you bore witness long ago to the eternity of the word.

And we who are assembled here, what are we doing but commemorating the survival of the poet in man?

. . . Poetry, hour of the great, road of exile and alliance, leaven of strong peoples and rising of stars upon the humble; poetry, true grandeur, secret power among men, and, of all the powers, the only one perhaps that never corrupts the heart of man face to face with other men . . .

In honour of Dante, poet, power of soul and spirit in the history of a great people and in the history of humanity, let everyone rise with us!

APPENDIX

ANABASIS

I AM by no means convinced that a poem like *Anabase* requires a preface at all. It is better to read such a poem six times, and dispense with a preface. But when a poem is presented in the form of a translation, people who have never heard of it are naturally inclined to demand some testimonial. So I give mine hereunder.

Anabase is already well known, not only in France, but in other countries of Europe. One of the best Introductions to the poem is that of the late Hugo von Hofmannsthal, which forms the preface to the German translation. There is another by Valery Larbaud, which forms the preface to the Russian translation. And there was an informative note by Lucien Fabre in the *Nouvelles Littéraires*.

For myself, once having had my attention drawn to the poem by a friend whose taste I trusted, there was no need for a preface. I did not need to be told, after one reading, that the word *anabasis* has no particular reference to Xenophon or the journey of the Ten Thousand, no particular reference to Asia *Minor*; and that no map of its migrations could be drawn up. Mr. Perse is using the word *anabasis* in the same literal sense in which Xenophon himself used it. The poem is a series of images of migration, of conquest of vast spaces in Asiatic wastes, of destruction and foundation of cities and civilizations of any races or epochs of the ancient East.

I may, I trust, borrow from Mr. Fabre two notions which may be of use to the English reader. The first is that any obscurity of the poem, on first readings, is due to the suppression of "links in the chain," of explanatory

and connecting matter, and not to incoherence, or to the love of cryptogram. The justification of such abbreviation of method is that the sequence of images coincides and concentrates into one intense impression of barbaric civilization. The reader has to allow the images to fall into his memory successively without questioning the reasonableness of each at the moment; so that, at the end, a total effect is produced.

Such selection of a sequence of images and ideas has nothing chaotic about it. There is a logic of the imagination as well as a logic of concepts. People who do not appreciate poetry always find it difficult to distinguish between order and chaos in the arrangement of images; and even those who are capable of appreciating poetry cannot depend upon first impressions. I was not convinced of Mr. Perse's imaginative order until I had read the poem five or six times. And if, as I suggest, such an arrangement of imagery requires just as much "fundamental brainwork" as the arrangement of an argument, it is to be expected that the reader of a poem should take at least as much trouble as a barrister reading an important decision on a complicated case.

I refer to this poem as a poem. It would be convenient if poetry were always verse—either accented, alliterative, or quantitative; but that is not true. Poetry may occur, within a definite limit on one side, at any point along a line of which the formal limits are "verse" and "prose." Without offering any generalized theory about "poetry," "verse," and "prose," I may suggest that a writer, by using, as does Mr. Perse, certain exclusively poetic methods, is sometimes able to write poetry in what is called prose. Another writer can, by reversing the process, write great prose in verse. There are two very simple but insuperable difficulties in any definition of "prose" and "poetry." One is that we have three terms where we need

four: we have "verse" and "poetry" on the one side, and only "prose" on the other. The other difficulty follows from the first: that the words imply a valuation in one context which they do not in another. "Poetry" introduces a distinction between good verse and bad verse; but we have no one word to separate bad prose from good prose. As a matter of fact, much bad prose is poetic prose; and only a very small part of bad verse is bad because it is prosaic.

But *Anabase* is poetry. Its sequences, its logic of imagery, are those of poetry and not of prose; and in consequence—at least the two matters are very closely allied—the *declamation*, the system of stresses and pauses, which is partially exhibited by the punctuation and spacing, is that of poetry and not of prose.

The second indication of Mr. Fabre is one which I may borrow for the English reader: a tentative synopsis of the movement of the poem. It is a scheme which may give the reader a little guidance on his first reading; when he no longer needs it he will forget it. The ten divisions of the poem are headed as follows:

   I. Arrival of the Conqueror at the site of the city which he is about to build.
  II. Tracing the plan of the city.
 III. Consultation of augurs.
 IV. Foundation of the city.
  V. Restlessness towards further explorations and conquests.
 VI. Schemes for foundation and conquest.
 VII. Decision to fare forth.
VIII. March through the desert.
 IX. Arrival at the threshold of a great new country.
  X. Acclamation, festivities, repose. Yet the urge towards another departure, this time with the mariner.

And I believe that this is as much as I need to say about Perse's *Anabasis*. I believe that this is a piece of writing of the same importance as the later work of James Joyce, as valuable as *Anna Livia Plurabelle*. And this is a high estimate indeed.

I have two words to add, one about the author, the other about the translation. The author of this poem is, even in the most practical sense, an authority on the Far East; he has lived there, as well as in the tropics. As for the translation, it would not be even so satisfactory as it is, if the author had not collaborated with me to such an extent as to be half-translator. He has, I can testify, a sensitive and intimate knowledge of the English language, as well as a mastery of his own.

T. S. ELIOT

1930

Since the first publication, nineteen years ago, of the text of *Anabase* together with my translation, this and other poems of the author have extended his reputation far beyond the bounds of his own country. St.-John Perse is a name known to everyone, I think, who is seriously concerned with contemporary poetry in America. It has therefore seemed high time that the translation should be revised and corrected.

When this translation was made, St.-John Perse was little known outside of France. The translator, perhaps for the reason that he was introducing the poem to the English-speaking public, was then concerned, here and there, less with rendering the exact sense of a phrase, than with coining some phrase in English which might have equivalent value; he may even have taken liberties in the interest of originality, and sometimes interposed his own idiom between author and reader. But (to revert to the first person) I have always refused to publish the translation except in this way, *en regard* with the French text. Its purpose is only to assist the English-speaking reader who wishes to approach the French text. The method of the author, his syntax, and his rhythm, are original; his vocabulary includes some unusual words; and the translation may still serve its purpose. But at this stage it was felt that a greater fidelity to the exact meaning, a more literal translation, was what was needed. I have corrected not only my own licences, but several positive errors and mistakes. In this

revision I have depended heavily upon the recommenda-
tions of the author, whose increasing mastery of English
has enabled him to detect faults previously unobserved,
and upon the assistance of Mr. John Hayward, to whom
also I wish to make acknowledgment.

T. S. ELIOT

1949

PRAISES

THE first edition of this translation, published in 1944, contained a Translator's Note in which I said: "For the translation of untranslatable poetry, Hugo von Hofmannsthal, in his preface to the unpublished German edition of St.-John Perse's *Anabase*, offered the unanswerable excuse: '. . . a work of this kind is simply untranslatable. In such cases the translation can play no other role than that of a very exact, conscientious report. For all that, a certain fascination in the order of the contents remains over. . . .' " Rashly I went on to boast: " 'Exact' at least these translations should be, thanks to the patience of the poet in going over his poems with me, in sometimes even explaining—a thing no poet should ever be asked to do, since a poem is a super-explanation."

Rereading my translation in the sober light of twelve years after, I found I had been too sanguine and that the word *exact* was sometimes inexact. It is a word which has peculiar force related to St.-John Perse, whose exactitude in his work is almost legendary—"a poet who says only what he knows," as a French critic has put it. This constituted in itself a challenge, to say nothing of an obligation to the poet and to myself; revision was imperative.

For the translator of poetry, the problem of exactitude is extremely complex: it involves not only the exact word, the precise sense, double sense more often than not, a corresponding rhythm (exactness being obviously impossible), and the reconciliation of often conflicting demands of sound and sense, but something intangible which Valéry would call the tone. If the tone is not

exact—that is, an echo of the original—a work cannot be called a translation. And this tone, this echo, can only be caught, if caught at all, in the first fever of discovery. That is why a revision is a very precarious undertaking, as a session with St.-John Perse demonstrated, when I discovered that, in some instances where I had made changes, reasoning had led me away from the poet, and that my instinct, now confirmed by the poet, had been right. The changes that remain have his approval, some of them necessitated by his elucidation, his illumination, of the thought or the emotion behind certain words.

As a whole, these translations of *Éloges and Other Poems* are the same as those of 1944. That is, the *tone* is the same. I have tried not to alter it in revision because if I had failed to catch the echo of the original poems when I was in that first fever I could hardly hope to succeed when reasonable.

L. V.

New York, 1956

BIBLIOGRAPHICAL NOTE

The contents of this volume were first published in French, and later appeared in English translation, as follows:

Poésie: Paris, 1961.
On Poetry: New York, 1961.

Éloges: Paris 1911; 1925; revised and corrected, and including "Berceuse," 1948.
Éloges and Other Poems: New York, 1944; including "Berceuse," 1949.

Anabase: Paris, 1924; revised and corrected, 1948.
Anabasis: 1930; revised and corrected, 1938, 1949, 1959.

Exil: With "Pluies," "Neiges," "Poème à l'Étrangère," as *Quatre poèmes, 1941-1944*, Buenos Aires, 1944.
Exile and Other Poems: New York, 1949.

Vents: Paris, 1946.
Winds: New York, 1953.

Amers: Paris, 1957.
Seamarks: New York, 1958.

Chronique: Marseilles, 1959; Paris, 1960.
Chronique: London, 1961; New York, 1961.

Oiseaux: Paris, 1962, 1963.
Birds: New York, 1963, 1966.

"Poème pour Valery Larbaud": Paris, 1922.
"Poem for Valery Larbaud": Princeton, N.J., 1969.

Pour Dante: Paris, 1965.
Dante: New York, 1966.